U0418407

清华·国有企业研究丛书

Risk Management of China's SOE
in the Info-era
the Exercise of Bounded Rationality

信息时代中国国有企业风险管理

有限理性思维的运用

陈晓 李甘霖◎主编
王乔菀 陈战光◎副主编

清華大學出版社
北京

内 容 简 介

本书讨论了信息时代国有企业风险管理面临的挑战与问题，以有限理性为主要理论根基，综合运用理论梳理、田野调查、问卷分析、模型推演等多种研究方法，在深入考察国有企业实践的基础上，结合国有企业特点总结出风险容忍度管理模式，以供国有企业日常风险管理参照使用。本书在选题上突出了国有企业的中国特色，在理论上创新提出了有限理性的量化方法，在研究方法上立足于国有企业的广泛实践，以期为国有企业风险管理实践提供参考。

图书在版编目(CIP)数据

信息时代中国国有企业风险管理：有限理性思维的运用/陈晓，李甘霖主编. —北京：清华大学出版社，2022. 1
(清华 · 国有企业研究丛书)
ISBN 978-7-302-59500-7

Ⅰ. ①信… Ⅱ. ①陈… ②李… Ⅲ. ①国有企业－风险管理－研究－中国 Ⅳ. ①F279. 241

中国版本图书馆 CIP 数据核字(2021)第 231004 号

责任编辑：张　伟
封面设计：李召霞
责任校对：王荣静
责任印制：沈　露

出版发行：清华大学出版社
网　　址：http://www. tup. com. cn，http://www. wqbook. com
地　　址：北京清华大学学研大厦 A 座　　**邮　　编**：100084
社 总 机：010-62770175　　**邮　　购**：010-62786544
投稿与读者服务：010-62776969，c-service@tup. tsinghua. edu. cn
质量反馈：010-62772015，zhiliang@tup. tsinghua. edu. cn
印 装 者：三河市东方印刷有限公司
经　　销：全国新华书店
开　　本：170mm×240mm　　**印　　张**：24. 75　　**字　　数**：468 千字
版　　次：2022 年 1 月第 1 版　　**印　　次**：2022 年 1 月第1 次印刷
定　　价：159. 00 元

产品编号：095144-01

作者简介

陈晓，清华大学经济管理学院会计系教授、博士生导师，中国会计学会理事，中国税务学会理事。美国杜兰大学经济学博士。曾任清华大学经济管理学院会计系主任，兼任《中国会计评论》副主编、《中国会计与财务研究》编委，以及 *China Journal of Accounting Studies*、*China Journal of Accounting Research* 等期刊的学术委员。先后担任中文在线、汉王科技、深圳远望谷、首旅集团等多家公司的独立董事和外部董事。

李甘霖，国务院发展研究中心金融研究所助理研究员。清华大学管理学博士，师从陈晓教授，主要从事资本市场、国有企业、税收税务、公司治理、风险控制等方向的研究。

出版说明

本书是由清华大学中国现代国有企业研究院策划推出的“清华·国有企业研究丛书”之一。本丛书作为研究院的重要学术研究成果，旨在展现中国全面深化国资国企改革的理论与实践成果，构建中国特色社会主义现代国有企业制度理论体系。本书同时获得了北京水木现代国有企业研究院的大力支持。

本丛书立足于解决国有企业改革的重点、难点问题，丰富和深化中国特色现代国有企业制度理论体系，现实与历史相结合，理论与实践相结合，突出解决中国问题和总结中国经验的学术研究导向，专注于中国特色现代国有企业研究的现实性和可操作性，为中国国资国企改革实践建言献策。

序言

Preface

国有企业是推进国家现代化、保障人民共同利益的重要力量。改革开放以来，经过多年的不懈努力，国有企业改革发展不断取得重大进展，总体上已经同市场经济相融合，运行质量和效益明显提升，对整体经济的支撑作用不断增强，为推动经济社会发展和增强国家综合实力作出了突出贡献。

目前，国有企业发展所面临的国内外环境正在发生深刻变化。从国际上看，新一轮科技革命和产业变革深入发展，全球经济格局、能源格局和竞争格局深刻变革，同时，经济全球化进程遭遇逆流，新冠肺炎疫情影响深远。从国内来看，我国经济正处在从高速增长到高质量发展的转变当中，创新发展、绿色发展、协调发展、共享发展比以往任何时候都更加重要，同时，结构矛盾和周期性问题相互交织，内生问题和外部冲击相互叠加，稳增长和控风险的任务都十分艰巨。发展环境的变化，对于国有企业发展来讲，既隐含着巨大的发展机遇，也隐含着严峻的风险挑战。国有企业必须不断深化改革，加强管理，不断提高其发展活力和抗风险能力，在保障自身继续实现高质量发展的同时，为国家整体发展作出新的贡献。

有效的风险管理是保障国有企业持续健康发展的基础和前提。随着发展阶段和发展环境的变化，国有企业风险管理所面临的形势也呈现新的特点。一方面，企业生产经营所面临的风险越来越表现出突发性强、隐蔽性高、密集性大等特点，而国有企业一般都规模较大、业务复杂，产业链较长、决策程序较多，往往在面临风险时难以作出快速反应和及时处理。近年来频频发生的风险事故也表明，传统上强调计划、时间控制、过程控制、结果控制的线性风险管理方式，已经很难适应现阶段国有企业风险管理的需要。另一方面，随着科技革命的突飞猛进，新一代信息技术的全方位渗透正深刻地改变着原有的生产方式、组织方式、商业模式、价值链分布和竞争格局，国有企业风险管理面临的信息环境呈现出新的特征：在企业决策对数字信息的依赖程度越来越高的同时，信息数量和复杂程度却呈几何倍数增加。面对海量的信息，决定企业风险管理能力的已经不仅仅是信息的收集能力，而更需要加强企业对信息的分析处理能力。

习近平总书记在论述新时期风险管理时曾深刻指出：新时期风险防控“既要有风险防范的先手，也要有应对和化解风险挑战的高招；既要打好防范和抵御风险的有准备之战，也要打好化险为夷、转危为机的战略主动战”。主动防范和化解风险的核心问题，是要做到对风险时刻保持高度的警惕性。然而在高密度、高频度、高复杂的信息环境下，传统的主要依赖主观风险意识的风险管理模式，不仅超越了风险管理人员搜集和处理信息的能力范围，使其难以作出准确判断，而且缺乏灵活性，没有给一线员工一定的微观决策权，束缚了人们的手脚，从而也很难实现快速反应。在这种情况下，探索适应信息时代的国有企业风险管理模式，成为一个既重要也迫切的课题。

本书的作者认为："企业的经济活动是一个动态过程，企业中参与人不能对信息变化作出迅速的最优决策，系统达到均衡是需要时间的。"因此，在西蒙"有限理性"思想的触发下，作者提出："一个高效的企业管理方法应当是寻找一个在各方面'满意'的状态，而不是去寻找一个结果性的'目标'。"在此基础上，作者结合企业实践提出了一种令人耳目一新的风险管理方法——风险容忍度管理模式。该模式通过在企业风险管理中设置风险容忍度的方法，给了一线员工以一定的微观决策权。这种管理方法的特色在于其充分尊重了风险存在的客观性，改善了国有企业一直以来惯用的行政命令式的管理方式，增强了国有企业面对国内外市场形势快速变化快速作出决策的能力。

本书作者通过分析认为，风险容忍度管理模式一方面有效降低了风险管理过程中因为追求"最优"而需要处理庞大信息所产生的过高管理成本，另一方面，在充分保证风险可控的情况下，给予了被管理人充分的决策自主权，提高了决策效率。为了验证这套系统的有效性，本书作者通过大量走访和深入调研，收集了大量一线员工的访谈数据。大数据分析的结果显示：这套风险管理模式可以较好地做到"风险识别智能化、风险控制制度化、风险评估定量化、风险响应及时化"，既充分利用了信息系统带来的高效性，又充分考虑了具体操作人员的能力范围，对正处于转型过程中的国有企业很有借鉴意义。

本书有三个特点非常值得肯定。一是对多种研究方法的综合运用。在研究过程中，作者综合运用了文献梳理、田野调查、问卷分析、模型推演等研究方法，全面兼顾了理论与实践，有效支撑了本书结论的可靠性。二是本书具有很强的现实意义。从实践中存在的内控信息冗余使得内控系统失灵或者低效这种普遍现象入手，并试图通过风险容忍度的切入点探索并验证一种新的风险管控方式，切中时弊。三是本书的案例直接来源于中国国有企业的独特实践，并对之从理论上予以升华和深化，既对国有企业风险管理改进提供了好的模板和素材，又挖掘了中国国有企业的独特管理经验，既具有很好的理论探索价值，又具有一定的实践参考意义。

张军扩

国务院发展研究中心副主任

2021 年 11 月 26 日

前言

Foreword

随着信息时代的来临，商业社会出现了两个典型特征：一是商业决策对数字信息的依赖程度越来越高；二是信息量和信息复杂程度不断增加。信息处理越来越依赖以“ABCD”（人工智能、数据链、云计算、大数据）为代表的信息处理技术。与此同时，国有企业面临的风险环境也发生了巨大的改变，风险来得越来越突然，风险事件的发生越来越频繁，风险点越来越难以预测，而国有企业规模较大、产业链较长、业务复杂程度相对较高以及产权相对不清晰等问题，使风险更容易爆发，造成管理人员的风险管理压力与日俱增。近年来信贷收缩、中美贸易摩擦、汇率波动等风险因素进一步增加了国有企业面临的经营风险，一系列频发的风险事件更是为国有企业风险管理敲响了警钟。党中央高度重视国有企业风险防范工作，寻找一套完整的“风险识别、风险控制、风险评估、风险响应”管理方法迫在眉睫。

2017 年 7 月 26 日，习近平总书记在省部级主要领导干部专题研讨班上的重要讲话中要求：“将防范风险的先手，与应对和化解风险挑战的高招结合起来；将打好防范和抵御风险的有准备之战，与打好化险为夷、转危为机的战略主动战结合起来，切实做好防范化解重大风险各项工作，就一定能保持经济持续健康发展和社会大局稳定，在新征程上创造新的更大奇迹。”2018 年 10 月 9 日，国务院副总理刘鹤主持召开全国国有企业改革座谈会，会议要求“深入贯彻落实习近平总书记关于国有企业改革的重要思想，准确研判国有企业改革发展的国内外环境新变化，从战略高度认识新时代深化国有企业改革的中心地位，坚持稳中求进工作总基调，按照完善治理、强化激励、突出主业、提高效率的要求，扎实推进国有企业改革”。国资委领导也在风险防范的问题上对国有企业作出重要指示。2020 年 6 月 30 日召开的中央全面深化改革委员会第十四次会议审议通过《国企改革三年行动方案（2020—2022 年）》，该文件提出“推进国有经济布局优化和结构调整”和“增强国有经济竞争力、创新力、控制力、影响力、抗风险能力”的具体要求。

习近平总书记讲的“应对和化解风险挑战的高招”就是要打一场“战略主动战”。如何主动防范风险是化解风险的核心问题。要做到“主动”，就需要保持高度的警惕性，然而在高密度、高频度、高复杂的信息环境下，单纯强调主观的风险意识显然会超出风险管理人员的能力范畴。这就意味着必须寻找一套能够配套大数据时代风险特征的风险管理制度。在功能上,这套制度除适应风险信息的表现特征外,还要适应企业管理实践和风险管理人员的风险管理能力。因此,这套系统需要具有以下特征:①风险识别智能化;②风险控制制度化;③风险评估定量化;④风险响应及时化。也就是说,既要充分利用信息系统带来的高效性,又要充分考虑具体操作人员的能力范围。因此,从以“满意”为根本目标的“有限理性”思想出发是寻找这套系统的较好思路。

与此同时,我们需要的这套风险管理方法必须带有可量化、实时的“管理边界”。清华大学中国现代国有企业研究院周放生老师曾提到:“边界不清,政策指向就不清楚”,“国企监管范围被无限扩大,企业就失去了市场活力”。企业风险管理(ERM)行为是企业管理政策的一部分,因此必须具有明确的“边界”属性。如果“边界”不清造成国有企业风险管理行为占据过多的企业资源,就无法激发国有企业的生产积极性,明确“边界”规范是风险管理办法具有可操作性的基本保证。

为了寻找到这样一套风险管理系统,我们对《企业风险管理——战略与绩效的整合》(2017)做了详细解读,认为如果能够将其中风险容忍度的概念应用到企业的风险管理中,将为主动防范风险提供巨大的帮助。经过广泛的调研,我们寻找到大型央企A集团一套名为“边界管控”的风险管控系统,该系统自2009年开始逐步实行并在风险管理工作中发挥了良好的作用。我们对该集团的风险管控模式进行实地走访和多次访谈,认为该集团的边界管控系统实际上是“风险容忍度管理模式”的一个具体体现。

通过对A集团案例的分析以及问卷调查,我们构建结构方程发现:在企业层面,该系统通过增强企业管理信息的有效性提升了风险管理的文化、能力与实践;在员工层面,我们也看到员工的风险意识与控制能力得到了明显的提升。更进一步地,我们也通过实证检验证实了缓解信息冗余是该套系统能够发挥作用的关键。

在A集团案例的启发下,我们以《企业风险管理——战略与绩效的整合》(2017)为脉络,总结归纳出对企业风险管理工作具有实践参考意义的风险管理新模式——风险容忍度管控体系,以期帮助企业提高风险管理能力。风险容忍度管控模式启发于有限理性的思想,以风险容忍度为主要管理手段。不同于传统风险管理模式,风险容忍度管理模式一方面有效降低了风险管理过程中,因为追求“最优”而需要处理庞大信息所产生的过高管理成本;另一方面,在充分保证风险可控的情况下,给予了被管理人充分的决策自主权,提高了决策效率。通过借鉴随机过程,我们给出的风险容忍度管理模式具有明确的量化方法。风险容忍度在目标管理、预算管理、绩效考核以及集团管控中都有具体的应用,可以将风险管理置于企业管理中更加基础、更加重要的位置,能够作为国有企业增强抗风险能力的有效支撑;该系统以“域度”为特征的管理方法具有鲜明的特征,辅以控制权转移的管理方法，不仅使得企业风险应对更加及时，而且还可以嵌入企业的信息系统中，使得企业风险识别和风险评估更加智能化。该系统在指标设计上具有明显的"结构化"特征，保证企业的运行更加"稳定"，在企业的各个业务环节都可以有很好的应用场景。

全书分三大部分，第一部分是背景与理论，包含前三章的内容，主要探讨信息时代的特点、国有企业风险管理的特征以及有限理性理论。其中，第一章介绍了研究背景；第二章对风险管理的历史和现状进行了归纳；第三章梳理了有限理性理论、决策理论等相关理论。第二部分是企业实践，包含第四章至第六章的内容，主要探讨了"风险容忍度管理"的实践效果。其中，第四章是从 A 集团的案例出发，具体描述了该企业实践"风险容忍度管理"的细节；第五、六章为实证章节，分别从企业层面和员工层面对风险容忍度模式的应用效果进行了实证检验。第三部分是应用展望，包含最后四章的内容。其中，第七章应用建模的方法探讨了如何建立合理的风险容忍度；第八章至第十章分别讨论了国有企业"风险容忍度管理"在信息系统、制度设计和业务环节中的应用。其中，第八章阐述大数据等现代新科技对风险管理的意义与作用；第九章从企业风险管理制度设计出发，探讨了如何将风险容忍度嵌套到企业管理制度中；第十章从实践的角度，具体分析风险容忍度管控模式在企业各项专业工作中的应用。

目录

Contents

第一节　风险环境

一、国内外政治经济走向多极化

和平与发展是当今时代的主题，经济全球化是世界经济发展的主要趋势，然而近年来全球化趋势与国际关系准则正受到空前严峻的挑战。单边主义、贸易保护主义、狭隘民族主义、恐怖主义、文化冲突、地区争端、强权政治、难民潮等，日益成为困扰世界发展的不确定因素。受发达经济体货币及相关政策变化影响，全球经济增长同步放缓，贸易保护主义势头加剧，各种贸易摩擦增多，大宗商品价格不断走低，市场竞争更加激烈，全球经济增长面临着很多不确定因素。与此同时，世界经济也面临着发展失衡的问题，战略性资源价格波动频繁，贫富差距不断增大，全球热点地区矛盾不断加剧，恐怖主义活动与核威胁增加了世界经济运行的成本和风险。

走向多极化，这是当今国际形势的一个突出特点。无论是在全球还是在某一地区，无论是在政治领域还是在经济领域，多极化趋势都在加速发展。极少数大国或大国集团垄断世界事务、支配其他国家命运的时代已一去不复返。大国关系不断调整，多个力量中心正在形成，广大发展中国家总体实力增强、地位上升，成为国际舞台上不容轻视的一支重要力量。各类区域性组织日趋活跃，显示出强劲的生命力。世界多极化格局的形成尽管还要经历较长时期，但这种趋势已成为不可阻挡的历史潮流，对促进世界的和平、稳定与发展具有十分重要的意义。

面对当前的全球经济竞争，美国在特朗普上台之后采取了重大举措。其一是减税和简政放权，通过减税和简政放权，有效地降低了在美国开办制造业企业的成本，吸引了美国企业回流和外国企业在美国投资设厂。其二是为美国打开国际市场，为了提高美国企业在国际市场的自由竞争度，特朗普对其他国家提出了开放市场的要求，贸易摩擦便随之发生。在 2017 年召开的 G7 会议上，特朗普提议 G7 国家都把关税降到零，实现零关税、零壁垒和零补贴，达成“三零”协议。“三零”协议意味着极端的自由贸易。如果“三零”协议达成，G7 国家之间的贸易就会像各国国内的贸易一样，没有任何障碍，没有任何补贴，没有任何关税。如果美国和欧盟、日本，包括加拿大在内的诸多发达国家最终都达成“三零”协议的话，WTO（世界贸易组织）将名存实亡，对中国来说将是一个严重冲击，中国将被孤立于新的世界贸易体系之外。过去美国位于全球价值链的高端，中国处在中低端，中美之间形成一种互补关系，合作共赢。当前，一方面创新乏力导致美国在全球产业链的高度被固定；另一方面其他发达国家在技术进步上的追赶导致美国高端产业市场被逐步蚕食，美国产能过剩问题加剧。在上述双重压力下，美国被迫反向生产其过去不愿生产的产品，以解决美国的失业问题。而这也正是当前美国“再工业化”背后的逻辑，其本质就是被动的结构降级过程。随着中国经济结构的不断升级，中美由过去的互补关系演变成了当前的竞争关系，从而促成了中美贸易摩擦。

基于“修昔底德陷阱”下的大国竞争和摩擦，对中国商品加征关税，限制中国企业对美投资并购，从世界大国兴衰的世纪性规律和领导权更迭来看，是随着中国经济实力发展到现阶段必然出现的现象和必将面临的挑战，中美之间的大国竞争将成为一个常态，中美关系将是影响中国经济中长期走势的一个关键因素。一旦中美关系走向负面，将大概率造成人民币汇率的大幅贬值，资本严重外流，从而引发货币危机。此外，随着经济增速下滑，美联储加息预期尚存，以及中国公众预期不稳定，人民币汇率长期承压，可能出现中国外汇储备快速减少的局面，也会对汇率和外汇储备构成压力。国际原油价格在 2018 年年初呈上涨趋势，而在下半年，受地缘政治因素以及美联储加息、全球经济增速放缓的影响，连续多个交易日下跌。由于原油出口是中东多个国家的财政支柱，能源价格长期处于低位的情况难以持续，2019 年，国际油价波动增加。同时，煤炭等中国国内需求较大的能源品种，受国内的供给侧改革政策以及环保政策影响较大，考虑到相关错峰生产、停产等政策的影响，价格也将会出现较大波动。

英国脱欧折射出欧洲社会反一体化和保护主义、民粹主义和国家主义势力的抬头，英国脱欧也助长了反一体化、反全球化的思潮。欧盟作为世界多极化格局中的重要一极，一直致力于主张多边主义和合作主义，积极推进区域共治和全球治理，特别是在多边贸易、气候变化、发展援助等领域发挥重要的作用。但英国脱欧使欧盟的整体实力、外交资源及其治理能力受到损减，全球作用的发挥受到制约，给新时期的全球化进程与全球治理增加新的阻力和不确定性。英国脱欧是对以合作和开放为价值基础的区域一体化进程的否定，给国际力量对比和世界政治格局带来更多的不确定性。

中国经济面临国内外诸多挑战。从外部因素来看，全球经济增长边际减弱，中美贸易摩擦的长期性和复杂性，地区局势安全等问题成为掣肘中国经济的重要因素。从内部因素来看，一方面，当前中国经济面临汇率不稳定、房地产价格危机、地方政府债务和国有企业债务等方面的风险；另一方面，环境保护、人口拐点、结构性去杠杆、能源成本波动等因素导致中国供求两端承受着较大压力。

在极为复杂的政治经济局势下，经济全球化的潮流也为中国经济的发展带来了前所未有的机遇，加快了中国的经济发展和转型升级。随着工业化程度的加深，出口商品结构不断改善，工业制成品出口所占比重逐渐超过初级产品，高附加值产品出口比重上升。大量机电产品的进口加快了中国企业技术改造的步伐，促进了中国产业结构的升级。随着对外开放程度的加深，我国对外贸易与投资规模不断增大，与国际市场的联系日益紧密，使资源更大限度地优化配置，在对外直接投资方面，中国已经成为增量最大的对外直接投资国。同时，参与国际化使得中国可以引进更为先进的科技成果发展高新技术产业和改造传统产业，高起点发展经济。中国作为发展中国家，改革空间十分巨大，所处发展阶段非发达国家所拥有，继续保持较高的发展速度，是发达国家可望而不可即的。从营商环境、金融秩序、创意产业、消费市场等方面，中国自我挖潜的可能性非常大。进一步深化经济改革、扩大经济对外开放，大力发展中小企业和民营企业，重视技术创新和保护知识产权，这些都将为中国的经济增长提供支撑。在全球既有危险又有机会的复杂政治经济环境下，中国企业必须具备强烈的风险意识，提高自身的抗风险能力。

二、风险环境复杂多变

当今世界正发生着深刻而复杂的变化，受国际金融危机深层次的影响，世界经济复苏缓慢，收入分配不均衡、发展空间不平衡等问题突出，各国面临的发展问题依旧严峻。寻求国与国之间、地区与地区之间、国家与地区间相互平衡的国际政治关系，以合作共赢为主题的全球经济一体化成为当今主流国际准则。2013 年秋，习近平主席首次提出“丝绸之路经济带”和“21 世纪海上丝绸之路”的倡议，提倡共建“一带一路”，顺应世界多极化、经济全球化、文化多样性、社会信息化的潮流，实现亚欧非大陆及附近海洋的互联互通，加强沿线国家伙伴关系及各国的可持续发展。2015 年 3 月，《推动共建丝绸之路经济带和 21 世纪海上丝绸之路的愿景与行动》发布,“一带一路”以更加清晰的面貌展现。2017 年 5 月,首届高峰论坛达成 76 大项、279 项具体成果,领导人圆桌峰会发表了联合公告,为各国合作明确了方针和路线。

“一带一路”促进了沿线各国发展战略的对接与耦合,铁路、港口、管网等基层设施稳步建设,经贸合作不断取得积极进展,发掘了沿线区域内的市场潜力,促进了投资和消费,创造了就业岗位。其中,中国同沿线国家共建的 82 个境外合作园区内,就提供了 30 万个就业岗位,同时也增进了沿线国家文化的交流和发展,促进了和谐共荣。

中国经济与世界经济高度关联,中国企业利用国外市场和资源,通过对外投资、对外工程承包、对外劳务合作等多种方式,积极参与国际竞争与合作,实现了中国经济可持续发展的现代化强国战略。

2000 年 3 月,全国人大九届三次会议期间,“走出去”战略正式提出;党的十五届五中全会上,首次明确提出“走出去”战略;“走出去”战略在“十一五”期间得到全面落实;十一届全国人大三次会议上,政府工作报告强调,要进一步简化各类审批手续,落实企业境外投资自主权,加快实施“走出去”战略,鼓励符合国外市场需求的行业有序向境外转移产能,支持有条件的企业开展海外并购,深化境外资源互利合作,提高对外承包工程和劳务合作的质量。

自 21 世纪初实施“走出去”战略以来,我国对外投资持续快速发展,2014 年,中国对外投资实现“出超元年”,成为资本净输出国。在“一带一路”的政治经济背景下,“走出去”战略升级,实现由“引进来”为主向“走出去”“引进来”并重的转变。

中国企业抓住机遇,加快“走出去”步伐,进行海外布局,符合全球经济一体化的发展趋势。这有助于释放在国内面临的调整和转型压力,化解国内经济的市场风险,缓解资源约束、产能过剩,调整产业结构、促进产业升级,提升企业创新能力,引导国内产业升级,利用国际国内两个市场,突破贸易壁垒,有效平衡和降低企业单一市场的运营与行业周期性风险,实现企业的商业价值和国有资本的保值增值。

马克思说:“时间是人类发展的空间。”近几年来,“一带一路”合作不断走向深入,中国企业不断“走出去”进军海外市场,扩大和深化了中国的对外开放,也加强了亚欧非及世界各国的互利合作,为完善全球治理体系变革提供了新思路,书写了世界各国携手发展的新篇章。在进军“一带一路”国际市场的同时,中国企业也应做好充分准备,以应对企业全球化过程中的各种风险。

三、国有企业重大风险事件频发

2001 年至 2012 年,一波波财务丑闻震惊商界。2001 年 11 月,美国安然公司爆发了重大财务丑闻，之后世通、施乐、莱得艾德、美国在线时代华纳、百时美施贵宝、山登等一系列上市公司财务舞弊案件接踵爆发，打击了投资者对美国资本市场的信心。

自改革开放以来，中国经济走上了一条持续高增长之路，但实事求是地说，即使在市场化程度相对较高的中国上市公司中，财务欺诈事件也一直不断，给企业和国家带来了重大损失。目前，国有企业发生的重大风险事件主要分为以下三类。

（一）贪污腐败

2008 年，云南铜业（集团）有限公司原董事长邹韶禄、原副总经理余卫平贪污受贿并造成巨额国有资产流失，并引出“云铜腐败案”，涉案金额高达 20 多亿元。2013 年 8 月后，包括国务院国资委主任、前中石油董事长蒋洁敏等石油系统官员，纷纷因贪腐问题遭中央查处，社会影响巨大，为国家带来巨额损失。

（二）弄虚作假

2001 年，爆出“银广夏”事件，披露出“银广夏”1999 年、2000 年业绩绝大部分造假。截至 2020 年三季度末，永煤集团货币资金余额为 470 亿元，但却于 11 月 10 日发生 10 亿元债券违约，致使信用债利差迅速提高，多只信用债券发行取消，严重影响市场秩序。

（三）投机冒进

2004 年，中航油新加坡公司总裁因内部监管控制机制未有效运行，违规操作石油衍生品期权交易，造成 5.54 亿美元的巨额亏损。四川长虹为开拓海外市场，提高海外市场销售额，对外赊销政策管理不当，近 40 亿元应收账款无法收回，导致计提了高额坏账，公司陷入巨额亏损。2018 年底，中石化的全资子公司中国国际石油化工联合有限公司由于违规原油交易出现巨额亏损，董事长和党委书记均被停职。

不断爆出的风险事件，显露了国有企业内部控制的疏漏和外部监管力度的薄弱。内部控制的疏漏表现在以下几方面：内部控制制度不健全或形同虚设；管理层风险意识淡薄，在个人利益或绩效压力的驱使下，将个人意志凌驾于内部控制之上；企业员工整体素质不高，未认识到内部控制的重要性，内部控制工作效率低下；企业内部激励机制不健全，考核和奖惩机制不够完善、不够科学，一方面导致管理层在绩效压力下铤而走险，另一方面严格遵守内部控制制度没有积极的奖励；缺乏有效的监督机制，内部审计的独立性无法得到有效保障，内部审计部门人员过于精减，专业胜任能力不足。

殷鉴不远，来者可追。内部控制是否健全有效，将直接对企业的经营管理成果产生影响。建立健全内部控制，加强风险管理，确保财务报告的可靠性及企业经营操作的合法性和合规性，提高经营效率，是当今经济环境下，企业健康可持续发展所必须解决的问题。

第二节　政策背景

一、COSO 内部控制与企业风险整合框架

安然、世通等企业爆发财务丑闻，促使全球商界和政府重新审视风险控制的内部控制制度和外部监管环境。2002 年，美国国会通过了《萨班斯-奥克斯利法案》(以下简称《萨班斯法案》)，强制要求企业建立内部控制制度，严格要求企业加强风险管理。1992 年，美国 COSO(特雷德韦委员会赞助组织委员会)发布《内部控制整合框架》，并首次提出内部控制五要素：控制环境、风险评估、控制活动、信息与沟通、监控。该框架在全球范围内获得了广泛的认可和关注，《萨班斯法案》适用对象涵盖了在美国上市的公司，而 COSO《内部控制整合框架》是美国证券交易委员会唯一推荐适用的内部控制框架，这使得 COSO《内部控制整合框架》在美国乃至世界得到广泛推广。

2000 年以来，在实施了十多年内部控制框架之后，企业和学者发现即便建立了完善的内部控制体系，企业仍然会出现倒闭、破产、经营失败或预期不达标等风险损失案例，COSO 开始从一个更高的角度来思考企业的管理活动以及内部控制体系的局限性，例如，过分注重财务报告，而没有从企业全局与战略高度关注企业风险。他们以此提出，企业需要从整合风险管理的角度为企业创造价值并合理保障公司战略目标的实现。

2004 年 9 月，COSO 正式颁布《企业风险管理整合框架》(COSO-ERM)，该框架着重于企业风险的管理。

《企业风险管理整合框架》对 ERM 的定义说明，风险管理的目的是对风险进行有效的管理，寻求风险和收益的最佳平衡，以实现企业战略目标，而不再仅仅是回避风险。《企业风险管理整合框架》的序言中指出，“公司不仅可以借助这个风险管理框架来满足内部控制的需要，还可以借此转向一个更加全面的风险管理过程”。为保证风险管理目标的完成，在《内部控制整合框架》内部控制五要素的基础

上,《企业风险管理整合框架》的构成要素增加到八个：内部环境、目标设定、事项识别、风险评估、风险应对、控制活动、信息与沟通、监控。《企业风险管理整合框架》在《内部控制整合框架》的基础上增加了：一个新的观念——风险组合观；一个目标——战略目标；两个概念——风险偏好、风险可接受程度；三个要素——目标设定、事项识别、风险应对。2004 版《企业风险管理整合框架》在内部控制的目标、要素与组织层级之间形成了一个相互作用、紧密联合的有机整体；内部控制要素的细分和充实,使内部控制和风险管理日益融合,扩展了内部控制的内涵和外延。

风险的复杂性随着时代的变化而变化,随着环境的变化、技术的不断进步,企业组织结构日益复杂化,新的风险层出不穷。为此,COSO 在 2013 年启动了对风险管理架构的修订工作(征求意见稿),新框架将内部控制的财务报告目标扩展为报告目标,在关注财务报告的同时关注内部的经营、非财务报告以及合规目标。2013 版内部控制框架将原框架内部控制要素包含的基础性概念进行提炼,正式提出了 17 项原则和支持原则的 81 个属性。

2017 年,COSO 发布了正式版的《企业风险管理——战略与绩效的整合》,从征求意见稿到正式版,企业风险管理框架中的要素和原则从围绕企业战略和绩效,变成了贯穿融入企业战略、绩效和价值提升。五要素中的“风险”一词被去除,不再着重强调风险视角下的企业治理和管理要素,而是从企业治理和管理的视角将风险管理嵌入其中。其将控制要素的原则变更为 20 项。风险被重新定义为：事件发生并影响战略和商业目标的可能性。企业风险管理被定义为：组织在创造、保持和实现价值的过程中,结合战略制定和执行,赖以进行管理风险的文化、能力和实践。其将风险管理工作直接从“一个流程或程序”提升到“一种文化、能力和实践”,用以实现组织创造、保持和实现价值。

实施风险管理工作的目的是为股东和利益相关方创造、实现和保持价值,企业实施风险管理不是为了满足监管的需求,而是为了达到战略目标,提升企业价值(business values)。风险管理工作支持企业管理决策,而不仅仅是建立内部控制制度,2017 版《企业风险管理——战略与绩效的整合》为企业风险管理体系的建设提供了目前最先进的理论依据,为企业风险管理在制定和执行战略时产生的价值提供了更深入的见解,提供了新的风险思路,用以在更复杂的商业环境下制订和实现目标,并为企业设计、实施和开展企业风险管理的各级管理层提供了核心定义、要素和指导原则。

二、我国内部控制与风险管理

我国的企业风险管理体系和内部控制体系建设走过了不平凡的道路,取得了重要的探索性、阶段性成果。这源于过去几十年中国企业走过的坎坷之路,也源于我国始终以广阔的胸襟和开放的态度吸收借鉴国际内部控制建设取得的先进成果。

党和政府各级领导高度重视内部控制体系建设,内部控制建设写入了《政府工作报告》和“十一五”规划。2006 年 6 月,国务院国有资产监督管理委员会(以下简称“国资委”)为更好地履行出资人义务,开展全面风险评估工作,增强企业竞争力并提高投资回报率,促进企业持续健康发展,制定并颁发了《中央企业全面风险管理指引》,对中央企业的全面风险管理提出了具体要求。

2007 年 1 月,在第四届中国审计精英高层论坛上,财政部会计司时任司长、企业内部控制标准委员会秘书长刘玉延明确表示,用 3 年时间完成企业内部控制标准体系的规范,下发企业执行,并强调:建立中国式的 COSO 内部控制框架——内部控制标准体系。内部控制标准体系建设意义重大,不仅能够促进我们企业管理提升层次,而且能够提高企业的效率,提高企业生产竞争力,更有利于我国企业走出国门,参与国际竞争。

2008 年,财政部会同证监会、审计署、银监会、保监会以 COSO《企业风险管理整合框架》为基础印发了《企业内部控制基本规范》,要求在上市公司内实施,并鼓励非上市大中型企业参照执行。2010 年 4 月,五部委联合发布《企业内部控制配套指引》,包含 18 个企业内部控制指引、1 个企业内部控制评价指引和 1 个企业内部控制审计指引,内部控制建设进入具体的、可操作的层面,与《企业内部控制基本规范》构成了我国企业内部控制规范体系。

2012 年,国资委启动中央企业内部控制体系建设工作,要求用两年的时间,在全部中央企业建立起以《企业内部控制基本规范》《企业内部控制配套指引》为指引的内部控制体系,每年对我国上市公司执行内部控制体系情况进行分析,并发布分析报告,用以推动内部控制规范体系的实施。

同时我们也看到,我国企业内部控制相对薄弱,风险管理理论发展及应用相对滞后,存在诸多不规范的经营行为。在企业管理的各个环节和经营管理过程中执行风险管理,培育良好的风险管理文化,建立全面的风险管理体系,防范和控制企业风险,对实现企业目标具有重要意义。

内部控制为企业管理目标的实现提供了合理保障,良好的内部控制可以合理保证经营合规、资产安全、财务报告及相关信息真实完整、经营有效性,促进企业良性发展。内部控制是企业风险管理的一部分,内部控制与风险管理相结合,对完善社会主义市场经济、稳定市场经济秩序,维护社会公众利益,推动我国更好地参与国际竞争,提升对外开放水平和企业自身实力,具有重要的现实意义和长远的历史影响。

三、风险管理方法的历史沿革

风险管理思想自古有之，我国在夏商时期就有预防饥荒的粮食储备制度。现代风险管理理论与实践兴起于20世纪30年代，受1929—1933年经济危机的影响，美国40%左右的银行和企业破产，经济严重倒退。为应对经营上的危机，美国许多大中型企业开始设立风险管理部门。1930年，美国管理协会的一次关于保险问题的会议上，首次提出了风险管理的概念。

20世纪50年代，风险管理以学科的形式发展起来，并形成了独立的理论体系和应用于商界的管理手段。60年代，越来越多的学者系统地研究风险管理的方法，并寻求风险管理方法的多样性，风险管理不再仅依赖保险手段，而是关注多种处置风险的方式。70年代，风险管理理念在欧洲、亚洲经济发达国家广泛传播，风险管理的研究内容较多，在信用风险和财务风险的管理测量方法上已经比较成熟，但是风险管理的方法还缺乏系统性和全局性。

现代风险管理始于20世纪90年代，1999年《巴塞尔新资本协议》蕴含了全面风险管理的概念。2004年，COSO出台了《企业风险管理整合框架》，其中的风险管理概念、内容、框架构成了现代风险管理理论的核心。

风险管理分为三个阶段：简单风险管理阶段、商务风险管理阶段和全面风险管理阶段。简单风险管理只强调风险的负面影响，力求避免各种风险。商务风险管理将了解和管理风险视为每个人工作的一部分，实施更加系统的风险评估过程，商务风险管理方法认为了解和管理风险是每个人工作的一部分，业务经理也要尽最大努力去了解风险的源头，并与风险管理经理实现知识和信息的共享，最终使得风险管理与商务活动密不可分。全面风险管理中，将风险管理定义为企业追求机遇过程中一个合理有序的流程。

我国学者曹元坤和王光俊将风险管理分为两个阶段：基于保险和财务层面的风险管理阶段和基于整体层面的风险管理阶段。基于保险和财务层面的风险管理阶段，将保险作为风险应对的主要手段，风险管理研究的方法以模型化的定量研究为主，概率论和数理统计技术应用于风险管理领域，风险管理从经验走向科学。20世纪90年代以来，随着社会环境和经济环境的变化，信用风险、市场风险和操作风险等多种风险因素影响着经济环境，基于整体层面的风险管理应运而生。基于整体层面的风险管理涉及保险、套期保值、投资融资、薪酬甚至税收管理等多个领域。风险管理研究模式从模型化向框架标准化发展，风险管理的方法从定量研究变为定性分析与定量分析相结合，更多的科学技术手段被应用于风险管理。

第三节 信息大爆炸时代

一、信息大爆炸时代的信息特征

（一）信息体量大，难甄别

全球化背景下，各经济主体间交流不断增多，各种信息不断涌现，为掌握有效信息，需储存大量相关信息，通过信息处理设备和工具来筛选分析出真实有用的信息。

（二）时效性强

各种信息瞬息万变，要作出符合形势的判断，精准施策，立于不败之地，必须做好信息基础工作，迅速及时地捕捉信息，快速作出决策。

（三）涉及范围广

信息经济被称作“新经济”，就是由于其诞生以来，源源不断地创作出新信息、新渠道、新价值，信息来源范围持续拓宽，涉及专业知识门类多，需要专业判断和分类整理。

（四）准确性差

被用来作为判断依据的信息需要准确可用，但是信息难以有效验证，甚至有时会出现不同运用主体使用空间内相同信息却互相冲突的现象，彼此各执一词，各圆其说。

（五）有效信息隐秘性高

平时接触到的信息中无效信息、虚假信息繁杂，鱼龙混杂，难以从中找到有效信息。为找到有参考价值的信息，需要不断地跟踪积累，揭开真实信息的面纱。

信息大爆炸时代信息本身的真实性和有效性变差，信息处理难度变大，面临的信息风险也越来越突出。

二、互联网时代的技术手段创新

信息时代依托互联网信息技术实现互联网与传统产业的联合，通过优化生产要素、更新业务体系、重构商业模式等途径来完成经济转型和升级。“信息时代”存在两个特征：一方面，其是互联网与传统产业的深度结合，依托互联网把原本孤立的各传统产业相连，通过大数据完成行业间的信息交换；另一方面，其深层意义是通过传统产业的互联网化完成产业升级。互联网时代更加需要一种开放、跨界、协作和融合性思维，移动互联网、物联网、大数据、云端等信息技术，在迅速改变当前经济结构和商业模式的同时，激发了更多的创新，为经济的发展和社会生活提供了更加丰富和便捷的服务。互联网把一切经营管理活动数字化，通过数据化的方式来推动传统业务的转型升级。作为一种新兴的经济形态，互联网为时代创造了巨大的生产力并提供了无限生机，给传统商业模式带来颠覆性的改变。

2015 年全国人大三次会议上，李克强总理在政府工作报告中首次提出，“推动移动互联网、云计算、大数据、物联网等与现代制造业结合，促进电子商务、工业互联网和互联网金融健康发展，引导互联网企业拓展国际市场。”互联网对传统产业领域的渗透融合，使传统产业焕发出新的生命力。互联网代表一种新的经济形态，充分发挥了其在生产要素配置中的优化和集成作用，将其创新成果深度融合于经济社会各领域之中，提升了实体经济的创新力和生产力，形成更广泛的以互联网为基础设施和实现工具的经济发展新形态。采用互联网思维将实现经营模式的互联网化、管理模式的互联网化，充分发挥互联网对生产要素的优化配置，激发实体经济的活力和创造力。而实现企业的互联网化，则需要将开放、平等、合作、分享等互联网思维融入企业生产经营的每个环节中，将互联网思维运用到生产经营管理中，融入企业文化中去。

适应互联网时代复杂多变的环境是当今企业发展的必要条件，也是支持企业开拓创新的根本条件。互联网在给企业带来机遇的同时，企业的运营环境、内控环境也随之发生了变化。利用互联网，可以建立跨部门、跨地区的信息共享，有效地减少资源的重复投入，消除信息不对称，提高管理工作的效率。互联网时代的内部控制，可以利用互联网对内部控制过程形成记录、分析和预警，及时化解可能存在的风险，同时，信息化的环境还可以在对内部控制的监督过程中实现对内部控制程序的分析和改进，不断优化内部控制程序，实现风险管理能力的全面改进和提升。与此同时，企业的转型升级和信息共享，也带来了相应的风险和挑战。首先，企业越来越多地依靠和利用不断发展的信息技术来实现内部控制目标。互联网环境下，企业信息系统运行由封闭式转向开放式，风险控制难点增多，复杂的计算机系统也增加了系统控制风险。其次,互联网去中心化和扁平化的特性,要求企业重构组织架构。大数据和网络技术要求企业减少内部控制层次,压缩管理层级,缩短管理层和操作层之间的距离,促进组织架构扁平化,使企业的控制环境发生重大变化,要求企业在管理方式和方法上作出有效调整、创新和改进,以保证内部控制目标最大限度的实现。

三、大数据时代带来的技术变革

在信息技术高速发展的当下,获取和掌握信息的能力,成为衡量一个企业,乃至一个国家实力强弱的标志。信息的获取需要对海量数据进行分析,海量数据随着时间持续产生、不断流动,进而扩展成为大数据。在维克托·迈尔-舍恩伯格和肯尼斯·库克耶编写的《大数据时代》中,大数据的特点被描述为:大量、高速、多样、低价值密度和真实性。大数据不单强调数据的"量",同时看重数据的全面性、详细程度、时效性以及数据处理的"速度"。大数据技术与应用专业是新兴的互联网专业,大数据技术与应用将大数据分析挖掘与处理、移动开发与架构、软件开发、云计算等前沿技术相结合。随着云时代的来临,大数据受到越来越多的关注,对海量数据的挖掘、分析和运用,标志着大数据时代的来临。

商业与大数据密不可分,金融、汽车、餐饮、电信、能源、体能和娱乐等在内的社会各行各业都已经融入大数据的印迹。云计算、大数据、物联网等新型技术快速推动着社会和经济的变革。对于企业而言,新技术变革着企业的管理以及运营的思维及方式,企业数据也从被忽视转变为企业的战略资产,从提高效率、改善运营管理,到支撑决策,变革企业组织架构、商业模式。大数据在公司战略、商业模式等方面为企业决策提供依据,带来新的思维方式和新的理念。挖掘大数据的价值,将数据有效利用,依靠数据准确、及时、高效地传递有价值的信息和提供具有洞察力的观点,将提升企业在战略制定、经营决策方面的能力。

随着信息技术水平的不断提高,企业经营管理的内外部环境也在发生变化,信息传递更加及时、信息更加对等,企业的战略和目标也发生了变化。众所周知,数据应该随时为决策提供依据,风险管理更是倚重于信息的收集和运用,传统的信息收集存在统计不全面、不准确、不及时等缺陷,导致无法及时带来风险预警。许多企业还存在将数据简单罗列,仅将其当作为遵循公司治理规则而必须保存的信息加以存档和处理,而不是将它们作为战略转变的工具。大数据带来的技术变革使信息的收集和分析更加准确和全面,打破了传统内控模式下的信息壁垒。将信息化、机器人流程自动化(RPA)和人工智能(AI)在风险管理中充分运用才能适应大数据时代发展的要求,信息系统通过提供智能化的各项业务数据的分析报告,为决策人识别和判断企业风险提供帮助，使企业避免和减少风险损失。将信息化和人工控制相结合，运用信息化的方法推动内部控制建设和发展，改变传统管理理念，加强部门之间的联系，提高管理链条和产业效率，开展更有效的经营管理活动。同时，流程的透明，也有效地避免了腐败、防范了风险。大数据应用领域经过实际检验的分析模型和先进的数据挖掘技术，研发出了面向信用评估、风险管控等多领域的创新数据产品。企业应当积极搭建信息化管理平台，以信息管理平台为基础，将数据应用到全流程、动态、实时的企业管理中去。

第二章 国有企业全面风险管理

第一节　企业全面风险管理整合框架（2004）

一、风险与风险管理

（一）风险的相关概念

风险的基本含义是损失的不确定性。但是，对这一基本概念，在经济学家、统计学家、决策理论家和保险学者中间尚无一个适用于他们各自领域的一致公认的定义。关于风险，目前尚有数种不同定义。描述风险一般需要体现几大要素特征，即风险要素、风险事件、风险损益、风险可能性或频率，其中风险损益和风险可能性用以描述风险严重性。一般在操作层面，描述风险则采用核心三要素方式，即风险因素、风险事件、风险损失。

风险可用多种方式分类。以风险是否会带来经济损失，可分为经济风险和非经济风险；以经济条件是否发生变化，可分为静态风险和动态风险；以损失的起因和后果是否为单独的，可分为重大风险和特定风险；以是否可能带来损失和收益，可分为纯粹风险和投机风险。

（二）风险管理的相关概念

风险管理在20世纪30年代开始萌芽，20世纪50年代作为一门学科发展起来。受1929—1933年经济危机的影响，美国有40%的银行和企业破产，经济倒退了约20年。经济危机造成的严重损失促使管理者开始注意采取某种措施来消除风险、控制风险、处置风险，以减少或降低风险给企业带来的影响。美国许多企业为应对经营上的危机，在企业内部设立了保险管理部门，负责安排与管理企业的各种保险项目。由此可见，当时的风险管理主要依赖于保险手段。之后，美国许多企业对风险管理开始采用科学的方法，逐步积累了丰富的实践经验。1931 年，由美国管理协会保险部首先提出风险管理概念，在以后的若干年里，以学术会议及研究生班等多种形式集中探讨和研究风险管理问题。

两个大事件促进了风险管理在企业界的推广，风险管理从此得到迅速发展：其一是美国通用汽车公司的自动变速器装置引发火灾，造成巨额经济损失；其二是美国钢铁行业因团体人身保险福利问题及退休金问题诱发长达半年之久的工人罢工，给国民经济带来难以估量的损失。此后，理论界和实务界对风险管理的研究逐步趋向系统化、专门化，风险管理也成了企业管理科学中一门独立学科，“风险管理”一词正式形成。

随着技术的更迭与创新，企业经营方式的改变，企业管理者对风险管理的认识正在逐步深化，风险管理已然成为一门新兴的管理学科，为各国管理界所重视，在企业管理中广泛而迅速地推广和应用起来。风险管理给组织提供了一种管理方法，使其避免暴露于无谓的风险之中。

对于风险管理可以这样理解：风险管理是指导和控制组织风险的各类协调活动。风险管理框架是贯穿于整个组织的有关设计、实施、监控、检查和持续改进风险管理工作的基础和组织安排。组织采用风险管理方法并选择与优化组合各种风险管理技术，对风险实施有效控制和妥善处理风险所致损失的后果，从而以最小的成本收获最大的安全保障。

二、企业风险管理概述

美国 COSO《企业风险管理整合框架》(2004)对企业风险管理进行了定义：企业风险管理是一个过程，它由一个主体的董事会、管理层和其他人员实施，应用于战略制定并贯穿于企业之中，旨在识别可能会影响主体的潜在事项，管理风险以使其在该主体的风险容量之内，并为主体目标的实现提供合理保证。

这一定义，可以反映企业风险管理特征：它是一个过程，持续地流动于主体之内；由组织中各个层级的人员实施；应用于战略制定；贯穿于企业，在各个层级和单元应用，还包括采取主体层级的风险组合观；旨在识别一旦发生将会影响主体的潜在事项，并把风险控制在风险容量之内；能够向一个主体的管理层和董事会提供合理保证；力求实现一个或多个不同类型但相互交叉的目标。

三、企业风险管理构成要素

美国COSO《企业风险管理整合框架》(2004)认为企业风险管理由相互关联的八个要素构成,包括内部环境、目标设定、事项识别、风险评估、风险应对、控制活动、信息与沟通、监控。它们来源于管理层经营企业的方式,并与管理过程整合在一起。

内部环境——内部环境为主体内的人员如何认识和对待风险确立了基础,包括风险管理理念和风险容量、诚信和道德价值观,以及他们所处的经营环境。

目标设定——必须先有目标,管理层才能识别影响目标实现的潜在事项。企业风险管理确保管理层采取适当的程序去设定目标,确保所选定的目标支持和切合该主体的使命,并且与它的风险容量相符。

事项识别——必须识别影响主体目标实现的内部事项和外部事项,有代表风险的事项和代表机会的事项,或两者兼有的事项。机会被反馈到管理层的战略或目标制定过程中。

风险评估——通过考虑风险的可能性和影响来对其加以分析,以形成如何对这些风险进行管理的依据。风险评估应立足于固有风险和剩余风险。

风险应对——管理层选择风险应对包括回避、承受、降低或者分担风险,采取一系列措施以便把风险控制在主体的风险容限①和风险容量以内。

控制活动——管理层及员工通过制定和执行政策与程序,以确保风险应对措施能够有效实施。

信息与沟通——风险相关的信息可以对员工履行其职责的方式和时机予以识别、获取和沟通。有效沟通的含义比较广泛,包括信息在主体中的向下、平行和向上流动。

监控——通过全面监控企业风险管理,能够动态地作出反应,根据条件变化,必要时加以修正。监控可以通过持续的管理活动、专门评价或者两者结合来完成。

企业风险管理并不是一个严格的顺次过程,一个构成要素并不仅仅影响接下来的那个构成要素。它是一个多方向的、反复的过程,在这个过程中几乎每一个构成要素都能够也的确会影响其他构成要素。

企业风险管理框架力求实现主体四种类型的目标:战略、经营、报告和合规。战略目标是最高层次目标,与组织使命相关联并支撑其实现。经营目标是能有效和高效率地利用其资源。报告目标指报告的可靠性。合规目标是符合适用的相关

① 风险容限也称作“风险容忍度”“风险承受力”等。

法律法规。对主体目标分类可以提示关注企业风险管理的不同侧面。这样使我们既能够从整体上关注一个主体的企业风险管理,也可以从目标类别、构成要素或主体单元的角度,乃至其中任何一个分项的角度去加以认识。

认定一个主体的企业风险管理是否“有效”,是在对八个构成要素是否存在和有效运行进行评估的基础之上所做的判断。因此,构成要素也是判定企业风险管理有效性的标准。构成要素如果存在并且正常运行,那么就可能没有重大缺陷,而风险则可能已经被控制在主体的风险容量范围之内。

如果确定企业风险管理在所有四类目标上都是有效的,那么董事会和管理层就可以合理保证他们了解主体实现其战略和经营目标、主体的报告可靠以及主体符合适用的法律和法规的程度。

八个构成要素在每个主体中的运行并不是千篇一律的。例如,在中小规模主体中的应用可能不太正式,不太健全。尽管如此,当八个构成要素存在且正常运行时,小规模主体依然拥有有效的企业风险管理。

第二节　国资委《中央企业全面风险管理指引》(2012)

一、中央企业全面风险管理的提出

自改革开放以来,我国国有企业改革历经简政放权、减税让利、利改税、承包制、股份制和建立现代企业制度等多个阶段。党的十六大和十六届二中全会明确了新的国有资产管理体制,从体制、机制上开始全面理顺和加强对国有资产的监管。国务院于2003年5月27日正式颁布了《企业国有资产监督管理暂行条例》(国务院令第378号),以行政法规的形式,明确了国有资产监管机构的职责,确立了一系列国有企业监督管理制度。国有企业在不断的改革和调整中得到快速发展。

现有国有企业监督体系还有许多不足之处。同时,国际、国内市场激烈的竞争也将各种各样的风险摆在了国有企业面前。2006年,国资委要求中央企业建立现代的全面风险管理体系。就此,整合企业各种管理资源,将企业监督机制有机地融入企业全面风险管理体系建设之中,成为国有企业当前与未来发展必须研究与解决的问题。

国有企业是我国国民经济的重要支柱,而中央企业在关系国家安全和国民经济命脉的重要行业和关键领域中居主导地位。在当今构建和谐社会、实现国民经济稳定增长方面，中央企业还担负着重大的政治责任和社会责任。如何在改革开放形势下对中央企业经营活动进行有效监管，加强其全面风险管理，以实现我国社会的和谐进步与经济增长的同步发展，是我国中央企业现代企业制度建设和构建国有企业竞争力的一个长期战略任务。

目前，中央企业的内外监督体系框架已经初步建立。但是，这种监督机制在具体操作中还存在不少的问题。比如，在政府监督方面，虽然国资委履行了出资人职责，管人、管事、管资产，但是管理难以完全到位，委托代理、信息不对称、内部人控制、"寻租"、激励约束不足以及各种监督资源无法有机结合等问题依然存在；在社会监督方面，由于内部人控制和信息不对称，社会监督职能作用有限，如会计师事务所、审计师事务所等社会中介机构，由于受雇于企业，为了生存和自身利益，存在做假账的问题；在企业内部监督方面，公司治理结构不清、监事会难以监督和独立董事不独立等问题依然存在，使内部监督机制难以发挥应有的作用。

随着我国市场经济的发展，加入 WTO 后，国际、国内市场激烈竞争将各种各样的风险摆在了中央企业面前。实行全面风险管理已成为全球管理变革的大趋势，如何识别风险、控制风险、驾驭风险，更好地化解危机、把握机遇、增加价值，已成为理论界和企业家共同关注的热点问题。国资委指出，"企业全面风险管理是一项十分重要的工作，关系到国有资产保值增值和企业持续、健康、稳定发展"，并于2006年制定发布了《中央企业全面风险管理指引》，要求中央企业结合本企业实际开展全面风险管理工作，以增强企业竞争力，促进企业稳步发展。

企业全面风险管理要求将企业经营管理过程中的风险控制在与企业发展目标相适应并可承受的范围内，其与中央企业内部所存在的监督管理机构——纪检、监察、审计、监事会、风险管理办公室的目标是一致的。然而，由于现代企业制度的建设进程和国有企业的政治责任，中央企业内部各个监督职能之间还存在着交叉、盲区和冲突的现象。比如，监事会从公司法的角度具有监督上的法律依据，也有法律赋予的明确职能，但缺乏实施监督的手段；审计部门具有经济监督的专业手段和技能，但随着公司治理结构的完善和产权多元化的改革，审计部门的监督往往只局限在股东审计的领域，缺乏对企业日常经营活动的实时监督能力；监察部门从监督的角度具有查处违纪问题、教育干部群众的权威性，但缺乏类似监事会的明确法律地位；等等。如何保证各监督管理职能之间不存在盲区、不各自为政，而是相互依赖与配合，实现信息共享，是中央企业全面风险管理制度建设中亟待解决的一个难题。

原中央纪委书记贺国强同志到部分中央企业调研时提出："把惩防体系植于企业内部控制和风险管理制度之内、融入企业经营管理体系之中。"中央企业内部的纪检、监察、审计、监事会、风险管理办公室集成为“五位一体”的企业监督机制，把企业新型监督机制的建设同企业全面风险管理制度有机结合起来，使之成为保障国有企业健康可持续发展的有中央企业特色的基于全面风险管理的全新监督机制。

二、中央企业监督机制及相关理论

（一）企业监督机制及其相关理论

1. 国外企业监督机制

现代企业制度发源于欧美国家，发达国家的企业监督模式主要可以分为英美的企业监督模式、德国的企业监督模式和日本的企业监督模式。

1）英美的企业监督模式

英国与美国的公司治理结构中，股东对公司的直接监督作用相当有限。英美国家的公司不设监事会，监督职责由董事会履行，其中专设的外部独立董事被赋予专门的监督责任，这些外部独立董事或由外部独立董事组成的审计委员会发挥类似监事会的作用。这种监督机制的好处在于刺激董事会和经理人员以市场为导向，把利润最大化作为公司的主要经营目标，力图实现市场约束与公司自我约束的有机统一。然而这种设置的不足之处是会使经理层迫于股东分红的强大压力而偏重于追求短期盈利，从而导致公司经营行为短期化。

2）德国的企业监督模式

德国的企业监督模式有其特殊性。由于身为第二次世界大战战败国的特殊历史背景，德国现代企业制度建设中选择的监督机制，是一种“职工参与＋全能银行主导”型的独特模式。德国在第二次世界大战战败后推行“社会市场经济”体制，将经济政策和社会政策相结合，强调经济自由与社会义务的协调一致，以法律形式明确规定“工人和职员有权平等地与企业家共同决定工资和劳动条件”，在股东大会下联合组成公司监事会，使职员能按一定比例参与公司的管理决策。这种结构设置决定了职工在企业管理中具有较大的监督权。同时，德国在金融体制上实行银行、证券、企业融合的体制，银行在其中起主导作用，因此，德国的银行是“综合性、全能性”银行，不仅对公司贷款，而且还直接投资公司。为保证投资的安全性，这些银行通过向公司监事会派出代表来监督公司活动，并且，在公司治理中银行还扮演小股东的托管人角色，在小股东没有兴趣参加股东大会时代表他们行使表决权，所以，德国银行成为公司的主要监督者。

3）日本的企业监督模式

日本的企业监督模式和英美及德国的企业监督模式有所不同。日本的公司内部设置了监察人的角色，监察人由内部监察人和外部监察人构成，被赋予监督董事会的职能，这是公司治理方式中的一种制衡制度，有利于监管公司经营决策的合法性与社会性。然而这种设置却有弊端，监察人并没有被赋予任命董事会成员和控制董事会业务执行权的权力，监察人对董事会的控制作用被大打折扣。而且，日本法人之间相互持股较多且法人同银行业相融合，因而在公司经营过程中事实上是由经营管理者行使决策权的。如今，日本正在改变这种相对封闭的公司治理模式，改变公司对银行系统的过度依赖，转而部分依靠股票市场，并开始重视机构投资者在公司治理中的作用。

2.《萨班斯法案》与企业内控规范

1）《萨班斯法案》的主要内容

《萨班斯法案》全文共 11 章。前六章主要涉及会计职业及公司行为的监管，后四章的内容主要是加重公司高层主管及白领犯罪的刑事责任。《萨班斯法案》是针对专案立法的，具有很强的针对性，加大了对企业财务违规行为的处罚力度，对能够影响公司监督的各个层面都做了新的规定。

《萨班斯法案》从三个方面规定了要对企业实施监管。在政府方面，要建立一个独立机构来监管上市公司，全面修订会计准则，制定关于审计委员会成员构成的标准；在社会审计方面，要定期轮换审计师，限制审计师提供的咨询服务；在企业方面，要建立有规范标准的内控体系，严格执行该规范标准，定期对所有的规范标准进行审计校验。

2）企业内部控制规范

我国政府为了加强和规范企业内部控制，提高企业经营管理水平和风险防范能力，促进企业的可持续发展，维护社会主义市场秩序和社会公众利益，于 2008 年由五部委制定了《企业内部控制基本规范》。

3. 企业风险管理理论

企业风险管理概念产生之后全球有诸多组织就 ERM 给出过定义，本章第一节就《企业风险管理整合框架》(2004)中对企业风险管理的定义已有介绍。企业实施风险管理的动机和原因，是受企业所处的行业、企业规模以及企业风险管理人员个人背景等多方面影响的。20 世纪 90 年代以来，许多大企业的失败或巨额损失的发生和以风险为核心的新的股东价值模型在企业战略规划中核心作用的确立，是企业全面风险管理兴起的两个主要原因。据普华永道 2004 年对世界 1 400 个大中型公司的首席执行官(CEO)进行的调查结果分析，接近 3/4 的企业已经建成或部分建成全面风险管理体系，实施全面风险管理已经成为国际企业风险管理的发展趋势。

4. 我国国有企业监督模式

《中华人民共和国公司法》(以下简称《公司法》)关于公司治理结构的规定，实行类似德国模式的“双层委员会制”,公司治理结构由股东大会、董事会、监事会组成,股东大会是公司的最高权力机关,有权决定公司的一切重大事项,依照《公司法》所确定的范围行使决定、选举、审批等职权;董事会、监事会并列于股东会之下,由股东会选举产生并对股东会负责和报告工作。董事会是公司的经营决策、业务执行和代表机关。根据中国证监会《关于在上市公司建立独立董事制度的指导意见》,在上市公司中建立独立董事制度,上市公司董事会中的独立董事担负对内部董事的制衡监督职能,类似于美国模式的外部董事制度。监事会由股东会选举产生并对股东会负责和向其报告工作,它是公司的监督机构,负责对董事会的日常监督。由于董事会内部引入了独立董事监督制度,监事会的监督就成了对董事会的“外部监督”,从而形成“双层监督制”。由此,中国现行的企业监督模式同时具有英美、德国两类典型模式的特点。

从我国的社会主义国体角度来看,我国对国有资产的监督包括政府监督、社会监督和企业监督三个层面,从不同角度实施国有资产监督。尽管三个角度各不相同,但却相互融合、协调制衡,最终为了达到一个共同目标——维护所有者权益,实现国有资产保值增值——组成了较完整、较科学的国有资产监督体制。

5. 企业监督方法

目前我国企业实施监督的主要方法包括法人治理监督、职工民主监督、行政管理考核、思想道德约束等。

1)法人治理监督

法人治理监督是通过企业制度中对公司管理层约束的机构对公司的经营管理进行监督。这些机构是公司内部的组织机构,包括监事会、董事会和职代会。这些机构的监督能够直接对企业的风险进行纠错。法人治理结构可以通过预算、审计、人事、监察、纪检、股权激励等手段对企业的经营层进行监督管理。

2)职工民主监督

企业职工可通过职代会对公司经营进行监督。企业职工能够直接感知企业在经营过程中面临的风险与出现的问题,通过职工监督,能够加强职工的归属感,体现职工的主人翁地位。

3)行政管理考核

我国的国有企业经营者一般都由上级政府部门任命。上级领导对企业管理者的绩效考核体现了国家对企业所有权的控制与对经营管理的领导,能够有效地掌控和把握企业的战略发展方向与经营行为。行政管理考核包括企业监察、财务审计等监督手段。

4)思想道德约束

思想道德约束是对企业经营管理者的价值观指导与行为约束。道德约束对企业经营管理者提出了更高的要求，显示了社会主义国家对国有企业的社会责任进行约束，党组织对企业经营管理者要起到先锋队作用的基本要求。企业经营管理者的道德修养在这方面起着关键的作用。

（二）中央企业监督机制

中央企业监督机制由外部监督和内部监督组成。外部监督主要来自四个方面：国有资产监督管理机构或国有资产出资人的政府监督，上级党组织的党内监督，国家权力机关的执法监督，行业、媒体和利益相关者的社会监督；内部监督来自五个方面：公司董事会的监督、公司监事会的监督、企业党组织的监督、职工民主监督、企业的内部控制体系。

政府监督是中央企业监督体系中最重要的一环。党的十六大以前，各级政府既行使公共管理职能，又行使出资人职能，并将国有资产监督管理职能分散在多个部门，对企业干预过多。总体上看，国有资产管理面临的体制性障碍没有得到有效解决，形成了事实上无人对国有资产的保值增值真正负责的现状。党的十六大和十六届二中全会明确了国有资产管理体制改革的“三分开、三统一、三结合”的管理原则。“三分开”即政企分开、政资分开、所有权与经营权分开。政企分开，指政府授权国有资产监督管理机构对企业国有资产履行出资人职责，不直接管理国有企业；政资分开，指国有资产监督管理机构不行使政府的社会公共管理职能，政府其他机构、部门不履行企业国有资产出资人职责；所有权与经营权分开，指国有资产监督管理机构不直接干预企业的生产经营活动。“三统一”即权利、义务和责任相统一。“三结合”即管资产和管人、管事相结合。各级国有资产监督管理委员会为国有资产监督管理机构，具体职能是：根据国务院授权，依照《公司法》等法律和行政法规履行出资人职责，指导推进国有企业改革和重组；对所监管企业国有资产的保值增值进行监督，加强国有资产的管理工作；推进国有企业的现代企业制度建设，完善公司治理结构；推动国有经济结构和布局的战略性调整；代表国有资产出资人向部分大型国有及国有控股企业派出监事会：负责监事会的日常管理工作；通过法定程序对企业负责人进行任免、考核并根据其经营业绩进行奖惩：建立符合社会主义市场经济体制和现代企业制度要求的选人、用人机制，完善经营者激励和约束制度；通过统计、稽核对所监管的国有资产的保值增值情况进行监管；建立和完善国有资产保值增值指标体系，拟定考核标准；维护国有资产出资人的权益；起草国有资产管理的相关法律、行政法规，制定有关规章制度；依法对地方国有资产管理进行指导和监督。

三、中央企业全面风险管理概述

国资委颁布的《中央企业全面风险管理指引》对企业全面风险管理的定义是：企业围绕总体经营目标，通过在企业管理的各个环节和经营过程中执行风险管理的基本流程，培育良好的风险管理文化，建立健全全面的风险管理体系，包括风险管理策略、风险理财措施、风险管理的组织职能体系、风险管理信息系统和内部控制系统，从而为实现风险管理的总体目标提供合理保证的过程和方法。

全面风险管理具有四个显著特征，即全面的风险管理范围、全要素的风险管理体系、全过程的风险管理过程，以及全员的风险管理文化。

四、中央企业全面风险管理现状与实践

目前我国中央企业中的全面风险管理仍然存在许多问题。姚丹竹对中央企业的全面风险管理状况进行了一次调查。根据调查，当前60%以上的中央企业，其全面风险管理还处于传统的风险管理阶段，即风险管理的职能仍然分散在各个职能部门中，缺乏对各种风险的整合、统一管理，只有约20%的企业完全或部分建立了全面风险管理体系。

（一）中央企业风险管理存在的问题

(1) 治理结构中存在风险管理问题。从法律上讲，以公司制设立的企业包括国有企业，都应该以公司法为基础，建立以股东会为最高权力机构的现代治理结构。有研究表明，公司治理能力提升可加强企业的全面风险管理能力，因为只有建立以科学的现代治理结构为基础的权力产生和运行机制，才能从根本上理顺企业内部的各种权力结构，才可能将企业内部的各种责任体系落实到位，也有利于建立科学的风险责任体系。

但实际操作上，中央企业并不存在上述理想的现代化公司治理结构。股东会和董事会权力的重要组成部分——高级管理人员的推荐、任免权，均由上级组织人事部门代为行使，股东会并没有实际上的人事权力，董事长、总经理和其他高级管理人员都是由上级组织人事部门直接任命的。

尽管股东会和董事会的公司法地位很高，但高级管理人员的产生和它们无关，总经理的产生也和董事会、董事长没有直接关系。股东会和董事会在公司治理结构上被悬空，在地位上被下置，也就只有具体经营事项的部分决策价值和应付外部监管的形式价值。这种治理结构中一般没有设置监事会。企业高管人员产生机制

存在问题,使公司治理难以发挥作用。

(2) 经营管理层也存在风险管理问题。企业高层管理人员未完全树立科学的风险管理理念,他们在具体风险管理战略上,也存在或自负过度而冒险经营,或因谨慎过度而丧失发展机遇等问题,从而可能使企业面临中长期发展风险。

风险管理的组织与运行没有形成一体化运作体系。从目前风险管理的实际运作来看,以投资控股型企业为例,企业的财务部、内部审计部、资产管理部、投资管理部、安全管理部、法律部等部门,均或多或少地从本部门的角度对单个具体业务所面临的风险采取了一定的管理措施,但在某种程度上会受部门职能、具体业务人员风险管理技能和个人价值需要的局限。出现的这种由各职能部门在风险管理上各自为政、互不沟通,人为切断风险管理链的现象和做法,使风险管理部门难以对企业整体的风险状态形成综合、全面、系统的风险管理。

总之,在我国企业内部,或没有设置专门的风险管理部门,或虽然设立了风险管理部门,但在具体业务操作中没有流程化的规章制度可循。特别是在具体项目上,风险管理部门是否需要参与,何时参与,参与到何种程度等关键性问题没有得到制度性保证。在这种状况下,风险管理部门无法将国家的相关风险管控政策和本企业高级管理层的风险战略进行整体上的承接和全面贯彻,企业难以对各部门的各种具体和局部的风险进行全面综合分析,也难以对各种风险影响企业发展战略的程度进行综合性的评估和管理。

(二) 中央企业风险管理建设现状的形成原因

中央企业目前在风险管理方面存在的误区,是造成中央企业全面风险管理建设出现上述问题的主要原因。这些误区包括以下几种。

1. 视风险为畏途,放弃发展机会

风险是无处不在的,尤其是企业经营活动本身就具有不确定性。有不少企业对未来发展盲目恐惧,缺乏前瞻性眼光,把风险视为不可抗力,采取回避的方式防范风险。

2. 片面强调某类风险,忽视其他风险因素

有些企业片面强调某类风险,而忽视对其他风险因素的控制。企业风险涉及战略、财务、市场、运营、法律等诸多方面,并非是单单某一方面风险所能描述的。

3. 未能抓住风险管理的关键

很多企业都有一整套生产经营管理制度,包括安全制度与内控制度。有些企业错误地认为,只要这些制度顺利贯彻执行,就是风险管理的全部,就可以有效防范企业风险。

4. 注重风险制度设计,忽视制度执行

很多企业重视制度设计。但是,制度的执行比设计更为重要,良好的企业风险管理制度如果不能得到有效的执行,其效用就无法发挥。学者周放生认为,管理者不作为或乱作为,导致出了问题无人承担责任,一直以来都是我国国有企业的体制弊端。虽然每个企业都制定了很多规章制度,但大都会出现难以执行、难以落实的问题。这其中,既有企业经营管理者道德风范的问题,也有对经营管理者缺乏有效的、奖惩分明的责任制度的问题。如果主要经营者自己有了风险意识,有了危机感,自然就会将责任压力层层地向下分解传递,这样就会使整个企业的责任意识和责任落实力度明显增加。

第三节　企业全面风险管理整合框架(2017)

《企业风险管理——战略与绩效的整合》2017 版[以下简称“COSO-ERM 标准(2017)”]概述了以往 30 年间全球多个组织曾试图以颁布标准的形式给企业全面风险管理一种权威定义,指导企业构建全面风险管理框架。COSO-ERM 标准(2017)所展示的 ERM 框架堪称“引领、最新和最具权威”,从时间优化递进的角度也可谓“后来者居上”。

COSO-ERM 标准(2017)大刀阔斧地对 ERM 框架和 ERM 定义进行了改进。该标准“不仅在标准框架表述方式上、标准名称上、标准内容上,以及写作风格上”,也同时在模式上对 COSO-ERM 标准(2004)进行了改动。例如:一是标准名称的改动。COSO-ERM 标准(2017)的全称是“企业风险管理——战略与绩效的整合”(Enterprise Risk Management－Integrating with Strategy and Performance),相对照 COSO-ERM 标准(2004)的全称则是“企业风险管理整合框架”(Enterprise Risk Management— Integrated Framework)。二是 COSO-ERM 标准(2017)写作风格的改进,该标准在阐述“ERM 框架所存在的企业管理环境”以及“ERM 框架本身”时是分别以前后两部分的逻辑序列进行的。这与该标准针对 ERM 定义描述的新说法保持了一致,即“组织的风险管理‘文化、能力、实践’应与其战略制定和绩效执行相整合。凭借着这种整合管理,组织来创造、保护和实现其价值”。COSO-ERM 标准(2017)给出的这一定义,是对该标准第一部分内容和精神境界的综述。

COSO-ERM 标准(2017)新增设的第一部分内容(2004 版本标准没有此内容),旨在“明确多年来‘ERM 与企业管理’关系的定位,明确 ERM 与企业愿景、使命、风险偏好的关系,明确 ERM 与企业战略选择的关系,明确 ERM 与企业战略、经营、绩效目标设定之间的关系,明确 ERM 与企业价值创造的关系”。

COSO-ERM 标准(2017)的第二部分描述的是企业风险管理框架。与 COSO-ERM 标准(2004)相比较,COSO-ERM 标准(2017)用经营目标涵盖了以往的“运营目标、合规目标与报告目标”,从而令新版标准全力聚焦于“ERM 与战略目标和经营/绩效目标之间关系”的深度探讨。

新版标准的另一个显著改进是,以五要素的新说法替代前版标准八要素的逻辑。如果从外延或内涵角度比较旧八要素与新五要素,新五要素所包含的内容与外延显著超越旧八要素(例如将原“控制活动”扩充至“各类风险应对活动”,又如“审阅和修订”中的工作内容远超之前的“监控”范畴)。而且,对于以往某些模糊不清的概念 COSO-ERM 标准(2017)通过写法方面改进使得其变得更为清晰、准确和简单,并将此标准采用“序列”表述法使得每一个原则表述得清晰且容易理解。例如,COSO-ERM 标准(2017)将其原标准的第一个要素“内部环境”提炼、简化和明确为“治理和文化”,把其中的“事项识别、风险评估、风险应对、控制活动”融合为目标或绩效“执行过程与风险管理过程相结合的步骤”。另外,COSO-ERM 标准(2017)的“信息、沟通和报告”要素,以及“监控 ERM 实施效果”要素在原有基础上进行了恰当的优化,但仍保留着原有基调。

总之,COSO-ERM 标准(2017)在“ERM 框架”部分主要对企业风险管理的五要素进行了阐述,五要素中的每个要素又包含若干条原则(共 20 条原则),也正是这五要素及其 20 条原则构成了企业风险管理框架的主旋律。

第一节 组织与组织决策

COSO-ERM 标准(2017)发布日期一推再推,就是因为 COSO 希望这个框架可以适用于任何类型、任何规模的组织,包括营利机构、非营利机构、政府部门等。这一点可以从正文部分的描述中看出,有些内容中故意回避了“企业”一词而代之以“组织”,显示了本框架对不同主体的包容性。理论上来讲,只要一个主体有明确的愿景、使命和核心价值观,设定了所期望达到的目标,风险管理框架就具备了被实施的条件。所以本节主要讨论关于组织的一些问题。

一、什么是组织

从广义上说,组织是指由诸多要素按照一定方式相互联系起来的系统。从狭义上说,组织就是指人们为实现一定的目标,互相协作结合而成的集体或团体。第二章 COSO-ERM 标准(2017)所说的组织,就是组织研究学的研究对象——狭义上的组织。

(一) 组织的产生

组织自古有之,自原始社会人们为了达到一些单独个人无法完成的目标,而自发组成具有一定的规模、统一的规则和目标的人的群体,便成了组织的雏形。随着社会的发展,从国家层面的政府、军队,到民间的社团,从古代农村的宗族,到城市的原始作坊，组织的形式、数量、功能越来越丰富。尤其在现代社会，无论是商品生产还是农业种植，无论是城市管理还是社会服务，各种组织在现代社会中起着非常重要的作用，其存在几乎影响着当代生活的各个方面。

组织之所以能够形成，就是因为它能够提供满足人们需求的环境和条件。这些需求包括：①安全需求。通过加入一个组织，个人能够减小独处时的不安全感，会觉得更有力量，自我怀疑会减少，在面临威胁时更有自信。②地位需求。加入一个被别人认为很重要的组织中，个人会得到被人承认的满足感。③自尊需求。组织能使其个体成员觉得活得更有价值，也就是说，组织除了能够让组织外的人认识到组织成员的地位之外，还能使组织成员感受到自己在组织中的价值。④情感需求。组织可以满足组织成员的社交需求，组织成员能够在组织内部各成员间的相互作用中感受到满足，对许多人来讲，工作中的人际互动作用是给他们带来情感满足的最基本的途径。⑤权利需要。没有加入组织的单独个人是无法获得权利满足感的，只有在组织当中，这种需求才会得到满足。⑥实现目标的需要。通常很多时候，为了实现某些特定的目标，需要多个人共同努力，需要集合不同个体的力量和智慧。

（二）组织的定义

组织理论学者通过对组织的研究，分别从不同的角度对组织进行了定义，国际知名的组织社会学家，美国斯坦福大学社会学系 W.理查德·斯科特(W. Richard Scott)教授，总结归纳了自 20 世纪以来发展起来的三种视角的定义。

第一种是理性系统视角。其代表人物有巴纳德、马奇、西蒙、布劳和斯科特等。巴纳德对组织的定义：正式组织是一种人与人之间的有意识、经过协商和有目的的协作(Barnard,1938)。马奇和西蒙的定义：组织是互动的人群集合，是一种具有集中协作功能的系统，而且是这类系统中最大的。相较于非组织成员之间和组织之间松散的和不稳定的关系，组织内部具有高度专门化和高度协作的结构(March and Simon,1958)。布劳和斯科特的定义：基于组织是为了实现特定目标而建立的，因此称之为正式组织(Blau and Scott,1962)。

总结起来，理性系统视角组织理论学者认为：第一，组织具有相对具体的目标追求。组织成员的活动和他们之间的协调都是为了达到特定的目标，则组织就有了目的，而且这一目的要能够清晰表述、明确界定，能够为组织成员和组织不同行动的选择提供明确的标准。第二，组织是一种高度正式化的集体，组织成员之间的协作是以一定“契约”即规则为基础的，不以不同组织成员的变化而变化。

第二种是自然系统视角。这一视角下组织的定义是：组织是这样一种群体，其参与者追求多重利益，既有共同的也有不同的，但他们共同认识到组织是一种重要的资源,具有其永续长存的价值。之所以这样定义,是基于以下原因:尽管组织具有自身的特殊目标,但是从其成员的行为看,他们往往并不考虑这些目标,而且组织外的人员也不总是能够通过这些目标准确地预测组织的行动。尽管组织制定了各种书面规则,但经常出现组织成员的行为偏离这些规则的情况。这是一种从行为结构上去审视组织的视角,在这一视角下,对组织的认知与理性系统视角完全不同,组织追求的目标变得更复杂、发散、不同和易变,组织成员更多的是受其个人利益的激励,并总是将个人利益置于组织利益之上。因此,非正式的人际关系结构的重要性可能远远高于正式结构。

自然系统视角强调组织与其他社会机体的共同属性,组织无法与其他社会系统分离,因此,也受到影响这些社会系统的所有社会力量的制约。

第三种是开放系统视角。理性系统视角和自然系统视角都将组织看作一个和环境隔离的自我封闭的系统,而实际上却不是这样的。组织实际上是一个开放的系统,它依赖于与外部环境的人员、资源和信息进行交流,外部环境对组织具有决定、支撑和渗透作用,组织与外部环境的联系可能比内部要素之间的关系更重要。据此,开放系统视角将组织定义为:组织是这样一个系统,它在一定的外部制度环境下,通过一系列有目标的行动将人员、资源和信息整合起来。

上述三种从不同视角对组织的不同定义,是从不同的侧面对组织的特征进行了描述,其所依据的基本假设各有不同。也有一些组织理论学者试图融合这三种视角。如有学者认为,所有的组织都是开放系统,但是呈现理性系统特征还是自然系统形态则源自对不同环境力量的适应结果。又有学者认为,这三种视角分别适用于分析不同层次的组织结构,开放系统视角最适合制度层次,自然系统视角最适合管理层次,理性系统视角最适合技术层次。综合这些观点,笔者认为组织是一个存在于社会环境和自然环境之中的,由具有特定目的的成员,为达到明确的特定目标,依据明确的规则组成的群体。

(三) 组织的特征

根据组织的定义,我们可以得到组织具有以下几个显著特征。

(1) 组织具有特定的、具体的目标。

(2) 组织是由具有多重目的的成员组成的。

(3) 组织具有正式的结构和明确的规则。

(4) 组织所处环境会对组织目标、行为产生巨大影响。

(四) 组织的构成要素

1977 年,美国学者奈德勒(D. Nadler)和图什曼(M. Tushman)发表了学术论文《组织行为诊断模型》(*A Diagnostic Model for Organizational Behavior*)，提出了协同框架模型，指出：组织的构成要素主要包括环境、战略与目标、工作与技术、正式组织、人员、非正式组织等，如图 3-1 所示。

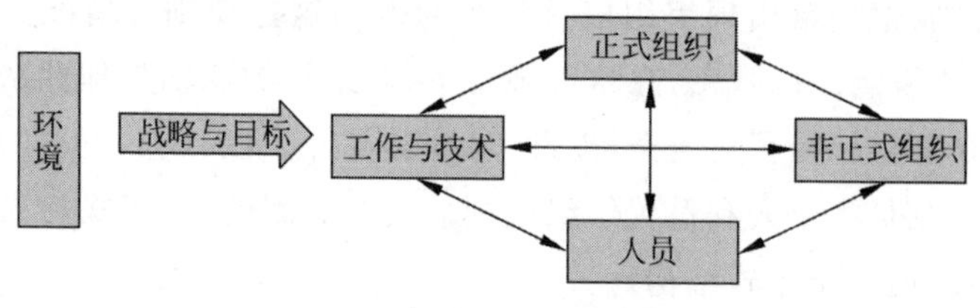

图 3-1　组织的构成要素

1. 环境

每个组织都离不开其特定的生存环境，这个环境是指组织之外所有影响组织生存和实现其目标能力的重要因素，包括社会环境、文化环境、技术环境、意识形态环境、物理环境等，没有任何组织能够完全做到自给自足，完全隔离于周边环境而独自生存。组织必然要与环境发生各种各样的联系，如企业组织不仅要与环境中的客户、竞争对手打交道，还要与其他利益相关者产生联系，政府也会通过法律手段对企业进行约束，进而影响企业的目标和手段。

2. 战略与目标

“战略”(strategy)一词最早是军事方面的概念，指军事将领指挥军队作战的谋略，其特征是发现智谋的纲领。在中国，“战略”一词历史久远，“战”指战争，略指“谋略”“施诈”。组织的战略则是组织的一系列选择，通过这些选择组织可以明确自己的目标是什么，自己的客户在哪，自己为客户提供什么样的产品和服务，以及怎样为客户提供产品和服务。以盈利为目的的企业组织，通常是其所有者或经营者根据对吸引力的分析，选择开展运营的领域；而具有公益性质的公立医院，虽然其对服务对象、服务领域和可利用资源的选择只有较少的发言权，但还是可以决定在给定的约束条件下实现目标的方式。

战略可从不同角度进行分类。一种分类将战略分为开拓型战略、防御性战略和折中型战略。开拓型战略以开发创新性产品和服务为中心，以期获得在所在领域的领先地位；防御性战略更多关注内部流程的效率和组织运行的稳定性，而不是创新；折中型战略则是将上述两种战略折中，既注重保持现有产品或服务组合的优势，同时也定期推出新产品或新服务。另一种分类则将战略分为低成本战略、差异化战略和集中化战略。低成本战略是以高含量、高效率和低成本为关注目标；差异化战略则以提供独特的产品和服务为目标，注重客户的分类；集中化战略则是针对特定地理区域、特定人群提供针对性的产品或服务。此外，从范围角度，战略还可分为多元化战略、一体化战略等，多元化战略是指组织开展的服务或提供的产品不止一种，而是若干种，不同种产品或服务可以是相关的，也可以是无关的，即相关多元化战略和无关多元化战略。而一体化战略则是从产业链的角度拓展产品或服务的范围，包括前向一体化战略和后向一体化战略。

有了总体战略，组织还要选择实施战略的战术，即战略实施方法和路径，这些选择构成了组织的总目标，以及各层级目标和措施，以保证组织战略的落实。

3. 工作与技术

组织为了将总目标和各级目标转变为现实，不论是为客户提供个性化的产品或服务，还是以低成本、大批量生产方式向不特定客户提供产品和服务，都必须有效率地完成一系列的工作任务。这些任务按照一定的流程分配到组织的每一个成员，形成每一个成员自己的岗位责任。

组织生产产品或服务的过程是一个将投入变为产出的过程，这一过程中组织必须利用一定的技术，有些组织利用技术把物质从一种形态加工制造成另外一种形态以供客户使用，而另外一些组织则是“加工处理”人，其产品可能是拥有更多知识的人（如教育服务）、更健康的人（如医疗健康服务）、更多感受的人（如影视歌舞）。组织所采用的技术千差万别，有些技术附着于机器设备之上，更大部分的技术则存在于组织成员的头脑中，体现在组织成员的知识和技能上。

4. 正式组织

为了保证工作能够按照既定目标正常进行，组织一般会将组织结构、岗位职责、工作流程、薪酬奖励等相关政策以明文的形式加以规定，要求组织全体成员共同遵守，这一组织体系就是正式组织。正式组织是法定的、以规则为基础的，它高于组织中的每个个体成员。

一个正式组织通常包括对组织结构、岗位职责和薪酬激励的正式规定。组织结构是将组织中每项具体的工作组合成更大的单位（如小组、部门等），确立组织中不同的单位与成员之间正式沟通的方式和职权关系，其类型包括直线职能制（相关的工作结合在一起形成职能不同的部门）、事业部制（按地域、产品或服务划分，每个事业部都有自己的直线职能结构）、矩阵制（同时存在职能和项目两种管理序列）、网络制（一种更加开放的内部市场与外部市场结合的结构）等。岗位职责设计是确定一项工作中应包含的任务，将不同的任务分配给不同的岗位，进而在不同组织成员之间形成分工协作的关系，以提高完成组织目标的效率。对任何组织而言，吸纳和保持组织成员都是一项核心任务，同样重要的还有如何使每一名组织成员都为组织作出更大的贡献。一个能起到激励、吸引作用的薪酬激励政策，是组织得以生存的关键。

5. 人员

在论述组织的产生和组织的几种定义时，我们了解到组织是一个群体，是由不同的人组成的，这些组成组织的人既有共同的目标，也有各自的目标，而且其个人目标和具体行为还要受到周边环境的影响。每个组织成员由于其所具有的知识、技能不同，加之具有各自的目标，其行为足以构成对组织的巨大影响，尤其在组织结构中的高层甚至是创建人，其期望、偏好甚至是一时兴致，都会给组织的运行留下深刻和长远的影响。

6. 非正式组织

1927 年至 1932 年，哈佛大学教授乔治・埃尔顿・梅奥(George Elton Mayo)主持了著名的霍桑实验。通过实验，梅奥发现企业中除了存在着为了实现企业目标而明确规定各成员相互关系和职责范围的正式组织之外，还存在着非正式组织。这种非正式组织的作用在于维护其成员的共同利益，使之免受其内部个别成员的疏忽或外部人员的干涉所造成的损失。为此非正式组织中有自己的核心人物和领袖，有大家共同遵循的观念、价值标准、行为准则和道德规范等。非正式群体就是企业成员在共同工作的过程中，由于抱有共同的社会感情而形成的非正式团体。譬如在一家企业里，在同一车间的同事之间，或者在兴趣相同的人们之间，或者因职务关系接触较多的人们之间，有各种各样的来往，从而会形成各种各样的群体，这是很自然的事。这些人的往来，不是按照正常的隶属关系进行的，这是非正式群体的重要特征。梅奥认为任何一个机构里，在正式的法定关系掩盖下都存在着大量非正式群体构成的更为复杂的社会关系体系。非正式组织对于生产效率、工作满意度都具有强大的影响。无论正式的还是非正式的组织系统，对于一个团体的活动都是不可或缺的。

非正式组织是与正式组织相对而言的。梅奥指出，非正式组织与正式组织有重大差别，在正式组织中，以效率逻辑为其行为规范，而在非正式组织中，则以感情逻辑为其行为规范，如果管理人员只是根据效率逻辑来管理，而忽略工人的感情逻辑，必然会引起冲突，影响企业生产率的提高和目标的实现。因此，管理当局必须重视非正式组织的作用，注意在正式组织效率逻辑与非正式组织的感情逻辑之间保持平衡，以便管理人员与工人之间能够充分协作。

梅奥根据霍桑实验的材料指出，非正式组织的存在尽管带来种种弊端，但也可以为雇员和组织带来许多好处。其中最重要的事实是这些混杂在正式组织中的非正式组织构成一个有效能的总体组织系统。梅奥认为在瞬息万变的情况下，官方正式的计划与对策，缺乏灵活性，因而不可能随机制宜地解决纷至沓来的具体问题。恰恰是这些可以灵活应变的非正式组织能够满足这些需要。非正式组织的另一种效用是减轻管理工作的负担。非正式组织的配合有利于管理者放手委托并实行分权。一般来说，非正式团体对管理人员的支持，很可能导致更融洽的协调配合和更高的生产效率，从而有助于工作任务的圆满完成。非正式组织还具有一种为管理人员拾遗补阙、取长补短的作用。如果管理者不擅长制订计划，就会有人以非正式的方式在计划工作中帮助他，从而即使在这方面有弱点的管理人员也能制订出翔实的计划。

二、组织目标

（一）什么是组织目标

组织的目标是组织在一定时期内所追求的东西和要实现的目的，是组织进行决策、活动、绩效评价和考核的基本依据。任何一个组织都是为一定的目标而组织起来的，无论其成员各自具有怎样的独立目标，但一定存在一个成员共同认可的目标，这就是组织目标。

（二）组织目标的形成

组织是由不同数量的成员组成的，每个成员根据自身需求的不同而具有不同的个人利益和目标。塞尔特和马奇(Cyert and March，1963)认为，组织中追逐相同利益或目标的成员组成了各种利益团体或同盟，每个利益同盟都根据他们的目标或利益偏好，努力向更大的系统施加影响，以试图使自身的目标能够在组织的目标中得以体现。但是没有任何利益团体能够使组织完全接受他们的目标，这样，团体成员就会在与自己目标相容的其他团体中寻找同盟者，同那些与自己利益不同但在组织中不可缺少的团体进行谈判，并通过交易的方式达成某种契约，组织的目标就形成于这一不同同盟成员谈判的过程中。

（三）组织目标的特点

塞尔特和马奇关于组织目标形成的理论反映了组织目标具有以下几个特点。

(1) 组织目标是组织的宗旨或纲领，不同组织有不同的目标。

(2) 组织目标对组织的全部活动起指导和制约作用。

(3) 组织目标为组织的前进指明了方向，从而也为组织的活动确定了发展路线。

(4) 组织目标通常有若干子目标支持，构成一个目标体系，组织的这种目标体系有着层次的结构。

(5) 组织成员和组织都有各自的利益，组织成员个人的目标会通过谈判妥协融入组织目标中。

(6) 组织中不同成员或非正式团体在组织中的地位不同，他们各自目标对组织目标的影响程度也不同。

(7) 组织目标也受到外部环境的影响。

(四) 组织目标的作用

一般情况下,组织目标具有以下几种作用。

(1) 认知作用。组织目标是提供制订与选择方案的准则,是决策和行动的方向与约束。

(2) 激励作用。组织目标能够起到聚情作用,它是组织成员获得认同与激励的源泉。

(3) 象征作用。组织目标的象征作用是指目标指向组织外部环境中的利益相关方,包括社会公众、客户、政府(或立法机构),组织通过组织目标对这些利益相关方的影响而获得合法性、盟友和资源。

(4) 评价作用。组织目标提供辨识和评价特定组织运作的准则。

(五) 组织目标的分类

组织目标可以从不同侧面和视角进行分类,主要包括以下几种分类方法。

(1) 按照目标的重要性,组织目标可以分为主要目标和次要目标。主要目标指那些直接关系到组织主要受益人群体的需求和愿望的满足的目标。次要目标指组织必须满足各种各样的次要受益人群体的需求和愿望的目标。

(2) 按照目标的有效时限,组织目标可以分为长期目标和短期目标。长期目标指在比较长的时间内才能达成的目标,通常是一年或几年后完成的目标。短期目标指组织短期内实现的目标,实现周期往往比较短。

(3) 按照目标的内外部作用,组织目标可以分为平衡性目标和改进性目标。平衡性目标是有意识地作出了与组织的宏观环境相适应的决策,这种目标的实施采取了一种适应性策略。改进性目标是指一种以改进工作和以更高效率完成计划的愿望为基础的目标,这是社会组织在转型时期较为常见的一种目标形式。

(4) 按照目标的表现形式,组织目标可以分为显目标和隐目标。显目标是指组织所建立的官方的、正规的目标。隐目标是组织在事实上所朝向的非官方目标。

(六) 组织目标体系

组织的目标不是单一的,而是成体系的。以企业的目标为例,组织目标既包括按时限划分的中长期目标、年度目标、季度目标、月度目标,也包括按目标层级划分的整体战略目标、业务目标、财务目标、人力资源目标,还包括按照职能层级划分的企业层目标、管理层目标、中层目标、操作层目标。

（七）组织目标管理

组织目标管理是组织的高层成员与下级成员一起协商，把管理系统的总任务转化为组织的共同目标，由此决定上下级的责任和分目标，并把这些目标作为组织经营管理，评估和奖励各部门、单位和个人所做贡献的依据，从而最大限度地调动所属部门、单位、人员的积极性、主动性和创造性，为实现组织的总目标各负其责、各尽所能的一种管理方法。

目标管理（management by objectives，MBO）是德鲁克（Drucker）提出的最重要、最有影响的概念，并已成为现代管理学理论体系的重要组成部分。该理论认为：目标管理是以目标为导向，以人为中心，以成果为标准，而使组织和个人取得最佳业绩的现代管理方法。目标管理亦称"成果管理"，俗称责任制。目标管理是由组织最高层领导制订一定时期内整个组织期望达到的总目标，然后由各部门和全体成员根据总目标的要求，制订各自的分目标，并在工作中实行"自我控制"，自下而上地保证目标实现的一种管理办法。

德鲁克（Drucker，1954：128-129）认为：企业/组织需要一个管理原则，这一原则能够让个人充分发挥特长，担负责任，凝聚共同的愿景和一致的努力方向，建立起团队合作和集体协作，并能调和个人目标与共同利益。"目标管理和自我控制是唯一能够做到这一点的管理原则。"一方面，目标管理强调管理的目标导向，"每个职务都要向着整个组织的目标才能有所成就。特别是每个管理人员必须以整个企业的成功为工作中心。管理人员预期取得的成就必须与企业成就的目标相一致。他们的成果由他们对组织成就所做的贡献来衡量。"另一方面，目标管理强调内部控制，即管理中的员工自我控制。德鲁克指出："（目标管理）能让追求共同福祉成为每位管理者的目标，以更加严格、精确和有效的内部控制取代外部控制。"

实行目标管理能充分启发、激励组织全体成员工作的自觉性、主动性、积极性和创造性，有效地提高组织的科学管理水平。这种作用具体地体现在以下几个方面。

1. 有利于加强组织的全面管理

由于组织是由不同的成员组成的，每个组织成员的个人目标和需求又不尽相同，随着组织日益复杂、组织内部分工越来越细，出现了多层次、交叉式、立体发展的新情况，其结果容易产生组织各部门、各成员间的分散主义与本位主义，妨碍组织的整体协调和配合。通过组织目标的分解、落实，有利于克服分散主义和本位主义，使组织目标能够顺利实现。

2. 有利于从根本上调动成员的积极性

组织管理的过于集权容易使组织成员失去完成组织目标的积极性。实行目标管理，能有效地实行权限下放和自我管理，目标、责任、权力、利益相互挂钩，能有效地克服上述缺点，充分发挥组织成员的主观能动作用，使组织目标得以更加顺利地实现。

3. 有利于获取最佳绩效

实行组织目标管理，一切管理行为的开始是确定目标，执行过程也以目标为指针，最后以实现目标的情况来评价优劣，决定奖惩，这就使组织全体成员时时处处不忘组织目标，关心组织绩效。这样，目标—绩效的观念就贯穿于组织目标管理的全过程。因此，实现组织目标管理的过程，也就是努力获取最佳绩效的过程。

但是对于德鲁克的目标管理，企业界与学术界也有很多批评的声音。美国著名心理学家亚伯拉罕·H. 马斯洛(Maslow)率先批评了德鲁克的假设。马斯洛指出，目标管理基于“有责任心的工人”的假设，实际上隐含了“每个人都是成熟的人”这样一个心理学命题。马斯洛证明现实生活中只有少数人在心智上符合“成熟”的标准，所以要求每个工人成为“有责任心的工人”是违背人的基本特性的。马斯洛认为，德鲁克所倡导的目标管理是一种“理想管理”，他批评道：“如果我们有一些进化良好的人能够成长，并且急切地要求成长，那么在这样的地方，德鲁克的管理原理就好像很不错。这些原理是有用处的，可是也只能在人类发展的顶层才能奏效。”戴明(Deming，1988)指出，目标管理以目标为导向，而不是以过程为导向；仅注重结果，而不注重过程，与他倡导的质量管理观念有很多冲突的地方。戴明把德鲁克的目标称为“定额”(quotas)。他批评说：“定额是改进质量与提升生产力的一大障碍。我还没有见过任何一家公司在确定定额时，会同时建立一套帮助员工改善工作方法的系统。”戴明挖苦地把目标管理比喻为“交通警察每天都要开出一定数量的违章罚单”。

（八）组织目标的演变

通过大量的组织发展案例我们可以观察到，组织的目标自组织成立到成熟不是一成不变的，而是在组织内外部环境的影响下不断变化着。而对组织目标变化规律的研究国内外却相对较少。暨南大学刘汉民教授和南昌大学学者康丽群曾对中国宝武钢铁集团(以下简称“中国宝武”)的发展历史和组织目标发展历程进行过深入研究(康丽群和刘汉民，2017)。虽然研究案例仅有一家，但亦能发现一些规律性的内容。通过对中国宝武的研究，主要得到以下几方面研究成果。

(1) 在中国宝武目标演变过程中，内外部环境力量的影响呈现出明显的动态特征：一方面，随着组织和环境的发展，外部环境力量越来越多元化，对中国宝武的约束越来越强。以制度环境为例，从创立期单一规制性力量约束，到发展期规范性力量和成熟期认知性力量的介入，再到锐变期各种制度力量的综合作用，制度环境几乎决定了组织的兴衰存亡，使得中国宝武不得不在组织目标中不断地增加体现制度环境需求的内容。社会技术环境和行业环境的作用也是如此，不仅作用方式越来越多元，而且作用力度越来越强，使得组织目标体系越来越复杂化。另一方面，随着组织和环境的复杂化，组织资源不断得到更新和积累，组织能力不断得到提升和增强，推动着组织目标的演变及实现。以物质资源积累和技术创新能力为例，从创立期单纯地引进技术设备，到发展期的技术改造和配套，再到成熟期的技术替代和材料开发，最后到锐变期的技术创新和突破，中国宝武的资源不断积累，能力不断提升，为组织目标的演变和实现提供了现实基础与内部动力。

(2) 组织目标是平衡组织内外部环境力量的一种联结机制，其演变是组织目标与外部环境需求、内部资源与能力匹配的过程，是社会性、经济性和技术性力量的混合与变异，是随时间演进持续改进的过程，具体表现为在内外部环境力量共同作用下进行的组织目标体系的内容调整、结构改变及目标间关系的变化。

第一，外部环境力量及其作用方式是组织目标演变和组织成长的重要推力。组织的成长是一个组织目标与环境需求匹配的过程。在组织成长的不同阶段，不同的环境力量会对组织提出不同的要求，并对组织施加不同的影响。随着组织与环境间互动关系的深化，外部环境对组织目标演变的影响越来越大，组织只有将环境需求转化为具体的组织目标并加以实现才能获得环境力量的支持。首先，从制度环境看，通过将制度环境需求转化为组织目标并加以实现，可以使组织合法性不断得到提高，特别是当面临规制性和规范性制度压力时，那些能率先将制度要求转化为组织目标的企业将获得更大的制度力量支持，例如：积极响应政府号召可获得来自政府方面的支持；遵守行业协会或认证机构的要求将带来更多的成长机会；将健康环保等理念融入合法性目标更易受到大众追捧。其次，从社会技术环境来看，通过将社会技术环境需求转化为组织目标并加以实现，有助于组织商业生态空间拓展和生存实力积累，特别是当面临关键的社会技术变革时，那些能快速将技术变革带来的新要求纳入组织目标体系的企业更容易开拓新市场，发现新的利润源，如在“互联网 + ”和大数据背景下，一些企业将共享共创等要求和理念纳入组织目标体系，重视和强调创新与合作，积极构建各类平台，更有可能享受网络效应。最后，从行业环境来看，通过将行业环境需求转化为组织目标并加以实现，可以提高组织的竞争能力和发展空间，特别是当市场环境发生巨变时，那些能及时适应市场需求变化、主动调整组织目标的企业，会率先获得竞争优势和盈利空间，如在整体供过于求的市场环境下，一些企业将满足内外部客户的不同要求作为组织目标新内容，为企业带来了商机。

第二，组织资源积累和能力提升是组织目标演变与组织成长的内在动力。在组织成长过程中，组织资源和能力与外部环境的匹配程度决定了组织目标演变和实现的程度。一方面,组织需依据不同环境状态匹配不同的组织资源和能力。在稳定的、可预测的环境中,基于产权的资源能提高企业财务绩效;在不断变化、不可预测的环境中,基于知识的资源更能提高企业财务绩效。也就是说,当外部环境发生变化,组织资源和能力也要相应地进行更新或提升,与外部环境状态相匹配,从而推动组织目标的实现和组织发展。另一方面,组织资源的更新和能力的提升会从内部对组织目标提出新要求,丰富和完善组织目标体系的内容,推动组织目标体系的演变和组织发展。当组织资源和能力难以支撑或超越环境需求时,不仅会导致市场机会丧失或资源与能力浪费,而且会使企业陷入困境。

第三,组织和环境的互动是组织目标演变与组织成长的重要合力。组织和环境的相互作用与相互依存不仅推动组织目标演变和组织成长,而且推动环境共同演变,使得组织与环境构成复杂的组织系统,具有自组织、自适应、涌现性等特征。在组织与环境的互动过程中,一方面,组织受环境的制约,环境改变了,组织目标和战略也会改变;另一方面,组织也能改变环境,随着组织的变化,组织的生存环境也会发生潜移默化的变化,甚至一些强势组织会主动进行环境重塑。实际上,对于组织系统来说,组织环境具有潜在的高内生性特征。也就是说,组织环境成为组织系统的有机组成部分,一个组织既是一种制度安排,又是其他组织生存的制度环境,组织与环境之间互相影响、共同演变。尤其是复杂组织系统中的核心组织,往往会通过组织创新和技术创新,引领其他组织共同变革,改善生存环境和游戏规则。

(九)多维组织目标的竞合与协同

组织目标是多元的,即使是营利性商业组织也需考虑关键环境力量的多重要求。当组织环境发生变化时,组织更需相应地变革其结构、政策和目标与之匹配。面对多变且不确定的环境,组织需要适时调整目标体系以求创造性地适应和应对环境复杂性,这就造成了组织目标的多样性和复杂性。所谓多样性,它包含两方面内容:一是指组织中存在较多的异质性目标;二是指组织目标体系影响因素的多样性。从大量的组织案例可以看到,以国内外政府、国际组织、行业协会和认证机构、社会大众为代表的规制性、规范性和认知性制度力量,以用户为代表的关键利益相关者,以合作或联盟组织、社区为代表的组织间关系决定者,以组织创立者和投资者、组织其他员工为代表的内部力量等多维环境力量对复杂组织目标体系的演变形成一种综合影响格局。所谓复杂性,是指组织目标体系呈现网络层次性。网络作为节点间传递各种流(信息、资源、能量、权威)的管道和作为折射节点社会地位的棱镜而存在。组织目标体系是由众多异质性目标相互作用形成的目标网络,各目标是节点,相互作用是各目标间的联结方式。组织目标间的互动是大范围的、非线性的、动态的。目标及目标间联结方式的多样性和动态多变性导致了组织目标体系的网络层次性：一方面，组织目标体系分为不同层级，下级目标从属于上级目标，并受到更大范围的目标结构和联结模式的影响；另一方面，目标间存在动态多样的相互作用和相互依存关系，构成复杂的目标网络，处于网络中心的目标能够控制其他目标或与更多的其他目标产生联结。

就目标间关系而言，组织目标体系呈现竞合性。所谓竞合，是指组织目标之间既互相排斥、互相冲突又互相补充、互相兼容的属性。组织目标间的竞合性是由组织目标所反映的内外部环境需求的利益主体之间的竞合性决定的。组织目标体系由组织内外部各种力量不断博弈决定。在这个博弈过程中，每个利益主体都为自身利益而竞争，组织目标必须反映其利益诉求；与此同时，每个利益主体都必须考虑其他利益主体的利益，如果一味强调自身利益，忽视其他利益主体的利益诉求，会导致“囚徒困境”，两败俱伤。利益主体的竞合性反映到组织目标体系上就表现为目标间既排斥、冲突又互补、兼容的关系。这种多维的、复杂的目标体系要求各目标之间具有协同性和动态适应性。多维组织目标体系并非各目标的简单叠加，而是各目标相互作用而成的整体，单目标或部分目标的实现并不等于整体目标的实现。同时，组织目标与组织的环境要素之间是一个契合、匹配与互动的关系，具有动态适应性：一方面，环境的变化会带来组织目标的变化。不仅在不同阶段组织目标有差异，而且相同目标在不同阶段也会有不同内涵。组织只有不断地调整目标体系的内容、结构和关系才能适应环境需求，推动组织发展。另一方面，组织目标的变化也会影响和改变组织所在的生态环境，特别是对占有支配地位的复杂组织来说更是如此。

三、组织绩效执行

（一）什么是组织绩效

在 COSO-ERM 标准（2017）中，绩效（performance）是非常重要的一个方面，是达成组织使命、实现组织战略目标的关键，是组织目标管理的重要环节。“performance”在英语中是绩效、执行、履行、表现、成绩的意思，而其词根“perform”是动词，有执行、履行之意。从组织管理学角度讲，绩效是组织为达到其目标而开展的组织内部不同层级的有效行动，以及这一系列行动所产生的实际结果，它包括个人绩效和组织绩效两个部分，组织绩效是建立在个人绩效基础之上的。

对于绩效的定义，不同的学者从多元化的侧面进行过阐述。例如，伯纳丁教授认为，绩效就是“对特定的时间段和特定的工作或活动中产生的结果的记录”，简言之，绩效就是结果（Bernadin，1984）。凯恩教授指出，绩效是“一个人留下的东西，这种东西与目的相对独立存在"(Kane,1996)。这种绩效是结果的观点认为,绩效是工作所达到的结果,是工作成绩的记录,表示绩效结果的相关概念有：职责、结果、责任、任务、目的、产量、关键成功因素等。

另一种观点认为,绩效是行为。持这种观点的学者包括墨菲、凯姆贝尔等。如墨菲的绩效定义是"绩效是与一个人在其中工作的组织或组织单元的目标有关的一组行为"(Murphy,1990),凯姆贝尔认为"绩效是行为,应该与结果区分开,因为结果会受系统因素的影响"(Campbell,1990)。他在1993年对绩效提出了这样的定义："绩效是行为的同义词,他是人们实际行为的表现,而且是能观察得到的。就定义而言,它只包括与组织目标有关的行动和行为,能够用个人的熟练程度来度量。绩效不是行为的后果或结果,而是行为本身。"这些学者之所以这样定义绩效,主要基于这样几个原因：第一,许多工作结果并不一定是个体行为所致,可能会受到与工作无关的其他因素的影响；第二,员工没有平等地完成工作的机会,并且在工作中的表现并不一定全都与工作相关；第三,过分关注结果会导致忽视重要的行为过程,而对过程控制的缺乏会导致结果的失控,而且不适当地强调结果可能会对组织成员产生误导。

上面提到的两类对绩效定义的不同认知,分别强调了绩效的不同侧面——结果和行为。过分强调其中一个方面而忽视另一方面,往往会给组织实现其目标带来不确定性。强调绩效的结果导向时,虽然能够鼓励组织成员重视产出,使组织成员因为取得了成果而有较强的成就感,但容易造成对未形成成果时的不正当行为的忽视,或者当出现外部因素变动时无法及时对组织成员进行行动指导,主责人员不能及时调整行为,从而影响组织目标的实现,甚至导致成员的短期行为。同样,如果只片面强调绩效的过程性,虽然有利于控制成员行为,但对组织行为创新不利。

COSO-ERM 标准(2017)中有这样一段关于绩效执行的描述："需要识别和评估可能影响战略和业务目标实现的风险。在风险偏好的背景下,风险按严重程度排序。之后,组织选择风险应对策略,并对它所承担的风险量采取一系列风险应对措施。组织应将此风险管理过程报告给首席风险负责人。"所以,从风险管理的角度看,绩效执行更侧重于行为,通过行为管控风险,这也是风险管理整合框架将绩效执行作为重要因素的原因。

(二)组织的绩效执行

在绩效管理体系中,人们往往将注意力集中于绩效考核上,而忽视了绩效管理的其他环节。其实,绩效考核只是绩效管理体系当中的一个环节,完整的绩效管理体系是一个封闭的循环系统(PDCI),包括了计划(plan)、执行(do)、考核(check)和改善(improve),如图 3-2 所示。

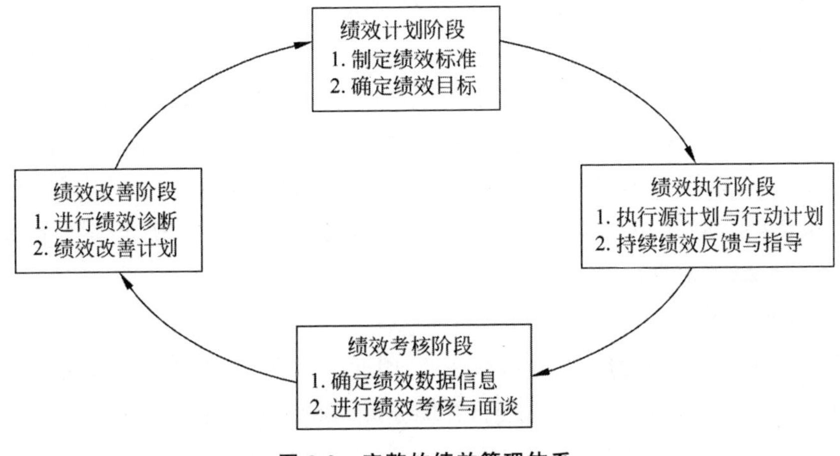

图 3-2 完整的绩效管理体系

1. 绩效计划

绩效计划的制订是绩效管理的起始环节,是关于工作标准和工作目标的约定,也是组织内上级管理人员与下级员工对标准和目标形成约定的过程,其具体表现形式是用于指导员工行为的一份计划书。

制订绩效计划首先要确定绩效标准。绩效标准反映了组织对不同部门、不同岗位工作的具体要求。根据每个部门、岗位在组织中的位置,该部门、岗位的具体职责以及工作要项设定绩效标准。

绩效标准确定后,组织应当将组织目标分解到每个部门,形成部门目标,再将部门目标逐层分解到每个具体岗位和每个组织成员,使每个成员在真正了解组织目标的基础上理解自己的工作目标,并将工作目标按照工作内容纳入工作计划中。

2. 绩效执行

绩效执行的关键内容是,在员工依据岗位职责,按照工作计划完成日常工作时,保持持续的绩效沟通和跟踪指导。

持续的绩效沟通是指管理者和员工在共同工作的过程中,分享各类相关绩效的信息,这些信息包括工作进展情况、工作中存在的障碍、外部环境的变动情况、各种解决问题的措施,以及管理者如何向员工提供帮助等。上级管理人员和下级员工虽然共同制订了绩效计划,但由于认知水平有限,以及外部环境复杂多变,实际上工作计划并不是一直沿着期望的方向进行。持续的绩效沟通能够及时合理地调整具体工作目标和工作任务,保证工作过程的动态性和有效性,有利于全面掌控工作进度,尽早找到可能存在的问题、风险和障碍,做到提前防范,也有利于员工持续改善绩效,以便更有效率地完成组织目标。

3. 绩效考核

绩效管理的精髓在于落实责任，责任与个人利益、组织利益密切相关，需要一定的推动机制，这一机制就是绩效考核机制。绩效考核是指一定的时期，组织对每一个成员根据其实际工作行为和工作业绩对照绩效标准和绩效计划进行的综合评价。考核的过程，就是组织对自身行为的诊断过程。通过真实有效的绩效考核，组织可以比较客观、全面地把握一段时间以来管理过程的相关信息，为总体提高绩效水平提供依据。同时，通过考核，组织可以发现问题、找出差距，为进一步重新整合资源、调整目标奠定基础。

4. 绩效改善

绩效考核的主要目的是改善组织绩效，因此，组织应当及时针对考核中未达到绩效标准的项目进行分析，找出原因，并制定相应的改进对策，并且制订绩效改进计划，将改进责任落实到每一名员工，从而形成新的绩效计划。如此循环往复，使组织绩效持续改善。

（三）风险管理中的绩效执行

按照 COSO-ERM 标准(2017)，组织为了保证战略和目标得以完成必须对风险加以管控，而风险管理中的绩效执行是重要且关键的一个方面。其具体内容包括风险识别、风险评估、风险排序、风险应对、风险组合管理等五个方面。

1. 风险识别

组织要识别影响战略和业务目标实现的新的、不断出现的和不断变化的风险。当前，新兴技术对原有产品和服务的影响、大数据和云计算乃至区块链的大量应用、自然资源的变化、劳动力市场的变化甚至人们生活方式的变化，都给组织目标、运营模式和流程、风险偏好带来巨大的影响，从而使组织面对更多、更新的风险。识别风险就是识别机会，机遇有时也来自风险。例如，人口结构的变化和人口老龄化可能被认为是一个实体当前战略的风险，但也是一个更新劳动力以更好地追求增长的机会。同样，技术的进步可能对零售商的分销和服务模式构成风险，但也可能带来改变零售客户获取商品方式的机会(例如，通过在线服务)。一旦确定了机会，就通过组织进行沟通，将其视为制定战略和业务目标的一部分。根据确定的风险数量，组织可以按类别构建风险清单，例如财务风险、客户风险或遵从性风险。在每个类别中，组织可以选择将风险进一步定义为更详细的子类别，如哪些风险可能直接影响组织战略，哪些风险影响组织目标，哪些风险影响多个或单个业务目标。

组织可以采用多种方法进行风险识别。例如，通过预算编制、业务规划、绩效评价会议，又如新产品和设计的批准过程，对客户投诉事件、财务损失事件的分析等，利用调查表、专家会、小组会等方式方法，对组织从战略级到业务级的所有风险进行识别。

2. 风险评估

组织应当对风险清单中的风险进行评估，以便了解每种风险对实现战略和业务目标可能产生影响的严重程度，同时为制定风险应对策略奠定基础。根据风险可能影响不同层级的业务目标，需要在多个级别(跨部门、功能和操作单元)评估风险的严重性。例如，在操作单元级别评估为重要的风险，在部门或组织整体级别可能不那么重要。相反，在组织的较高级别，有些风险可能对声誉、品牌和组织信用产生更大的影响。评估确定风险的严重性后，组织管理层可以有针对性地决定部署资源和能力，并将风险保持在组织可接受的风险偏好范围内。

不同的风险对不同层级的业务单元、部门或操作层所产生的影响不同，但某些风险的严重程度并不随着这个风险发生等级的降低而变小，反之亦然。例如某些风险在操作层其影响程度是严重的，对组织整体目标的影响也是严重的；某些风险对操作层的影响较大，但对组织整体目标的影响并不大；若干个在操作层的风险组合起来有可能对组织目标产生严重影响。基于风险的这些特点，组织需要综合考虑这些风险对组织目标影响的严重性。

在进行风险评估时，需要从影响程度和发生概率两个方面进行评估，评估可以是定性的，也可以是定量的。定性评估法往往是在无法获得足够的数据进行量化的情况下使用，可以采用诸如面谈、讲习班、调查表等方法。这些方法更容易完成，但在识别相关性或执行成本效益分析方面存在局限性。定量评估法通常用于更复杂的活动中，以弥补定性评估法的不足，具体方法包括建模、决策树、蒙特卡罗模拟等。

3. 风险排序

根据风险的严重性、相应业务目标的重要性以及组织的风险偏好，对风险进行优先级排序有助于管理人员进行决策，更有效地配置组织资源。对风险进行优先级排序需要考虑组织适应和响应风险的能力(例如，响应不断变化的人口统计数据，如人口年龄和对与产品创新相关的业务目标的影响)、风险的复杂性(例如，应对产品过时和低销量的风险，以实现公司在技术和客户满意度方面成为市场领导者的目标)、风险影响组织的速度(例如，由于港口事故而造成供应链中断的风险影响)、风险对组织的影响时长(例如，负面媒体报道的持久性)、组织的恢复能力等因素。

在确定风险的优先级时，管理层还应该比较风险偏好。接近特定业务目标或可能接近或超过风险偏好的风险可能给予更大的优先考虑。也就是说，两个风险都可以被评估为“中等”，但是因为其中一个有更大的速度和持久性，或者因为一个风险的应对措施比其他类似严重程度的风险应对措施产生更高的风险调整回报，管理人员可能会给予更优先考虑。例如，对于一家大型连锁餐厅来说，应对仍未解决的顾客投诉及其在社交媒体上引起负面关注的风险，被认为比应对和供应商之间旷日持久的合同谈判的风险更重要。这两种风险都很严重，但网络负面新闻的影响速度和影响范围可能对连锁餐厅的业绩和声誉产生更大的影响，因此有必要对负面新闻作出更快的反应。

4. 风险应对

1）选择风险应对策略

对于确定的所有风险，管理层在考虑风险的严重性和优先级以及业务流程和相关的业务绩效目标后，选择并部署执行风险应对策略。风险应对策略可分为以下几类。

（1）接受：不采取任何行动来改变风险的严重性。当战略和业务目标的风险在风险偏好范围内时，应选择这种应对策略。组织风险承受能力之外的风险，以及管理层寻求接受的风险，通常需要得到组织最高当局或其他监督机构的批准。

（2）避免：采取行动消除风险，选择回避表明该组织无法确定将风险降低到可接受的严重程度的响应。

（3）追求：采取行动，接受增加的风险，以实现更好的绩效。这可能包括采取更积极的增长战略、扩大业务或开发新产品和服务。在选择追加风险承受度时，管理层了解为达到预期的绩效而采取措施的性质和范围，同时又不超过可接受的容忍限度。

（4）减少：采取行动减少风险的严重性。这涉及无数日常业务决策中的任何一个，这些决策将风险降低到与目标剩余风险和风险偏好相一致的程度。

（5）分担：通过转移或以其他方式分担部分风险来降低风险的严重性。常见的技术包括外包给专业服务提供商、购买保险产品和从事对冲交易。与“减少”应对措施一样，“分担”风险应对措施会降低剩余风险，与风险偏好保持一致。

当管理层认为必须采取的风险应对措施与组织文化、战略目标相违背时，组织应审查并修改业务目标。

2）部署和执行风险应对措施

管理层在考虑以下因素的同时，选择和部署风险应对措施。

（1）业务环境：根据行业、地理位置、监管环境、运营模式或其他因素选择或制订风险应对措施。

（2）成本和收益：预期的成本和收益通常与风险的严重性和优先级相对应。

（3）义务和期望：风险应对措施要符合行业标准、利益相关者的期望，并与组织的使命和愿景保持一致。

（4）风险的优先级：风险的优先次序决定组织资源的分配。组织需要仔细考虑对较低优先级风险具有较大实现成本(例如，系统升级、人员增加)的风险应对措施。

（5）风险偏好：指组织在实现其目标的过程中愿意接受的风险的类型和数量。

（6）风险严重性：风险的大小、范围、性质及其对组织的影响程度。

管理层选择了风险应对措施，就有必要进行控制活动，以确保这些风险应对措施按计划执行。

5. 风险组合管理

组织管理层要考虑每个部门、运营单位或职能的相关风险，某些风险对于单一的部门、运营单位或职能岗位来说可能是可以接受的，但从组织整体上考虑却可能得出不同的结果，其综合风险有可能超过组织的整体风险承受能力。这种情况下组织要综合考虑风险应对措施，进行组合风险管理，采取综合风险应对措施。组织可以在不同层面针对不同类型的风险(财务风险、运营风险、法律风险、市场风险等)开展组合风险管理，这些层面包括组织战略层面、整体运营目标层面、业务目标层面和操作层面。一旦组织将风险进行组合管理，就会站在更高层次视角发现某些风险组合会产生更严重的危害，而某些风险之间会起到相互抵消的作用，这样组织就可以根据组合后风险的严重性，在考虑风险资本收益率的情况下，有针对性地设计组合风险应对措施。

（四）组织绩效管理的作用

1. 可以为组织战略目标的实现提供保障

实践证明，如果仅是对事后的结果进行绩效评价，有可能因为不能及时纠正执行过程中的偏差而导致错误的结果，也有可能使绩效高的组织成员因为没有得到及时肯定而产生挫折感，达不到满意的效果。而进行全方位的系统的绩效管理，则是提高绩效、实现组织目标的有效途径。绩效管理程序把组织战略转化为具体的定性目标和定量目标，并且把这些目标从高层到基层层层分解，转化为各级部门和员工的实际行动计划，使组织成员的个人目标与组织目标保持一致。同时，其可以使组织形成一个更加以绩效为导向的组织文化，激励组织成员工作更加投入，充分发挥其潜能，增强团队凝聚力，改善团队绩效，为实现组织目标提供强有力的保障。

2. 有利于快速适应组织结构调整和变化

组织要想达成其使命，实现其价值，必须紧随外部环境的变化而调整其战略目标，而且要同时对其组织结构进行相应调整，以减少管理层次、减小组织规模、提高组织快速反应能力、形成高效工作系统。组织结构调整后，组织的管理思想、管理风格也要相应地加以改变。例如：给员工更多自主权，以便更快更好地满足客户的需求；给员工更多自主创造价值的机会，不断提高员工创造价值的能力。这些都需要通过建立与组织目标相适应的绩效管理系统，才能够顺利实现。

3. 能够有效减少内部冲突

绩效管理是一种帮助和指导，而不是专门挑员工的错误、扣员工的工资，其目的是帮助员工提高工作能力和绩效水平，在这种导向下，组织和员工不再是对立关系，而是在组织上下级之间形成共同协作、共同完成目标的关系，这种关系有利于组织各级成员进行有效信息沟通，有利于在执行组织任务过程中及时发现问题、及时纠正错误、及时满足客户需求，而不至于在上下级之间、组织和员工之间产生剧烈的矛盾冲突。

4. 能够大幅提高组织运行效率

通过绩效管理，组织可以将目标逐层分解到各个部门、各个岗位，在不同岗位上的组织成员均能够明确了解自己所负的职责和所需达成的目标，他们会知道领导希望他们做什么、不做什么，可以做什么样的决策，决策的限度在哪里，必须把工作做到什么程度，何时需要领导的帮助。通过赋予员工必要的知识帮助其进行合理决策，同时在行动过程中帮助员工快速找到错误和效率低下的原因，找到成功的捷径，领导层就可以不必介入下级员工正在从事的各种事务中进行过细的管理，从而节省上级领导时间，也为快速实现组织目标打下基础。

5. 能够有效促进质量管理

组织目标包含定性指标和定量指标，这些指标又可以分成数量指标和质量指标。组织成员工作质量的优劣会对组织实现其使命价值产生重大影响，也会对组织客户产生重大影响。凯瑟琳·吉恩指出，"绩效管理过程可以加强全面质量管理(TQM)。因为，绩效管理可以给管理者提供'管理'TQM 的技能和工具，使管理者能够将 TQM 看作组织文化的一个重要组成部分"(Kathleen Guin，1992)。科学的绩效管理过程能够引导组织成员把追求"质量"作为执行组织任务过程中的重要目标，从而使组织成员的工作价值达到或超过内部、外部客户的期望。

6. 有利于建立良好的组织预警系统

绩效管理工作要求组织内上级领导既要为下级员工设定工作标准、工作目标、决策红线，又要定时对下级的执行绩效进行监控，以及时发现组织运作中的各种问题，有利于及时掌握组织所面临的各种风险，为控制组织风险奠定基础。

四、组织决策

(一) 管理过程中的决策制定

执行组织目标的任务总是落在组织的基层员工身上，就像装配汽车的不是工程师或经理，而是装配工人或生产线操作人员。在组织中，管理人员通过影响基层操作人员的决策来实现组织目标。因此，在组织中，管理行为就是一个团队行为，管理过程就是决策过程：组织先分离出组织成员决策制定过程中的某些要素，再建立规范的组织程序来选择和确定这些要素，并将要素的信息传递给组织内相关成员。这一过程，组织剥夺了组织成员个人的一部分决策自主权，代之以组织的决策制定过程。组织代替个人制定的决策通常包括：①确定组织成员的职能；②职权分配，确定组织中哪些人掌握制定决策的权力；③对组织成员自主选择设置协调其他成员活动的必要限制。

企业是一种管理型组织，它以专业化为特征。所谓专业化，就是组织委派特定部分承担特定任务。专业化可以采取纵向分工的形式，也就是说可以建立一种具有一定正规性的权力金字塔，再将决策的职能分解，各层级的组织成员各司其决策职能。这一纵向专业化分工基于三方面原因：第一，在存在横向专业化（即根据专业不同而形成的专业化）的条件下，纵向专业化对于协调操作人员的动作至关重要。第二，横向专业化能够在操作人员执行业务过程中培养更多的专业技能，纵向专业化能够保证在决策制定过程中，培养出更多的决策专业技术。第三，纵向专业化能让业务人员对自己的决策负责。

在专业化的基础上，组织需要通过行使职权或施加其他形式的影响，使决策职能集中化，来控制协调所有组织成员的行动。这种协调包括通过制定具体规定，描述组织成员之间的关系、行动范围和工作内容。

为了发挥专业操作的优势，组织需要对业务进行工作细分，由具有特定技术的成员参与执行需要该种技术的所有过程。同样，组织亦需要对决策职责进行分配，以发挥决策专长的优势，安排具有某种特定技能的成员制定需要该决策技能的所有决策。

（二）规则遵循的决策

詹姆斯·G.马奇认为，决策是由于遵循规则和实现身份而产生的，个体和组织实现自己的身份时要遵循一定的程序或规则。这些程序或规则要适合于他们认同自我身份的情境。在考虑这些规则和程序的时候，他们既不考虑偏好，也不考虑对未来结果的期望。适当性逻辑是规则遵循的基础。在决策者进行决策时必须考虑这样几个问题：一是处于什么样的决策环境，二是这个组织是一个什么样的组织，三是这样一个组织，在这样一个情境下会如何行动。这一过程不是随机的、武断的或无足轻重的，它是一个系统的经过推理的并且非常复杂的过程。这一以规则为基础的决策过程是一个确立身份，并使规则与已识别的情境相符合的过程。

以身份和规则为基础的决策在现代社会非常普遍。规则和身份是组织各方面决策的基础，任何背景下的任何决策都离不开身份和适当性逻辑。在组织中，所有成员都会按照一组明确的规则进行工作，他们把这些规则当作自己身份的一部分。

例如,聘用在测试中得分最高的应聘者,或者根据总成本加成40%进行定价等,都是组织规则。另外,在决策时应该考虑哪些因素也是有规则的,如谁能够进入决策过程,如何计划、报告决策,如何证明决策的合理性。

组织根据现行的规则和身份聘用组织成员,如聘用工程师、会计师、文员或司机,组织聘用的是他们的身份,并根据技能、责任和规则所定义的角色分配任务,角色与其相关规则相互协调并控制着组织的各项活动。组织同样具有身份,如某个组织希望成为适当的商业企业,就必须以特定方式进行组织和行动。

(三)效率准则

所谓效率,从广义上说是指采用最短的路径和最廉价的手段达到预期目标。任何组织成员的决策都会受到一个重大的组织影响,就是要遵守"有效率"的原则。

在以利润为主要目标的企业组织中,效率准则的运用非常容易理解。在这种组织中,个人以效率为依据,从所有备选方案中选出为组织产生最大净收益的方案,即如果成本保持不变,就要做到收入最大化,如果收入保持不变,就要做到成本最小化,甚至是收入最大化,成本最小化。效率准则就可以表述为:在给定可用资源的条件下,选择能产生最大效益的备选方案。

第二节 有限理性管理行为理论

赫伯特·西蒙(Herbert A. Simon,1916—2001),美国管理学家,社会、经济组织决策管理大师,由于他在决策理论研究方面的突出贡献,他被授予1978年度诺贝尔经济学奖,成为第十届诺贝尔经济学奖获奖者。20世纪40年代,西蒙详尽而深刻地指出了新古典经济学理论的不现实之处,分析了它的两个致命弱点:①假定目前状况与未来变化具有必然的一致性;②假定全部可供选择的"备选方案"和"策略"的可能结果都是已知的。并在此基础上提出了有限理性概念。本节主要介绍有限理性行为理论。

一、理性与理性决策

(一)什么是理性

"理性"一词在哲学和伦理学语汇中十分重要,这一词在当代的用法同亚里士多德的谋略或慎思的概念非常接近。在这个意义上，一项行动的理性，包括该行动从成立的前提出发到导出逻辑结果的过程。理性有时指运用才智进行选择（本书中的选择、抉择、决策属同一含义）的过程，有时则指抉择本身。前者多在早期心理学、逻辑学和伦理学中使用，后者则在经济学和社会学中广泛使用。如早期的心理学家将理性称作“推理的特定思考过程”，按照该观点，抉择的理性取决于作出抉择的过程。相应地，“非理性”一词在心理学文献中指的是，主要靠情感机制（情绪、激励、天性、冲动）而非理智机制所进行的抉择。经济学家一般用“理性”一词，表示靠抉择过程挑选出来的行动方案的属性，而不是表示抉择过程的属性。例如达尔和林德布鲁姆在《政治、经济与福利》(1953)中这样说：“一项行动是理性的，就是说，对于制定目标及其真实处境来说，该行动被‘正确地’设计成为一种能谋求最大成功的行动。”而一些社会学家还这样表述理性，如韦伯在《社会组织和经济组织理论》中指出：“对于理想型的‘合理合法当局’来说，理性指的是组织对目标的自觉适应性，指的是组织的运转不受组织成员个人目标的有害影响，而是靠规章制度的非人格化的实施。”西蒙在《管理行为》中说：“理性就是根据评价行为结果的某些价值系统来选择偏好的行动方案。”

对于理性，有这样几种分类：①客观理性：决策者只根据决策任务本身所包含的信息所作出的理性决策。因为这些信息中除了真实的信息之外，可能还含有不确定的、模棱两可的甚至错误的信息，所以作出的理性决策有可能是破坏性的。②主观理性：是决策者把决策任务内部表征与客观现实知识比较和权衡后所作出的理性决策。③刻意理性：决策如果能够达到目的，且如果只有刻意的目的，或者更严格一些，只有既刻意又自觉的目的，称作刻意理性。④习惯理性：又称自觉理性，是指组织决策活动（或个人活动）的很大一部分都可能是根据现有的习惯和常规进行的。

（二）理性决策行为模型

传统经济学理论假定了一种“经济人”，这种人在行动过程中既具有“经济”特征，同时又具有“理性”。传统经济学理论认为，这种人具备关于其所处环境各个方面的相关知识，而且这些知识即使不是绝对完备的，至少也是相当丰富的。此外，这种人还被设想为具备一个很有条理的、稳定的偏好体系，并具有很强的计算技能，他们靠这类技能能够计算出在他们的备选行动方案中，哪个行动方案能够达到其偏好尺度上的最高点。“经济人”这种利用丰富的知识和高超的计算能力选择最佳决策方案的行为就是理性决策行为。

一般地，理性决策行为模型具备以下几个要素。

(1) 一组可供决策或备选的方案。在数学模型中可用一个点的集合 A 来表示。

(2) 决策者“考虑到的”(或“感知到的”)备选方案子集。也就是说,决策者的选择范围可能要比客观存在的备选方案范围小。“考虑到的”子集可以表示为 A',A'包含于 A。

(3) 未来可能状态,或称为决策行为结果,以点集 S 来表示。

(4) 一个“报酬”函数,用来表示决策者给选择的各个可能结果赋以多大的“价值”或“效用”。可以用一个函数 $V(s)$来表示这种报酬,其中 s 为 S 的任一元素。通常,决策者所需要知道的仅仅是 S 中各元素之间的次序关系,即 s_m 优于或劣于 s_n。但为简便论述,姑且假定一个效用函数 $V(s)$。

关于一旦选定了 A 中的一个具体方案 a,将实际出现 S 中哪些结果的信息。这类信息可以是不完备的,也就是说,每个备选行为 a,都可以有一个以上的可能结果 s 与之对应。因此,用 A 中每个元素 a 到 S 的子集 S_a 的映射来表示这种信息。S_a 表示选择 a 时所有可能导致的结果的集合。

关于一旦选定了一个具体方案,一个特殊结果将会发生的概率的信息。这类信息比上面 4 个要素假定的信息更精确,因为它把集合 S_a 中的每个元素 s,同一个概率函数 $P_a(s)$联系在一起。$P_a(s)$表示选择 a 时,s 将出现的概率,它是一个非负实数,而且

$$\sum_{S_a} P_a(s)=1$$

传统理性决策方法包括以下几种。

(1) 极大极小法。假定无论选择哪个备选方案,都将发生其相应可能结果中最坏的结果,即将出现 S_a 中 $V(s)$值最小的 s。因此,决策者需要选取一个这种最低报酬尽可能高的备选方案 a:

$$V(a)=\underset{S\in S_a}{\text{Min}V(s)}=\underset{a\in A}{\text{Max}}\ \underset{S\in S_a}{\text{Min}V(s)}$$

该方法可以不对客观存在的备选方案集合 A 求极大值,而代之以对“考虑到的”备选方案集合 A'求极大值,同时,选择结果的概率分布则不起作用。

(2) 概率法。概率法是对假定已知的概率分布 $P_a(s)$,求 $V(s)$的最大期望值:

$$V(a)=\sum_{S=S_a} V(s)P_a(s)=\underset{a\in A}{\text{Max}}\sum_{S=S_a} V(s)P_a(s)$$

(3) 确定性法。给定 A 或 A'每个 a 到 S 中一特定 S_a 上的映射,选取其结果报酬值最大的备选方案:

$$V(a)=V(S_a)=\underset{S\in S_a}{\text{Max}V(S_a)}$$

(4) 满意法。对报酬函数 $V(s)$进行简化,对 S 中的所有 s 来说,$V(s)$只需取(1,0)两值之一(1 表示满意,0 表示不满意),或(+1,0,−1)三值之一(+1 表示胜,0 表示平,−1 表示负)。寻找一组可能结果(S 中的子集 S'),使所有这些可能

结果(S'中的全部元素 s)的报酬值都是满意的,即 $V(s)=1$;之后,寻找一个备选方案(A'中的一个元素 a),其可能结果均在 S'中(使 a 映射到一个集合 S_a 上,且 S_a 包含于 S')。如果按照该程序能够找到一个备选方案 a,就能够保证获得一个满意结果,但该程序不能保证具有希望性质的 a 的存在性和唯一性。

(5) 局部有序法。前四种决策方法都要求有一个纯量的报酬函数,而且要求各项报酬都能够加以比较,或者说完全有序。但是,实际情况是可能不止有一个纯量报酬函数 $V(s)$,例如,当一项决策需要集体决定时,每个集体成员可能由于个人偏好不同而形成不同的报酬函数;再如,对一个决策者而言,他可能由于目标的多维性而希望获得若干种价值,而这些价值之间没有共同衡量尺度。局部有序法需要构造一个向量报酬函数 $V(s)=[V_1(s),V_2(s),V_3(s),\cdots,V_n(s)]$,寻找 S 中的子集合 S',使 $V(s)$对 S'中的所有 s 均为满意,即 $V(s)\geqslant k$(k 为一个常数,代表决策者期望的满意报酬),然后在 A 中寻找一个 a,使 S_a 位于 S'中。

通过观察上述理性决策方法,可以看到,这些方法一般包括两种计算,其一是确定方案可行性的计算,其二是发现最优方案的计算。这些计算是基于以下四个假设:一是每个决策事项都有一个确定的报酬函数,利用该函数可以将影响决策的各个因素结构化,从而清晰地表达各因素的影响方式和程度;二是每个决策者对所有的备选方案都有清晰完全的了解,并且有完全的选择权利;三是每个备选方案都由于不确定性,其产出结果存在一个概率分布;四是每个决策者都具有报酬效用最大化的价值取向。

理性选择理论的这些模型和方法在预测总体行为方面有着非常重要的作用,大量一般性论断的预测都来自该理论。但在描述组织或个体的实际行动方面,该理论却存在难以令人信服的方面。例如,某一组织要为成员分配工作任务,如果要满足这些纯理性选择理论的期望,那么决策开始就要确定执行的任务,并在考虑各项任务之间的关系后,确定为执行每项任务所需要的各种不同知识和技能。决策者要考虑所有可能的个体以及每个个体的技能、态度和价格。最后,决策者还要考虑为员工分配任务的各种可能性组合(这里强调是各种,即所有种),通过收集各种数据计算成本状况和即将获得的收益,并根据组织的偏好评价每一种组合,最终决策者将选择预期收益最大化的组合。然而,人们不会相信某一个个体或组织会运用类似的程序来进行决策,大量的实践表明,对于具有任何复杂程度的人类真实决策来说,完全不存在表明人类能进行这些计算的任何证据。这是因为,个人显然不可能知道所有备选方案或每个备选方案的所有结果,这种不可能性是导致真实行为偏离客观理性模型的重要原因。

(三) 理性决策结果的不确定性

关于对传统理性决策理论另一个论述是:当前行为的未来结果具有不确定

性，就是说，决策者根据预期结果在各种备选方案中进行选择，但这些已知的预期结果并不具有确定性，甚至确切地说，决策者所知道的仅仅是采取某一行动后各种可能结果所出现的概率，并且对这一概率的估计也不能达到精确的程度。例如企业投资不同币种外汇策略的收益取决于外汇市场的价格走势，但在决策时对外汇市场的预测却具有不确定性。这种不确定性或是因为从过程的一开始就存在，或是因为决策者对决策过程的运行机制也知之甚少，所以对决策者来说结果是不确定的。

由于结果的不确定性的存在，组织行动的结果就可能与决策者当初的期望不一致，所以一般情况下，决策者不论是对决策结果感到喜悦还是沮丧，都会有些遗憾——意识到如果事先能够把结果预测得更精确一些，当初就会作出更好的选择。为了获得更好的回报，开展对结果不确定性的风险管理成为决策者研究的内容。在论述比较详尽的理性决策理论中，存在风险时，对备选方案的评价不仅要依据方案的预期价值，还要依据方案结果的不确定性程度或风险大小。对于风险规避型决策者而言，风险会降低备选方案的价值；相反，对风险喜好型决策者来说，风险则会增加备选方案的价值。

由于不确定性的存在，决策者希望找到潜在结果与期望值之间的偏差。衡量这种偏差最佳的方法是计算结果的概率分布的方差。当把风险考虑在内时，决策可以看作是某一行动的期望值和结果的概率分布风险的联合函数。这种利用期望值、概率分布、方差的函数进行计算的方式虽然精确，但是相当复杂，由于技术原因，这种计算方差的办法在实践中应用较少。

二、有限理性决策方法

为了克服传统理性决策理论存在的缺陷，赫伯特·西蒙提出了受“认知局限性”和“环境结构”影响的有限理性理论，并于1978年获得了诺贝尔经济学奖。本书对风险管理方法的研究，就是以西蒙的有限理性理论为基础的。

（一）认知局限性

决策者在决策过程中几乎不可能做到对全部备选方案以及备选方案全部可能结果都了如指掌，其原因之一就是认知的局限性，这一局限性包括三方面内容：知识的不完备性、预测结果的困难和行为的可行性范围。

1. 知识的不完备性

理性决策行为面临的第一个局限就是知识是不全面、不深刻的。理性决策，首先要对每个备选方案的可能后果有非常全面的了解。事实上，一个人对自己行动条件的了解,从来都只是零碎的,这就使得其对当前状况的了解,以及根据当前状况推定未来结果的规律和法则,也知之甚少。

当然,知识的不完备对完全理性决策的限制也有一定的范围。对于一个组织来说,该问题实质是一个组织管理问题。为了保证决策过程科学合理,组织需要将有关决策的知识放到承担该类决策的地方去。举个例子,为了成功应用现有资源来解决城市消防问题,消防部门必须细致全面地了解城市每一个区域甚至每栋建筑物发生火灾的概率,以及管理程序的任何变化或资源分配的任何变动对火灾损失的确切影响。如果消防部门在每次火灾刚刚出现时就接到报警,火灾损失就会显著地减少。正是因为达不到无所不知的境界,消防部门才必须投入相当大的精力,通过特别警报系统以及其他方式获得关于火灾的信息,以尽可能迅速地采取救援行动。这一方法同样可以应用到企业组织中去,如企业决策对正确的市场价格预测的依赖性。

决策力争理性但却被束缚在知识限度内,这使人们不得不探寻应对方法,其中一种办法就是,构造一个仅含有有限变量和有限后果的封闭系统,将其同世界上的其余部分隔离开来。也就是说,在实际进行决策时,只考虑那些在因果关系上和时间上均同决策密切相关的因素,而忽略那些间接性因素。对正确的决策来说,发现给定情形下哪些是重要因素、哪些是次要因素,与了解最终确定的相关因素所服从的规律和法则一样重要。

如果决策所依据的一组有限的因素,在本质上对应于一个封闭的变量系统,且不存在显著的间接效应,理性决策就是可行的。只有在极端重要的决策事项上,才可能运用充分的资源和巨大的投入,去解开一个复杂的效应链。例如,为确定国家金融政策对社会就业问题的间接影响而投入大量研究经费,如果能够达到目的,其大额的成本投入是值得的,反之,则需要考虑投入产出效率问题。

2. 预测结果的困难

预测备选方案的行动结果,其实际可能比预期称心得多,也可能差得多,这种差异不仅是由于无法预见后果造成的,即使对决策后果描述得相当完整,对这些后果的预见也很难与实际感受相同。造成这一差异的原因之一,是头脑无法在某一瞬间掌握所有可能的后果。而且,随着对结果价值偏好的转移,注意力也会从一种价值要素转移到另一种价值要素上。

因此,对备选方案可能结果预测的精确性和一致性,都会受到个人能力的限制。这个能力既包括决策者对其想象后果中的变动着的价值要素进行追踪的能力,也包括对这些要素所导致的预期结果赋予始终如一的权重的能力。这一能力限制对具有“风险”的决策行为更具影响力。例如,决策者在考虑风险投资时,根据以往经验或其他理由,对失败结果越具有痛感,那么更加激进的冒险投资就越显得不可取。这与其说是失败的经历致使决策者给失败发生赋予较大的概率,不如说是避免失败的愿望变得更强烈了。

3. 行为的可行性范围

一个人在构想其可能采取的行为模式的过程中存在一个想象问题,就是这个人能够想象到的他通过自己的身体各部位所能做的动作是有限的,他能想到当作备选行为的,永远都是非常少的几种。实际上,一个仅仅受到物理、生理限制的人,即使在一分钟内其所能够完成的动作之多也是无法想象的。因此,有很多种备选方案根本就没有进入评价阶段,因为这些备选方案根本没有被人想到。一个组织、一个企业更是如此。企业由若干不同的员工组成,这个企业所能做的动作比个人又不知多多少倍,要把这些所有能做的动作囊括到备选方案中,明显是不可能的,也是无法被决策者想到的。在某些领域,为了探索可能行为,人们已经开发出许多相当有创意的方法,如进行时间—动作研究,极其周密地观察组织运作流程中的动作,以便改进这些动作,从而实现高效率,扩大可行方案的选择范围。

(二)最大化与满意化

大多数对理性决策的规范解释都认为,在决策者进行决策时,会考虑各种备选方案的结果,并选择能够使效用函数值最大的备选方案。但是,正是由于认知的局限性和环境的复杂性,决策者似乎更倾向于选择满意化的备选方案,而不是效用函数值最大化的备选方案。

1. 选择满意化还是最大化

所谓最大化,是指备选方案在全部可能的方案中是最佳的,其期望效用函数值最高。最大化要求对所有的备选方案进行比较,从中选择最佳方案,并且要求各个备选方案的偏好前后一致,也就是要求把偏好的各个方面都归结为一个单一的标准。而满意化是指备选方案的行动结果能够满足既定的标准或目标,但该方案的预期效用在全部备选方案中则不一定是最大的。满意化要求按照一定的目标比较备选方案,从中选择足够好的方案。满意化为偏好的各个方面都规定了目标,并且把目标当作独立的约束条件。

组织在进行决策时到底是选用最大化策略还是满意化策略并不是以纯粹形式出现的。通过对决策过程的观察可知,至少在决策过程的初始阶段,目标是作为约束条件的。在决策过程中,决策者经常仅考虑少数几个备选方案,并且会持续一段时间,而不是在发现第一个满意的备选方案后就立即停止。决策者有时会在某个问题上采用最大化策略,而在其他方面采取满意化策略,而有时则把实现目标的概率最大化,这一过程可能要维持到下一个决策周期之前,或最后期限之前。决策者经常会在一组精心设计的选择中运用最大化策略,但实际上纯粹的最大化是不存在的。

2. 决策时间缺乏时非熟悉问题期望效用最大化的不可能性

决策者为了达到效用最大化，必须在一系列备选方案中选出效用最大的那一个，假定决策时间是有限的，即决策者必须在最终期限前选出最优方案，这种情况下就需要区分所决策事项是熟悉问题还是非熟悉问题。

如果依据先前的训练、经验，需决策的事项是熟悉的，决策者进行决策时了解最佳选项是什么，知道怎么做，问题就会非常简单。而决策者在不同时间对同一事项进行决策所面对的决策环境一定是不同的，也就是说决策者不可能对百分之百相同的两个决策事项决策两次，就像是古希腊哲学家赫拉克利特所说“人不能两次踏进同一条河流”一样。在面对非熟悉决策问题时，决策者需要进行两个水平上的决策活动，它们均需要耗费时间。

水平 1：找到待选项。

水平 2：找到实现水平 1 目标的方法。

因为对水平 1 不熟悉，所以如何找到解决水平 2 问题的最优化途径，对决策者来说也是不熟悉的。因此，决策者必须在水平 2 上耗费时间找出最优方法，这样决策环节就进入了水平 3。采用这种方法就会得到一个无限序列，即水平 $k=2,3,\cdots,n$，找到一种解决水平 k 问题的最优化方法对每一个 k 来说都是不熟悉的。

水平 k：找到实现水平 $k-1$ 目标的方法。

因为每一个水平 k 上的决策活动都需要一定的时间，所以我们可以得出结论：当决策时间缺乏时，最大化策略是无法实现的。

3. 约束条件下期望效用最大化的不可能性

理性决策过程中既需要搜索备选方案或称为选项，又需要搜索选择备选方案的理由和依据，或称为线索。搜索可能在组织内部完成，也可能在组织外部完成，内部搜索要耗费时间和注意力，外部搜索则要耗费更多的资源。有限的资源制约了组织决策者的搜索活动，这些限制常常与找到一种期望效用最大方案的理想决策程序相矛盾。

希望保持最大化的理想而建立有限搜索的决策模型称为充分权衡决策成本的效用最大化决策模型，又称受约束条件下的效用最大化决策模型。在该模型下，当进一步的搜索成本超过进一步的搜索收益时，搜索就应终止，这也被认为是一种最优终止原则。采用这一模型进行实际决策时，会存在以下几个问题：一是对收益和成本进行可靠估算需要大量知识；二是需要原水平上的收益与成本核算；三是需要决策者具备计量经济学家所具备的计算能力，并熟练操作统计软件。这三个问题不但没有简化决策，反倒使决策更加复杂化。有人称该模型也是有限理性，其实是错误的，这种错误导致了有限理性与无限理性的混淆。

4. 适应性愿望

满意化假定人们更关心相对于目标而言的成功或失败,而不关心成功或失败的程度。而行动对于目标而言是成功还是失败,取决于备选方案是高于还是低于某一愿望水平。愿望水平高低的分界线是不稳定的,尤其是个体会调整自己的愿望(目标)以反映他们的经历或诉求。对愿望水平的研究表明,决策者不仅会根据自己以往的业绩来调整愿望,也会根据他人的经验调整愿望。这样,一个正的常量加上以往经验的指数加权移动平均值,就可以得出当前愿望的近似值。

(三) 注意力与搜寻

在决策者进行决策的过程中,并不是所有的备选方案都是已知的,必须寻找备选方案;并不是所有备选方案的结果都是已知的,必须进行分析演算以得出结果;并不是所有的偏好都是已知的,必须探索和唤起偏好。这些都需要决策者投入注意力用以搜寻解决上述问题的信息和方法。

1. 信息和注意力

人们一般认为传统的社会缺乏物质和人力资源,而不缺乏时间。而现代社会是一个充满激励和机会的信息化社会,要做的事情总比有时间做的事情多,已有的注意力和能够倾注注意力的时间相对于浩如烟海的信息而言总是显得捉襟见肘。在注意力和信息方面受到的限制,使处于决策系统中的决策者遇到了两难困境。如果对注意力进行分配,那么仅凭备选方案和愿望的特点就无法预测决策。决策将受到决策者注意到或者未注意到特定偏好、备选方案和结果的方式的影响。因此,决策就取决于注意力产生的环境:谁注意什么?在什么时候注意?在决策时利益相关者可能并不在场,也可能注意力被一些其他事情所吸引而忽略一些事情。注意力信息搜索的配置方式在很大程度上决定着决策的产生。

正如前文所述,决策者由于认知的局限性在决策时不会获得所有的信息,这样决策者对信息的成本投入最大会达到预期边际收益等于预期边际成本的平衡点。信息的成本就是把用于寻找和理解当前信息的包含注意力在内的资源,投资在其他地方所能获得的预期收益,是一种机会成本。由于信息的成本昂贵,决策者会寻找一些办法来降低注意力、计算和搜寻的平均成本,从而使决策者在找到满意的决策方案时将信息成本控制在一个可接受的范围。

2. 信息搜寻的满意化

满意化实际上是一种搜寻规则,它决定着在什么条件下开始搜寻,在什么条件下终止搜寻。决策者根据目标来组织他们的搜寻活动:当业绩低于目标时,就会增加搜寻;当业绩达到目标时,就会减少甚至终止搜寻。

在上述搜寻活动中,最重要的步骤是比较业绩和目标。决策者为一些重要指标设置了愿望水平，比如企业的销售额、资产负债率水平等，然后根据愿望水平评估业绩。在纯满意化模型中，只要业绩低于目标，搜寻就会继续；当业绩超过目标时，搜寻就会停止。而有限理性满意化模型假定了两个适应性过程，使愿望和业绩的关系更加密切。首先，愿望要与业绩相适应，就是说决策者需要知道他们应该期望什么，期望的范围有多大；其次，业绩要与愿望相适应，业绩未达期望时增加搜寻，业绩成功时减少搜寻，以与愿望相适应。前文已经提到，适应性愿望对组织决策有广泛影响，决策者愿望的适应性调整能使业绩与愿望趋于一致。有限理性满意化模型原理如图 3-3 所示。

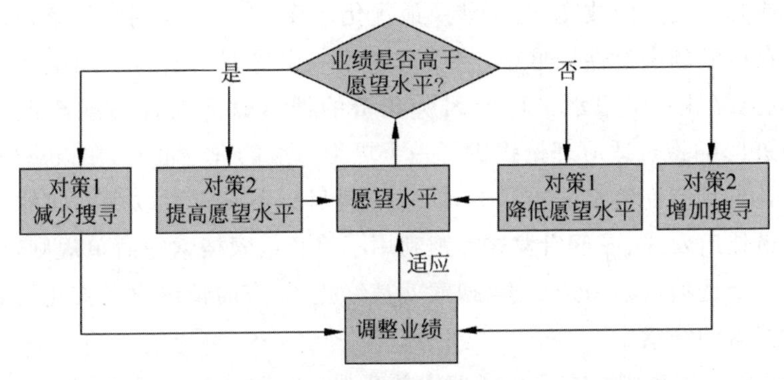

图 3-3　有限理性满意化模型原理

(四) 有限理性机制

根据西蒙的观点，理性决策除受人类认知局限性的影响外，决策者还可以利用环境结构获得成功，这就是受限制的理性，也就是有限理性。所受的限制主要指的是：不能知道全部备选方案，有关外生事件具有不确定性，以及无力计算后果。也就是说，决策者所面对的情况是没有充足的时间和精力去考虑全部或大部分方案，更因为环境的不确定性而无法评估所有方案的可能结果，并加以逐一比较。在此情况下要作出抉择，就必须用某一法则去确定是否找到了一个稳妥的或令人满意的方案。这里所说的“令人满意”，就是符合期望水平，达到理想目标。这一寻求满意的过程，就是在不同方向上简化真实情境，作出满意的决策，而不是最优的决策。在这一过程中，一旦找到了满意的方案便终止全部搜索过程，并最终作出决策。而考虑到搜索过程所需耗费的各类资源，就有了最优搜索量的概念。所谓最优搜索量，就是期望水平可以调整到这样一个地步，使每多搜索一个单位(可以是单位时间，也可以是次)所需的费用(物质成本或时间成本)，刚好等于新方案所产生的改进预期值。

吉仁泽和泽尔腾在“寻求满意”的搜索效率上进行了深入研究，提出了一系列能使决策者以比较有限的搜索量，在巨大的可能空间找到稀少答案的启发式方法，这就是有限理性模型。有限理性模型主要包括以下内容。

(1) 简单搜索规则。搜索包括对选项(备选方案)的搜索和对线索(用于评价备选方案)的搜索。西蒙的"满意性"概念仅涉及对选项的搜索，而对线索的搜索则称为快速节俭启发式搜索。搜索过程是依据循序渐进的程序建立模型的，在这种模型中，获得一条信息，作出一种调整，然后重复这个过程，直到它被终止。搜索的类型包括随机搜索、顺序搜索和模仿同类的搜索。

(2) 简单终止规则。搜索被简单的终止规则终止了，终止规则可能会由于搜索的长度或其他信息而改变，但不涉及最优化计算，如计算效用和概率以决定最佳终止点。在西蒙的满意性模型中，当发现了第一个等同于或高于期望水平的选项时，搜索就会终止；期望水平可能因所花费的搜索时间而提高或降低。泽尔腾(Selten，1998)的抱负适应理论提供了一个更为一般的理论框架，在该框架下，存在着若干个各自具有抱负水平的目标，而且这些目标不一定可以用共同的尺度来衡量。采用最佳启发式、最近启发式等则利用了终止线索搜索的简单规则，即一旦发现了支持一个选项的第一条线索，搜索就被终止了，有时情绪或者文化因素都可以称为终止搜索的线索。

(3) 简单决策规则。在终止了搜索并获得了有限信息后，就可进行决策：选择最重要线索支持的目标——而不是试图计算所有线索的最佳权重，或者采用多元回归、贝叶斯规则、线性或非线性的方式整合这些线索。

现有证据表明，有限理性模型能够像复杂统计模型(如多元回归、贝叶斯网络)一样准确，且只需要较少的信息和计算量，其有效的原因之一就是该模型利用了环境结构。另外，当决策面临许多重要目标，而这些目标又找不到共同的尺度进行衡量时，例如企业需要实现的自身经营目标和企业必须兼顾到的社会目标，有限理性模型可以克服效用最大化造成的严重问题。

但是，不论是西蒙的有限理性理论，还是吉仁泽的有限理性模型，最终都是以寻求满意为决策的最终目标，也就是说决策所确定的备选方案符合其期望水平。在西蒙的论述中，期望水平就是一个心理学概念，它可随不同人员体验的变化而变化，在好方案多的良性环境下，欲望水平提高，在恶劣环境下，欲望水平降低。这一理论虽然能够客观反映个体决策者在进行决策时的真实境况，但完全采用该理论进行企业风险管理，决策者在决策时仅根据自己的偏好和期望水平决策，而不经过系统分析和测算，依然会使企业风险管理具有不确定性。

第三节 “有限理性”与企业风险管理边界

无论是2004版的《企业风险管理整合框架》，还是最新修订的COSO-ERM标准(2017)，都将全面风险管理定义为组织的一个管理过程，其目的就是通过一系列行动来抵御组织面对的不确定性，以保证组织目标的实现，只不过COSO-ERM标准(2017)将风险管理提升到了组织文化和治理的层次。有限理性决策理论虽然存在缺陷，但它仍然能够为组织开展风险管理提供强有力的理论支持，对组织进行风险管理目标、风险应对策略决策意义巨大，企业在进行风险管理时可以批判地使用。

一、企业边界与企业管理边界

(一) 企业边界

科斯在1937年首次用交易费用的概念解释了企业的存在，他认为如果通过市场安排协调资源的费用(即交易费用)超过了企业内部管理资源的费用，企业内部管理的资源配置就是十分必要的和合理的。由此科斯得出结论：企业组织的边界决定于市场交易成本和企业内部组织协调成本的比较当中。科斯认为科层制和市场机制是两种不同的资源配置方式，企业是市场机制的替代物，而且“利用价格机制是有成本的”，即通过市场交易会产生一系列成本：搜寻成本、谈判成本、签约成本、监督成本、执行成本和违约成本。当企业内部的组织成本小于市场上的交易成本时，企业就出现了，此时“一系列的契约被一个契约替代了”，在一定程度上节约了交易成本。此后，众多学者基于交易成本的分析框架对企业边界问题做了大量的研究。譬如：不完全合约，多任务、关系合约等(Grossman & Hart，1986；Holmstrom & Milgrom，1994；Baker et al.，2002)。Klein等从资产专用性角度分析，认为垂直整合作为市场机制的替代方案，通过扩大边界将交易内部化可以监控和规范组织行为，为交易活动提供了可强制执行的保护，有利于控制和降低不确定性，防止机会主义行为。同时，Monteverde和Teece通过实证分析发现，不确定性程度与纵向一体化呈正相关关系，即不确定性程度越高，企业越倾向选择纵向一体化。侯广辉基于交易成本关于不确定性的企业边界治理研究，将不确定性分为行为不确定性(交易的不确定性)和技术不确定性(内部的不确定性)，威廉姆森的不确定性更多的是指行为不确定性；行为不确定性促进企业选择“自制”，表现为企业边界扩张；而技术不确定性促使企业实施“外购”，企业边界收缩；企业应该在综合考察的基础上制定合理的“自制或外购”决策以降低不确定性。

（二）企业管理边界

Alchian 和 Demsetz 提出了管理成本的概念，认为企业内部的经济活动跟市场一样，存在各种各样的契约，参与企业内部活动的行为主体之间实际上是在进行交易，这势必会产生交易成本，而这种交易成本实质上是企业内部的管理成本。管理成本的提出对交易成本理论的发展具有重要意义。现代企业在古典企业的法定边界和契约边界基础上又形成了经营边界和治理边界。此外也有学者从权力的角度解释企业的边界，古典企业的所有权和控制权一致，企业通过权衡边界调整的成本与收益进行决策。而两权分离的现代公司制企业中，控制权拥有者不仅需要考虑边界调整的成本与收益，而且更要关注治理结构对自身权力的限制，需要从治理结构及内部权力配置角度分析企业边界的调整。

在实际操作中，企业边界更根本的是管理权力的边界，企业管理权力能够触及的边界即是企业的组织边界。这就是说，企业的边界决定了企业管理行为，包括企业如何管理人、财、物等一系列企业资源。这就是说企业的管理行为也不能一味地扩大应用，因为管理行为会产生企业管理成本。企业管理行为的边界应当与其所能执行政策和影响的边界一致，管理行为的适当性也应当以此作为把握的标准。

二、风险管理目标

（一）企业目标

在上面的章节中，我们介绍了组织目标的相关内容，企业作为以盈利为目的的组织，同样要有自己的目标。一般地，企业的目标分为五类，即使命和愿景、战略目标、经营目标、报告目标和合规目标。

使命是企业的核心目标，它确定企业想要完成什么，以及它为什么存在。愿景是企业对其未来状态的期望，或者说是企业在一段时间内的目标。

战略目标是指与企业使命和愿景目标相一致的高水平目标，反映公司期望如何为它的利益相关者创造价值，包括公司期望实现目标的总体说明。战略计划则是企业实现其使命和愿景并应用其核心价值观的计划。一个好的战略计划能够驱动资源的有效分配和有效的决策，而且还能为企业建立经营目标提供路线图。

经营目标包括业绩和盈利目标、资产安全目标等，关系到公司经营的有效性和效率。经营目标反映企业运营所处的特定的经营、行业和经济环境，反映现实和市场需求，并以有利于进行有意义的业绩计量的方式表达出来。经营目标通过在企业各基础业务单元间的分级分配，能够使各业务单元连接成一个整体，以支持企业战略目标的实现。

报告目标与企业报告的可靠性相关，包括内部报告和外部报告，涉及财务信息和非财务信息。可靠的报告为管理层提供适合其既定目标的准确且完整的信息。它支持管理层的决策并对主体活动和业绩进行监控。对企业内部的报告包括市场营销计划的结果、日销售报表、日资金报表、生产质量日报、客户满意度报告等；对企业外的报告包括为对外传播而编制的报告，如财务报告、管理层向监管机构提交的报告等。

合规目标是指公司的一切行为都需要符合相关法律法规，这一要求可能涉及市场、定价、税收、环境、员工福利、国际贸易等。企业的合规记录可能会对它在社会和市场上的声誉产生极大的正面或负面影响。

以上这些目标都是企业针对不同期间、在不同方面的期望水平而制订的，企业在确定这些期望水平时，必须充分考虑自己的风险偏好。所谓风险偏好，是指一个企业在实现其价值追求的过程中所能够接受的风险的类型和数量。不同的战略都有着不同的风险，企业需要根据自己的使命、愿景和核心价值观等企业文化确定自己的风险偏好，根据确定的风险偏好评价每一种战略策略的风险是否在确定的风险偏好范围内。例如，一个核电企业在日常运营中可能会有一种规避风险的文化，管理层和外部利益相关者都希望，有关新技术和新系统的决策谨慎、高度关注细节和安全，以便对核电站的可靠性提供合理的预期。因此，该核电企业不希望大量投资于对管理运营至关重要的创新和未经验证的技术。相比之下，一个电子产品制造企业更有可能是一个敢于冒险的实体，其管理层和外部投资者会对业绩有很高的期望，要求承担较高的潜在风险。

（二）企业风险管理的目标

每一个组织——无论是营利的、非营利的还是政府的——都是为其利益相关者提供价值而存在的，所有组织在追求价值的过程中都会面临风险，企业更是这样。如果说报告目标和合规目标的实现更多的是在企业主体的控制范围外，而公司要实现其使命和愿景，以及该使命和愿景指引下的战略和经营目标，则会面临较多的外部不确定性，如被竞争者超越或是被潜在替代者替代。这些风险会影响企业实现其战略和经营目标的能力。因此，企业管理面临的一个挑战是确定企业准备接受并且能够接受的风险的数量。有效的企业风险管理有助于企业董事会和管理层优化经营业绩，其目标是增强创造、保存和最终实现价值的能力。

COSO-ERM 标准(2017)对全面风险管理做了如下定义：企业在创造、保存和实现价值时，用于管理风险的、与战略制定和绩效相结合的文化、能力和实践。也就是说，企业的风险管理贯穿于企业的文化管理、战略管理、绩效管理过程中。在这一过程中，企业需随时专注于战略和经营目标与企业使命、愿景的一致性，识别关键成功要素和风险，评估风险并实施恰当的风险应对，并建立必要的控制，及时报告业绩和期望。

（三）风险管理目标的有限范围

不论企业采取哪种战略，都需要对其战略目标和各个层级的经营目标加以管控，以确保企业内外部的各种风险因素不会影响目标的实现。按照完全理性决策理论，企业在进行风险管理时，需要将企业实施某一战略时面对的所有风险，以及应对这些风险的所有方案逐一描述出来，并且计算出每一方案的准确成本，最后从这些方案中选择那个能够完成目标，并能够应对所有风险且成本最小的方案。

然而，实际情况不是这样的。再先进的企业也没有能力计算出自己面对的全部风险，也无法找到全部风险解决方案，更不可能找到成本最小、效用值最大的风险解决方案。这时，按照有限理性决策理论，企业可以设定一个风险控制范围，通过实施风险管理方案，把各种风险对企业实际绩效的影响控制在这一范围内，达到满意即可，而不必花费更高的成本去搜索更优的方案。这一控制范围就是企业所设定目标周边区域的一个边界，是期望的风险控制目标，我们称为管理边界。在全面风险管理框架中，把这一与实现业务目标相关的可接受的实际绩效变化的边界，称为**风险容忍度**。如图 3-4 所示，A 和 B 两点之间的部分就是可接受的风险容忍范围，当实际业绩位于 A 和 B 两点之间，也就是当企业能够保证实际绩效处于风险容忍度范围内时，企业就可以不再采取更多的行动以使实际绩效更接近目标。

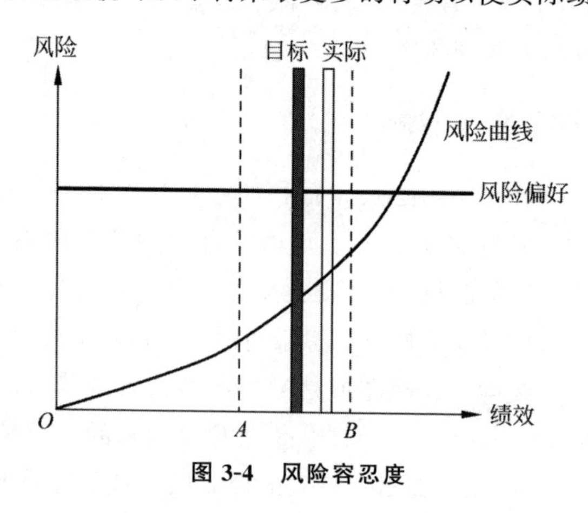

图 3-4　风险容忍度

三、风险管理方案与成本

（一）满意的风险管理方案

在上文中，我们讨论了企业风险管理的目标是将风险水平控制在可接受的风险容忍范围之内，也就是说企业的风险管理方案要达到这样两个标准。第一个标准是这个方案必须满足风险偏好的要求。如图 3-5 所示，当风险解决方案的实际绩效与风险曲线的交点在风险偏好线之上时，这个方案便是不可接受的。

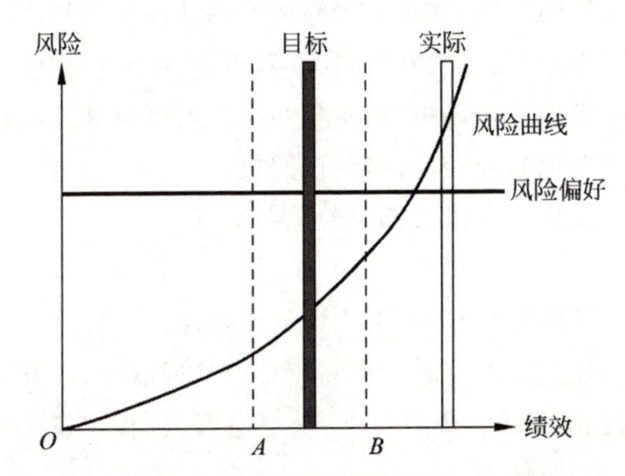

图 3-5　实际绩效与风险曲线的交点在风险偏好线之上

第二个标准是，虽然解决方案的实际风险水平能够控制在风险偏好以下，但是如果这个实际绩效不在风险容忍范围之内，如图 3-6 所示，或者方案不能实现期望的目标，或者风险管理成本较高，则企业也无法进行有效控制。

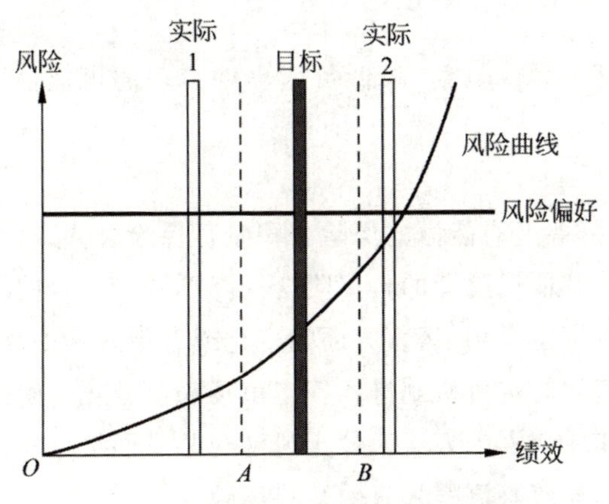

图 3-6　实际绩效不在风险容忍范围内

（二）满意风险管理方案的选择

1. 可选择的风险应对措施

作为企业风险管理的一部分，企业需要从一系列重大风险应对措施中考虑潜在的应对措施，并把这些措施根据具体情况加以组合，形成风险管理方案，这些措施包括以下几种。

1）回避

剥离：通过退出一个市场、区域、行业，或通过出售，剥离一个产品或业务。

禁止：通过设立权限制度，禁止高风险的经营活动或交易。

停止：通过重新设定目标，重新制定策略，重新调动资源，停止特定的活动。

瞄准：对准商业发展及市场扩展，避免非企业发展策略的机会出现。

筛选：筛选替代性项目及投资，避免低回报。

根除：在根源上设计并实施内部风险预防流程。

2）保留

接受：在现有水平接受风险，不采取进一步措施。

重新定价：在市场允许的情况下重新定价产品或服务，以补偿所承担的风险。

自我保险：通过损溢表上费用列支、外部融资、预提准备、专托保险公司等来防范风险。

冲销风险：针对其他风险，在一个良好的风险组中加以冲销。

计划：通过设计一个应急计划，授权有关人员定期审核风险事件并执行计划。

3）降低

分散：在地理区域内分散财务资产、有形资产或信息资产以降低过高的灾难性风险。

控制：通过内部流程或行动，降低负面事件出现的可能性到一个可以接受的水平。

4）转移

保险：与独立、财务上有能力的保险公司签订保险合同。

再保险：通过与其他保险者的再保险合同降低资产组合的风险。

对冲：通过进入资本市场、运营方面的变化或者借入新的款项来对冲风险。

证券化：通过有效的定价机制进入资本市场来证券化风险。

分享：通过合作或合资的方式来分担风险与共享回报。

外包：通过外包非核心流程来有效转移风险。

免责：与独立的、财务上有能力的实体签订风险共担合同，以免除部分风险。

5）承担

分配：在企业内部适当分配资金，为所承担的风险融资并取得回报。

分散：分散客户、雇员、供应商及企业所有的财务和有形资产。

扩展：通过投资新行业、新市场及新客户群体扩展业务组合。

创新：创造新的产品，拓展新的业务及渠道。

重新设计：用独特的资产及技术组合来重新设计企业的商业模式，创造新的价值。

重组：通过重组、兼并、外包，重新构架及重新安置新的地点来整合企业。

定价：通过对产品的定价来影响客户的选择并符合企业的风险状态。

套利：通过在不同市场购买和销售证券或其他资产获取套利空间。

重新协商：重新协商现有的合同协定，重新定义企业风险状态。

影响：通过游说、积极参与政治活动、发展公共关系等提高企业在监管者、社会公众及标准制定人心目中的形象。

2. 考虑成本效益因素

企业选择满意的风险管理方案必须考虑不同方案的潜在成本和收益。一般来说，预期的成本和收益与风险的严重性和优先级相适应。例如，考虑到方案的预期收益，具有更高优先级的风险可能需要增加资源成本。

选择风险管理方案时对成本和收益的预测精度不同。成本包括直接成本、间接成本以及某些与使用资源有关的机会成本，对成本的预测可能更容易量化。而衡量收益则可能更加主观，因为它们通常很难量化。在许多情况下，风险解决方案的收益可以在实现战略和业务目标的整体活动中进行衡量。例如企业内部进行培训，一个好的培训项目能够收到非常好的效果，而且能够产生很高的价值，但这个价值难以量化，培训成本反而可以预测得比较精准。考虑到战略或业务目标的重要性，从成本和收益的角度看，在某些情况下可能没有最佳的风险解决方案，这时企业可以选择重新考虑战略和业务目标，以及相应的风险管理目标。

第四节　传统风险管理方式的问题

尽管企业风险管理给企业带来了重要的好处，但是仍然存在着局限。除了前面讨论过的因素之外，局限还源于下列现实：人类在决策过程中的判断可能会存在纰漏；有关应对风险和建立控制的决策还需要考虑相关的成本和效益；类似简单误差或错误的个人缺失可能会导致故障的发生；重要控制环节可能会因为两个或多个人员的串通而被规避，以及管理层有能力凌驾于企业风险管理决策之上；等等。这些局限使得董事会和管理层不可能就主体目标的实现形成绝对的保证。

总体而言，传统风险管理方式主要由财务或风险管理部门对风险管理负责，从企业业务信息中识别和评估风险事项，这会导致如上文所述，财务或风险管理部门员工的信息处理压力和相对信息冗余。当财务部门、风险管控部门面对大量信息数据，不能及时对有效信息数据进行整合，并且无法对业务部门所存在的风险行为作出高效评估时，事实上存在业务和财务或风险管理部门之间的信息不对称问题，风险管理中就可能存在代理问题，业务部门将存在机会主义动机，并导致企业的风险管理效率低下。

一、代理问题

代理问题主要是指在委托人的授权之下，代理人通过一系列行动，帮助委托人实现相应的目标，达到预期效果。代理人、委托人的核心利益并不是完全相同的，当委托人处在信息劣势层面，并且无法实时、全面地对代理人进行监控时，那么代理人极有可能为了谋取个人利益，作出一些违背委托原则，并且会对委托人利益造成巨大损害的行为。因该种状况而导致的委托人利益受到严重损坏的状况便被称为代理问题。代理问题归类如图 3-7 所示。

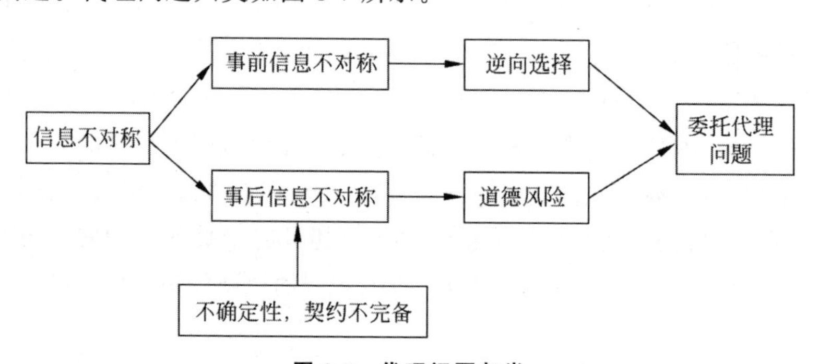

图 3-7　代理问题归类

代理问题产生的一个重要原因是信息不对称，代理人可以进行隐性寻租。隐性寻租主要是指企业高层管理人员，为了追求个人享乐，不正当消费公款，并获取超额的工资待遇等一系列借助隐蔽渠道而实施的行为，其理论依托是代理问题。在投资活动中，隐性寻租问题尤其多发。这方面的研究文献也极其多见：Jensen(1993)明确指出，企业高层管理人员为了追求个人私利与生活享受，极有可能开展一些利润极低，甚至净价值为负值的项目，旨在控制企业各类资源，与此同时，他们还可能因此抛弃一些质量高、价值高的项目，从而把更多的精力投放于可以为自身带来巨大经济利润的项目之中。无论是开展投资项目，还是抛弃投资项目，企业高管均是为了实现个人私欲目标。前者主要体现于投资量过大、项目实施缺乏合理性与科学性；而后者主要体现于投资项目较少，并且管理不当。Oler 和 Olsson (2011)围绕企业风险管理展开研究分析时，任意选取《财富》中美国 1 000 强企业中的 300 家作为研究分析样本，然后通过不同渠道、利用多种手段并行的方式对 CEO 权力、公司治理、企业并购等各个方面展开深入调查，然后参照调查结果检验与分析 CEO 权力对企业并购决策所造成的一系列影响。分析结果充分显示：对于手握重权的 CEO 而言，其通常会为了实现个人私利，而执行一些对投资者经济利益造成巨大损害的并购活动；根据实际情况，对内部治理机制进行优化，能够使非关联并购产生的概率大大降低，从而有效避免企业高层管理人员为了实现个人权力欲望而建构商业帝国的各种行为。Jensen(1986、1993)研究了经理人、股东代理问题对公司非效率投资所造成的影响；Vogt(1994)、Richardson(2006)围绕自由现金流对投资方面的影响展开了全面剖析；Inderst 和 Klein(2007)从不同维度、不同视角对在内部竞争、投资项目能够得到一定奖励的作用之下，经理人所作出的具体投资决策展开了深入研究；Hart(1995)以相关理论概念为重要基础，对企业经理人构建“企业帝国”的各方面投资动机展开了深入剖析；Dow 等(2005)以现金流、投资间所存在的具体关系作为核心展开了深入探究；Malmendier 和 Tate (2005)深入、全面地探析了管理者自信心过高对投资决策所造成的一系列影响；Stiglitz 和 Weiss(1981)，Lambert 等(2007)诸多专家与学者对道德问题展开了深入剖析，并分析了因非效率投资而产生的一系列影响；Leuz 和 Verrecchia(2000)，Bushman 和 Smith(2001)，Verrecchia(2001)对信息不对称理论进行了详细阐述与分析，并以此为重要基础，深入分析了投资效率因信息不对称理论而产生的一系列影响；Biddle 和 Hilary(2006)在已有研究理论的基础之上，从更深层次、更广层面研究分析了财务信息质量对公司投资所造成的一系列影响。魏明海和柳建华等(2007)经过大量的研究分析之后发现，较大的投资量能够为企业管理人员带来更高的未来货币薪酬；此外，过度投资将会使企业价值大大降低，如果企业发生了过度投资行为，那么企业未来经营业绩将非常低，并需要承担更高的未来财务风险，如果管理层激励水平比较低，那么价值减损状况将变得更加凸显。

在有关中国国有企业的研究中，关于代理问题的探讨也非常多见：国有企业中，高管政治人、经济人的双重身份存在不一致的激励目标，从而致使产生的行为也存在较大差异。如果国企的绩效非常良好，那么一些具备晋升机会的高管，会把并购行为定性为一种特殊的政绩表现，在此种状况之下，国企高管的“政治身份”的诉求，将会对“经济身份”产生一定的抑制效用，从而使谋求私利、进一步增加薪酬待遇的动机弱化，而利用并购活动来进一步提升个人影响力与威望，且晋升的机会大大增加。如果国企的经济效益比较差，发展情况不好，那么企业高层管理人员将会对并购行为进行重新定性，即将其视为追求个人利益的一种机会，借助并购、扩大经营规模等方式来进一步增加薪酬谈判过程中的筹码，从而有效弥补绩效差、薪酬间严重匮乏敏感性的空白。

对于解决寻租问题的方法，有很多学者做了研究。Zarb(2011)选取诸多上市公司财务腐败、高管寻租等案例为重要样本展开分析，结果表明，结合实际情况，逐步健全投资者保护，并使财务信息趋向于透明化、公正化，能够进一步提升企业高管替换威胁的治理效果，从而尽可能地降低，甚至彻底消除高管寻租。Watson 和 Hirsch(2010)选取新西兰为重要研究环境，从两个不同的视角，即公司法、公司治理，对高管寻租问题展开了深入、全面的剖析，研究分析结果表明，以高管为重要核心的企业架构、内部治理体系的完善程度等是影响高管寻租行为产生的主要因素。

从风险管理的角度来看，目前我国大多数企业虽然也实行了风险管理体系，甚至采用了基于边界管控的管理方式，但是尚未与公司治理相结合，成为公司治理的有机部分。在传统风险管理方式中，财务或风险管理部门统一负责风险控制，因此可能面临信息冗余压力，这可能使得财务或风险管理部门无法有效识别和评估业务部门的风险行为。但是在实际情况之中，必须面对信息不对称问题，在开展风险管理工作的过程之中，便极有可能存在各种形式的代理问题，业务部门将在风险事项上存在机会主义动机，并导致企业的风险管理效率低下。

二、有限关注与信息冗余

风险容忍度系统解决了风险责任在业财部门之间分配不均、财务或风险管理部门信息处理压力过大的问题，因此有限关注和信息冗余是本书的一个重要理论基础。有限关注理论是有限理性思想在资本市场领域发展成熟的相关理论，投资者的有限关注对于有效市场假说而言，是一个充满机遇与风险的重大挑战。具体而言，Fama(1965)从不同层面、不同视角对有效市场基本概念、情形等进行了详细描述，具体为：在有效市场之中，存在诸多思维敏捷、嗅觉灵敏，并且将利益作为核心的投资者，他们抱有积极的心态参与市场竞争，每个人均企图根据自身所掌握的信息资料，对单个股票的价格作出精准评估，每个人均可以通过特定的途径获取十分重要的关键性信息数据。在一个有效市场之中，如果存在大量精明投资者，那么他们在进行竞争与合作的过程之中将会产生一种特殊状况：无论在何种阶段，单个股票市场价格均充分展现了已发生、未发生、将发生的一些事情。Malkiel 和 Fama(1970)提出了对市场有效性假说进行详细阐述与解释的定义，具体为：有效市场之中,投资者具备较高的理性,可以对市场中所存在的完全信息进行高效整合,并通过合理化的方式实现期望效用最大化的目的,进而使股票价格浮动可以实时、全面、详细地展现信息数据的具体变化情况,对于投资者收益率而言,其满足随机游走模型的基本要求。

有效市场假说同时也遭受多方面的批评,其中一个重要的批评原因即是个体的有限关注能力。基于有效市场假说,投资者总是能够完全理解和处理所有的信息,但是个体的时间精力有限,因此对于信息的关注总是有限的。Black(1986)明确指出:投资者在做出购买行为的过程之中,并未参照有意义的信息,而是把“噪声”作为重要依据,从另外一个层面充分证明,投资者并不是完全理性,也存在一定的冲动。另外,行为金融学的相关研究也认为,在现实生活之中,投资者在对风险进行评价的过程之中,存在的差异非常大,而投资行为通常也与贝叶斯原理、概率最大化原则中的要求不符,并不存在绝对完美的理性人,正是基于此种原因,套利机制也无法展现相应的效用,对于套利者而言,其并不会从根源上彻底消除非理性投资者所犯错误对价格所产生的一系列不良影响。此外,在多数情况之下,市场上没有产品可以直接替代证券,即便可以找出完全替代品,套利者也需要承担其他层面所产生的风险,例如噪声交易者风险(noise trade risk)——未来卖出时的价格不可预知,因此股票市场中的套利机制是有限套利。这些都会导致有效市场假说的失效。

如上所述,投资者自身的有限关注是理性人假设和有效市场假说的一个挑战。Kahneman(1973)认为,有限关注将致使个体在待处理、待解决任务中,对认知资源进行高效分配,如果对某种任务的注意力增加,那么必定会导致对另一种任务注意力的减少。Peng 和 Xiong(2006)参照相关理论,从不同维度对投资者有效理性下的基本认知行为展开了全面、深入的剖析,他们认为,对于有限关注投资者而言,其一般倾向于选取相对比较简单的种类决策基本规则。通俗来讲,该类投资者将会密切关注与分析市场上公司的行业发展,并非一些特定公司的实际运营情况。李小晗和朱红军(2011)经过大量的深入探究与分析之后发现,在股市周期不同阶段,投资者关注将会产生存在巨大差异的波动。投资者选择性关注理论使“理性人”假设得到了极大的拓展与延伸,其将会帮助研究者从更深层次、更广层面理解与分析资产价格的具体形成过程,尤其是可以更好地对股票市场中所产生的异常状况进行详细阐述与分析。例如,在对股票进行研究分析的过程之中,把股票名称定性为不包含任何实质性信息或者包含极少量实质性信息的“事件”,然后再展开一系列研究分析。例如,目前互联网市场正如火如荼地发展,大部分公司在设定股票名称的过程之中,均把“.com”添加其中,即便公司基本面未发生任何变化,在股票进行更名公告的过程之中,同样会收到十分可观的超额收益(Cooper et al.,2001)。除此之外，在有效市场假设下，股票价格应及时充分反映源信息，信息的“二次传播”不应影响股票价格。但是现实中有研究发现，即使是旧有信息的二次传播，也会对股票价格有所影响（Tetlock，2011；郦金梁等，2018），表明个体是有限关注的。

具体到风险管理中，企业的风险管理最终落到企业的员工个体行为决策上，因此个体的有限理性和有限关注会影响员工与企业的风险管理效率。在精益核算的背景下，企业的内部信息越来越多，在识别和处理风险的过程中，企业中的员工尤其是财务或风险管理部门的员工同样需要对海量的业务信息进行处理和把关，从而对风险进行管理和控制。员工个体同样也存在有限关注，因此当风险责任较重、信息处理压力较大时，员工不可能对所有的信息都进行很好的处理，很多信息中并没有包含显著的风险因素，而员工不得不耗费大量精力对其进行处理，从而就产生了信息相对冗余的问题。

第五节　有限理性在企业风险管理中的作用

一、员工风险意识与风险控制能力

（一）员工风险意识

关于个体风险意识，以往研究主要从员工风险意识的内涵、员工风险意识的影响因素两个方面进行了探讨。

首先，关于员工风险意识的内涵，以往研究多认为员工的风险意识主要是指员工是否清楚地理解风险控制的重要性以及愿意采取行动规避或处理风险。Braumann（2018）对员工风险意识的定义包括以下几个维度：第一个维度是员工对风险的责任心，责任心是处理好风险的最基本的前提。第二个维度是清楚地知道公司对于风险设定的底线所在，只有清楚地知道了公司对于风险设定的底线，员工才能更好地识别和处理风险。第三个维度是高管对风险问题的强调程度，因为高管作为公司各项决策的最终负责人，其对各个问题事项的重视程度直接影响到员工的工作取向，高管对风险问题的重视将直接提升员工对风险的重视程度。第四个维度是理解将风险考虑在自己各项工作决策中的重要性，员工不管是出于何种原因，例如自身的激励导向或者是价值追求，只有最终理解了将风险因素考虑在自己工作中的重要性才能真正做到在业务流程中重视风险。第五个维度是公司的风险文化显著地影响公司的商业流程。第六个维度是员工所在团队对风险问题的定期讨论，其没有包含在Braumann(2018)的定义中，原因是他经过量表结果分析认为该维度是冗余的，但在不同情形下衡量风险时这一因素仍然应该被考虑在内。

其次，关于员工风险意识的影响因素，以往研究主要关注了企业的高层员工——高级管理人员的风险意识的影响因素。根据以往研究，企业高管的风险意识受到多方面因素的影响，例如飞行员经历(Sunder et al.,2017)、从军经历(Law and Mills,2016；赖凡等,2016)、政策环境和政治关联(贾明和张喆,2010)等，近年来也有研究高管早年失败经历的影响，也发现其对高管的风险意识有显著的影响(Malmendier and Nagel,2011)，有研究发现高管的健康状况也会影响到高管对于风险行为的态度(Gormley and Matsa,2011)。此外，企业内部的制度环境和公司治理机制也会影响到高管的创新投入等风险行为。

（二）员工风险控制能力

关于员工的风险控制能力，Collier(2005)，Otley和Berry(1980)提出其主要包括以下四个方面，首先，存在明确的风险控制目标，明确的风险控制目标是对风险进行有效控制的基本前提。其次，有工具来判断各项风险点及其对风险控制目标的影响，例如信息工具，有了可以判断企业运营中的风险点的相关信息工具，企业才能有效地处理风险。再次，有能力预测风险控制行为的影响，企业处理风险要采取一系列的风险控制行为，而风险控制行为是否有效，以及在多大程度上有效，对此有效性的判断是企业进行有效风险管理的重要条件。最后，有能力实施风险控制行为，包括时间、知识等方面的能力。企业和员工只有具备一定的能力才可以顺利开展风险控制行为，进而实现风险高效控制的目的。

通过上述一系列分析可知，对员工风险控制能力造成影响的因素包括多种，主要有以下两个方面。首先，风险管理活动往往专业度较高、耗时较长，员工是否具有充足的时间精力以及知识储备来进行风险管理活动是非常重要的因素。其次，风险控制本质上是从企业的运营信息中识别和处理风险，因此是否有合适的信息工具支持，来帮助员工进行风险判断，也是员工风险控制能力的重要影响因素。

二、控制权配置优化

对于代理人滥用权力、权力寻租等一系列行为，围绕控制权配置展开深入探究的诸多专家与学者通过大量的分析论证之后表明，在有效防范代理人寻租问题的过程之中，可以采取企业控制权配置优化，并构建合理、全面、高效的权力约束以及制衡机制。在控制权理论不断完善与优化的作用之下，诸多专家与学者，如Vauhkonen等，在此基础之上通过大量研究分析与论证提出了控制权动态转移

(dynamic transfer of control)思想，主要是参照绩效信号，根据实际需求，使管理层、投资者间的企业控制权进行高效转移；如果企业绩效比较好，那么管理层所拥有的控制权也较大，若企业管理层丧失控制权，那么其不但不可以进行权力寻租，还必定会丧失正常的薪酬收益，彻底失去可以展现个人才华的良好平台。从更深层面来讲，如果企业高管彻底丧失控制权，那么其人力资本市场价格也会因此而快速降低，其声誉也会受到严重损害。而在此种状况之下，企业高管便会控制自身的寻租动机，进而投资更多的精力为企业创造更高的经济价值与效益。

通过风险容忍度的风险管理体系可以在企业内部部分实现控制权动态转移。如上文所述，控制权动态转移思想的本质是根据绩效调整企业高管的控制权。换言之，就是在绩效出现问题时剥夺高管的控制权。但是控制权在实际操作中，并不具有连续性的特征，我们面对的往往是“控制/非控制”的是非性选择。所以控制权的动态转移过程关键在于在什么时候剥夺高管的控制权。事实上，在并购案例中业绩对赌协议就是这种机制的具体应用。但是在企业风险管理中，针对每一个管理人员、每项风险签订逐年逐月对赌协议显然无法实现。故而，通过边界管控系统对风险容忍度的设置，事实上完成了一份“标式对赌协议”，它具有一定的对赌协议的特征，当某项风险指标超过边界时，企业的业绩考核就会受到影响，这使得高管或管理人员尽快作出行动，实际上相当于影响了管理人员的“控制”。

正是因为风险容忍度系统的这一效果，近年来，风险容忍度系统也受到国内一些学者的关注。边界管控是风险容忍度系统的一个重要工具，汤谷良和张守文(2017)以A集团首创的边界管控制度为案例研究对象，在理论与文献分析的基础上，总结归纳出企业平衡财务资源配置绩效与风险的关键指标体系与试算模型。该研究表明，借助恰当的方式对风险管控目标、财务资源配置效率等进行高效转化处理，可以使其成为可顺利执行并高效衡量的多元指标边界。

边界管控制度能够有效地配合企业管理控制活动，形成闭环式管控系统。罗乾宜(2017)提出风险边界管控的核心思想是平衡企业财务风险与绩效。边界管控在控制财务风险方面，在对边界值进行设定的过程之中，主要是借助资产负债率的财务结构指标实现相应功能。边界管控系统既为企业管理会计工具的整合提供了新的理论框架，也为企业推进“提质增效”与“去杠杆”提供了可行制度路径。

第四章 风险容忍度管控

第一节　有限理性下的风险容忍度

一、风险容忍度管控体系的管控内容

为了使企业能够在系统风险可控的前提下追求效率，实现管控力度与管控成本、风险与效率的有效平衡，企业可实施结构化指标风险容忍度边界管控。这里的结构化指标是指将企业具有内在经济联系的不同经营指标按照一定的逻辑规律进行组合计算，得到的反映企业某一经营稳定性的指标。例如，负债总额÷资产总额＝资产负债率，又如销售收入÷平均存货余额＝存货周转率。企业风险容忍度边界管控就是对这些结构性指标设置风险边界，实施有效管控。

二、风险容忍度的影响要素

通过分析风险容忍度边界管控体系的建设过程，我们可以看到在对风险实施边界管控的过程中，以下几个因素是必须重点考虑的。

（一）业务环境

在 COSO-ERM 标准(2017)的战略和目标设定，以及审阅和修订两个要素中都提到了企业经营的业务环境，企业进行风险管理必须考虑业务环境的特征及其变化。

1. 业务环境的内容

业务环境包括外部环境和内部环境。

企业经营的外部环境是指影响企业生产经营活动的外部条件,包括外部宏观环境和外部微观环境。外部宏观环境主要包括这样几个方面:政治、社会、经济、技术、法律、自然环境等,下文主要讲前四个方面。

1) 政治环境

政治环境是指一个国家或地区的政治制度、体制、方针政策、法律法规等方面,包括政治的稳定性、宏观经济政策、政府所持的市场道德标准、政府与其他组织签订的贸易协定等。这些因素常常影响着企业的经营行为,尤其是对企业长期的投资行为有着较大影响。

2) 社会环境

社会环境是指一定时期整个社会发展的一般状况,主要包括社会道德风尚、文化传统、人口变动趋势、文化教育、价值观念、社会结构等,其中对企业经营影响比较大的社会因素有以下几种。

(1) 人口因素:包括企业所在地居民的地理分布及密度、年龄、教育水平、国籍等。大型企业通常会利用人口统计数据来进行客户定位,并研究应如何开发产品。人口因素对企业战略的制定具有重大影响。例如,人口总数直接影响着社会生产总规模;人口的地理分布影响着企业的厂址选择;人口的性别比例和年龄结构在一定程度上决定了社会的需求结构,进而影响社会供给结构和企业生产结构;人口的教育文化水平直接影响着企业的人力资源状况;家庭户数及其结构的变化与耐用消费品的需求和变化趋势密切相关,因而也就影响到耐用消费品的生产规模等。

对人口因素的分析可以使用以下一些变量:结婚率、离婚率、出生率和死亡率、人口平均寿命、人口的年龄和地区分布、人口在民族和性别上的比例、地区人口在教育水平和生活方式上的差异等。

(2) 社会流动性:主要涉及社会的分层情况、各阶层之间的差异以及人们是否可在各阶层之间转换、人口内部各群体的规模、财富及其构成的变化以及不同区域(城市、郊区及农村地区)的人口分布等。不同阶层对企业的期望有差异。例如,企业员工评价战略的标准是工资收益、福利待遇等,而消费者则主要关心产品价格、产品质量、服务态度等。

(3) 消费心理:是消费者进行消费活动时所表现出的心理特征与心理活动的过程,是为了满足欲望的心理活动,市场之所以启动是因为产品或服务迎合了消费者的消费心理。

(4) 生活方式变化:主要包括当前及新兴的生活方式与时尚。文化问题反映了一个事实，即国际交流使社会变得更加多元化、外部影响更加开放时，人们对物质的要求会越来越高。随着物质需求的提高，人们对社交、自尊、求知、审美的需要更加强烈，这也是企业面临的挑战之一。

(5) 文化传统：是一个国家或地区在较长历史时期内形成的一种社会习惯，它是影响经济活动的一个重要因素。例如，中国的春节、西方的圣诞节就为某些行业带来商机。

(6) 价值观：是指社会公众评价各种行为的观念标准。不同的国家和地区人们的价值观各有差异。

3) 经济环境

经济环境是指企业在制定战略过程中须考虑的国内外经济条件、宏观经济政策、经济发展水平等多种因素，是国民经济发展的总概况，包括国际和国内经济形势及经济发展趋势，企业所面临的产业环境和竞争环境等。

企业的经济环境主要的组成因素包括：①社会经济结构，是指国民经济中不同的经济成分、不同的产业部门及社会再生产各方面在组成国民经济整体时相互的适应性、量的比例以及排列关联的状况。社会经济结构主要包括产业结构、分配结构、交换结构、消费结构和技术结构。其中，最重要的是产业结构。②经济发展水平，是指一个国家经济发展的规模、速度和所达到的水平。反映一个国家经济发展水平的常用指标有国内生产总值(GDP)、国民收入、人均国民收入和经济增长速度。③经济体制，是指国家经济组织的形式，它规定了国家与企业、企业与企业、企业与各经济部门之间的关系，并通过一定的管理手段和方法来调控或影响社会经济流动的范围、内容和方式等。④宏观经济政策，是指实现国家经济发展目标的战略与策略，它包括综合性的全国发展战略和产业政策、国民收入分配政策、价格政策、物资流通政策等。⑤当前经济状况，它会影响一个企业的财务业绩。经济的增长率取决于商品和服务需求的总体变化。其他经济影响因素包括税收水平、通货膨胀率、贸易差额和汇率、失业率、利率、信贷投放以及政府补助等。

4) 技术环境

技术环境是指企业业务所涉及国家和地区的技术水平、技术政策、新产品开发能力以及技术发展的动态等。

企业的外部微观环境是指企业经营的具体环境，按照迈克尔·波特的五力模型，企业的微观环境因素包括供应商、客户、行业潜在进入者、替代品和竞争对手。①供应商：主要通过其提高投入要素价格与降低单位价值质量的能力，来影响行业中现有企业的盈利能力与产品竞争力。②客户：主要通过其压价与要求提供较高的产品或服务质量的能力，来影响行业中现有企业的盈利能力。③行业潜在进入者：在给行业带来新生产能力、新资源的同时，将希望在已被现有企业瓜分完毕的市场中赢得一席之地，这就有可能会与现有企业发生原材料与市场份额的竞争，最终导致行业中现有企业盈利水平降低，严重的话还有可能危及这些企业的生存。竞争性进入威胁的严重程度取决于两方面的因素，即进入新领域的障碍大小与预期现有企业对于进入者的反应情况。④替代品：两个处于同行业或不同行业中的企业，可能会由于所生产的产品互为替代品，从而在它们之间产生相互竞争行为，这种源自替代品的竞争会以各种形式影响行业中现有企业的竞争战略。⑤竞争对手：大部分行业中的企业，相互之间的利益都是紧密联系在一起的，作为企业整体战略一部分的各企业竞争战略，其目标都在于使得自己的企业获得相对于竞争对手的优势，所以，在实施企业竞争战略中就必然会产生冲突与对抗现象，这些冲突与对抗就构成了现有企业之间的竞争。现有企业之间的竞争常常表现在价格、广告、产品介绍、售后服务等方面，其竞争强度与许多因素有关。

企业内部环境是有利于保证企业正常运行并实现企业利润目标的内部条件与内部氛围的总和，它由企业家精神、企业文化、企业物质基础和企业组织结构组成，这四者相互联系、相互影响、相互作用，形成一个有机整体。其中，企业家精神是内部环境生发器，物质基础和组织结构构成企业内部硬环境，企业文化是企业内部软环境。企业内部环境管理的目标就是为提高企业竞争力，实现企业利润目标营造一个有利的内部条件与内部氛围。

2. 业务环境对风险容忍度的影响

1）外部环境的影响

对外部环境进行分析是企业制定战略规划和战略目标时必不可少的工作内容之一。当外部环境有利于企业快速发展时，企业面对的不确定性相对较小，这时企业更愿意接受较高的风险去开展业务，这样企业设定的风险容忍度就会相对宽松。相反，当外部环境不利或相对恶劣时，企业面对的不确定性较大，而对风险的把控也会相对严格，所设定的风险容忍度范围也会相对较小。

2）内部环境的影响

与外部环境对风险容忍度的影响相似，当内部环境较好，有利于企业开展经营时，企业会希望承受更多的风险积极开展业务，这时企业会设定一个相对宽松的风险容忍度，以激励员工积极进取。反之，企业设定的风险容忍度就会比较小，以严格控制风险。

（二）企业目标

企业目标的设置会影响到风险容忍度的设置。当企业设定了比较高的企业目标时，企业需要调动更加充足的资源去实现目标，这时企业完成目标的不确定性就会变大，风险加大。这就需要企业设定一个相对宽松的风险容忍度，否则企业风险应对的成本很可能会高出风险管控的收益。相反,当企业设定的目标比较稳健或保守时,企业完成这些目标的压力较小,完成起来比较容易,企业面对的风险就比较小,这样企业就可以设定一个相对严格的风险容忍度,以尽量保证目标的完成。

(三)企业风险文化

关于企业文化的概念,国内外尚无公认的定义,一般认为企业文化是在一定社会历史条件下,企业在生产、经营活动过程中形成的具有本企业特色的文化观念、文化形式和行为模式,以及与之相适应的制度体系和组织结构,体现了企业及其成员的价值准则、经营哲学、行为规范、共同信念及凝聚力。

在此意义上,企业风险文化则是企业在经营过程中形成的风险价值观、风险管理目标、处理风险的行为准则等。企业的经营风格越是趋于稳健或保守,企业的风险文化越重视风险,其在设定风险容忍度时就越严格。相反,一个积极开拓进取的进攻型企业,其企业风险文化一定不会把风险放在首位,其设定的风险容忍度也会相对宽松。

(四)企业风险偏好

既然风险偏好是企业愿意接受的风险类型和数量,那么,当企业愿意接受的风险相对较高时,其设定的风险容忍度可以相对宽松,当企业愿意接受的风险相对较低时,设定的风险容忍度就会相对严格。

(五)风险承受能力

风险承受能力是一个企业能够抵御各类风险的综合实力,这些实力包括了资产规模、市场规模、收入水平、收益能力、创新能力等,涉及企业的人、财、物等各方面资源。当企业具有较高的风险能力时,其设定的风险容忍度可以相对宽松,反之就需要设置较严格的风险容忍度。

(六)风险管理成本

风险管理成本是影响风险容忍度设置的重要因素。风险管理成本包括预防管理成本和风险损失成本。预防管理成本是指为了防止风险的发生,而在企业内部采取目标制订、跟踪监督、事项识别和应对防范措施所花费的成本费用,以及因增加控制和管理环节而降低业务效率所造成的直接、间接损失。风险损失成本则是指风险的发生给企业带来的各种直接或间接的经济损失。

预防管理成本和风险损失成本从两个相反的方向影响企业风险容忍度的设置。当企业认为预防管理成本较高,不计划过多地将资源投入风险预防措施方面,降低预防管理成本支出时，则企业需要设置相对宽松的风险容忍度；当企业认为有必要支出更高的预防管理成本以管控风险时，则企业应当设置较严格的风险容忍度。与预防管理成本相反，当企业认为风险损失成本较高时，会设置较严格的风险容忍度，以防风险的发生；相反，当企业认为风险损失成本较低时，可设置较宽松的风险容忍度。

（七）利益相关方的风险偏好

企业对于风险的控制力度很大程度上受到不同利益相关方的影响，企业的风险容忍度设定也就必然要考虑到这一因素。例如，顾客对于汽车质量的风险偏好就必然影响到企业关于汽车合格率风险容忍度的设定。一个规模巨大的劳动密集型企业，对员工流失率风险容忍度的设定，也一定会受到当地劳动就业主管部门的影响。

三、风险容忍度的管理控制

不论企业如何设置风险容忍度，一旦企业针对经营目标设置了风险容忍度，就需要开展两方面的工作，一是保证实际绩效不超出风险容忍范围的工作，二是风险容忍度维护管理工作。

（一）管控绩效

企业要保证实际绩效能够达成目标，实际绩效指标不超出目标的风险容忍边界，就需要建立绩效目标保障体系，进行一定的职责分工、流程设计、内部控制和目标管控，主要包括以下工作。

1. 收集数据

首先，企业要建立自己的管理信息收集系统，收集包括管理会计信息、业务信息、市场信息、人力资源信息等相关数据。这些信息需要由专门的岗位负责收集，并按照规定的流程经审核后传送给信息处理单元，由信息处理单元根据这些信息数据利用专业模型工具计算实际指标数据。

2. 评估差距

企业由专门的岗位对分析出的实际指标数据，对照企业具体业务目标和设定好的风险容忍度，评估实际绩效值与目标和风险容忍边界的差距。如果实际绩效值达到或超过目标，企业可以不再进行管理动作。如果实际绩效值没有达到目标，但是处于风险容忍度范围内，企业可以考虑随时监控该指标。如果实际绩效值在风险容忍边界之外，企业则需要根据偏离的程度制定相应的风险应对策略。

3. 制订方案

企业根据制定的风险应对策略，责成专门岗位制订风险应对措施方案。风险应对措施方案需要明确具体的操作方法，并能够保证经过操作后，实际业务绩效将会调整到风险容忍边界内。同时，在制订风险应对措施方案时，应当对方案进行成本收益分析，如果将业绩目标调整到风险容忍边界内的管理操作成本远高于所获得的收益，说明方案不可行，企业需要寻找更优方案，或者适当调整风险容忍度范围。

4. 操作执行

制订好风险应对措施方案后，企业就需要将方案交由不同岗位人员具体执行。在执行过程中，企业应按既定的流程和内部控制程序进行操作。在执行完方案后，企业还应当评估方案执行效果，以确认实际绩效指标是否已经控制在风险容忍度边界内。

（二）风险容忍度维护管理

企业设置好风险容忍度后，还要对风险容忍度进行后续管理和维护。我们知道，企业面临的外部环境是随时变动的，企业的内部环境也在变化着，这造成企业面对的风险也在随时变动，所以与企业目标相关的风险容忍度要随之变动。企业要建立风险容忍度管理体系，以满足这种变化需求。

1. 建立信息收集系统

企业应当建立与风险容忍度相关的信息收集系统，以及时收集这些信息。这些信息包括外部信息，如市场信息、客户信息、政策法规信息、宏观经济信息、行业相关信息、人力资源信息等，也包括内部信息，如生产数据、财务数据、人力资源数据、各类业务数据等。

2. 定期检验风险容忍度

企业应当建立风险容忍度定期评估检验制度，并根据收集的各类信息数据对当前的每一具体风险容忍度指标进行评估，当发现存在不适应当前环境和要求的指标时，根据风险容忍度制定流程对其进行修正。

四、风险容忍度在银行领域的应用

随着信息技术和计量技术的发展，能否从对风险的模糊度量转变为对风险的精确度量，能否从对单一的风险度量转变为对全部风险的度量，是判断一家企业风险管理水平的直接标志，而提高度量风险的精确度也体现了我国企业内部管理的迫切需求。近年来，随着中小企业在促进经济发展、扩大就业、推动科技创新等方面的作用越来越突出，如何支持、鼓励中小企业发展壮大成为社会各界所广泛关注的话题。现阶段资金短缺仍是中小企业发展过程中所面临的最突出的问题，而银行仍是中小企业融资的主要来源。为改善企业融资难问题，银监会在 2012 年 6 月出台的《商业银行资本管理办法（试行）》中降低了企业的风险权重，降低了小微企业相关业务的资本消耗，部分地方银监局放宽了对辖内金融机构企业不良贷款的容忍度，进一步引导商业银行加大对企业的信贷支持力度。但对于商业银行而言，风险管理仍是开展企业信贷业务必须考虑的问题。在商业银行实际信贷业务办理过程中，一些企业财务管理不规范，导致传统的财务分析方法难以全面、准确评估其经营状况和风险水平，这使得对企业的风险量化存在较大难度①。因此如何对企业风险进行识别和计量，成为各商业银行开展企业信贷业务过程中所重点关注的问题。有效的企业风险度量技术，不仅有助于商业银行规范企业准入标准、提高风险管理能力，也是商业银行特别是以服务中小企业为定位的中小商业银行建立内部评级体系并规模化开展企业信贷业务的必然途径。风险容忍与风险偏好负相关，而风险接受是组织在对风险进行分析后将结果与准则比较，经过评价后作出的选择，可以发生在“风险应对”之前或者“风险应对”过程中。风险后果一定程度上可以按照风险对目标影响程度强弱来进行定性或定量研究，它可以通过法规、标准、技术规范等形式结合市场实践予以反映，并与风险可能性共同确定风险等级。

风险容忍度和风险偏好都是银行为自己承受风险的能力设定的边界，这两个概念经常在一起使用。根据 COSO 的定义，风险偏好是银行决策层综合考虑多种风险因素后作出的一种更高层次的承诺，而风险容忍度是考虑到风险状况的不断变化，而为每一个具体的风险因素设定的量化的可接受水平。银行统一确定风险偏好，针对不同业务特点设定相应的容忍度水平，明确风险的最低限度和不能超过的最高限度，并据此设置风险预警线以及相应的对策安排。通常我们理解的风险容忍度只是对风险最高水平的边界限制，而事实上，银行是具有经营风险的金融企业，必须主动承担一定的风险，以获取足够的资本回报，所以还需要设置最低风险的容忍度，以防止银行为保证安全而过于保守。风险容忍度是指在正常经营状态下，银行对其所从事的业务应当承担且能够容忍的最大风险额。风险偏好和风险容忍度是银行的风险管理体系中两个不同层次的要素。风险偏好代表了股东对资本安全性的基本要求，它同时也是企业战略目标的一个重要决定因素，在风险管理体系中居于宏观的主导地位。相对而言，风险容忍度更为具体和量化，表现为企业在不同业务板块和不同控制维度上的总体边界，如资产不良率、授信准入标准、集

① 董伟平. 集团企业财务风险管理体系构建研究 [J]. 经贸实践，2015 (12)：80-82.

中度控制比率等。风险容忍度涵盖了信用风险、市场风险、操作风险、流动性风险等所有风险类别,通常包括一整套关键的控制指标,如目标资本覆盖率、VaR(风险价值)置信度、最低资本充足率、最低准入标准、授信集中度等。在风险容忍度框架下,企业可以根据不同业务单元的风险特征,设定更为具体的风险限额。这些限额有的基于风险敞口,有的基于经济资本,但最终都必须与风险容忍度保持一致。在设定风险容忍度时,还要考虑各业务单元的风险叠加效应,以避免出现风险总量汇聚后突破容忍度的情况。

风险偏好由董事会负责决策,这是由公司治理结构及现代公司制度决定的。董事会作为全体股东的代表和企业安全的最终责任者,要根据企业的经营状况和发展要求,确定统一的风险偏好,而后建立起一套清晰、完整的风险容忍度体系,并不断加以完善,使之对风险管理工作起到有效的引领作用。风险容忍度应在风险偏好的指导下,由高管层根据业务发展的实际情况研究制定,并报董事会审批。风险容忍度体系的设计应力求科学、严谨,涵盖所有业务单元和风险敞口,并与风险偏好、企业发展战略保持一致。风险容忍度的确定需要有定量化的分析支持。真实、可靠的数据和模型是作出正确决策的前提。在这方面,我国企业还需要进一步加强。如果风险计量不够准确、风险管理不够规范、内部控制不够标准,那么就算设定了风险容忍度,也不能得到严格有效的执行。风险偏好定位于战略层面之上,所以应具备较强的稳定性和一贯性。许多先进企业多年坚持一致的风险偏好,从而形成了特有的经营风格和管理文化,对市场信誉和品牌价值起到了提升作用。相比之下,风险容忍度只需保持相对稳定,可根据市场环境和经营状况的变化,作出相应调整。而基于风险容忍度确定的风险限额应具备较强的灵活性。风险偏好一般 2~3 年重检一次,风险容忍度每年重检,而风险限额在年初确定后可根据实际情况在年内做必要的调整。为有效贯彻风险偏好和风险容忍度,企业要确立一套有效的风险管理制度和管理机制。风险容忍度体系涵盖了银行的方方面面,上自治理结构、发展战略和经营计划,下至具体的经营产品、业务单位和控制指标,所以必须依靠一套完整的风险管理体系来推动和实施。从这个意义上讲,推行风险容忍度管理能够促进企业更加有效地提升风险管理水平。

风险容忍度表现为一整套风险控制指标,它涵盖了企业所有风险类别,其中总体容忍度主要通过三个指标加以描述:目标资本覆盖率、资本充足率和准备金充分度。如前所述,目标资本覆盖率是经济资本大于全部非预期损失的概率或置信度。该指标越大,表明银行的风险容忍度越低,资本的安全性要求越高。实际上,目标资本覆盖率是一个高度综合的定量指标,反映出银行风险偏好水平,因而它在风险容忍度指标体系中占据重要地位。目标资本覆盖率、资本充足率和准备金充分度这三个指标分别从经济资本、监管资本和损失准备金这三个不同角度,反映了企业总体的风险容忍度水平。此外，风险容忍度的指标体系还应涵盖所有可计量的风险类别，包括信用风险、市场风险、操作风险、集中度风险和流动性风险等，见表4-1。值得注意的是，一个完整的容忍度体系不仅要包括最高风险容忍度，还要设置最低风险容忍度，以避免企业过于规避风险，放弃盈利和发展的机会。例如，资本充足率最低要求是大于8%，较好的企业一般能达到10%～12%，但如果资本充足率过高，比如超过15%，则可能意味着资本过多或风险资产过少，因而缺乏盈利能力。所以，在风险容忍度管理过程中，尽管企业的主要任务是监测和控制最高风险容忍度，但对最低风险容忍度也应给予必要的关注和控制。风险容忍度既是风险偏好的具体化，也是各条线风险限额的汇总反映，起着承上启下的作用，可以作为董事会和高管层进行风险管理的战略工具。管理层应定期向董事会报送风险容忍度数据，分析、评价总体风险状况和主要风险点。在必要时管理层要组织现场检查核实数据，根据容忍度指标实际值有针对性地检查企业的主要风险点。如果风险容忍度被突破或即将被突破，往往表明风险管理出现了整体上的问题，而不是局部的问题。管理层必须及时向董事会报告，董事会风险管理委员会要作出专业判断和明确指导，责成管理层迅速采取行动，以控制风险态势的不利发展。

表4-1　银行风险容忍度指标体系示例 %

项目		指标解释	工作目标	最高风险容忍度	最低风险容忍度
总体容忍度	目标资本覆盖率	经济资本大于全部非预期损失的概率或置信度	99.40	＞99.3	＜99.5
	资本充足率	资本加附属资本与风险加权资产之比	12	＞7.8	＜14.5
	准备金充分度	资产准备充足率为授信资产实际计提准备与应提准备之比	115	＞110	＜140
信用风险	不良贷款率	不良贷款与贷款总额之比	2.50	＜3.3	＞1.5
	贷款负向迁徙率	正常类贷款迁徙率为正常贷款中变为不良贷款额与正常贷款之比	0.50	＜0.5	—
	不良资产率	不良资产期末余额/总资产期末余额	3	＜5	＞1
	准备金覆盖率	已揭贷款准备金/不良贷款总额	100	＞78	＜110

续表

项目		指标解释	工作目标	最高风险容忍度	最低风险容忍度
市场风险	交易账户利率基点价值变动率	利率每变动一个基点，相应的交易账户变化比率	1.20	＜5	—
	市值敏感度	等于修正持续期缺口乘以1%一年	3.30	＜5	—
操作风险	操作风险损失率	当年操作风险损失/当年业务净收入	1	＜2	—
	重大案件发案率	1亿元以上重大案件累计金额占净收入比重	1	＜3	—

第二节　全面风险管理框架中的风险容忍度与风险边界管控

COSO-ERM标准(2017)对风险容忍度的定义是这样的：风险容忍度是在组织绩效执行过程中与经营目标相关的可接受的偏离边界。我们可以看到“边界”一词被明确地应用在了风险容忍度的定义当中，这也就意味着风险容忍度的实现应当以“边界”为控制手段，形成管理控制系统①。企业在经营过程中既要实现预期目标，又要做好风险管理，对风险容忍边界加以控制是有效的方法之一。边界管控系统是一个从确立边界、边界控制到边界考核的完整边界管理体系。这个体系在企业管理流程的各阶段，准确运用边界的概念，实现了风险容忍度在企业生产和经营管理过程中的作用。风险容忍度与风险容忍边界和企业风险管理的各个方面都息息相关，在第二章我们简要介绍了COSO-ERM标准(2017)的相关准则和基本内容，下面我们根据风险管理五要素，从五个方面论述建立这种边界管控系统的一般过程和重要因素。

① 刘晗，李芩．内部审计在企业风险管理中的增值作用探讨[J]．行政事业资产与财务，2016(1)：80-81.

一、治理和文化

为了使公司治理有效,使风险容忍边界管控系统可以完整地建立起来并且有效运行,在公司内部进行一系列的对于员工行为的治理与企业文化的培养是非常重要的。需要在企业内部建立相关的企业治理制度引导员工的努力方向,例如建立与个人绩效和职业发展相联系的适当的治理准则,来鼓励这种良性的职业道德行为。企业高管也应该在公司内部大力宣导并形成一种以责任、问责以及信息透明为主导的企业文化。具体来讲,可以通过建立正式的组织结构,强化内部控制,最重要的是要养成一种持续、长期并鼓励组织内部人员广泛参与风险边界管控系统建设的习惯。

企业可以通过以下方式建设风险意识文化。

(1) 保持强有力的领导:董事会和管理层重视在整个企业中树立正确的风险意识和风险边界管控基调。风险意识不能仅在二线团队或部门职能中培养,企业的领导必须是变革的真正驱动力。

(2) 采用参与式管理风格:管理鼓励员工参与决策,讨论战略和业务目标的风险。

(3) 对所有行动执行问责制:管理部门制定问责制政策,并坚持执行,向员工证明实行问责制会得到适当的奖励,反之则不会被容忍。

(4) 将风险意识行为和决策与绩效挂钩:薪酬和激励计划与组织的核心价值观挂钩,包括预期行为、遵守行为准则、促进风险意识决策和判断的问责制。

(5) 在决策中嵌入风险:在作出关键业务决策时,管理层始终如一地处理风险,包括讨论和审查风险场景,这可以帮助每个人在最终确定决策之前理解风险的相互关系和影响。

(6) 对企业面临的风险进行公开和诚实的讨论:管理层不认为风险是负面的,并且认识到管理风险对于实现战略和业务目标至关重要。

(7) 鼓励整个企业树立风险意识:管理层不断地向员工发送信息,说明风险管理是他们日常职责的一部分,风险管理不仅受到重视,而且对企业的发展也至关重要。

原则 1:董事会执行风险监督。董事会需要对战略进行监督,履行治理责任,以支持管理层实现战略和业务目标。由于各种不确定性的存在,企业要想达到或超越既定目标,必须开展风险管理,董事会需要对风险管理的全过程进行监督,甚至可以成立专门的风险管理委员会,在必要时向管理层询问有关战略、业务目标和业务绩效的相关问题,批准风险管理的有关职责、标准和程序。

原则 2：建立运营机构。组织为实现战略和业务目标而建立运营机构和报告线，并制定运营机构的组织结构、工作职责和工作流程，通过运营机构开展日常的风险管理工作。不同的经营结构会产生不同的风险概况，也会影响企业的风险管理实践。例如，在分散的操作结构中评估风险可能显示较少的风险，而换到集中层面的视角，则可能会从更多的层面显示风险——可能与某些客户类型、外汇或税务风险有关。

在建立和评价业务结构时需要考虑以下因素：企业的战略和业务目标，企业业务的性质、规模和地理分布，与企业战略和业务目标相关的风险，组织各层级权力、责任和责任的分配，报告线的类型（例如，直接报告/实线与次要报告）和通信通道，财务、税务、监管和其他报告要求。

原则 3：定义崇尚的文化。核心价值能够驱动日常决策中的预期行为，以满足利益相关者的期望，所以组织需要定义期望的行为来描述所崇尚的文化。组织的文化反映了其核心价值、行为和决策。一个企业的文化影响着它如何识别风险，接受哪种类型的风险，以及它如何管理风险。建立一种所有人都能接受的文化——在这种文化中，人们在正确的时间做正确的事情——对于组织能够抓住机会和管理风险以实现战略和业务目标是至关重要的。例如，一个企业如果建立了重视风险管理的文化，其全体员工就会以风险为导向，自觉行动以控制风险实现绩效目标。

许多因素塑造了组织文化。内部因素包括给予员工的判断和自主权水平、员工与其经理之间的互动方式、标准和规则、工作场所的物理布局以及现有的奖励制度。外部因素包括法规要求以及客户、投资者和其他因素的期望等。

原则 4：展示对核心价值的承诺。企业的各种行动都需要展示对核心价值观的承诺。企业的核心价值是企业风险管理的基础，它反映在企业日常的行动和决策中。如果对组织高层传达的那些价值观没有一个强有力的、支持性的理解和承诺，风险意识就会被削弱，在面对某些风险时所做的决策可能与这些价值观不一致。组织的价值沟通方式通常被称为组织的“基调”。一致的基调建立了对核心价值、业务驱动因素以及人员和业务伙伴的期望行为的共同理解。一致性有助于将全体组织成员凝聚到一起，以实现企业的战略和业务目标。企业在追求战略和业务目标时，其核心价值观越能够得以坚持，员工关于企业风险管理职责的表现就会越一致。所以，企业要建立与风险边界管控相关的核心价值观，实现企业的风险管理目标。

原则 5：吸引、发展和保留有能力的员工。企业应致力于建设符合战略和业务目标的人力资源体系。人力资源职能通过协助管理层制定工作描述、角色和职责、促进培训和评估个人绩效以管理风险，从而帮助提升竞争力。管理层在制定能力要求时考虑以下因素。

(1) 具备企业风险管理的知识、技能和经验。

(2) 适用于某一特定职位的风险(性质和程度)判断能力和岗位权限的限制。

(3) 不同技能水平和经验的成本和收益。

有利于公司治理的企业文化,应当是公司所有层级都能认真处置风险的总体目标,同时机构在设定目标时,也已充分考虑并尊重公司各层级人员的利益诉求,与此同时,所有影响利益相关者的决定都可以被识别和预期出来,不存在公司管理层暗箱操作的情况。同时强调"人"的重要性。COSO 报告指出人和环境是推动企业发展的引擎。内部控制是由人来设计和实施的,企业中的每位员工都受企业内部治理与文化的影响,并通过自身的工作影响着他人的工作和整个管理控制系统。所以,要求所有员工都应清楚他们在企业、在内部控制系统中的位置和角色,并协调一致,才能推进内部控制的有效运转。

当风险边界管控系统缺乏对企业文化的深刻理解时,没有顶层设计的支持,即便边界管控系统设置得非常合理,也有可能仅仅是走一个过场,而对企业的长期发展目标无所助益。一家成功的企业风险文化往往是愿景支撑使命;核心价值观又支撑愿景;边界管控下的行为准则是对核心价值观的解释和说明;同时,通过绩效考核等手段来展现对价值观的承诺。这几个要素之间是环环相扣的,企业文化实质上也是一套目标管理系统。

二、战略和目标设定

在本次修订之中,有一个本质的变化便是对于战略与目标设定加以了更高的重视,特别是相比于 2013 年版本的内部控制中风险评估原则 6,对于目标的理解有了更深一步的认识。2013 年版本的 COSO 中,其基础是"目标既定论",其原文是"组织应设定清晰明确的目标,以识别和评估与目标相关的风险"。也就是说制订目标本身不是内控所要考虑的问题。内控建设的基本假设是目标已经确定了,内控建设就是基于已经确定的目标做风险评估,并制订相应的控制措施。而在 COSO-ERM 标准(2017)中对目标设定非常重视,在原来八要素框架下也是单设了"目标设定"要素。因为,ERM 的观点是"目标待定论",在制订目标的过程中就存在风险,因此从制订目标这个过程开始就需要进行风险管理。或者说,目标制订的过程就是风险管理的过程,这一过程中非常重要的一个环节就是针对各经营目标设置风险容忍边界,以对各类风险进行量化管控。

在 COSO-ERM 标准(2017)的 20 条原则中,有 4 项原则是和战略和目标设定相对应的。

原则1：分析业务环境。企业应考虑业务环境对风险状况的潜在影响，在此基础上制定支持其使命、愿景和核心价值的战略和业务目标。业务环境是指影响组织当前和未来战略和业务目标的趋势、关系以及其他因素。这些因素包括外部环境，如政治、经济、社会、技术、法律、自然环境，以及政府监管机构和社会公众等利益相关方，还包括内部环境，如企业内的员工。

业务环境是动态的，这造成企业随时可能面对新出现的风险。例如，一个新的竞争对手导致产品销售下降，甚至使产品过时。业务环境也是复杂的，所处环境内的各要素相互联系、相互作用又有所差异。例如，一个企业在世界各地有许多经营单位，每个单位都面对独特的政治制度、监管法律和社会习惯。由于业务环境的动态性和复杂性，要准确预测环境的变化几乎是不可能的，其不可预测性表现在变化的幅度与速度上。因此，为防范环境变化幅度过大和速度过高，企业针对各类目标设置容忍区间就显得尤为重要。

业务环境对企业风险管理的影响有三种方式：过去、现在和未来绩效的影响。回顾过去的业绩可以为企业提供有价值的信息，用于形成其风险管理框架、风险管理策略。查看当前的绩效可以显示当前趋势、关系和其他因素如何影响风险管理框架。通过思考这些因素的未来发展趋势，企业可以考虑它的风险管理策略将会如何调整。

原则2：定义风险偏好。作为企业风险管理非常重要的一个方面，企业在制定战略发展方向、战略策略和业务目标时，应同时定义风险偏好。风险偏好是企业在价值创造过程中认可接受的风险的种类和数量，企业需要将风险偏好控制在其风险承受能力范围内，并根据风险偏好制订资源在企业不同部分间的分配方案，使企业有限的人、财、物等资源以及相关行动在风险偏好范围内同企业战略和业务目标保持一致。

企业可以用定性的方式，也可以用定量的方式考虑和描述风险偏好。采用的方式一般需要与风险评估时采用的方法一致。随着企业在风险管理方面的经验越来越丰富，其对风险偏好的描述就会变得更加精确。在某些情况下，可以开发与风险偏好声明相关联的量化计量方法。通常，这些量化指标将与战略和相关的业务目标保持一致。例如，将风险管理的注意力集中在绩效变动程度的企业可能会使用财务指标或其股票的β系数来表达风险偏好。量化的风险偏好管理能够为企业开展风险容忍边界管控打下良好基础。

原则3：评估替代策略。组织评估替代策略，并对其潜在影响进行风险预测。企业战略必须支持使命和愿景，并与企业的核心价值观和风险偏好保持一致。如果不这样做，企业可能无法实现其使命和愿景，企业的价值及其声誉可能受到影响。因此，企业必须制订备选战略方案，并评估每个备选方案的风险和机会。企业应该把选择的战略方案的全面风险控制在实体的风险偏好范围内，也就是说，战略必须与风险偏好保持一致。如果与特定战略方案相关的风险与企业的风险偏好或风险能力不一致，则需要对其进行修订、选择替代策略或重新审视风险偏好。

原则 4：制订业务目标。企业在确定协调和支持战略的各个层次的业务目标的同时，应考虑风险。企业应制订战略指导下的各层级可观察、可度量的业务目标，这些目标可能涉及财务业绩、客户期望、经营优势、经营效率、创新能力、遵纪守法等方面。随着目标从企业的高层向基层逐步分解，它们将变得越加详细。企业为保证业务目标的实现，需要设计具体的指标对实际业绩进行监控，例如：一家资产管理公司可以设定其投资组合的年投资回报率(ROI)达到 5%的目标；一家餐馆可以设定在 40 分钟内完成网上送货上门服务的目标；一个呼叫中心可以将未接来电减少到总来电的 2%作为目标。

业务目标还应该与企业的风险偏好保持一致，否则企业可能会承受太多或太少的风险。不同目标设定，会对企业的整体风险产生影响。一个激进的目标可能会给实现这个目标带来更大的风险。相反，一个保守的增长目标，将降低无法实现目标的风险。以上面提到的资产管理公司为例，该公司设定 5%的 ROI 作为需要实现的财务目标。如果该公司力争 7%的回报率，它将在业绩上承担更大的风险。如果它争取 3%的增长率，这就意味着它的风险较小，但它将无法实现更广泛的财务目标。不同的目标设定对在一定的风险偏好下风险容忍度和风险容忍边界的设定有不同的影响。在上例中，如果该公司设定的目标为较激进的 7%的回报率，在设定风险容忍度时则可考虑适当放宽范围，反之，则可缩小风险容忍度的范围，以使企业承担的风险能够与风险偏好相适应。

我们可以看到 COSO-ERM 标准(2017)从战略的设定和分解开始便强调风险管理，为的是防止公司管理层在进行战略目标设定时太宏观不切实际，以及在接下来战略目标的分解过程中对于目标理解出现偏差或不规范而导致的管理目标碎片化，例如战略与目标设定与年度计划不相关、年度计划与预算不相关、KPI(关键绩效指标)与各类计划、价值观不相关等问题。这与我们在前面对虚假希望的探讨是一致的。风险管理边界管控系统需要企业在制订目标时以“稳定的发展”为目标导向，错误的目标设定会给边界管控的实施带来影响。

三、绩效执行

企业识别和评估风险会影响其实现自己战略和业绩目标。风险的优先顺序取决于风险的严重程度和组织的风险偏好。在 COSO-ERM 标准(2017)的 20 条原则中，有 5 项原则是与绩效执行相对应的。

原则1：识别风险。企业应确定影响战略和业务目标绩效的风险。企业可以采用大数据分析法、总结归纳法、调查问卷法、流程分析法、集体研讨法，对影响企业各类各级业务目标的风险进行逐一识别，并编制成风险清单。这些风险可能是由于新兴技术、自然资源变动、劳动力变化引起的，也可能是由于社会环境甚至是政治环境变化引起的。识别这些风险，目的是让企业通过对风险内容的掌握，能够更好地制订风险应对方案，以实现更有效率的风险边界管控。

原则2：评估风险的严重程度。企业应评估风险的严重程度。根据风险可能影响的业务目标，企业应在多个级别(跨部门、功能和业务单元)评估风险的严重性。企业应重点关注那些对实现目标影响严重、接近或超过风险偏好的风险，对这些目标的风险容忍边界实施重点监控，并根据各种风险的相对严重性，选择适当的风险应对策略、资源分配方案，以支持管理决策和绩效实施。

原则3：风险排序。企业对风险进行排序，并作为对风险应对的基础。在进行风险评估后，企业需要对风险依据企业风险偏好、对风险的适应和应对能力、应对风险的复杂性、风险对企业的影响速度、风险对企业影响的持续性、企业遭遇风险后的恢复能力等方面，对风险按照设计好的标准进行排序。按照优先级进行风险排序后，企业可以将关注重点集中在那些对实现战略和业务目标影响更大的风险上，重点管控这些指标的风险边界和实际绩效，以确定应对这些风险的资源投入。

原则4：实施风险应对。企业应识别并选择风险应对方案。在识别和选择风险应对方案时，企业需要考虑业务环境、相关的业务目标、风险的严重性以及风险的优先级。正如有限理性决策理论所阐述的一样，企业没有足够的精力、时间和成本，把每一个业务目标所涉及风险的全部可能应对方案都制订出来，然后再进行选择。这时，企业最有效的办法是，根据自身以往的经验以及同行业的相关经验制订若干风险应对方案，只要这些方案的剩余风险能够控制在企业的风险偏好内，而且这些方案的预期绩效指标能够在风险容忍度范围内，就是可接受的、令人满意的方案。当然，企业在制订风险应对方案时，需要考虑成本和收益。

原则5：开展风险组合管理。企业的管理人员会首先考虑与每个职能部门、运营单位相关的风险，考虑风险的类型、严重性以及相关依赖的关系，然后从企业整体视角上以组合的方式对这些风险进行评价，开展风险组合管理。管理人员也可能会先考虑单个业务目标的风险，然后再从企业整体层面将不同风险进行组合审视，进行风险组合管理。进行风险组合管理时，也应当综合考虑单个业务目标的风险容忍度和风险容忍边界，进行组合设计。

COSO-ERM标准(2017)强调风险组合观是最新提出来的观点。所谓“风险组合观”，是说ERM可以将不同风险组合到一起，综合评估风险并采取对策。而内部控制只是针对单个风险进行管理。两个风险组合到一起，有时候可以起到“1+1

<2”的作用，如财务管理中的投资组合概念。

风险应对是边界管控系统得以起效的重要因素，当边界管控发现风险信息时，企业能否及时启动风险应对措施，以及对风险点的认知是否全面都会影响到边界管控的效果。

四、审阅和修订

通过审查绩效，企业可以思考企业风险管理各要素在一段时间内是否发挥了作用，以及根据重大变化，考虑需要进行哪些修订。

在 COSO-ERM 标准(2017)的 20 条原则中，有 3 项原则是和审阅和修订相对应的。

原则 1：评估实质性变化。随着企业适应不断变化的业务环境，企业的战略或业务目标以及企业风险管理实践和能力可能也会发生变化。此外，企业运行的业务环境也可能发生变化，导致当前的策略与方法不再适用或不足以支持实现当前或更新的业务目标。因此，企业需要识别和评估可能严重影响战略和业务目标的各种变化，包括内部环境的变化和外部环境的变化。外部环境的变化包括企业所处的社会、政治、经济、自然、人文、法律、技术、市场等方面的变化，内部环境的变化包括企业内部组织结构、人员结构、股权结构、投资结构、信息系统等方面的变化。这些变化都会影响到企业的风险管理，影响到企业的风险偏好。每当出现这些重大变化时，企业应当对影响业务目标的风险容忍度和容忍边界进行分析评估，以确定是否需要进行相应调整。

原则 2：审查风险和绩效。企业风险管理的重点主要集中在风险上，要么将风险的类型和数量降低到可接受的水平，要么在新机会出现时适当地抓住它们。随着时间的推移，一个企业可能不能像预期的那样有效地管控风险，从而导致风险的出现和影响绩效。因此企业需要对其风险管理能力和具体风险管理行动进行审视和评价，审视那些不正确的假设、风险管理的实际行动、风险控制能力或者是某些文化因素。然而，有时绩效会受到风险固有性质的影响，而企业无法完全准确地预测风险。透过检讨工作表现，企业需要解决以下问题。

(1) 企业是否按预期执行并达到了目标？如果没有达到目标，可能导致这些差异的因素有哪些？

(2) 可能影响绩效的风险有哪些？回顾绩效可以确认以前是否识别出这些风险，或者是否发生了新的风险。企业还要审查实际的风险水平是否在风险容忍边界之内。

(3) 企业是否承担了足够的风险来达到其目标？如果企业未能实现其目标，

就需要确定该失败是由于影响目标实现的风险造成的,还是由于没有承担足够的风险来支持目标的实现。

(4) 对风险金额的估计准确吗?当风险没有被准确评估时,企业应当考虑其原因,并重新审视对业务环境的理解。

如果企业确定实际绩效没能控制在其可接受的变化范围内,或目标绩效导致的风险状况与预期不符,则需要审查业务目标甚至可以选择更改或放弃业务目标。如果实际绩效与预期风险状况有较大偏差,企业也可以选择修改其策略,或者调整风险容忍度和风险容忍边界。

原则 3:企业风险管理持续改进。企业需要持续完善风险管理工作,把风险管理评估工作融入具体的业务流程当中,随时改进风险管理工作。这些改进可以着重于这样几个方面:一是新技术的应用。新的技术会带来提高效率的机会,尤其对于某些风险容忍边界的监控。二是对历史缺陷的回顾。回顾业绩可以发现历史缺陷或过去失败的原因,这些信息可以用来改进企业的风险管理。例如,随着时间的推移,一个企业的管理人员已经注意到与风险评估有关的缺陷。虽然管理可以弥补这些缺陷,但是组织决定改进其风险评估实践,以减少缺陷的数量,并加强企业风险管理。三是组织变更。通过追求持续改进,企业可以确定组织变更的需求,例如治理结构的变更。四是风险偏好。评估业绩可以清楚地了解影响企业风险偏好的因素。这也给管理层提供了一个改善风险偏好的机会。例如,管理层可以在一年多的时间里监控新产品的性能,并评估市场的波动性。如果管理层确定市场表现良好,且波动性小于最初的设想,那么企业可以通过增加对未来类似计划的风险偏好来作出反应。五是风险类别。持续追求改进的企业可以在业务变更时识别模式,从而修改企业风险类别。例如,一个企业的风险类别不包括网络风险,但现在该企业已经决定提供几个在线产品和服务,它正在修改风险类别,包括网络风险,以便准确地制定其战略。六是沟通。回顾绩效可以发现过时的或功能不良的沟通过程。例如,在检查绩效时,企业发现电子邮件没有成功地传达其信息。作为应对措施,企业决定通过设置实时推送软件即时进行消息推送。七是同行业比较。审查同行业信息可以帮助企业确定它是否在行业边界之外运行。例如,一家全球包裹递送供应商在同行评审中发现,其亚洲业务的表现明显低于主要竞争对手。因此,它正计划检讨及在有需要时修订策略,以提高其竞争力,从而提升其在亚洲的表现。八是变更速度。管理人员应考虑业务环境发展或变更的速度。例如,行业技术正在迅速改变或组织变革经常发生,如果企业的变革速度较慢,可能就会丧失机会,甚至被淘汰。以上这些改进都会从不同层面影响企业的风险管理,影响企业的风险偏好,影响企业的风险边界管控。

五、信息、沟通和报告

信息、沟通和报告是指通过识别、获取和管理涉及主体相关的内、外部事项和活动的广泛信息，以保证员工能够清醒地认识到自己的企业风险管理和其他职责，以及履行这些责任的形式和时机；并通过报告的形式将相关信息上传至公司管理层。有效的沟通会出现在组织中向下、平行和向上的流动中，组织应建立完善的风险报告体系。管理层必须通过对企业风险管理的监控，来督促各部门、各流程风险控制的执行，分析评估企业的风险控制体系是否持续有效。

在 COSO-ERM 标准(2017)的 20 条原则中，有 3 项原则是与信息、沟通和报告相对应的。

原则 1：利用信息系统。企业应当利用信息技术系统来支持企业风险管理活动。企业在开展企业风险管理活动时需要利用相关信息，这些信息是帮助企业在做决策时更加敏捷的信息，使它们具有竞争优势。企业使用信息来预测可能阻碍实现战略和业务目标的情况。风险信息不仅仅是历史风险数据的存储库，企业需要考虑哪些信息可供使用，哪些信息系统和技术可用于捕获与处理这些信息，以及获取这些信息的成本。一般地，与企业风险管理活动相关的信息可能包括以下几种：在治理和文化方面，企业可能需要关于行为标准和与这些标准相关的个人绩效的信息；在战略和目标设定方面，企业可能需要关于股东风险偏好的相关信息；在绩效执行方面，企业可能需要关于竞争对手的信息；在审阅和修订方面，企业可能需要关于企业风险管理新趋势的信息。所有这些信息都会对企业进行风险容忍边界管控提供依据，在必要时企业甚至可以开发相关信息影响风险容忍度的模型，以使风险容忍边界管控更有效率。

如今，数据的生成速度如此之快，以至于管理人员常常难以将其处理并提炼为可用的信息。信息系统可以帮助企业应对这一挑战。然而，重点不应该放在为企业风险管理创建一个新的、独立的信息系统，利用其现有的信息系统来捕获需要了解风险、作出风险意识决策和满足报告需求的内容通常更有效。同时为了获得高质量的信息，组织应实施数据管理系统，建立明确的责任和问责信息管理政策。

原则 2：沟通风险信息。企业使用沟通渠道来支持企业风险管理。与企业内部员工以及外部利益相关者就企业风险管理，尤其是风险边界管控进行信息沟通，能够对企业风险管理工作起到促进作用。从企业内部来说，就风险管理的重要性、相关性和价值，企业文化的特征、期望行为和核心价值观，企业的战略和业务目标，企业风险偏好和容忍度，风险和绩效管理的期望，以及与企业风险管理有关的任何重要事项在企业内部进行传达、沟通,能够让所有级别的人员都充分理解他们各自的角色定位和相关职能职责,自觉按照企业的目标开展工作。就企业外部利益相关方来说,风险管理信息的沟通能使外部利益相关方了解企业与战略相关的绩效,还能了解企业为实现战略而有意识地采取的行动。

在风险管理信息沟通中,管理层与董事会的沟通可以保障风险管理工作有效开展。董事会和管理层之间的有效沟通对于企业实现战略和业务目标,以及在业务环境中抓住机会至关重要。沟通风险信息首先要明确界定风险责任:谁、什么时候、需要采取什么行动。其次,管理层要和董事会就风险偏好等各种风险管理工作进行沟通,主要包括以下内容。

(1) 与企业战略和业务目标相关的风险。

(2) 与董事风险监督职责相关的信息。

(3) 风险报告和风险容忍策略。

(4) 当前绩效水平以及可接受的绩效变化容忍度,以及管理绩效的计划。

(5) 风险敞口,包括历史数据、趋势解释和与当前头寸相关的前瞻性信息。

(6) 风险演变的速度和风险的严重程度。

原则 3:风险、文化和绩效报告。企业在各个层次进行风险、文化和绩效的报告。为了支持企业各级人员理解风险、文化和绩效之间的关系,并改进战略和目标设置、治理和日常运营方面的决策,企业需要以不同形式、内容向董事会、管理层、具有风险管理职责的风险责任人以及外部利益相关方,提供风险管理报告。每个报告用户将需要不同级别的风险和绩效信息,以履行他们在企业中的职责。例如,向董事会提交的报告支持有关风险偏好和公司战略的决策。向高级管理人员提出的报告粒度更细,并包含关于支持战略制定和预算的内容,以及部门和/或职能一级的内容。下一层报告更加细化,支持部门和职能部门的领导进行规划、预算编制和日常运营。

信息系统产生各种报告,包括经营、财务、守规等方面,使得对经营的控制成为可能。处理的信息包括内部生成的数据,也包括可用于经营决策的外部事件、活动、状况的信息和外部报告。所有人员都要理解自己在控制系统中所处的位置,以及相互的关系,进行信息沟通。信息系统可以提供全面及时的信息,将边界管控系统纳入信息管理系统中,可以使风险信息的反馈更及时,可以使风险发生时更快地找到风险点,也能够使边界管控系统指标设定时考虑的因素更加全面。形成一个全面的风险报告,有助于全面分析边界管控系统反映的风险信息。

第三节　风险容忍度的作用与意义

企业运用风险容忍度进行风险管理，能够起到以下几方面的作用。

一、企业风险管理的整体平衡

(1) 破除了以往业绩考核中“正向激励”的思维定式，以风险容忍边界管控的“负面清单”作为其管理核心手段，这就使得管理人员在实施管理时，不再一味地为了追求片面的目标而损害企业长远利益。

(2) 风险容忍度管理不再以简单的盈利、规模、回报等作为企业长期目标，转而以“长期平稳发展”作为企业目标。这种企业目标兼顾企业的抗风险能力与长远发展，避免了因短视造成的冒险行为。

(3) 风险容忍度管理通过确保企业始终处于安全边界内的方式，在企业提高效率的同时保持对风险的警惕性，不将“零浪费”作为企业管理的唯一追求，进而增强了企业应对风险的能力。

二、有效解决会计信息失真问题

目前，我国企业尤其是国有企业的会计信息存在很大程度的失真问题。会计信息失真是指会计所提供的财务报告及相关的业绩评价指标不真实，虚报企业实际情况。而企业的业绩评价指标又大多是针对特定目标完成状况的考核与衡量。从某种意义讲，现行企业以目标为标准的业绩评价体系在一定程度上已成为会计信息失真的诱因。因为长期以来对企业业绩的考核评价局限于若干个主要指标，无论是过去考核企业生产经营情况曾用过的总产值、企业利润指标，还是现在提倡的利润率、企业价值等指标，或者是 1999 年财政部、国家经贸委、人事部和国家计委联合发布的由几大类指标组成的《国有资本金绩效评价规则》，或者是 2016 年 12 月 12 日，国资委印发的《中央企业负责人经营业绩考核办法》(国资委令第 33 号)，都侧重于对企业一定期间经营结果的考核，而不问产生这种结果的程序或过程是否合理。对照西蒙教授的有限理性理论来看，我们在现实的理论研究和实际工作中过于重视结果理性，把注意力都集中在利润、投资报酬率等财务性评价指标上，而较少运用和分析一些相关的非财务性评价指标；只强调企业“最后做的结果如何”“是否达到了既定的目标”“与过去和相关单位比，处于何种水平”等，而不问企业是通过什么程序或采取哪些过程来达到这种结果的。只有在发现考核结果的指标数据不真实、会计信息失真的时候，才回过头来去关注产生虚假会计信息的过程。正是由于对结果状态的过于偏爱，以及对会计信息产生过程有所忽视，从而促使了企业短期行为、会计造假、违规交易等一系列失态运作随之发生，会计信息失真现象屡禁不止，愈演愈烈。

企业的经济活动是一个动态过程，企业中参与人不能对信息变化作出迅速的最优决策，系统达到均衡是需要时间的；管理指标所表达的理想值是达到理想状态过程的函数，偏差和波动是企业所必须面对的常态和现实。所以，依照西蒙斯的优先理论学说，一个高效的企业管理方法应当是寻找一个在各方面满意的状态，而不是去寻找一个结果性的目标。

风险容忍度管理就是一个将这种满意状态指标化、定量化的过程。其管理方式是在标准值上建立一个可容忍的域（或满意的域）而非一个精确的值，这就使得管理更有弹性，也减少了管理者为了达到最优值而进行盈余管理的动机，增强了管理会计信息的真实性和可靠性。

三、风险管理成本的最小化

由于风险容忍度是建立在标准值的基础上的，也就是说整个管理体系依然以追求最优为根本目的，只是不再以最优作为标准，这也使得整个管理体系在具有明确的目标指向性的同时，不必花费高昂的成本去寻找能够百分之百完成目标的方案，也不必花费高昂的实施成本，这就使企业的管理趋近于理性的目标，使企业实现风险管理成本最小化。

四、对管理行为不确定性的有效控制

在 COSO-ERM 标准(2017)中企业风险管理被定义为组织在创造、保持和实现价值的过程中，结合战略制定和执行，赖以进行管理风险的文化、能力和实践。而利用风险容忍度进行风险管理，能够从文化、能力和实践这三个维度来缓释在管理过程中由管理人员行为造成的不确定性。

（一）文化方面——虚假希望；过度自信、后悔和前景理论（青蛙效应）

1. 青蛙效应——风险意识是如何变得麻木的

一只青蛙放在沸水中，它会马上跳出来，但如果把它放在冷水中逐渐缓慢地升温，它会察觉不到危险而被活活煮死，这种持续的变化太舒服以至于很难察觉，但这种持续的变化到了某种程度上可能变得无法忍受，必须作出一些改变(Handy，1990)。

当企业管理信息化程度日趋深化，管理信息系统日趋完善，业务信息和财务信息的及时性会极大地增强，这也就使得管理信息是不间断地小幅度地变化的。传统的信息系统可以通过前后对比的方式发现经营异常和指标异常，但是在深度信息化的系统下，信息呈现频率越来越高的趋势，这也就使得风险指标的变化随机性越来越强，风险信息更容易被隐藏在日常的经营波动中，进而风险管理者对风险积累的敏感性越来越低，企业对风险越来越“麻木”。另外，随着业财融合的不断推进，管理信息系统所收集的业务信息和财务信息也越来越多，信息处理难度也不断增大，信息处理成本不断增高，这无疑也给风险识别工作带来了巨大挑战。故而，从判断风险的管理人员的角度来看，面对着信息繁杂、频繁变化、风险信息难以被识别的复杂情况，管理人员可能如同温水里的青蛙，对隐藏在信息洪流中的风险信息视而不见，变得麻木。所以我们经常会在企业的经营管理中看到一个有趣的现象，信息越完善、信息及时性越高，企业的风险敏感度反而越低了。

风险容忍度管控系统通过“边界”的设定，将原本模糊的风险认定标准明确化了，明确了“必须采取风险应对措施”与“不必须采取风险应对措施”的划分，这不仅仅可以防范企业对风险出现麻木的情况，相比于僵硬的“点式”指标，也给企业提前处置风险留下了操作空间。

2. 虚假希望综合征——企业战略目标与业绩目标制订的风险

虚假希望综合征的含义(Polivy，2001)是：**当人们在一开始就将不现实的期待当作目标**，尤其是这些不现实的愿望异常强烈时，他们会比实际情况要乐观很多，会创造一些虚假的“痴心妄想”，来使自己相信这些愿望是可以达成的。

不现实的愿望和目标，在设定的时候往往具有以下特点中的一个，或同时具有几个(Polivy，2001)：①错误估计**需要/期待改变的总量**；②错误估计**实现目标的速度**；③错误估计**完成改变的容易程度**；④错误估计**目标的重要程度**；⑤事件本身的**随机性很大，是不足以通过主观努力改变的**。

在企业管理中，业绩目标的制订往往是在会计期初进行的。因为当年的业绩目标都是以本年度企业经营情况作为蓝本制订的，没有一个长期的战略目标作为指引。此时制订的业绩目标经常会变得短视，且与最终的管理结果产生偏离。换言之，年初的业绩目标是一个不切实际的目标。在这种业绩目标的指引下，企业管理者往往会选择采取业绩管理的方式，在季度、半年、年末等考核节点对会计数字进行调整。这也就使得“开门红”的一季度，“双过半”的二季度，“收官”的四季度的业绩指标明显好于三季度，管理波动性明显增大。风险容忍边界管理则给出了一个制订更加实际的目标的管理方法，不再设定任务式的考核目标，让考核标准更加贴近于企业经营的真实状态，减少了管理者为了完成任务而进行各种不理性管理操作，给企业带来损害。

3. 过度自信与后悔——管理行为人的认知偏差

过度自信理论（overconfidence theory）、后悔理论（regret theory）和前景理论（prospect theory）是行为金融学的四大研究成果中的三个。

1）过度自信理论

Gervaris、Heaton 和 Odean（2002）将过度自信定义为，认为自己知识的准确性比事实中的程度更高的一种信念，即对自己的信息赋予的权重大于事实上的权重。关于主观概率测度的研究也发现确实存在过度估计自身知识准确性的情况。

Frank（1935）发现人们过度估计了其完成任务的能力，并且这种过度估计随着个人在任务中的重要性而增强，人们对未来事件有不切实际的乐观主义。Kunda（1987）发现人们期望好事情发生在自己身上的概率高于发生在别人身上的概率，甚至对于纯粹的随机事件有不切实际的乐观主义。过度自信的管理行为人会过度估计他们的个人信息以及专业判断能力，从而让他们更坚信之前决策的正确性而忽视了风险信号，延误了管理时机。

2）后悔理论

Santa Clara 大学的 Meir Statman 教授是研究“害怕后悔”行为的专家，他认为，由于人们在投资判断和决策上经常容易出现错误，而当出现这种失误操作时，通常感到非常难过和悲哀。所以，投资者在投资过程中，为了避免后悔心态的出现，经常会表现出一种优柔寡断的性格特点。在金融领域，经常出现投资者由于担心，可能回避卖掉价格已下跌的股票，这是为了回避曾经作出的错误决策的遗憾和报告损失带来的尴尬。当所做选择未能达到预期结果或结果劣于其他选择时，作出错误决策的遗憾心理伴随而生。在管理领域，管理行为人也常常由于避免尴尬，而勉强支撑自己曾经做过的结论，而选择性地忽视了风险信号，进而导致管理的不理性为企业带来损失。

3）前景理论

前景理论是描述和预测人们在面临风险决策过程中表现与传统期望值理论和期望效用理论不一致的行为的理论。人们在面对得失时的风险偏好行为不一致，在面对“失”时变得风险追求，而面对“得”时却表现得风险规避；参照点的设立和变化影响人们的得失感受，并进而影响人们的决策。前景理论指出，在风险和收益面前，人的“心是偏的”。在涉及收益时，我们是风险的厌恶者，但涉及损失时，我们却是风险喜好者。在管理上表现为当面临业绩压力时，个人的收入面临损失，管理者更倾向于更激进的财务政策。

通过2019年爆发的"联合石化期货事件"的不断披露,我们也可以看到过度自信、害怕后悔和前景理论对管理行为人决策的影响。2018年12月27日,中国石化因旗下的联合石化发生原油期货交易亏损,股价暴跌6.75%,随后两天在A股和港股两个市场蒸发掉了681亿元市值。2019年1月4日,中国石化公告证实了传闻。联合石化为中国石化全资子公司,主要从事原油及石化产品贸易。根据目前的猜测,是由于联合石化公司负责人绕过内部控制流程,进行了"领子期权交易"(collar trade),在买入买入期权(call option)的同时卖出了卖出期权(put option),目前的分析称是由于负责人面临业绩压力为了节省期权费,同时错误地看多油价,造成了巨额损失。在这个案例中我们可以看到,在业绩压力下,企业负责人变得对风险更加"喜好",希望通过卖出卖出期权的方式节省企业开支,进而改善业绩。虽然联合石化在期货市场只是一个价格接收者(price taker),但该负责人显然作出了过度自信判断,绕开了内部控制系统而强行进行了操作。当油价开始低于20%止损线时,又由于害怕、后悔而没有及时进行止损。之所以造成这样的损失,我们认为是由于传统考核方式缺乏弹性空间,对企业负责人造成了巨大的业绩压力,进而将希望寄托于"不切实际"的操作。

风险容忍度管理系统设置了边界,当管理行为人的管理行为造成风险指标超越边界时,就会影响其业绩评价和个人薪酬,甚至其管理权就会被上一级管理机构剥夺。这样管理行为人就会对可能使风险指标超出安全边界的行为更加慎重,更少地选择激进的管理行为。另外由于考核体系的改变,管理者的管理目标也更多地集中于企业的长远目标,而非短期业绩。

(二) 能力方面——风险管理能力与管理人员专业判断能力

决策者个人能力,尤其是解决问题的能力,是决策者内在的能力,是通过不断学习所获取的解决问题的经验(Bonner and Lewis,1990)。因此管理人员专业性判断也有很强的不确定性,很多研究文献也支持了这一观点。例如,邱昱芳等根据证监会对A股全部上市公司高管的职业特征,如受教育程度、专业资格认证、行业工作经验和知识更新程度等的调查结果,探讨了其专业胜任能力对公司会计信息质量的影响,发现行业工作经验和知识更新程度对会计信息质量的影响显著为正,而其余因素对会计信息质量的影响并不显著,他们由此提出,在评价专业胜任能力时,应着重考虑其行业工作经验和专业知识更新频率。毛洪涛等(2014)通过实验研究结果表明使用表格格式管理会计报告时,个人能力水平高的决策者决策效率更高。影响会计职业判断的因素很多,大体可分为主体因素、客体因素与环境因素三类(杨家亲和许燕,2003)。其中主体因素是指会计人员自身方面的可能影响判断的因素,包括:①知识和经验;②需要和动机。客体因素是指由于会计事项具有的某些特点而对会计职业判断的影响，主要表现在：问题的复杂性、重复性、规范程度、类型和要求的判断质量等方面，其中前两项最为重要。环境因素是指除主体和客体因素之外，影响会计职业判断的其他因素的总和，主要包括：①会计法律、法规；②会计职业道德规范；③公司治理结构，现代公司制企业中存在众多利益主体，他们对公司有不同的利益要求；④企业的生产经营特点。

所以我们看到，即使在同样的内控制度下，在同样岗位上不同的人就会作出不同的决策，这些决策在很大程度上受行为人特征和外在环境影响，具有很强的不确定性。虽然KPI等业绩考核工具通过业绩指标的设计可以使管理人员和企业目标趋同，但是当落实在具体操作中时，由于管理人员个人差异和环境差异，每个个体风险容忍度就会产生差异，进而操作的时机选择、操作的强度也会出现很大的差异性，这种差异就形成了管理行为的不确定性。然而一个固定的目标值则有可能带来两方面问题：①如果标准值的考核是在固定时间节点（如年底）进行，那么由于日常的疏忽（青蛙效应），当面对考核时管理人员可能会采取盈余管理的方式完成业绩任务。②如果标准值的考核是不定期或者频繁进行的，那么管理人员则会频繁操作以满足业绩要求，然而经济指标的波动有些是正常的，那么频繁操作就会造成管理成本的浪费。

风险容忍度管控系统通过风险边界的设计，可以规定一个必须进行操作的时点。这个时点的意义在于当每一个边界指标达到边界值时，每一个管理人员都必须进行管理操作。因为边界是提前设计并经过充分讨论的，可以减少管理行为的不确定性。此外，在边界之内，管理操作是自由的，这使得管理行为也有了一定的灵活性，让管理人员充分发挥主观能动性，对操作时点进行判断。

（三）实践方面——腐败与代理问题

1. 腐败的定义

学者们主要根据控制权私利（private benefits of control）理论来界定企业高管腐败的内涵。控制权私利理论表明，拥有企业控制权的高管可能并不会以投资者利益最大化为目的，而可能会为了个人的私利违背信托责任，利用手中的权力寻租（Dyck and Zingales，2004）。基于这一理论逻辑，透明国际（Transparency International，2008）把企业高管腐败定义为企业高管为谋取私利而滥用权力的行为，具体包括收受贿赂、收取回扣、挪用资金等。Pearce等（2008）界定企业高管腐败的内涵比较宽泛，他们把企业高管以牺牲投资者利益或企业的长期发展为代价谋取私人直接利益的不道德行为（unethical behavior）均视为企业高管的腐败行为。Hirsch和Watson（2009）认为，企业高管腐败是由企业内部组织结构混乱或权力配置失衡导致的高管滥用权力的现象。Yalamov和Belev（2011）则强调，企业高管腐败是由公司治理机制脆弱导致的高管舞弊(managerial fraud),企业高管的舞弊行为能够为他们带来好处,但会损害企业的利益。尽管目前对企业高管腐败的内涵界定并非完全一致,但学者们均普遍认为,企业高管腐败的关键驱动因素是他们谋取私利的寻租动机,而企业高管腐败造成的直接后果是企业价值下降和投资者利益受损(Huang and Snell,2003)。

2. 腐败的分类

Yao(2002)提出了腐败分类方法,根据企业高管实施腐败行为的策略,把企业高管腐败分为隐性腐败(implicit corruption)和显性腐败(explicit corruption)两类(参见表 4-2)。隐性腐败指企业高管通过奢靡的在职消费、获取超额薪酬、构建商业帝国等隐蔽途径实施的权力寻租行为;而显性腐败则指企业高管为谋取私利而实施明显违反相关法律或监管条例的行为,具体包括贪污、受贿、职务侵占、实施关联交易等。隐性腐败和显性腐败的共同点在于两者本质上均是企业高管滥用权力和利用权力寻租的行为,均以损害企业价值和投资者利益为前提条件;两者的差异主要体现在:显性腐败触犯了相关法律或监管条例,一旦腐败行为败露,企业高管就将面临司法机关的立案调查,甚至受到法律制裁;相反,隐性腐败虽然也违背了委托代理的基本精神,但却是符合相关法律或监管条例的,并未突破法律监管的底线。

表 4-2　企业高管腐败类型与途径

腐败类型	途　　径	具体表现
隐性腐败	奢靡的在职消费	购买高档公务用车、装修豪华办公室、添置高档办公用品等;利用公款进行高消费娱乐活动、公款旅游;超标准报销差旅费、业务招待费
	获取超额薪酬	企业高管利用对董事会的控制权或影响力谋求与企业业绩不相符的超额薪酬
	构建商业帝国	实施过度投资,构建商业帝国,以形成管理层堑壕效应,并满足自己的权利控制欲望
显性腐败	违规资产操作	违规对外投资、担保、融资,为他人代开信用证;违规在国(境)外注册公司、投资参股、购买上市公司股票、购置不动产;违规MBO(管理层收购);挪用公款
	职务侵占	利用职务便利非法占有企业财产
	实施关联交易	利用职务便利通过实施关联交易向自己、亲属或朋友控制的其他企业输送利益,损害本企业的利益
	贪污受贿	利用职务便利收受他人贿赂或贪污公款

尽管目前对企业高管腐败的内涵界定并非完全一致,但学者们均普遍认为,企业高管腐败的关键驱动因素是他们谋取私利的寻租动机,而企业高管腐败造成的直接后果是企业价值下降和投资者利益受损(Huang and Snell,2003)。大权在握的企业高管可以利用其手中的权力谋取私利,如实施关联交易以转移企业财产,构

建商业帝国以满足其权力欲望，控制董事会以谋求超额薪酬和奢靡的在职消费，甚至赤裸裸地贪污受贿，侵占企业财产（Hart，2011）。参照点契约（contracts as reference points）理论为陈冬华等（2005）以及陈信元等（2009）的观点提供了理论依据。按照参照点契约理论的基本逻辑，当市场化的货币薪酬激励不足或企业高管薪酬受到政府管制时，企业高管会产生自身利益被侵害的消极心理感知，因而有可能通过奢靡的在职消费甚至贪污受贿、职务侵占等方式来寻找替代性激励。

企业高管腐败的产生和持续基于以下三个基本条件：①企业高管拥有实施战略决策和配置企业资源的绝对权威；②企业高管具有利用手中权力寻租的动机；③企业内部权力监管缺失（徐细雄，2012）。

事实上，显性的腐败问题是可以通过内部控制制度、法律和加强监管缓解的。吴益兵在对内部控制对盈余管理的抑制作用进行研究时发现，现阶段我国上市公司内控水平与盈余管理存在显著负相关关系，内控制度能够有效抑制公司的盈余管理行为。Wu（2005）提出，加大企业会计准则执行力度以及严格规范企业财务运行过程是防范企业高管腐败的重要举措。

3. 隐性腐败与委托代理问题

隐性腐败指企业高管通过奢靡的在职消费、获取超额薪酬、构建商业帝国等隐蔽途径实施的权力寻租行为，其理论依托是代理问题。代理问题是指受委托人的委托，代理人采取行动，为委托人达成目标。代理人和委托人利益并不完全一致，在委托人处于信息劣势，不能对代理人进行完全监督的情况下，代理人有动机为了自身利益，做出有损于委托人利益的行为。由此造成的委托人利益受损的现象被称为（委托）代理问题。

4. 风险容忍边界管控与控制权理论在解决腐败问题中的作用

由于企业高管腐败在本质上表现为企业高管滥用权力和利用权力寻租的行为，因此，控制权配置研究领域的学者们（如 Aghion 和 Bolton，1992；Hart，2001）强调，优化企业控制权配置，形成有效的权力约束与制衡机制，才是防范企业高管腐败的关键。随着控制权理论的发展，有不少学者（如 Vauhkonen 等，2003；Aghion 等，2004；Schmidt，2006）提出和发展了控制权动态转移的思想，即根据不同的绩效信号在投资者与管理层之间相机转移企业控制权：企业绩效越好，管理层掌握的控制权就越大，而企业绩效越差，投资者掌握的控制权就越大。一旦失去企业的实际控制权，企业高管不仅无法获取权力寻租收益，还会失去正常的薪酬收益、施展个人才华的舞台。进一步地，企业高管失去企业控制权还可能导致其人力资本的市场价下降，声誉受损，因此，企业高管就会被迫抑制自己的腐败动机，而致力于为企业创造价值。

风险容忍边界管控是控制权动态转移思想的一个具体实践。

第五章 现代国有企业的风险管理

本章以及第六章主要使用的研究方法如下。

一、案例分析与访谈研究法

案例分析法基于对现实事例的细致分析和深度解剖，明晰事件发生背后的深层次原因，借助这样的分析过程，研究人员最终得出研究结论。

本章实地调研了某大型国有企业集团下属的一家研究院和三家子集团，并通过案例书报、新闻媒体、网络等渠道收集了中国某大型国有集团实行风险容忍度管理体系的相关信息，作为本章进行案例研究的材料基础。通过分析该大型集团实行风险边界管控系统过程中的思路框架，总结风险容忍度系统的实施条件。通过探究该集团实行风险边界管控系统之后，下属子公司对于风险事项的识别和处理能力，以及下属子公司员工风险意识和风险控制能力，从而为分析风险容忍度系统对企业的影响提供基础。

访谈研究法是一种广泛使用的研究方法，主要是因其对问题本质的深入触及和对被调查对象实际思维动态特征的深入了解，研究人员通过访谈被调查对象的形式得到问题的答案，被调查对象可以是与研究事件相关的人，也可以是熟悉相关研究事件始末的人。

风险容忍度系统的实施过程中，影响到企业各个部门对于风险事项的处理流程，以及各个部门员工的风险意识和风险控制能力的各个维度。本章在进行案例调查的过程中，通过选取各个部门的部分高层管理人员、中层管理人员和一般员工进行访谈，分别访谈其对于风险容忍度系统实施的看法，以及在风险容忍度系统实施之后，其风险意识和风险控制能力的变化，从而获取风险容忍度系统的实施对员工风险行为的影响的具体机制，并基于这样的逻辑，建立本章的研究假说。

二、数据分析法

数据分析法是指基于对研究数据进行统计和计量分析从而得出结论的一种研究方法,适用于在较大范围内研究经济活动中各个变量之间关系的情形,能够实现对隐藏在事物背后相关关系的探索。

本章通过对某大型国有企业集团公司员工的问卷调研,共收集到分布于23家下属公司的341份有效问卷,作为本章研究的数据基础。由于该公司为大型国有企业,员工人数较多,本章在研究过程中选择样本时,尽量采用了分类后随机抽样的方法,即在调查之前,项目组获取了该公司尽可能全面的员工名单,将员工按照部门分为两组——财务或风险管理部门和业务部门。由于财务或风险管理部门员工总人数较少,若按照完全随机抽样的方式将仅有少数样本被调查,因此项目组在适当增加财务或风险管理部门员工拟受访人数的基础之上,确定了财务或风险管理部门和业务部门分别的受访人数。然后,项目组根据两个类型的员工受访人数,随机选取受访员工,并对他们发放问卷调查。

具体而言,为了尽可能排除单次调查受到调查时间段内特殊因素的影响而导致结果有偏差,本章采用分两个批次调查的方法。第一个批次最终回收问卷151份,其中来自财务或风险管理部门员工的有效问卷52份,来自业务部门员工的有效问卷99份。第二次调查一共回收有效问卷190份,来自财务或风险管理部门员工的有效问卷有52份,来自业务部门员工的有效问卷有138份,最终一共有341份有效问卷,其中来自业务部门的员工的有效问卷一共有237份,来自财务或风险管理部门员工的有效问卷一共有104份。两次抽样避开了重复的样本。最终,这341份有效问卷成为本章进行实证研究的数据基础。

第一节　现代国有企业风险管理制度

党的十九大报告明确指出:要深化国有企业改革,培育具有全球竞争力的世界一流企业。因此,探究新时代中国特色现代国有企业制度的特质,显得尤为必要。中国特色现代国有企业制度在理论基础、制度基础、政治基础、经济基础和发展基础五个方面具有鲜明特质。

一、理论基础

国有企业在实践中至少存在四层委托代理关系。由于层层委托授权、股东人数众多，产生了诸多治理问题。现代国有企业风险管理制度主要有两个理论基础：一是信息传播成本过高问题。信息不对称，层层委托授权，信息传递链条过长，权责利不清晰，治理成本太高。二是治理结构不健全，实际所有人缺位，存在道德风险，容易产生“弱所有者强管理者”、股东会虚设、内部人控制等现象。

信息传播成本是指由于管理链条过长，顶层管理者和底层业务部门在风险认知上缺乏有效的沟通，一方面顶层的管理者难以意识到业务层面普遍发生的风险点，另一方面业务层面的员工也很难意识到微观业务层面的行动会给企业带来哪些风险，而只从本岗位的职责出发完成工作任务，却给公司整体带来风险。

道德风险是在信息不对称条件下，不确定或不完全合同使得负有责任的经济行为主体不承担其行动的全部后果，在最大化自身效用的同时，做出不利于他人行动的现象。在国有企业管理中，道德风险有两种表现形式：寻租和懈怠。寻租是指利用职务之便谋求自身利益；懈怠是指企业管理人员由于激励机制不到位工作懈怠，工作努力程度不足。针对这两种形式的道德风险，应当分别采取“监视控制”与“提醒激励”的策略。

二、制度基础

现代国有企业现代化制度基础也包括两方面内容：控制制度和激励制度。国有企业由于其特殊地位，市场化经理人选拔、激励与约束机制没能有效建立，资源配置效率不高。内部控制制度主要包括预算控制和过程控制两个方面。

将风险管理嵌入预算管理，就是在预算编制阶段充分考虑企业在未来一个经济周期所可能面对的不确定性，包括识别风险、控制风险、评估风险、制定风险预案等所有预算阶段的风险控制措施。这样的预算编制有两方面的优势：一是避免因环境变化过快而频繁地修改预算，造成执行部门缺乏长期的行动指引而感到迷惑；二是由于预算阶段充分考虑了风险会使预算更具有弹性，执行人不会因为预算目标的压力而通过业绩作假粉饰太平，为企业带来风险。

将风险管控嵌入绩效管理，拨开行业或市场等外部影响因素笼罩在企业并购绩效上的面纱，探究国有企业的资产重组如何考核高管及负责人能力的本质，才能公平且有效地激励与约束国企高管的经济行为。此外，国有企业管理层权力的防御作用可以抵御行业绩效苛刻地评价高管是否尽职的约束条件。但是，这一现状也进一步揭示提高国有企业公司治理效率、完善经理人绩效考核制度、加强投资活动的价值创造的迫切性与必要性。

三、政治基础

现代国有企业风险管理的政治基础在风险管理方面的应用主要表现在强调员工的主观能动性方面。国有企业除了一般的经济功能外还承担着很强的社会责任,这也就意味着员工除了完成岗位工作之外还需要较强的社会风险洞察能力,而这些风险难以从传统的信息中辨别出来,需要员工保持高度的警惕性。

四、经济基础

国有企业风险管理的经济基础体现在风险管理风险与效率的平衡性上。相对于生产成本和其他管理成本,风险管理成本的收益难以确认和计量,只有风险事件发生时,才会发现风险带来的具体损失。这就造成了风险管理上的两种严重误区:机会冒险主义和极度保守主义。无论哪种误区都是因为无法对风险成本进行准确计量产生的麻痹或者投机心理。

过度重视风险会使企业在机会面前畏首畏尾,无法进行理性的商业决策。国有企业在这个方面的问题也非常严重,这使得近年来国有企业的发展尤其是在创新领域的发展远远落后于民营企业,科技创新动力不足拖慢了国有企业技术前进的步伐,托宾 Q 值等表现企业未来发展前景的指标远落后于同规模的民营企业。

而忽视风险则使得国有企业一味追求业绩目标,不为企业做长远打算。尤其是国有企业管理层轮换较快,任期内的商业决策往往要等到下一任期甚至下两个任期才能充分暴露风险,业绩也不能在本期得到体现。这使得商业决策往往具有短视性。缺乏控制就会给企业带来巨大风险。

五、发展基础

国有企业风险管理的发展基础体现在与国有企业未来战略的契合度上。随着我国全面深化改革,对外开放程度不断深入,国有企业作为境外投资的主力军,国际化步伐不断加快,已经成为实施“走出去”战略、“一带一路”倡议等重大战略规划的重要力量。在对外开放过程中,我国企业逐步融入全球化浪潮,尤其是《区域全面经济伙伴关系协定》(RCEP)的签订,表明我国“一带一路”倡议取得了历史性的成果。

但是，我们国家企业和平发展的愿望也面临着来自西方跨国公司的竞争与博弈的挑战。美国政府近年来的一系列政策给国际正常商贸秩序带来了巨大影响。2018年8月1日，美国《联邦公报》(*Federal Register*)网站上公布了美国商务部新增的出口管制企业名单。2020年8月28日，美国防部又根据经修订的《1999财政年度国防授权法》(*National Defense Authorization Act for Fiscal Year 1999*)第1237条法定要求，将在美国直接或间接经营的11家中国企业列入了“涉军企业”的清单。早在2020年6月12日，美国防部就已首次将20家中国企业列入了该份“涉军企业”清单。

因此，2020年8月已有31家中国企业被列入了该份清单，主要包括央企，还包括了大型民企，这些中国企业中有些已被美国商务部工业和安全局(Bureau of Industry and Security of U. S. Department of Commerce，BIS)列入了实体清单。由此，中国企业面临的风险环境进一步恶化，国有企业海外资产经营不确定性进一步加强。中国国有企业比以往任何时候都需要一套能够适应国际高风险环境的风险管理系统。

第二节　边界管控——国有企业的风险管理实践

构建以风险容忍度边界管控为核心内容的风险管控体系，加强企业的全面风险管理，对企业结构性风险指标边界进行界定与管控，对可能出现的风险及时预警并采取必要的措施，是防范企业经营风险的基本保障。本节选取了A集团有限公司及其两个下属公司为具体案例，论述风险容忍度边界管控在这三个公司中的实施情况。

一、A集团有限公司边界管控探索与实践

(一) 企业基本情况

A集团有限公司(以下简称“A集团”)是1999年7月1日根据党中央、国务院、中央军委关于深化国防科技工业体制改革的重大决策，在原A总公司的基础上改组设立的，现为中央直接管理的特大型国有重要骨干企业、中央企业、国家计划单位企业。

A集团始终坚持国家利益至上，将装备保障放在首要位置，是各大军工集团中

唯一一家面向陆军、海军、空军、火箭军、战略支援部队以及武警公安提供武器装备和技术保障服务的企业集团，除了为陆军提供坦克装甲车辆、远程压制、防空反导等主战装备之外，还向各军兵种提供智能化弹药、光电信息、毁伤技术等战略性、基础性产品。

同时，A集团积极推进军工技术民用化、产业化，集中力量打造汽车零部件、工程机械设备、铁路产品、石油化工、特种化工、民爆、光电信息、北斗产业、智能制造、应急产业等先进制造业板块和贸易流通、工程技术管理、金融服务等现代服务业板块；深入贯彻落实国家"一带一路"倡议，着力推动我国装备"走出去"和国际产能合作，大力发展军贸、战略资源开发、国际工程承包、产品出口及技术引进等国际化经营业务。

A集团现有51家子集团和直管单位，主要分布在北京、陕西、内蒙古等30多个省、区、市，在全球70余个国家和地区设立了100余家境外分子公司和代表处。2018年末，集团公司资产总额3 959.8亿元，人员总量22余万人，连续15个年度和4个任期蝉联国务院国资委业绩考核A级，位列世界500强企业排名。

（二）边界管控体系的提出背景

边界管控体系是A集团以价值创造为导向的预算管控模式的重要组成部分，是精益财务管理体系的内涵之一。边界管控的提出，一方面是为了顺应集团精益财务管理体系的改革创新，另一方面是为了实现风险和效率的平衡。

1. 边界管控是集团精益财务管理体系的进一步深化

集团成立以来，精益财务管理体系的发展经历了三个阶段，各阶段主要任务如下。

（1）治理散乱阶段（1999—2003年），集团提出"一个基础，两个重点"的财务改革思路，即以集中管理的财务体制为基础，狠抓以现金流管理为重点的资金管理和以全面预算管理为重点的成本控制，逐步在成员单位层面建立起财务集中管理体制，对资金、资产处置、财务决策、会计人员、会计政策和会计信息实行集中统一管理。

（2）建立框架阶段（2004—2009年），集团开始推进"四大工程"建设，即细化全面预算管理、深化资金集中管理、加速财务管理信息化和加强财会队伍建设，致力于构建集团化财务运作体系。

（3）深化发展阶段（2009年以来），提出全价值链体系化精益管理战略的要求，进一步落实价值创造型财务管理体系，即以全面预算管理为系统引领、以内部控制体系为工作标准、以全面风险管理为控制边界、以专项业务管理为基础、以信息化建设为手段，实现相关管理方法和工具的系统融合，形成管理合力，更好地支持战略目标实现。同时，减少管理成本，减轻基层负担，提高工作效率。因此，边界管控体系构建及实施是随着集团“平衡效率风险，实现持续发展”的价值导向型财务管控思路全面推进而逐步进行的。

2. 边界管控是集团平衡效率与风险的重要举措

边界管控是集团于2007年开始思考并于2009年系统实施的。当年面对积极的财政政策和适度宽松的货币政策，公司实施财务边界管控来实现“两个平衡”，即平衡集团运营的效率和风险以及母公司管控与子公司效率。

（三）边界管控体系构建

1. 基本思路及内在逻辑

边界管控的核心理念是：以财务增加值(EVA)要素管控为主线，以保障军品核心能力和创造经济价值为目标，以“四大工程”(细化全面预算管理、深化资金集中管理、加速财务管理信息化和加强财会队伍建设)为基础，以全面预算管理为平台，对资产负债类指标、主营业务收入类指标实施安全边界管控，对损益类指标及部分结构类指标实施标准管理，从而实现“平衡效率风险、实现持续发展”的经营理念。

边界管控在精益财务管理体系中的基本逻辑关系主要如图5-1所示。

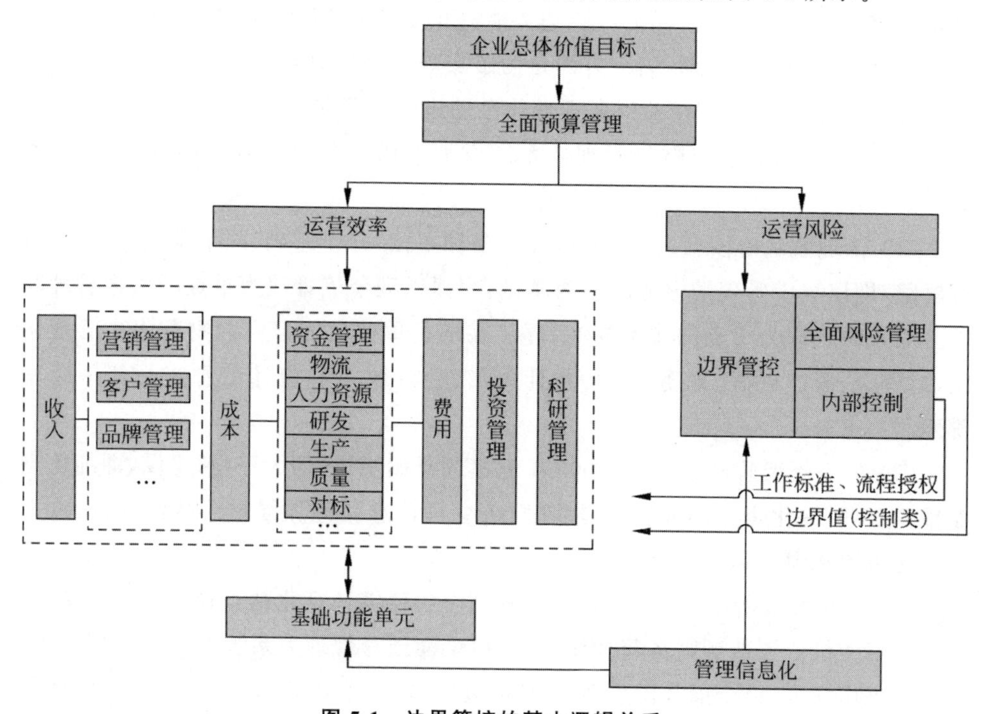

图5-1 边界管控的基本逻辑关系

2. 边界管控指标模型构建

集团边界管控涉及边界类指标体系和标准类指标体系的构建实施，边界类指标是为了界定指标底线，标准类指标是为了确定合理值。指标体系构建思路如下。

1) 边界类指标体系的构建

(1) 结构类指标边界设定思路。

① 带息负债边界模型。将企业带息负债分为短期负债和中长期负债，企业需考虑短期债务本金和利息的偿付，以及中长期债务的年度本金偿付，并以此确定付息债务的最大边界值。

② "两金"占用边界。"两金"占用率是指应付账款和存货占流动资产的比例。"两金"占用分两部分进行测算，"两金"占用边界由集团各工业企业一定时期内筹集的可快速变现的内部财务资源总量 M_0、短期带息负债边界两部分组成。在此基础上，通过测算应收账款和存货在"两金"中所占比例，分解出应收账款和存货各自的占用边界。

③ 资产负债率边界。资产负债率按照下述公式进行测算：

$$资产负债率=企业负债总额\div企业资产总额\times100\%$$

资本性支出边界和对外担保边界主要按照集团相关制度和专项管理要求确定。

(2) 发展类指标边界设定思路。

① 经营活动现金流量边界。维持企业最低经营活动所需的现金流 E_0，与企业维持最低生产经营活动所必须支出的成本费用相对应。

② 主营业务收入增长率边界。主营业务收入增长率以上年主营业务收入的实际值为基数进行确定。最低界限应能够维持企业最低经营活动。在企业维持最低经营活动所需的成本费用确定的情况下，可相应地根据企业回款比例确定主营业务收入边界。

2) 标准类指标体系的构建

(1) 损益类指标标准值测算思路。损益类指标标准值范围的测算借助置信区间估计原理，采用 t 分布，先统计平均值或中位数，再据此确定标准值范围。集团将下属子集团分为 6 类企业，分别为特化类、石化类、光电通信类、车辆总装类、弹箭总装类和一般机械类，再以各类子集团的三级工业企业的年度研发费、人工成本、销售费用和管理费用占财务增加值的比重为研究样本进行标准值测算，最终得出各类型企业的标准值范围。鉴于研发费占财务增加值的标准值已单独核算，故样本中的管理费用指标剔除了研发费用投入。

$$\begin{aligned}\text{EVA}&=税后净营业利润-资本成本(机会成本)\\&=税后净营业利润-调整后资本\times平均资本成本率\end{aligned}$$

税后净营业利润＝净利润＋(利息支出＋研究开发费用调整项)×(1－25％)

调整后资本＝平均所有者权益＋平均带息负债－平均在建工程

平均资本成本率＝债权资本成本率×平均带息负债/(平均带息负债＋平均所有者权益)×(1－25％)＋股权资本成本率×平均所有者权益/(平均带息负债＋平均所有者权益)×(1－25％)

其中，研究开发费用调整项是指企业财务报表中管理费用项下研究与开发费用与当期确认为无形资产的研究开发支出。

(2) 结构类指标标准值测算思路。现金流动负债比率测算思路同损益类指标标准值的测算思路。第一步采用 t 分布，先统计平均值或中位数；第二步以指标均值或中位数为基础测算标准值范围，并与行业水平进行对标比较，行业水平根据国务院国资委财务监督与考核评价局制定的《企业绩效评价标准值》确定。

“两金”占用标准值中，应收账款占用资金标准值为应收账款平均余额与销售成本率的乘积，同时应与行业数据进行对标，合理调整应收账款占用资金。

存货占用的标准值以非速动资产为衡量的出发点，并结合短期负债进行考虑。

(3) 发展类指标标准值测算思路。主营业务成本费用标准值在沿用损益类指标中关于各类工业类子集团分类的基础上，对标行业标准值作为企业发展类指标标准值。

(四) 边界管控实践

边界管控为集团近年来的平稳发展提供了有效支撑，财务指标有了较大改善，基本实现了安全平稳运行的总体管控目标。该体系已相对完善，并在部分子集团内部试点推进，下一步将总结经验，全面推广实施，具体实践经验如下。

1. 更新经营理念

集团把边界管控和标准控制的思想贯穿在预算编制环节和过程控制环节，并在集团及下属企业进行理念推广。理念更新主要体现在以下方面：①平稳效率风险，增强发展理性。②强化底线意识，硬化杠杆约束，集团于 2009 年开始推行预算管控，对 EVA 构成要素进行细化分解，对制约价值形成的相关财务指标进行边界约束，逐步建立和完善风险隔离机制。③以持续平稳发展为导向，优化业绩考评机制。目前集团层面已经完善了全面预算管理考核评价体系，成员单位层面也进一步完善了预算执行与各层级人员考核挂钩的制度安排。

2. 优化边界指标

以边界管控体系模型为基础，测算指标的边界值和标准值，在操作中根据外部环境对边界值进行浮动管控，保持一定弹性。成员单位在集团公司共性模型的基础上，结合本公司实际，在测算、使用边界和标准指标值时，对个性化指标值进行调整、优化，使之与本公司实际情况更加接近，更具有可操作性。

3. 对接全面预算

边界管控的载体是全面预算，通过建立以价值创造为导向的全面预算管控模式，将边界管控指标嵌入全面预算中，从而对重点指标形成预算约束机制，以确保边界管控的落地。在运用与操作中，可根据模型计算得出边界值和标准值，并把边界和标准指标量化固化到预算方案和预算管理过程中，按预算进行系统落实和过程管控，通过边界值和标准值对相关预算指标画定红线，从而最终达到风险与效率的有效平衡。在预算编制阶段，边界管控体现为对边界指标和标准指标在相关业务预算和专项预算中的系统安排。在预算执行阶段，边界管控的主要功能就是监测预警和反馈调整。通过边界管控指标的运用，强化对预算执行结果的考核。

4. 纳入绩效考核

作为经营管控的红线，集团有针对性地将边界管控与经营年度和任期薪酬考核直接挂钩，督促重点单位努力改善关键指标，建立预警机制，将结果作为绩效考核的主要量化依据，以预算执行过程最优来确保最终结果最优。

（五）结论与后续探讨

1. 结论

边界管控主要的目的是控制经营风险和提高资源利用效率，其中，控制经营风险的核心是资金的组织与配置，提高资源利用效率的核心是经营过程中的投入产出。

1）边界管控的核心是平衡效率风险，强化底线意识

边界管控的核心是要根据企业的风险承受能力，结合资金运作特点及创现创效能力，科学设置风险边界，以边界约束倒逼科学谨慎投资和精细运营，使企业在战略主业的发展方向上、在财务结构的安全边界内，保持有效率的发展。

2）边界管控是集团化管控方式的积极探索

按照“边界管控”的思路，母公司主要管控子公司的战略发展方向和财务结构边界，其他事项尽量交由子公司自行决策和管理，保证子公司在方向明确、边界明晰的条件下，追求效率、释放活力。

3）边界管控要通过强化预算，严格考核来推动落实

将边界管控的各项指标全面纳入预算管理平台实施系统管控，有利于增强管理系统性和整体性。将重点指标纳入绩效考核体系，既推动责任落实，又能够培育健康的发展理念。

4）边界管控是推进精益管理战略的重要手段

集团在新的经济环境下，提出了全价值链体系化精益管理战略，必然要把以边界管控为核心的精益财务体系作为重要手段，促进精益管理战略全面落地。

2. 后续探讨

财务边界管控体系的全面落实，一方面需要结合工作实际，持续完善边界管控的操作规则，重点解决管控问题，细化考核期；另一方面还需要继续深化理论研究，建立完善科学合理的指标量化模型，形成完整的理论体系和标准流程。

二、西北工业集团有限公司边界管控指标研究

（一）企业基本情况

西北工业集团有限公司由西安东方集团有限公司、西安北方华山机电有限公司、西安北方秦川集团有限公司和兰州北方机电有限公司于2010年12月28日重组成立。总部位于西安市，占地9 540亩（1亩≈666.67平方米），注册资本10亿元。

公司现有员工11 000多人，在数控加工、精密制造、粉末冶金、精冲压铸、塑橡成型、易碎钨合金、薄壁件热处理、旋压与温挤压、机械热模压等方面拥有雄厚的装备实力和工艺能力。

作为国家应对挑战和危机的战略性团队的重要组成部分，公司始终牢记A集团公司赋予的核心使命，紧紧围绕国家加强新型作战力量建设的转型要求，立足新时期装备建设战略前沿、军事前沿和技术前沿，在智能化弹药、动能毁伤弹药、高技术引信等防务装备领域形成了强大的研发与产业化能力。

公司积极履行军民融合发展责任，以国内外市场需求为导向，以科技创新为引领，突出民品核心主业，逐步发展形成了“机电装备、汽车零部件和新兴材料”三大产业板块，市场地位和竞争力不断提升。

（二）边界管控体系的提出背景

该公司选取西安北方华山机电有限公司（本部）、西北工业集团有限公司（本部，即西安东方集团有限公司）、兰州北方机电有限公司以及本部所属民品子公司共11家企业2015年年末财务报表数据，对集团公司指标量化模型进行测算和验证，并在此基础上，结合公司实际情况对边界管控指标量化模型进行了调整，并据此重新测算出公司对应指标边界。

（三）边界指标量化模型和调整说明

企业选取的边界指标包括带息负债总规模、“两金”占用总量、资产负债率、经营活动现金流量、资本性支出总额、对外担保总量等结构类指标，以及主营业务收入等发展类指标。企业建立了边界指标量化模型并进行测算，若测算结果与公司实际情况差异较大，则结合公司实际情况对边界模型进行调整重新测算，具体情况如下。

1. 带息负债边界模型

企业带息负债边界模型构建思路：企业的最大债务边界为以财务资源总量核算的短期债务本息与中长期债务本息之和，即

$$\text{limit}_{债务}=M\times\left[W_1(1+I_1)+W_2\frac{nI_2}{(1+I_2)^n-1}\right]$$

式中：M 为企业能够调动的财务资源总量；W_1 为短期债务比重；I_1 为短期债务利率；W_2 为中长期债务比重；I_2 为中长期债务平均利率。

2015 年公司带息负债预算总额为 35 000 万元，年末实际为 14 215 万元，而按照上述模型测算出集团及各下属公司的带息负债边界为 166 268 万元(测算过程略，下同)，与公司实际情况差异较大，所以对该边界进行了调整。

结合公司实际情况，以工业企业资产负债率边界值 65%倒算出负债总额及带息负债边界，并进行修正，调整后的测算公式如下：

$$带息负债边界总额=资产总额\times 65\%-无息负债总额$$

带息负债边界调整后的测算值为 94 942 万元。

2. “两金”占用边界模型

1) 企业能够调动的可快速变现的财务资源总量 M_0 的确定

本企业能够调动的可快速变现的财务资源总量 M_0 包括以下两项。

(1) 短期投资项目，主要包括可抛售的交易性金融资产 α_1 和可供出售的金融资产 α_2。

(2) 经营性资产项目，主要包括货币资金 α_3 和部分可贴现的应收票据 α_4，其中，可贴现的应收票据为上年度决算应收票据净额的 30%。

M_0 的计算公式如下：

$$M_0=\alpha_1+\alpha_2+\alpha_3+\alpha_4$$

上式与公司原公式相比，减少了应收账款(由于本企业的应收账款不能快速变现)。

经测算，可快速变现的财务资源总量 M_0 边界为 99 152 万元。

2) 最大短期负债边界的确定

公司短期带息负债边界模型为

$$S_{债}=M\times W_1(1+I_1)$$

按照上述模型测算出最大短期负债边界为 98 141 万元。2015 年年末，西北工业集团短期负债余额为 14 015 万元，与上述测算值差异较大，故对模型进行了调整，具体如下：

短期带息负债边界＝流动资产÷资产总额×带息负债边界

运用调整后的模型进行测算，公司短期负债余额结果为 48 313 万元。

3）“两金”占用边界

“两金”占用边界＝可快速变现的财务资源总量 M_0＋短期带息负债边界

测算结果为 147 465 万元。

4）依据应收账款和存货在“两金”中所占的比例，分解出应收账款和存货各自的占用边界

应收账款占用边界＝“两金”占用边界×应收账款在“两金”中的占比

存货占用边界＝“两金”占用边界×存货在“两金”中的占比

经测算，应收账款占用边界为 71 984 万元，存货占用边界为 75 481 万元。2015 年，西北工业集团应收账款占用预算为 60 000 万元，存货占用预算为 65 000 万元；年末实际应收账款占用资金 59 679 万元，存货占用资金 62 578 万元，均在边界控制以内。

3. 资产负债率边界模型

资产负债率计算公式如下：

资产负债率＝企业负债总额÷企业资产总额×100％

经测算得出资产负债率边界为 73.51％，2015 年公司实际资产负债率为 52.77％，所以本公司以工业企业资产负债率上限 65％作为资产负债率边界值。

4. 经营活动现金流量模型

集团模型认为维持企业最低经营活动所需的现金流应与维持企业最低生产经营活动所必须支出的成本费用相对应，必要的成本费用包括三大期间费用（财务费用、管理费用和销售费用）及制造费用中的固定资产折旧、职工薪酬、设备维护费等支出。

该公司认为：第一，折旧等非付现成本不是导致现金流出的事项；第二，企业要通过经营创造价值满足上述必要的成本费用支出，同时应确保年度经营目标的实现。假定当期往来款项的增减变化未发生较大波动，则经营活动现金净流量的边界值模型为

经营活动现金净流量＝目标净利润＋折旧与摊销总额（非付现成本）

经测算，经营活动现金流量边界为 15 295 万元。

5. 主营业务收入边界模型

公司主营业务收入边界模型如下：

$$\text{limit}_{\text{收入}} = \frac{E_0}{W_0}$$

式中，E_0 为维持企业最低经营活动所需的现金流，包括三大期间费用（财务费用、管理费用和销售费用）及制造费用中的固定资产折旧、职工薪酬、设备维护费等支出；W_0 为企业正常生产经营活动的回款比例（回款比例为企业进行正常经营活动带来的现金流入占主营业务收入的比重）。

该公司调整了主营业务收入边界模型，将"盈亏平衡点＋目标利润"作为实现企业持续经营的规模边界，模型如下：

主营业务收入边界＝（固定费用预算＋目标利润）÷综合边际利润率

其中，综合边际利润率根据上年度固定费用、补贴前利润总额和主营业务收入确定，即

综合边际利润率＝（固定费用＋利润总额）÷主营业务收入×100%

经测算，企业边际利润率为 45.02%，主营业务收入边界为 309 850 万元，与 2016 年企业主营业务收入预算 310 000 万元基本相符。

6. 其他相关指标边界模型

1）资本性支出边界

根据集团公司目前出台的相关制度，资本性支出边界不得超过上年度净资产的 40%，并符合集团公司对子集团和直管单位授权额度范围，且单个投资事项项目资本金比例不得低于 50%。

经测算，2015 年度资本性支出边界为 99 159 万元，2015 年实际资本性支出为 27 218 万元，控制在边界以内。

2）对外担保边界

根据集团公司目前出台的相关制度，对外担保边界不得超过净资产的 60%。从稳健角度考虑，担保边界应当为带息负债边界与已占用的带息负债及应付票据的差额。

经测算，2015 年年末，带息负债边界与已占用的带息负债及应付票据的差额为 57 253 万元，从稳健角度考虑，公司对外担保边界为 57 253 万元，2015 年实际对外担保 15 400 万元，控制在边界以内。

（四）标准指标量化模型和调整说明

1. 债务指标标准值测算

现金流动负债比率越大，表明企业经营活动产生的现金净流量越多，越能保障企业按期偿还到期债务。但也并不是越大越好，该指标过大表明企业流动资金利用不充分，盈利能力不强。现金流动负债比率计算公式如下：

现金流动负债比率＝经营活动产生的现金流量净额÷年末流动负债×100％

经测算，2015 年公司现金流动负债比率为 7％，控制在集团公司 4.0％～18.3％标准以内。

2. “两金”占用标准模型

1）应收账款占用标准

应收账款作为企业为增加销售和盈利进行的投资，在考虑信用周期的情况下，应当注意不能使应收账款占用超过主营业务成本。

公司应收账款占用资金标准模型如下：

应收账款占用资金标准＝应收账款平均余额×销售成本率

影响因素有年赊销收入净额、平均收账期、销售成本率和赊销企业数量。

该公司调整后的模型为

应收账款占用资金标准＝年赊销收入净额×收账期÷365×销售成本率＋质保金

其中：

(1) 赊销产品收入考虑预收款因素，按照预算收入乘以 0.75～1 的系数确定赊销收入净额。

(2) 赊销民品收入按含税收入计算。

(3) 产品收账期 30 天，民品收账期 90 天，民品子公司飞马公司考虑关联交易占比较大，收账期按 30 天计算。

(4) 考虑外贸产品销售质保金较高，按实际情况个别认定。

按调整后模型测算，公司应收账款占用资金标准值为 54 624 万元，而公司实际占用 59 679 万元，与标准值还存在一定差距，需要加强对应收账款的控制。

2）存货占用标准

存货占用资金标准值＝(流动比率－速动比率)×(流动负债－因从银行等外部渠道获取不到而从集团内部取得的负债资金总额)

经测算，2015 年公司存货占用资金标准值为 62 744 万元，存货实际占用为 62 578 万元，控制在边界值以内。

小结：“两金”占用的边界值反映的是高限，标准值反映的是理想值。从上述测算得出结论：公司“两金”占用均在边界值以内，应收账款占用资金实际值高于标准值，存货占用资金实际值略低于标准值。

3）损益类指标标准值测算

公司损益类指标包括研发投入占财务增加值比重、人工成本占财务增加值比重、管理费用占财务增加值比重、销售费用占财务增加值比重、折旧费用占财务增加值比重。

2015 年公司测算值以及集团公司一般机械类企业标准值见表 5-1。

表 5-1 2015 年公司测算值以及集团公司一般机械类企业标准值 %

占财务增加值的比重	研发费用	人工成本	管理费用	销售费用	折旧费用
集团公司一般机械类企业标准值	6.89～34.555	31.302～155.073	0～32.54	0～25.93	
本企业测算值	3.49	65.43	6.12	5.89	9.92

与集团公司标准值区间相比，研发费用占财务增加值的比重低于区间下限，公司需要进一步加大研发投入。其他指标均在标准值区间内。

（五）研究成果应用

指标边界是企业日常经营中绝不可超越的红线，一旦接近或超越，企业面临较大经营风险，对结构类指标实施边界管控，主要目的是警示企业在日常经营中远离边界，在边界范围内不断进行优化、改进；指标标准是企业日常经营中应当达到或超越的水平，是一种显性的标杆。对损益类指标实施标准管理，主要是通过设定指标标准或标杆进行指标约束。

边界控制主要应用在预算编制和过程管控两个方面，具体如下。

1. 预算编制阶段的运用

预算编制阶段的边界管控，体现了对边界、标准指标在相关业务预算和专项预算中的安排。所涉及的业务预算和专项预算主要包括销售（营业）预算、采购预算、生产（营业）成本预算、人工成本预算、科研开发预算、期间费用预算、“两金”占用预算、筹资预算、投资预算、担保预算和财务预算等。

在编制预算时，首先分析该指标属于边界控制指标、标准管理指标，还是兼具边界控制指标和标准管理指标两者属性。编制预算时，以前述 2015 年计算出各指标的边界值和标准值为基础，预算首先要满足边界值，若有标准值，还需要参考标准值，然后结合市场环境和近几年企业实际情况，对指标预算值进行调整和优化，形成本指标预算方案。

2. 预算执行阶段的运用与操作

在预算执行阶段，边界管控的主要功能就是监测预警和反馈调整。监测预警就是对相关预算指标的实际执行情况与边界指标的边界值、预算理想值，以及标准指标的标准范围进行比较，及时发现相关指标变化趋势，为经营决策提供依据；反馈调整就是将相关预算指标的监测预警结果，及时反馈到运营管理部门和相关业务单元，以便尽快提出有利于化解风险和提高效率的业务事项调整方案，并将最终执行结果纳入年度预算考核中。

1）指标监测预警

根据各项指标的边界值、标准值和理想值的测算结果，将量化信息输入监测预警系统中，表单见表 5-2。

表 5-2　监测预警系统表单

预算内容	预算指标	实际值	边界值/标准值/理想值	预算值	偏差及说明
投资预算					
筹资预算					
人工成本预算					
…					

根据数据检测结果，及时反馈出现偏差的预算指标，根据预算指标的要素分解情况，对相关业务和事项进行管控。

2）强化专项业务管理

边界管控指标反映的是业务事项在财务层面的最终结果，当边界管控指标在监测预警系统中出现异常，需要进行调整控制时，首先应当在业务层面对影响最终结果的相关业务要素进行调控，通过规范相关业务来影响相关财务指标。

专项业务管理是规范业务层面相关业务要素的工具，专项业务管理职能分布在企业的各职能管理部门，管理对象主要是基础业务单元和具体业务事项，管理目标是提高效率，控制风险。

从专项业务到全面预算，本质上是业务与财务的融合。因此，在企业内部管理过程中，必须紧紧围绕价值创造主线，分解提高运营效率和控制运营风险的关键要素，并在与专项业务对接过程中予以落实，最终形成满足预算方案要求的执行结果。

3. 子集团边界管控指标扩展应用规划

（1）营造环境。将边界管控和标准控制的理念与要求嵌入预算内控流程，营造“平衡效率风险，实现持续发展”的预算控制环境。

（2）个性管控。边界值是底线，标准值和理想值是奋斗目标。对于风险控制好、运行效率高和效益处于优秀水平的子公司，可以加大更新改造投资、资产处置、预算过程调剂等事项授权，以提高决策和运营效率作为预算管控的主线；对于运行风险较高的子公司，要严格控制担保、投资、资产处置等事项，以控制风险作为预算管控的主线。

（3）监测预警。建立边界管控指标监测预警系统，对预算执行过程中指标变化情况进行监控，发现问题及时预警。同时，研究制定各类指标出现偏差时，在业务层面的调控原则、调控程序和调控手段，量化制订企业风险应对预案。

（4）持续改进。通过一个完整预算年度的运行、使用，总结经验，提出改进意见和建议，不断完善子集团预算管理体系，调整优化边界管控相关政策。

三、中国五洲工程设计集团有限公司如何构建财务风险预警模型

（一）企业基本情况

中国五洲工程设计集团有限公司（以下简称“公司”），创建于1953年，是隶属A集团公司的大型综合性甲级勘察设计院，全国工程勘察设计综合实力排名百强单位之一。近几年，公司在经营上巩固烟草、军工、环卫、民用建筑、民爆等核心业务的同时，大力开展工程承包业务，并走出国门，参与国际竞争，开拓了缅甸、利比亚、苏丹等国外的火炸药军工项目；在资金运作上，公司推行多元化发展，积极进行对外投资，利用A集团财务公司进行委托贷款和委托理财业务，取得了较好的投资收益。公司发展定位为以国防工业建设和国民经济建设服务为出发点，全力支撑集团公司军民品建设。积极开拓国内外两个市场，以项目管理和工程总承包为重点，以火炸药、弹药、民用爆破、特种化工、烟草、环卫能源、民用建筑、机械光学电子的工程设计技术和以铁路公路、核电热电、石油化工、信息工程、地质 灾害环境整治等领域的工程勘察技术为依托，形成集咨询、勘察、设计、施工、监理、项目管理、检测监测、工程总承包以及具有投融资性质的工程服务等工程建设全过程为一体的国际工程公司。

（二）财务风险预警模型的构建背景

1. 适应外部环境要求

近年来，国家宏观经济形势总体发展向好，国民经济运行符合“稳中求进”的总要求，但我们同时也清醒地意识到，企业发展在面临经济复苏、市场回暖的同时，也不能忽视企业经营发展中风险的存在。一方面，从外部看，宏观经济下行压力依然较大，受制于后危机时代的金融变局，欧洲主权债务危机仍未有实质解决方案，美国经济增长及就业、财政隐忧仍存，全球经济复苏缓慢导致外部需求疲软、出口企业形势较为严峻、各国贸易保护主义加剧；同时国内依靠政策刺激的外力和规模扩张的发展模式的推动后劲正在逐步弱化，经济低速增长放大产能过剩矛盾将导致产业竞争进一步恶化，资源、能源价格上涨和人工、环境成本上升成为长期趋势，内外部错综复杂的形势使得机遇与挑战共存，收益与风险同在，在复杂的内外部环境的制约下，企业必须在市场竞争中发现并且规避可能出现的财务风险，保持企业健康稳步向前发展，实现企业“稳”中求进。

2. 适应公司健康持续发展的需求

随着全球一体化发展进程不断深入，市场经济环境日益复杂，企业在生产经营

过程中，时刻面临着财务风险的威胁，由于企业内部环境和外部环境的影响，企业的财务风险无处不在，企业财务风险不仅影响企业自身的生存发展，也给股东、债权人带来巨大损失，甚至影响政府机构、金融机构的健康运行。每年企业因为财务风险的原因导致破产的案例屡见不鲜，有很多大型的跨国集团企业也因为财务风险管控不善而陷入财务困境。近几年，公司围绕核心使命和规划目标，着力推进各项重点业务，使公司主营业务保持了平稳较快发展，行业地位得到了进一步巩固，特别是引入工程承包经营模式后，公司收入规模快速增长，搭建财务风险预警体系迫在眉睫。

（三）模型构建

公司以财务报表为依托，借助其他相关会计资料和行业基础资料，运用财务、统计、金融、企业管理等理论，采用比率分析法、比较分析法、因素分析法等其他多种分析方法，对企业经营活动所导致的资产状况、经营成果和现金流量进行分析预测，从而发现企业生产经营过程中存在的潜在财务风险，并在财务风险发生之前向公司经营管理层发出财务风险预警信号，引起经营管理层关注，从而采取有效措施加以防范。

1. 分析公司财务风险类型

结合行业特点，公司在经营活动、投资活动、筹资活动中的财务风险主要集中在以下方面。

1）收入增长风险

作为勘察设计行业，公司生存和发展的关键在于取得项目，并且高质量、高效益地完成项目，保证公司主营业务收入以及实际收费的可持续增长。

2）盈利能力风险

公司盈利能力考量的是在正常营业状况下企业的获利能力。公司应加强对工程承包项目的管理，提高工程承包项目的盈利能力，同时合理统筹对外投资规模，提高对外投资质量，保持投资收益的持续增长。

3）现金流风险

公司开展勘察设计项目，收到预付款比率为10%～30%，质保金比率为5%～15%；公司开展工程承包项目需要提前垫付资金；公司属于知识密集型企业，每年需通过高新技术企业认证，研发压力较大，每年需投入研发资金较多，随着技术创新难度不断加大，技术研发阶段延长，新工艺、新技术生命周期逐步缩短，公司应预留充分的研发储备资金。总之，应在降低货币资金“机会成本”的同时，防止现金流“断链”。

4）资本结构风险

一方面，连续三年公司平均对外投资总额占资产总额比率达到36.92%，已投资各业务板块发展不平衡；另一方面，公司对外投资占资产总额比率较高，对外投资变现能力存在一定风险，且勘察设计行业筹资能力与工业企业相比较差，向银行申请日常运营资金的贷款难度很大。

2. 财务风险预警指标选取及标准参考值、权数确定

针对公司主要财务风险，选取了与“收入风险”“盈利风险”“资本结构风险”“现金流风险”相关的财务指标，以《企业绩效评价标准值(2013)》中勘察设计企业对应指标平均值作为财务风险预警指标标准，以该标准中指标权数作为风险预警指标权数，具体情况见表5-3。

表5-3　财务风险预警指标、标准值及权数　　%

项　目	指　标	标准值	指标权数	项目权数
经营增长状况(收入风险)	营业收入增长率	18.5	38	21
	资本保值增值率	105	32	
	总资产周转率	0.6	30	
盈利能力状况(盈利风险)	总资产报酬率	3.5	38	33
	净资产收益率	8	29	
	成本费用利润率	5.7	33	
债务风险状况(资本结构风险)	资产负债率	62	40	24
	速动比率	98	34	
	技术投入比率	5	26	
管理能力状况	盈余现金保障倍数	1.2	34	22
	现金流动负债比率	8	36	
	资产现金回收率	5	30	

3. 财务风险预警计算

财务风险预警值＝经营增长状况×21%＋盈利能力状况×33%＋债务风险状况×24%＋管理能力状况×22%

各种状况＝$\sum$所属指标测算值×对应指标权数

4. 财务风险预警区间设定

在设定财务风险预警区间时，财务风险预警工作小组以行业标杆对标法为主，采用行业绩效对标法和历史数据法辅助修正，最后确定财务风险预警区间，见表5-4。

表5-4　财务风险预警区间

区　间	风　险
$X \geqslant 120$	风险较高
$120 > X \geqslant 100$	风险一般
$100 > X \geqslant 80$	风险较轻
$X < 80$	风险很轻

注：X为财务风险预警值。

（四）实践效果

1. 预警模型应用

公司对连续三年的财务风险预警值进行了测算，根据指标与标准值的对比找出问题所在，并提出应对措施，具体情况结果如下。

（1）20×1 年测算值为 118.45，处于风险一般的状态，“总资产报酬率”“成本费用利润率”“资产现金回收率”均低于行业平均水平，公司 20×1 年收入规模较小，盈利水平较低。

应对措施：公司将成本费用利润率作为经营管理重点，全面提升全员成本管理意识，以标准成本管理、重点成本管理等管理方法为抓手，降低采购成本、降低生产成本费用、切实控制好人工成本增长，实现降本增效。

（2）20×2 年测算值为 121，处于风险较高的状态，“盈余现金保障倍数”“现金流动负债比率”“资产现金回收率”均低于行业水平，反映出当年经营活动净现金流量不足。

应对措施：将控制现金流风险放在重中之重的位置，深入推进存量资金集中管理及一体化运作力度，强化内部资金余缺统筹运作、调剂融通，总体提高资金利用效率。全面预算中重点关注经营活动现金流预算，同时关注资金周转、强化应收账款边际管控，合理确定赊销客户授信额度及信用期间，加大以往年度应收账款包括其他应收款的清理回收力度，有效改善了公司经营活动净现金流状况。

（3）20×3 年测算值为 131.62，处于风险较高的状态，“成本费用利润率”“技术投入比率”“盈余现金保障倍数”较低。反映出的问题：一方面经营活动现金流量大幅减少；另一方面，研发比率逐年下降。

应对措施：调整管理结构，利用预算作为平稳现有资源和实现战略目标的手段，坚持立足核心主业，清理低效、无效投资和闲置资产，审慎安排新增固定资产项目投资和股权投资，在新增预算投资项目整体回报水平保持稳定并不断提升的同时，考虑财务承受能力及自有资金保障水平。通过加大研发投入力度并更加注重投入的效率和效益，全面推进创新体系、创新能力、创新机制、创新文化以及创新人才队伍建设，实现资金向创新汇流，依靠科技进步和技术创新，打造设计业务技术平台，抢占发展制高点。

2. 模型构建效果

通过财务风险预警模型的搭建和应用，使公司全员树立了风险防范意识，进一步研究完善内部考核评价办法，引导内部各单位和全体成员加强管理，控制财务风险，不断提高经济运行质量和价值创造能力，有效规避风险，模型的构建取得了良好管理效果。其具体表现为：公司上下树立了全员风险意识；成立了财务风险预警工作小组，完善了财务风险预警管控流程；将降本增效作为财务风险防范的长效机制；强化了财务风险监控和风险管理约谈机制。

3. 模型构建建议

1）领导的高度重视奠定风险管理工作基础

只有高层领导重视和参与风险管理工作才能取得预期效果。应成立以总经理任组长的风险管理工作领导小组，及时召开工作部署会议，明确工作要求，使公司风险管理工作局面迅速展开。

2）全员参与推动风险管理工作顺利开展

风险管理工作长期而复杂，覆盖公司生产经营各个领域，只有充分调动每位员工的积极性，大力宣传全面风险管理文化，树立全员风险管理意识，才能保证风险管理工作的顺利开展。

3）结合生产实际使风险管理工作取得成效

风险管理工作开展过程中，要充分结合公司生产经营实际，从所属行业的特点和自身发展特点等方面着手，识别公司存在的风险，制订与公司生产经营实际相契合的防范措施，才能保证风险防范工作取得工作实效。

4）明确部门职责使风险管理策略落到实处

明确各部门职责，划定全面风险管理任务，能够促进全面风险管理策略落到实处，通过强化部门间的协同合作，形成风险管理合力，助力风险管理工作的扎实推进。

5）加强经验交流形成风险管理信息共享

风险管理工作是一项覆盖公司生产经营活动全局的工作，公司存在的各种风险之间有着必然的联系。要加强各部门及全体员工风险管理工作经验的交流，提供交流平台，实现信息共享，更好地保障风险管理工作的顺利开展。

第三节　风险容忍度管理对现代化国有企业建设的影响

A 集团开展以风险容忍边界管控为核心的风险管理工作已经有十余年了，在经营过程中，集团以边界管控为工具，以优化资源配置效率、有效控制系统性风险为目标，通过建立以全面预算管理为平台的风险防控体系，在财务风险管控领域实施以价值创造为导向的预算管控模式，实现了主动防范风险的目的，提升了企业的价值。为了了解 A 集团开展边界管控的具体情况以及实施效果，笔者针对 A 集团所属二级集团——北方化学工业集团及下属单位进行了问卷调查。本研究用到两套问卷量表，分别在本节以及第六章进行了分析。由于两套量表一起下发，因此数据来源与调查过程一致。

一、数据来源与问卷调查

该集团公司一共有34家子公司，本章通过对该公司中不涉密的23家子公司进行调查，对员工发放问卷量表，测量公司风险容忍度系统的实施程度、员工的风险意识和控制能力，以及企业和员工感受到的信息冗余程度。通过两次不同时点的调查，最终回收有效问卷341份。

我们分别从公司所在部门、所在岗位、任职年限、性别、年龄等方面对样本进行描述分析，具体见表5-5。从表5-5中可知，本章的研究所使用到的有效样本中，财务或风险管理部门或者风险部门的员工有104人，占总样本的30.5%，财务或风险管理部门或者风险部门只是企业中的一个部门，这样的样本数量相对较高，且与其他业务部门的人员比例具有可比性，有助于本章的研究。所在岗位方面，可以看到管理层大约占总样本的10.3%，中层管理者大约占30.8%，剩下的为一般员工，这样的职级分布与企业内部正常的岗位设置情况较为接近，也从侧面说明本研究的调查结果的可信度。任职年限方面，大部分员工到该公司任职1～3年和3～5年。员工性别方面，女性员工人数总体多于男性，但大致二者保持平衡。员工年龄方面，30～40岁的员工最多，60岁及以上的员工最少，可能是因为中国当前的退休制度下，超过60岁的员工将退休。总体而言，本章的调查结果较符合企业的现实情况。

表5-5　员工个人特征变量描述分析

属　性	类　别	人数	占比/%
所在部门	财务或风险管理部门、风险部门	104	30.5
	生产部门	121	35.5
	销售部门	76	22.3
	管理部门	40	11.7
所在岗位	管理层	35	10.3
	中层管理者	105	30.8
	一般员工	201	58.9
任职年限	1年以内	70	20.5
	1～3年	108	31.7
	3～5年	79	23.2
	5～10年	57	16.7
	10年以上	27	7.9

续表

属　　性	类　　别	人数	占比/%
员工性别	男	159	46.63
	女	182	53.37
员工年龄	20 岁以下	18	5.28
	20～29 岁	72	21.11
	30～39 岁	154	45.16
	40～49 岁	77	22.58
	50～59 岁	18	5.28
	60 岁及以上	2	0.59

二、研究方法

（一）研究设计

本次调查问卷的内容从边界管控流程设计、管理会计信息系统、风险管理能力三个方面进行设计，其目的是检验边界管控系统是如何通过管理会计信息系统增强企业的风险管理能力、提升企业价值的。前文已经分析过，管理人员行为的不确定性影响企业利用管理会计信息进行决策，而决策可能的失误会给企业的风险管理带来影响。A 集团通过边界管控系统的应用，对管理行为的不确定性进行规避，这使得管理会计信息质量得到了提升。管理会计信息的有用性是由其是否符合其信息质量特征所决定的，而管理会计信息的质量特征并不是单一的。因此需要从不同的质量特征维度来刻画经营管理实践中管理会计信息的质量。我们采用管理会计信息决策有用性这一指标衡量管理会计信息质量，根据以往文献的方法（Ni，et al.，2012），参考并采用 Chenhall 和 Morris（1986）所提出的管理会计信息决策有用性应具备的四个特征维度设计量表，具体包括了管理会计信息的视野范畴（scope）、及时性（timeliness）、综合性（aggregation）以及整体性（integration）。

1. 视野范畴

管理会计信息的视野范畴定义为，管理会计信息系统对于外部信息（external information）与非财务信息（non－financial information）的反映程度，以及管理会计信息以未来为导向（future-oriented）的程度。

在调研中，关于视野范畴，我们得到了如下反馈：中国北方化学工业集团有限公司总会计师丁学燕认为："现在市场环境变化非常快，会计部门需要对市场信息的了解越来越多，但是，由于边界管控的控制目标与业务的联动性很强，在制定企业目标时需要考虑多方面的业务影响。制定一个好的业务目标架构对于边界管控系统为企业决策提供视野更广阔的信息实际是有帮助的。另外，财务部门与各业务部门的配合也尤为重要，因为有关业务的信息常常是掌握在业务人员手中，财务人员与业务人员沟通的顺畅非常有利于边界管控系统信息视野的广泛性。”我们预期：战略和目标设定，审阅和修订，信息、沟通和报告对视野范畴具有显著正向影响。

同时，一个广泛收集外部和非财务信息的边界管控系统，会使得标准值的设立以及经济波动形态的预测更加准确。广泛的视野范畴还可以帮助企业管理人员更多地关注外部因素为企业带来的风险。同时由于收集外部数据和非财务数据需要更强的信息收集能力和更多的非财务知识，这也会使得财务人员对非财务风险引发的财务风险更加敏感，增强企业的风险管理能力。我们预期视野范畴对风险意识、风险管理能力具有显著正向影响。

2. 及时性

管理会计信息的及时性定义为，管理会计信息报告的频次（frequency of reporting）与在面对需求时生成报告的速度（speed of reporting）。在北方光电有限公司的调研中，宋小梅主任认为：“即使我们没有报表和考核要求，我们也会经常对‘两金’占用指标进行计算和监测。当‘两金’占用指标接近‘边界值’时，我们就会非常紧张，在后期业务中现金和存货政策就会更加谨慎。”

管理会计信息的及时性往往是因为信息系统的应用而得到加强的，但是，愈加复杂的信息系统不仅仅在操作上给管理者带来不便，还会由于混乱复杂的信息给管理者的判断带来干扰。我们认为如果边界管控系统能够得到高层管理者的重视，形成以“稳”为核心的管理理念，那么对应的管理人员就会经常性地观察指标与边界的关系，实时注意“两金”等指标是否超越边界。同时将边界与考核绑定有利于管理人员对边界的重视。而定期的报告体系、沟通会议等则会给管理人员施加压力，进而更加频繁地关注指标与业绩的变化情况。因此我们预期：治理和文化，绩效执行，审阅和修订，信息、沟通和报告对及时性具有显著正向影响。

显然，及时性会使得管理人员频繁地使用边界管控系统评价企业的经济运行情况，也使得管理人员在意识层面把风险防控作为企业管理的重要组成部分，提升管理者的风险意识。与此同时，由于经常性地关注指标的变化，企业收集的风险信息会更加充分，作出的判断会更加准确，故而我们预期：及时性对风险意识、经济效果具有显著正向影响。

3. 综合性

管理会计信息的综合性定义为，综合各种不同的会计区间（aggregated by time period）、综合不同的功能部门（aggregated by functional area）以及综合不同的决策模型（aggregated by decision models）。

管理会计信息的综合性是跨区间跨部门的信息综合能力，这需要不同部门的协同。如果有公司管理层的重视以及完善的沟通机制，显然会给管理人员综合利用管理信息系统提供帮助。而一个全面细致的战略计划,会使得管理信息在时间维度上的可比性更强,帮助管理信息实现跨区间的效果。而定期的风险报告则能够把这些信息综合起来进行对比,使得管理会计信息能够更好地帮助决策。因此我们预期:治理和文化,战略和目标设定,审阅和修订,信息、沟通和报告对综合性具有显著正向影响。

综合性的实现需要各部门的配合,这需要各部门对风险的重视。而且,因为综合性需要各部门在不断的沟通协调中实现,为了使得一套系统的可操作性更强,就必须在频繁沟通的过程中对不同风险的责任划分得更加清晰明白,这也有助于现代化企业制度的建立和形成。故而我们预期:综合性对风险意识、现代企业制度建设具有显著正向影响。

4. 整体性

管理会计信息的整体性定义为,管理会计信息充分体现经营业务单元不同部门的明确目标和具体行动,以及管理会计信息在多大程度上影响到与公司最终业绩相关的决策。

整体性表明的是边界在多大程度上与企业其他管理活动相连接,包括绩效和决策影响。显然绩效执行会对边界管控有优先作用。审阅和修订是边界管控系统不断自我修正的过程,修正的起源是执行的效果,修正的结果就是边界管控系统的改善,自然也会影响到管理会计信息的整体性。沟通可以使企业管理人员对边界管控执行情况进行讨论,分析出指标形成背后的原因,起到支持决策的作用。因此我们预期:绩效执行,审阅和修订,信息、沟通和报告对整体性具有显著正向影响。

应用边界管控信息进行决策,并纳入绩效,从主观上让全体员工将风险与自身切实利益相联系,对风险工作加强重视,进而增强管理人员的风险意识。边界管控信息的有效性则会促进企业提高抗风险能力,减少企业经营面临的不确定性。将边界管控系统与业绩相联系,会使得员工更清晰地认识到自己的风险责任,减少推诿,照章办事,有利于现代化企业制度的形成。因此我们预期:整体性对风险意识、经济效果、现代企业制度建设具有显著正向影响。

基于上述分析和假设,我们首先按照 COSO-ERM 标准(2017)确立的 5 要素 20 条原则,设计了 23 道题,全面梳理边界管控构建的科学性和完整性。其次,我们使用 Chenhall 和 Morris(1986)对管理会计信息决策有用性总结的四个特征,设计了 16 个问题以衡量“边界管控信息在管理会计信息系统中的作用”。最后我们根据 COSO 对风险管理的定义,从“文化”“能力”和“实践”三个方面描述“边界管控对风险管理的贡献”,其中“文化”部分我们从风险意识的角度设计了 4 个问题进行测量,“能力”部分我们从经济效果(实施边界管控后企业风险应对能力和企业风险人员对风险的判断能力的提升)角度设计了 6 个问题;“实践”部分我们依据

2018 年 10 月 9 日在北京召开的全国国有企业改革座谈会上对“中国特色现代国有企业制度建设”的要求，从现代企业制度建设的角度设计了 4 个问题衡量企业风险管理水平，具体分为董事会权力及治理结构、选人用人、薪酬分配，经营自主权四个方面。

边界管控调研方程模型如图 5-2 所示。

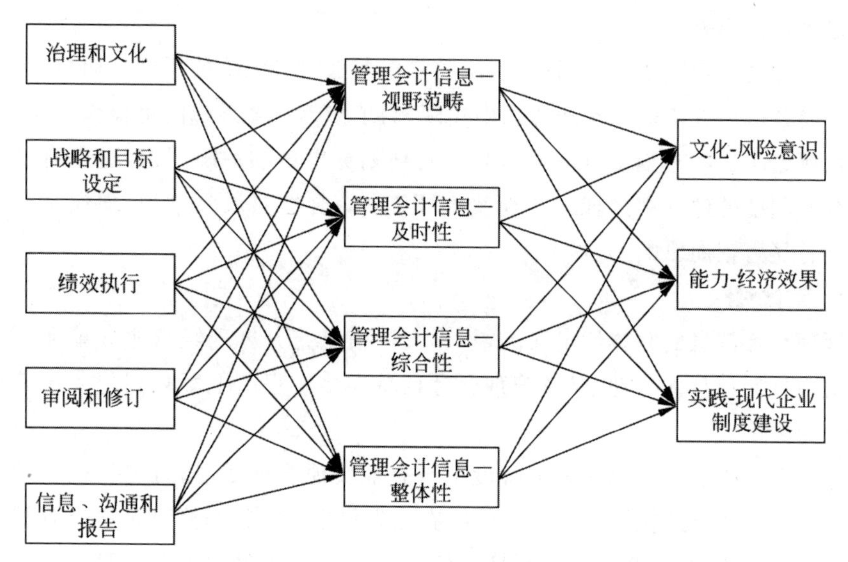

图 5-2　边界管控调研方程模型

（二）问卷内容

问卷内容见表 5-6。

表 5-6　问卷内容

问题维度	编号	调研问题	评分				
COSO 五要素—治理和文化	x11	公司管理层应当高度重视边界管控体系建设？	1	2	3	4	5
	x12	边界管控体系应当建立相应的相关规章制度？	1	2	3	4	5
	x13	您对边界意识、底线思维认同度如何？	1	2	3	4	5
	x14	边界管控理念应当加强宣传工作？	1	2	3	4	5
	x15	风险边界指标与公司核心价值观的契合度如何？	1	2	3	4	5
	x16	边界管控是否应当开展大规模的培训？	1	2	3	4	5
COSO 五要素—战略和目标设定	x21	边界管控系统是否应当覆盖所有识别出的风险？	1	2	3	4	5
	x22	各项指标在边界值内时，你是否会感到“公司正在正确的道路上发展”？	1	2	3	4	5

续表

问题维度	编号	调研问题	评		分		
COSO 五要素—战略和目标设定	x23	公司是否在改变经营策略前就对风险进行了全面评估,并将评估结果纳入边界管控系统?	1	2	3	4	5
	x24	公司是否每个层级都会有不同的风险边界指标?	1	2	3	4	5
COSO 五要素—绩效执行	x31	公司应当将全面风险管理中所有指标纳入边界管控体系?	1	2	3	4	5
	x32	公司应当对不同边界指标的重要程度做区分?	1	2	3	4	5
	x33	在考核时,公司是否应当对边界管控系统的各项指标采取不同的权重?	1	2	3	4	5
	x34	边界管控系统是否可以增强风险响应措施的及时性?	1	2	3	4	5
	x35	企业边界管控系统各项指标间是否应当具有联动关系?	1	2	3	4	5
COSO 五要素—审阅和修订	x41	企业是否应当根据外部环境变化,调整指标的监测频率?	1	2	3	4	5
	x42	当某项指标超出到边界值时,应当大幅度削减薪酬?	1	2	3	4	5
	x43	每年应当对边界管控的考核指标构成进行修订?	1	2	3	4	5
	x44	每年边界管控的考核指标的控制幅度应当逐年缩紧?	1	2	3	4	5
COSO 五要素—信息、沟通和报告	x51	信息化系统将有利于边界管控系统的执行与监控?	1	2	3	4	5
	x52	在上级部门制定边界值的过程中,公司应当充分参与沟通?	1	2	3	4	5
	x53	在企业向部门下发考核指标时,部门应当参与沟通?	1	2	3	4	5
	x54	公司各层级都应当定期进行风险、文化和绩效的报告?	1	2	3	4	5
信息冗余—视野范畴	m11	公司内部信息系统过多考虑了非经济因素(顾客偏好、政企关系、消费者结构等)?	1	2	3	4	5
	m12	公司内部信息系统过多考虑了外部因素(经济现状、技术进步等)?	1	2	3	4	5
	m13	公司内部信息系统过多考虑了生产信息(生产率、废品率、整机效率、员工缺勤等)?	1	2	3	4	5
	m14	公司内部信息系统过多考虑了市场信息(市场规模、增长份额等)?	1	2	3	4	5

续表

问题维度	编号	调研问题	评分				
信息冗余—及时性	m21	公司内部信息过于频繁？	1	2	3	4	5
	m22	边界管控发出的风险预警过多且无意义？	1	2	3	4	5
	m23	在企业外部环境发生重大变化时，企业内部的信息体系将整体重新调整？	1	2	3	4	5
	m24	企业内部的各种财务信息报告过多？	1	2	3	4	5
信息冗余—综合性	m31	公司内部信息系统目前力求对特定时间段内发生的特定事件的经济后果进行管理？	1	2	3	4	5
	m32	公司内部信息系统目前力求从不同部门充分收集信息？	1	2	3	4	5
	m33	公司内部信息系统目前力求在出现风险时，向各职能部门统一报送信息？	1	2	3	4	5
	m34	公司内部信息系统目前力求分析对不同职能部门的影响？	1	2	3	4	5
信息冗余—整体性	m41	上级单位制定的各项目标指标影响到整个公司？	1	2	3	4	5
	m42	公司内部信息系统无法帮助公司各部门明确行动目标？	1	2	3	4	5
	m43	公司内部信息系统用了过多但功能相近的决策模型(如折现现金流模型、边际分析、存货分析及公司信贷政策等)？	1	2	3	4	5
	m44	过多的内部信息指标都纳入了考核系统？	1	2	3	4	5
风险意识	y11	边界管控的执行对管理层风险意识的改善程度如何？	1	2	3	4	5
	y12	边界管控执行后，可以使中层管理者更清楚管理责任？	1	2	3	4	5
	y13	边界管控的执行可以改善员工行为底线意识？	1	2	3	4	5
	y14	一般员工应当熟悉各自岗位风险控制点？	1	2	3	4	5
经济效果	y21	边界管控的执行可以优化企业现金流？	1	2	3	4	5
	y22	边界管控的执行可以为企业投资决策以及其他资本支出带来改善？	1	2	3	4	5
	y23	边界管控执行后资本成本率的增长幅度相比于市场利率的增长幅度会降低？	1	2	3	4	5
	y24	边界管控的执行可以为控制业务规模、调整销售策略带来改善？	1	2	3	4	5

续表

问题维度	编号	调研问题	评分				
经济效果	y25	边界管控的执行可以为清理低效资产、盘活存量资产带来改善?	1	2	3	4	5
	y26	边界管控可以优化资本结构?	1	2	3	4	5
理代企业制度建设	y31	在边界值内运行且没有大幅度波动时,上级部让的行政干预应当减少?	1	2	3	4	5
	y32	连续多年在边界之内稳定运行,企业经营的自主灵活性应当增强?	1	2	3	4	5
	y33	边界管控系统可以使企业责任划分更加明晰?	1	2	3	4	5
	y34	使用边界管控系统后,可以使企业员工职位调动、薪酬分配更加灵活?	1	2	3	4	5

(三)描述性分析与信效度分析

1. 各项问题描述分析

由表5-7可以得到,各项问题的平均值在2.28到4.31之间,标准差在0.869到1.413之间,偏度在−1.476到0.709之间,绝对值小于3,峰度在−1.132到1.848之间,绝对值小于10,表明样本符合正态分布。

表5-7 各项问题描述分析

题号	N	最小值	最大值	平均值	标准差	偏度	峰度
x11	341	1	5	3.45	0.892	−0.424	0.060
x12	341	1	5	3.39	0.941	−0.203	−0.480
x13	341	1	5	3.39	1.033	−0.137	−0.748
x14	341	1	5	3.50	0.996	−0.265	−0.535
x15	341	1	5	4.11	0.931	−1.008	0.655
x16	341	1	5	2.65	1.157	0.207	−0.908
x21	341	1	5	3.63	1.205	−0.690	−0.374
x22	341	1	5	4.31	0.953	−1.476	1.848
x23	341	1	5	3.75	1.188	−0.640	−0.545
x24	341	1	5	2.87	1.332	0.128	−1.132
x31	341	1	5	3.56	0.933	−0.364	−0.500
x32	341	1	5	3.61	0.935	−0.336	−0.473
x33	341	1	5	3.61	0.900	−0.287	−0.335
x34	341	1	5	3.44	0.955	−0.286	−0.408
x35	341	1	5	3.58	0.869	−0.462	−0.133
x41	341	2	5	3.78	0.996	−0.368	−0.909
x42	341	1	5	4.07	1.027	−0.880	0.067
x43	341	1	5	3.61	1.094	−0.189	−1.114
x44	341	1	5	2.28	1.106	0.434	−0.710

续表

题号	*N*	最小值	最大值	平均值	标准差	偏度	峰度
x51	341	1	5	2.38	1.066	0.709	0.159
x52	341	1	5	3.69	0.956	−0.601	0.362
x53	341	1	5	3.72	0.975	−0.724	0.524
x54	341	1	5	2.68	1.138	0.338	−0.653
m11	341	1	5	2.62	1.272	0.348	−0.886
m12	341	1	5	3.63	1.167	−0.549	−0.612
m13	341	1	5	3.67	1.413	−0.806	−0.684
m14	341	1	5	3.60	1.395	−0.628	−0.930
m21	341	1	5	3.67	1.150	−0.786	−0.027
m22	341	1	5	3.75	1.097	−0.843	0.255
m23	341	1	5	3.72	1.097	−0.922	0.457
m24	341	1	5	3.69	1.142	−0.685	−0.185
m31	341	1	5	3.55	1.282	−0.679	−0.640
m32	341	1	5	4.09	1.032	−1.184	0.907
m33	341	1	5	3.48	1.327	−0.538	−0.869
m34	341	1	5	3.66	1.337	−0.812	−0.555
m41	341	1	5	3.68	1.160	−0.462	−0.749
m42	341	1	5	3.62	1.204	−0.417	−0.875
m43	341	1	5	3.73	1.100	−0.531	−0.502
m44	341	1	5	3.67	1.176	−0.506	−0.756
y11	341	1	5	4.14	1.051	−1.096	0.313
y12	341	1	5	3.61	1.221	−0.552	−0.666
y13	341	1	5	3.55	1.240	−0.275	−1.121
y14	341	1	5	3.59	1.201	−0.389	−0.896
y21	341	1	5	4.10	0.976	−1.074	0.800
y22	341	1	5	4.01	1.016	−0.774	−0.175
y23	341	1	5	3.46	1.061	−0.275	−0.642
y24	341	1	5	3.50	1.022	−0.369	−0.387
y25	341	1	5	3.94	0.998	−0.656	−0.386
y26	341	1	5	3.36	0.927	−0.324	−0.440
y31	341	1	5	3.70	1.097	−0.782	0.125
y32	341	1	5	3.78	1.072	−0.856	0.306
y33	341	1	5	3.76	1.071	−0.851	0.393
y34	341	1	5	2.74	1.217	0.318	−0.787

2. 信度分析

信度分析(reliability analysis)采用克朗巴哈信度(Cronbach's Alpha)系数来检查调查问卷研究变量在各个测量上的一致性程度。Devellis(1991)认为变量要有良好的信度，则 Cronbach's Alpha 系数须大于 0.7。

1）边界管控流程设计相关问题信度分析

按照COSO-ERM标准（2017）确立的五要素，以边界管控为主要工具的风险管理包括治理和文化，战略和目标设定，绩效执行，审阅和修订，信息、沟通和报告五个要素。以下分别逐一对每个变量进行信度分析，测量结果见表5-8。

表5-8 边界管控流程设计相关问题信度分析

因　素	题号	总相关系数	删除该题项的Cronbach's Alpha值	Cronbach's Alpha系数
治理和文化	x11	0.669	0.841	0.865
	x12	0.69	0.837	
	x13	0.642	0.845	
	x14	0.738	0.828	
	x15	0.62	0.849	
	x16	0.624	0.852	
战略和目标设定	x21	0.703	0.796	0.846
	x22	0.652	0.824	
	x23	0.698	0.799	
	x24	0.708	0.798	
绩效执行	x31	0.704	0.833	0.866
	x32	0.702	0.833	
	x33	0.616	0.854	
	x34	0.617	0.855	
	x35	0.806	0.809	
审阅和修订	x41	0.64	0.785	0.825
	x42	0.644	0.783	
	x43	0.636	0.787	
	x44	0.683	0.764	
信息、沟通和报告	x51	0.731	0.782	0.846
	x52	0.683	0.806	
	x53	0.665	0.812	
	x54	0.662	0.817	

从表5-8可知，治理和文化，战略和目标设定，绩效执行，审阅和修订，信息、沟通和报告的Cronbach's Alpha系数分别为0.865、0.846、0.866、0.825、0.846，均大于0.7的标准，表明变量具有良好的内部一致性信度。CITC（总相关系数）值均大于0.5的标准，表明测量题项符合研究要求。从“删除该题项的Cronbach's Alpha值”看，删除任意一题均不会引起Cronbach's Alpha值增加，这也同样表明变量具有良好的信度。

2）管理会计信息系统相关问题信度分析

管理会计信息系统共有四个要素，分别为视野范畴、及时性、综合性、整体性，以下分别对每个变量进行信度分析，测量结果见表 5-9。

表 5-9 管理会计信息系统相关问题信度分析

因素	题号	总相关系数	删除该题项的 Cronbach's Alpha 值	Cronbach's Alpha
视野范畴	m11	0.608	0.774	0.812
	m12	0.674	0.748	
	m13	0.582	0.789	
	m14	0.67	0.744	
及时性	m21	0.788	0.818	0.876
	m22	0.739	0.838	
	m23	0.705	0.852	
	m24	0.7	0.854	
综合性	m31	0.835	0.854	0.902
	m32	0.743	0.892	
	m33	0.773	0.878	
	m34	0.799	0.868	
整体性	m41	0.8	0.832	0.885
	m42	0.726	0.861	
	m43	0.697	0.871	
	m44	0.774	0.842	

从表 5-9 可知，视野范畴、及时性、综合性、整体性的 Cronbach's Alpha 系数分别为 0.812、0.876、0.902、0.885，均大于 0.7 的标准，表明变量具有良好的内部一致性信度。CITC 值均大于 0.5 的标准，表明测量题项符合研究要求。从“删除该题项的 Cronbach's Alpha 值”看，删除任意一题均不会引起 Cronbach's Alpha 值增加，这也同样表明变量具有良好的信度。

3）风险管理能力相关问题信度分析

风险管理能力因素分别为风险意识、经济效果、现代企业制度建设，以下分别逐一对每个变量进行信度分析，测量结果见表 5-10。

表 5-10 风险管理能力相关问题信度分析

因素	题号	总相关系数	删除该题项的 Cronbach's Alpha 值	Cronbach's Alpha
风险意识	y11	0.744	0.843	0.877
	y12	0.72	0.849	
	y13	0.727	0.847	
	y14	0.76	0.833	

续表

因素	题号	总相关系数	删除该题项的 Cronbach's Alpha 值	Cronbach's Alpha
经济效果	y21	0.694	0.846	0.872
	y22	0.715	0.842	
	y23	0.663	0.852	
	y24	0.639	0.856	
	y25	0.664	0.851	
	y26	0.664	0.852	
现代企业制度建设	y31	0.82	0.818	0.881
	y32	0.765	0.839	
	y33	0.75	0.845	
	y34	0.65	0.888	

从表 5-10 可知，风险意识、经济效果、现代企业制度建设的 Cronbach's Alpha 系数分别为 0.877、0.872、0.881，均大于 0.7 的标准，表明变量具有良好的内部一致性信度。CITC 值均大于 0.5 的标准，表明测量题项符合研究要求。从“删除该题项的 Cronbach's Alpha 值”看，删除任意一题均不会引起 Cronbach's Alpha 值增加，这也同样表明变量具有良好的信度。

3. 探索性因子分析

问卷研究通常是使用内容效度和结构效度进行测量。其中，内容效度是指题项与所测变量的适合性和逻辑相符性，本书中使用的问卷是基于文献的回顾建立变量之间的关系或者关联构建，并且根据预调查结果对题项措辞、表述方式等做了进一步的修正和完善，因而可以认为量表具有符合要求的内容效度。本书研究的重点是结构效度，结构效度是指题项衡量所测变量的能力。本研究通过收集回来的数据进行探索性因子分析(exploratory factor analysis，EFA)检验来证明量表的结构有效性。

1）边界管控流程设计相关问题效度分析

利用 SPSS 23.0 进行探索性因子分析，对量表进行 KMO 和 Bartlett's 球形检验，结果见表 5-11。

表 5-11　KMO 和 Bartlett's 检验

取样足够度的 Kaiser-Meyer-Olkin 度量		0.92
Bartlett's 球形检验	近似卡方	4 027.172
	Df	253
	Sig.	0

由表 5-11 可得到 KMO=0.920，大于 0.7，Bartlett's 球形检验值显著(Sig.＜0.001)，表明问卷数据符合因子分析的前提要求。因此进一步进行分析，因子提取

时采用主成分析方法，并以特征根大于 1 为因子提取公因子，因子旋转时采用方差最大正交旋转进行因素分析。分析结果见表 5-12。

表 5-12　因子分析结果

成　　分	治理和文化	绩效	审阅和修订	信息、沟通和报告	战略和目标设定
x14	0.801	0.177	0.119	0.135	0.118
x12	0.755	0.121	0.124	0.125	0.185
x11	0.738	0.223	0.103	0.146	0.091
x13	0.702	0.124	0.093	0.105	0.237
x16	0.65	0.114	0.164	0.119	0.276
x15	0.617	0.316	0.001	0.102	0.263
x35	0.169	0.853	0.145	0.111	0.116
x31	0.193	0.752	0.186	0.145	0.123
x32	0.26	0.703	0.198	0.139	0.201
x34	0.162	0.701	0.108	0.194	0.103
x33	0.146	0.699	0.182	0.055	0.169
x44	0.081	0.159	0.812	0.109	0.151
x42	0.138	0.113	0.783	0.091	0.13
x41	0.109	0.245	0.714	0.173	0.082
x43	0.139	0.189	0.699	0.241	0.131
x53	0.186	0.13	0.019	0.798	0.165
x51	0.15	0.131	0.377	0.771	0.029
x54	0.124	0.095	0.161	0.755	0.198
x52	0.15	0.258	0.182	0.724	0.188
x24	0.211	0.261	0.169	0.127	0.755
x23	0.295	0.073	0.108	0.252	0.737
x22	0.236	0.209	0.091	0.133	0.728
x21	0.294	0.158	0.219	0.141	0.718
特征值	3.659	3.379	2.784	2.736	2.691
方差百分比/%	15.908	14.691	12.105	11.895	11.699
累积百分比/%	15.908	30.599	42.704	54.598	66.297

表 5-12 可以看出因子分析结果总共得到 5 个因素，分别为：治理和文化，绩效执行，审阅和修订，信息、沟通和报告，战略和目标设定，总解释能力达到了 66.297%，大于 50%，表明筛选出来的 5 个因素具有良好的代表性。各个测量题项的因素负荷量均大于 0.5，且交叉载荷均小于 0.4，每个题项均落到对应的因素中，表明量表具有良好的结构效度。

2）管理会计信息系统相关问题效度分析

利用 SPSS 23.0 进行探索性因子分析，对量表进行 KMO 和 Bartlett's 球形检验，结果见表 5-13。

表 5-13 KMO 和 Bartlett's 检验

取样足够度的 Kaiser-Meyer-Olkin 度量		0.924
Bartlett's 球形检验	近似卡方	3 264.84
	Df	120
	Sig.	0

由表 5-13 可得到 KMO=0.924，大于 0.7，Bartlett's 球形检验值显著(Sig.＜0.001)，表明问卷数据符合因子分析的前提要求。因此进一步进行分析，因子提取时采用主成分分析方法，并以特征根大于 1 为因子提取公因子，因子旋转时采用方差最大正交旋转进行因素分析。分析结果见表 5-14。

表 5-14 因子分析结果

成 分	整体性	及时性	综合性	视野范畴
m41	0.848	0.179	0.223	0.091
m44	0.821	0.192	0.207	0.138
m42	0.794	0.194	0.125	0.218
m43	0.752	0.161	0.259	0.143
m21	0.169	0.827	0.2	0.209
m22	0.216	0.777	0.181	0.225
m23	0.186	0.773	0.153	0.215
m24	0.179	0.752	0.271	0.153
m33	0.205	0.154	0.834	0.184
m34	0.23	0.254	0.797	0.206
m31	0.275	0.229	0.795	0.254
m32	0.235	0.294	0.692	0.323
m14	0.143	0.166	0.252	0.758
m11	0.131	0.151	0.14	0.757
m12	0.156	0.22	0.209	0.749
m13	0.117	0.193	0.159	0.713
特征值	3.033	2.947	2.938	2.72
方差百分比/%	18.958	18.416	18.363	16.998
累积百分比/%	18.958	37.374	55.737	72.736

从表 5-14 可以看出因子分析结果总共得到 4 个因素，分别为整体性、及时性、综合性、视野范畴，总解释能力达到了 72.736%，大于 50%，表明筛选出来的 4 个因素具有良好的代表性。各个测量题项的因素负荷量均大于 0.5，且交叉载荷均小于 0.4，每个题项均落到对应的因素中，表明量表具有良好的结构效度。

3）风险管理能力相关问题效度分析

利用 SPSS 23.0 进行探索性因子分析，对量表进行 KMO 和 Bartlett's 球形检验，结果见表 5-15。

表 5-15　KMO 和 Bartlett's 检验

取样足够度的 Kaiser-Meyer-Olkin 度量		0.917
Bartlett's 球形检验	近似卡方	2 663.417
	Df	91
	Sig.	0

从表 5-15 可得到 KMO＝0.917，大于 0.7，Bartlett's 球形检验值显著（Sig.＜0.001），表明问卷数据符合因子分析的前提要求。因此进一步进行分析，因子提取时采用主成分分析方法，并以特征根大于 1 为因子提取公因子，因子旋转时采用方差最大正交旋转进行因素分析。分析结果见表 5-16。

表 5-16　因子分析结果

成　　分	经济效果	现代企业制度建设	风险意识
y25	0.759	0.078	0.207
y22	0.752	0.202	0.238
y23	0.72	0.211	0.194
y26	0.717	0.168	0.23
y21	0.71	0.129	0.333
y24	0.706	0.19	0.186
y31	0.226	0.863	0.173
y32	0.244	0.832	0.134
y33	0.22	0.807	0.207
y34	0.059	0.796	0.136
y14	0.195	0.2	0.839
y13	0.302	0.111	0.79
y11	0.334	0.188	0.77
y12	0.304	0.214	0.751
总计	3.673	3.027	2.93
方差百分比/%	26.237	21.619	20.929
累积百分比/%	26.237	47.856	68.785

表 5-16 可以看出因子分析结果总共得到 3 个因素，分别为经济效果、现代企业制度建设、风险意识，总解释能力达到了 68.785%，大于 50%，表明筛选出来的 3 个因素具有良好的代表性。各个测量题项的因素负荷量均大于 0.5，且交叉载荷均小于 0.4，每个题项均落到对应的因素中，表明量表具有良好的结构效度。

4. 验证性因素分析

1）边界管控流程设计相关问题验证性因素分析

对治理和文化，战略和目标设定，绩效执行，审阅和修订，信息、沟通和报告五个维度 23 个测量题目，执行验证性因素分析后，得到图 5-3 和表 5-17、表 5-18。

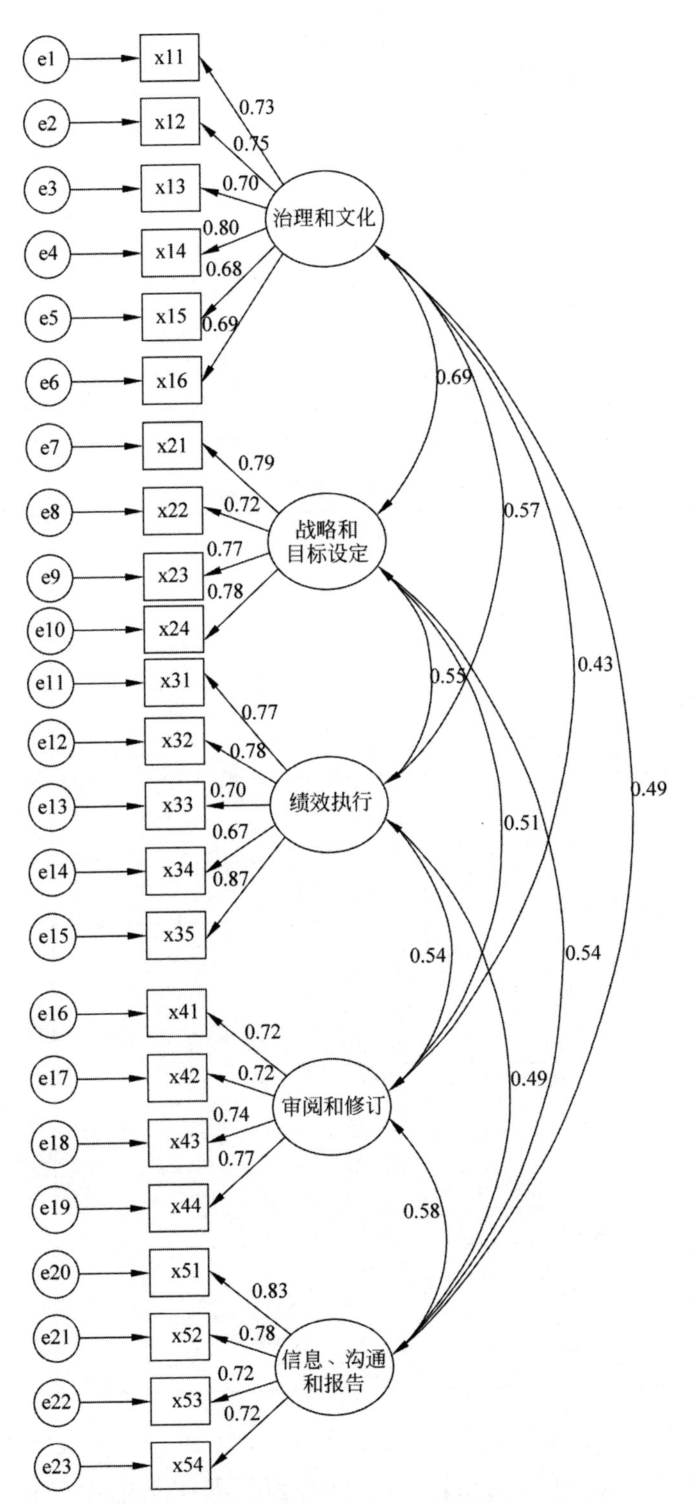

图 5-3 边界管控流程设计相关问题验证性因素分析

表 5-17　验证性因素模型拟合度

模型拟合指标	最优标准值	统计值	拟合情况
CMIN	—	397.429	—
DF	—	220	—
CMIN/DF	＜3	1.806	好
GFI	＞0.9	0.909	好
AGFI	＞0.8	0.886	可以接受
NFI	＞0.9	0.904	好
IFI	＞0.9	0.955	好
TLI	＞0.9	0.947	好
CFI	＞0.9	0.954	好
RMSEA	＜0.08	0.049	好

表 5-18　验证性因素分析结果

变　　量	题项	因素负荷	CR	AVE
治理和文化	x11	0.727	0.869	0.526
	x12	0.748		
	x13	0.703		
	x14	0.795		
	x15	0.683		
	x16	0.689		
战略和目标设定	x21	0.788	0.851	0.588
	x22	0.719		
	x23	0.772		
	x24	0.785		
绩效执行	x31	0.768	0.871	0.577
	x32	0.778		
	x33	0.698		
	x34	0.672		
	x35	0.866		
审阅和修订	x41	0.725	0.826	0.543
	x42	0.721		
	x43	0.735		
	x44	0.766		
信息、沟通和报告	x51	0.828	0.848	0.583
	x52	0.778		
	x53	0.718		
	x54	0.725		

从表 5-17 可知，CMIN/DF 为 1.806，小于 3，AGFI 统计值为 0.886，可以接受，GFI、NFI、TLI、IFI、CFI 均达到 0.9 以上的标准，RMSEA 为 0.049，小于 0.08，各个拟合指标均符合一般的研究标准，因此可以认为这个模型具有不错的配适度。

由表 5-18 可知，治理和文化，战略和目标设定，绩效执行，审阅和修订，信息、沟通和报告的各个测量指标标准化因素负荷均大于 0.6，组合信度（CR）分别为 0.869、0.851、0.871、0.826、0.848，均大于 0.7，平均变异萃取量（AVE）分别为 0.526、0.588、0.577、0.543、0.583，均大于 0.5，表明各个变量具有良好的收敛效度。

2）管理会计信息系统相关问题验证性因素分析

管理会计信息系统相关问题共有 4 个维度，分别为视野范畴、及时性、综合性、整体性，共包含 16 个测量题目，执行验证性因素分析后，得到图 5-4 和表 5-19、表 5-20。

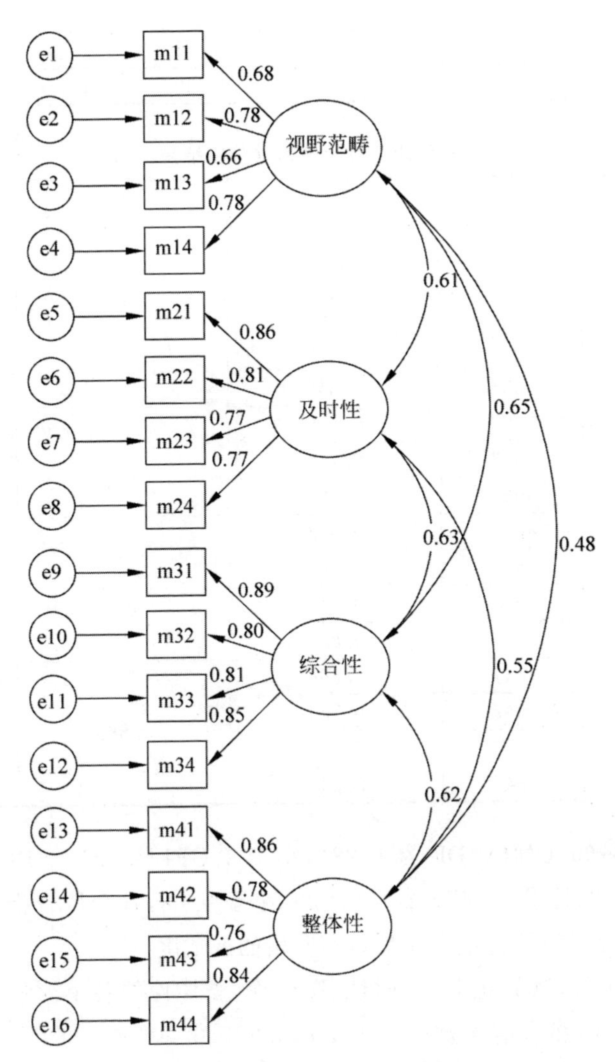

图 5-4　管理会计信息系统相关问题验证性因素分析

表 5-19　验证性因素模型拟合度

模型拟合指标	最优标准值	统计值	拟合情况
CMIN	—	125.564	—
DF	—	98	—
CMIN/DF	＜3	1.281	好
GFI	＞0.8	0.957	好
AGFI	＞0.8	0.94	好
NFI	＞0.9	0.962	好
IFI	＞0.9	0.991	好
TLI	＞0.9	0.989	好
CFI	＞0.9	0.991	好
RMSEA	＜0.08	0.029	好

表 5-20　验证性因素分析结果

变　　量	题项	因素负荷	CR	AVE
视野范畴	m11	0.681	0.817	0.528
	m12	0.779		
	m13	0.661		
	m14	0.778		
及时性	m21	0.856	0.877	0.641
	m22	0.809		
	m23	0.768		
	m24	0.767		
综合性	m31	0.894	0.906	0.707
	m32	0.804		
	m33	0.813		
	m34	0.85		
整体性	m41	0.864	0.886	0.662
	m42	0.784		
	m43	0.761		
	m44	0.84		

从表 5-19 可知，CMIN/DF 为 1.281，小于 3，GFI、AGFI、NFI、TLI、IFI、CFI 均达到 0.9 以上的标准，RMSEA 为 0.029，小于 0.08，各个拟合指标均符合一般的研究标准，因此可以认为这个模型具有不错的配适度。

由表 5-20 可知，视野范畴、及时性、综合性、整体性的各个测量指标标准化因素负荷均大于 0.6，组合信度分别为 0.817、0.877、0.906、0.886，均大于 0.7，平均变异萃取量分别为 0.528、0.641、0.707、0.662，均大于 0.5，表明各个变量具有良好的收敛效度。

3）风险管理能力相关问题验证性因素分析

风险管理能力相关问题共有 3 个维度，分别为风险意识、经济效果、现代企业制度建设，共包含 14 个测量题目，执行验证性因素分析后，得到图 5-5 和表 5-21、表 5-22。

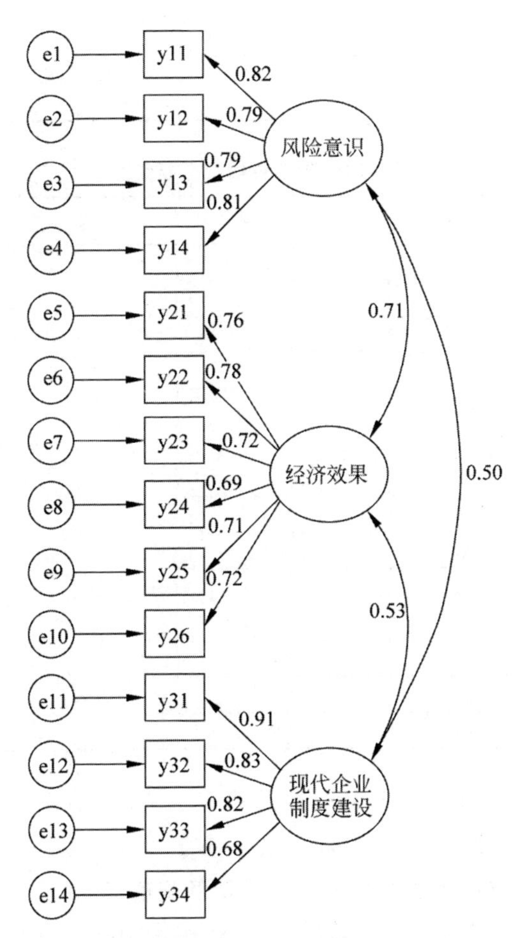

图 5-5　风险管理能力相关问题验证性因素分析

表 5-21　验证性因素模型拟合度

模型拟合指标	最优标准值	统计值	拟合情况
CMIN	—	109.591	—
DF	—	74	—
CMIN/DF	<3	1.481	好
GFI	>0.8	0.958	好
AGFI	>0.8	0.94	好

续表

模型拟合指标	最优标准值	统计值	拟合情况
NFI	>0.9	0.96	好
IFI	>0.9	0.986	好
TLI	>0.9	0.983	好
CFI	>0.9	0.986	好
RMSEA	<0.08	0.038	好

表 5-22　验证性因素分析结果

变　量	题项	因素负荷	CR	AVE
文化	y11	0.822	0.879	0.646
	y12	0.788		
	y13	0.79		
	y14	0.814		
能力	y21	0.76	0.873	0.533
	y22	0.778		
	y23	0.716		
	y24	0.694		
	y25	0. 715		
	y26	0.715		
实践	y31	0.91	0.887	0.665
	y32	0.834		
	y33	0.82		
	y34	0.68		

从表 5-21 可知，CMIN/DF 为 1.481，小于 3，GFI、AGFI、NFI、TLI、IFI、CFI 均达到 0.9 以上的标准，RMSEA 为 0.038，小于 0.08，各个拟合指标均符合一般的研究标准，因此可以认为这个模型具有不错的配适度。

由表 5-22 可知，风险意识、经济效果、现代企业制度建设的各个测量指标标准化因素负荷均大于 0.6，组合信度分别为 0.879、0.873、0.887，均大于 0.7，平均变异萃取量分别为 0.646、0.533、0.665，均大于 0.5，表明各个变量具有良好的收敛效度。

5. 区别效度

本书采用较严谨的 AVE 法对区别效度进行评估(Fornell and Larcker，1981)，每个因素 AVE 开根号须大于各成对变数的相关系数，表示因素之间具有区别效度。各因素 AVE 开根号均大于对角线外的标准化相关系数，因此问卷数据具有区别效度，斜下三角为相关系数。详见表 5-23。

表 5-23　区别效度表

变　　量	治理和文化	战略和目标设定	绩效执行	审阅和修订	信息、沟通和报告	视野范畴	及时性	综合性	整体性	风险意识	经济效果	现代企业制度建设
治理和文化	0.725											
战略和目标设定	0.609**	0.767										
绩效执行	0.515**	0.491**	0.76									
审阅和修订	0.373**	0.428**	0.475**	0.737								
信息、沟通和报告	0.429**	0.468**	0.433**	0.473**	0.764							
视野范畴	0.521**	0.595**	0.483**	0.509**	0.544**	0.727						
及时性	0.542**	0.538**	0.607**	0.537**	0.567**	0.519**	0.801					
综合性	0.599**	0.639**	0.531**	0.522**	0.571**	0.561*	0.568**	0.841				
整体性	0.527**	0.512**	0.579**	0.501**	0.518**	0.421**	0.494**	0.558**	0.814			
风险意识	0.608**	0.612**	0.584**	0.519**	0.568**	0.561**	0.683**	0.642**	0.629**	0.804		
经济效果	0.528**	0.593**	0.582**	0.469**	0.502**	0.580**	0.641**	0.599**	0.666**	0.621**	0.73	
现代企业制度建设	0.415**	0.466**	0.538**	0.431**	0.484**	0.489**	0.496**	0.550**	0.576**	0.441**	0.455**	0.815

注：*** 表示 $p<0.01$，** 表示 $p<0.05$，* 表示 $p<0.1$。

三、实证分析

（一）结构方程模型

在实证检验之前，我们先构建结构方程初始模型。本初始模型分为结构模型和测量模型，其中最为核心的任务就是构建结构模型，确定初始模型所涉及的全体潜变量。构建初始模型前首先确定各个变量之间的关系和作用，当然这种关系和作用需要进一步验证才能知晓。本模型共设置了治理和文化，战略和目标设定，绩效执行，审阅和修订，信息、沟通和报告，视野范畴，及时性，综合性，整体性，风险意识，经济效果，现代企业制度建设 12 个潜变量。研究各个潜变量之间的关系和作用是构建初始模型的关键，也是构造结构模型的必要步骤。

构建结构模型以后，需要确立测量模型，即预先确定每个潜变量与其所属观测变量（题项）之间的关系。将概念模型和若干研究假设以及初始模型构建中的相关注意事项相结合，构建出如图 5-6 所示的初始模型，以便为进一步的实证验证奠定基础。

利用 AMOS 23.0 执行计算，得到图 5-7。

（二）模型拟合度检验

经检验得到的数据见表 5-24。

表 5-24　模型拟合度检验结果

模型拟合指标	最优标准值	统计值	拟合情况
CMIN	—	1 647.492	—
DF	—	1 232	—
CMIN/DF	＜3	1.337	好
GFI	＞0.8	0.851	可以接受
AGFI	＞0.8	0.833	可以接受
IFI	＞0.9	0.961	好
TLI	＞0.9	0.958	好
CFI	＞0.9	0.961	好
RMSEA	＜0.08	0.031	好

从表 5-24 可知，CMIN/DF 为 1.337，小于 3，GFI、AGFI 统计值分别为 0.851、0.833，大于 0.8，可以接受；TLI、IFI、CFI 均达到 0.9 以上的标准，RMSEA 为 0.031，小于 0.08，各个拟合指标均符合一般的研究标准，因此可以认为这个模型具有不错的配适度。

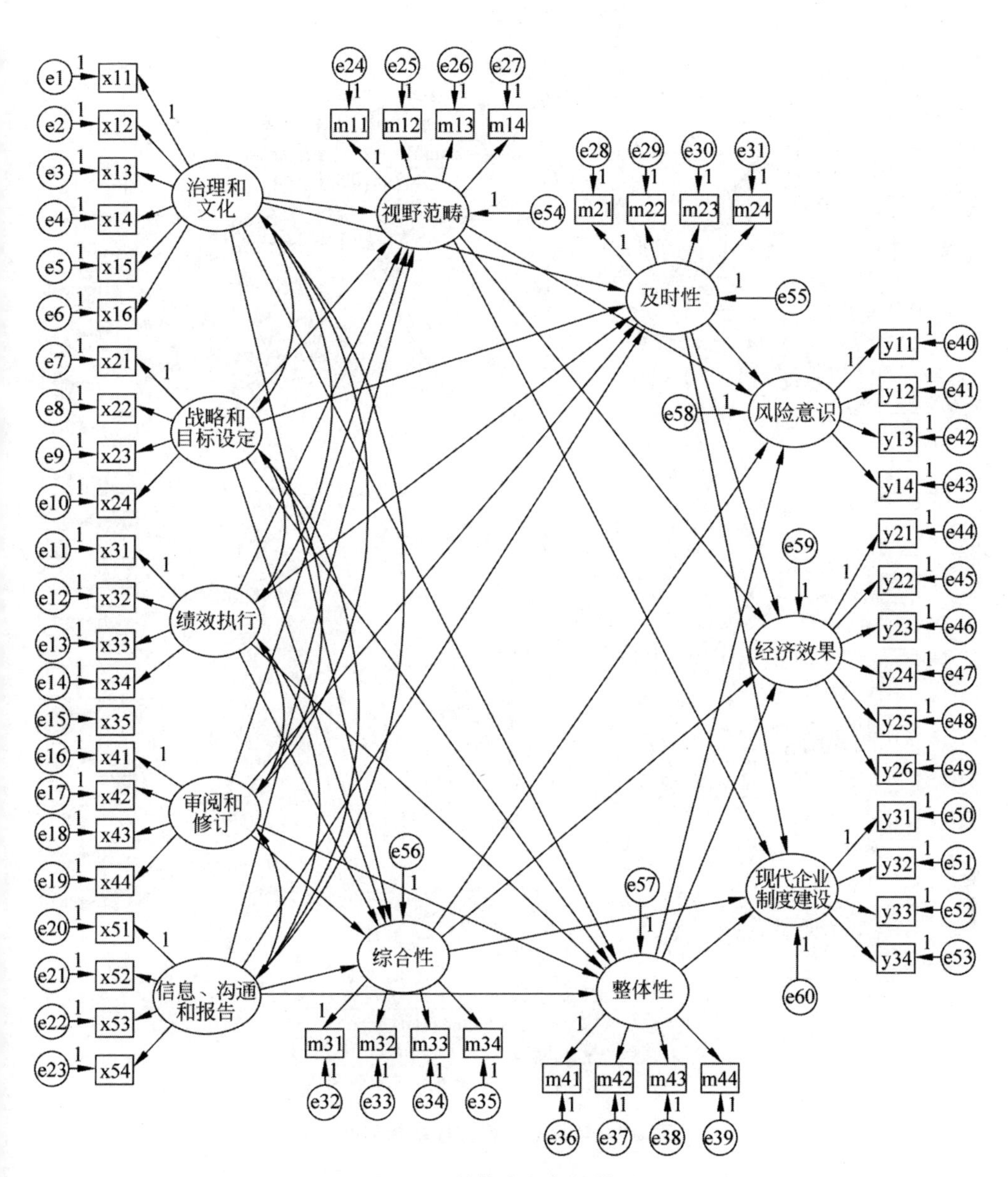

图 5-6　结构方程初始模型

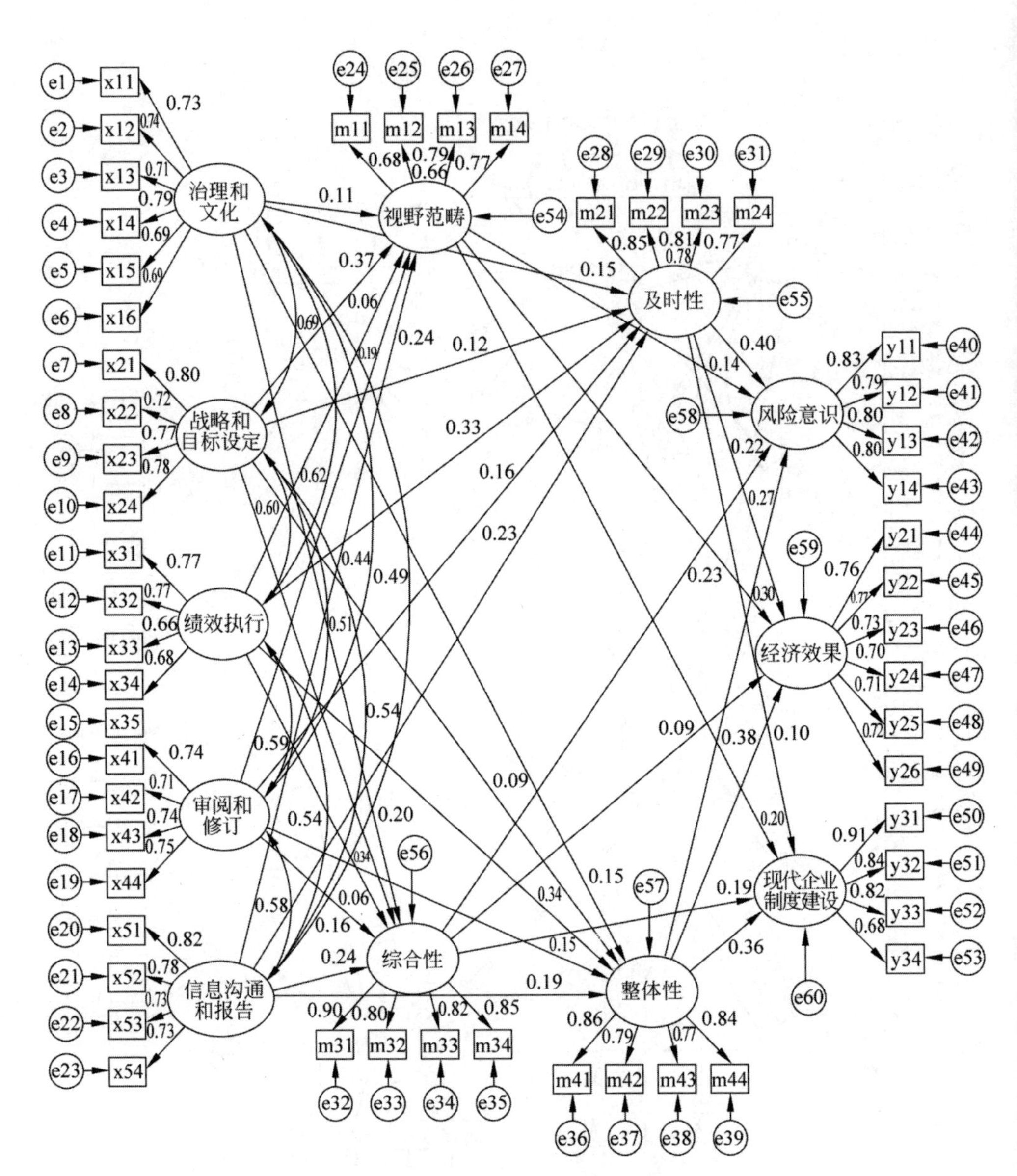

图 5-7　计算后结构方程初始模型

（三）假设检验结论

路径系数表见表 5-25。

表 5-25 路径系数表

变　　量	路径	变　　量	标准化系数	非标准化系数	S. E.	C. R.	p	假设
视野范畴	←	治理和文化	0.115	0.152	0.102	1.495	0.135	不成立
视野范畴	←	战略和目标设定	0.371	0.334	0.074	4.491	***	成立
视野范畴	←	绩效执行	0.06	0.072	0.093	0.776	0.438	不成立
视野范畴	←	审阅和修订	0.193	0.226	0.083	2.71	0.007	成立
视野范畴	←	信息、沟通和报告	0.243	0.241	0.068	3.566	***	成立
及时性	←	治理和文化	0.15	0.225	0.107	2.093	0.036	成立
及时性	<--	战略和目标设定	0.118	0.12	0.074	1.617	0.106	不成立
及时性	<--	绩效执行	0.328	0.448	0.101	4.41	***	成立
及时性	<--	审阅和修订	0.161	0.213	0.087	2.449	0.014	成立
及时性	←	信息、沟通和报告	0.232	0.259	0.07	3.7	***	成立
综合性	←	治理和文化	0.2	0.353	0.12	2.949	0.003	成立
综合性	←	战略和目标设定	0.336	0.402	0.084	4.775	***	成立
综合性	←	绩效执行	0.065	0.104	0.108	0.963	0.335	不成立
综合性	←	审阅和修订	0.162	0.251	0.096	2.617	0.009	成立
综合性	←	信息、沟通和报告	0.243	0.321	0.078	4.13	***	成立
整体性	←	治理和文化	0.153	0.235	0.116	2.021	0.043	成立
整体性	←	战略和目标设定	0.088	0.091	0.08	1.136	0.256	不成立
整体性	←	绩效执行	0.339	0.472	0.11	4.311	***	成立
整体性	←	审阅和修订	0.153	0.206	0.094	2.197	0.028	成立

续表

变　　量	路径	变　　量	标准化系数	非标准化系数	S. E.	C. R.	p	假设
整体性	←	信息、沟通和报告	0.185	0.212	0.075	2.813	0.005	成立
风险意识	←	视野范畴	0.138	0.138	0.062	2.219	0.026	成立
风险意识	←	及时性	0.396	0.353	0.055	6.424	***	成立
风险意识	←	综合性	0.224	0.17	0.045	3.764	***	成立
风险意识	←	整体性	0.265	0.232	0.048	4.844	***	成立
经济效果	←	视野范畴	0.233	0.199	0.057	3.49	***	成立
经济效果	←	及时性	0.3	0.228	0.048	4.738	***	成立
经济效果	←	综合性	0.087	0.056	0.04	1.418	0.156	不成立
经济效果	←	整体性	0.384	0.286	0.045	6.416	***	成立
现代企业制度建设	←	视野范畴	0.197	0.228	0.087	2.613	0.009	成立
现代企业制度建设	←	及时性	0.101	0.103	0.073	1.422	0.155	不成立
现代企业制度建设	←	综合性	0.189	0.165	0.062	2.642	0.008	成立
现代企业制度建设	←	整体性	0.358	0.361	0.067	5.402	***	成立

注：*** 表示 1%水平下显著。

由表 5-25 可以得到，治理和文化对视野范畴($\beta=0.115, p>0.05$)不具有显著影响；战略和目标设定对视野范畴($\beta=0.371, p<0.05$)具有显著正向影响；绩效执行对视野范畴($\beta=0.06, p>0.05$)不具有显著影响；审阅和修订对视野范畴($\beta=0.193, p<0.05$)具有显著正向影响；信息、沟通和报告对视野范畴($\beta=0.243, p<0.05$)具有显著正向影响。

治理和文化对及时性($\beta=0.15, p<0.05$)具有显著正向影响；战略和目标设定对及时性($\beta=0.118, p>0.05$)不具有显著影响；绩效执行对及时性($\beta=0.328, p<0.05$)具有显著正向影响；审阅和修订对及时性($\beta=0.161, p<0.05$)具有显著正向影响；信息、沟通和报告对及时性($\beta=0.232, p<0.05$)具有显著正向影响。

治理和文化对综合性($\beta=0.2, p<0.05$)具有显著正向影响；战略和目标设定对综合性($\beta=0.336, p<0.05$)具有显著正向影响；绩效执行对综合性($\beta=0.065, p>0.05$)不具有显著影响；审阅和修订对综合性($\beta=0.162, p<0.05$)具有显著正向影响；信息、沟通和报告对综合性($\beta=0.243, p<0.05$)具有显著正向影响。

治理和文化对整体性($\beta=0.153, p<0.05$)具有显著正向影响；战略和目标设定对整体性($\beta=0.088, p>0.05$)不具有显著影响；绩效执行对整体性($\beta=0.339, p<0.05$)具有显著正向影响；审阅和修订对整体性($\beta=0.153, p<0.05$)具有显著正向影响；信息、沟通和报告对整体性($\beta=0.185, p<0.05$)具有显著正向影响。

视野范畴对风险意识($\beta=0.138, p<0.05$)具有显著正向影响；及时性对风险意识($\beta=0.396, p<0.05$)具有显著正向影响；综合性对风险意识($\beta=0.224, p<0.05$)具有显著正向影响；整体性对风险意识($\beta=0.265, p<0.05$)具有显著正向影响。

视野范畴对经济效果($\beta=0.233, p<0.05$)具有显著正向影响；及时性对经济效果($\beta=0.3, p<0.05$)具有显著正向影响；综合性对经济效果($\beta=0.087, p>0.05$)不具有显著影响；整体性对经济效果($\beta=0.384, p<0.05$)具有显著正向影响。

视野范畴对现代企业制度建设($\beta=0.197, p<0.05$)具有显著正向影响；及时性对现代企业制度建设($\beta=0.101, p>0.05$)不具有显著影响；综合性对现代企业制度建设($\beta=0.189, p<0.05$)具有显著正向影响；整体性对现代企业制度建设($\beta=0.358, p<0.05$)具有显著正向影响。

第六章 风险容忍度管理系统对员工风险意识与风险控制能力的影响研究

传统的风险管理方式下，企业财务或风险管理部门作为风险管理的牵头部门，在风险管理中承担的责任过重，需要对大量与业务相关的风险信息进行分析、处理，超出了员工的处理能力，形成了风险信息的相对冗余，而对冗余信息进行处理的巨大成本也限制了其对风险的控制能力。而业务部门由于不需要对业务风险直接负责，其风险意识不到位。

在经济价值链条不断拉长和经济环境愈加多变的今日，企业如何有效应对各种风险变得愈加重要。近年来，风险容忍度管理系统越来越受到关注，其基于特定的风险容忍度指标和相应的容忍度阈值的相对关系来划分风险管理责任，在风险指标处于容忍度之内时，风险信息直接由业务部门负责分析处理，超出容忍度范围的风险信息则由财务或风险管理部门负责分析处理。这一方式对企业风险管理的影响主要表现在使得企业内部的风险管理责任划分更加合理，缓解了传统的企业风险管理方式对企业内部业财部门责任划分不清的问题。企业的风险管理最终落在企业员工对风险的重视和管控上，那么风险容忍度系统如何影响企业不同部门员工的风险意识和风险控制能力？

在传统的风险管理方式下，企业内部财务或风险管理部门与业务部门间的风险管理权责分配方式，是造成企业无法有效应对风险挑战的一个重要原因。具体而言，在传统的风险管理方式下，财务或风险管理部门往往承担了全面风险管理的风险管理责任，而业务部门作为与业务流程直接相关且对企业经营业务进行实际控制的部门，其风险管理责任尤其是对次生风险的管理责任却相对较小。在企业推进精益核算使得管理会计信息与业务信息的相关性越来越高的情况下，这样的责任分配机制给财务或风险管理部门带来了海量的从企业业务部门汇总和反映的管理会计信息。而财务或风险管理部门由于管理责任的要求，不得不从这些信息中识别和评估风险信息，信息处理的工作压力较大，这会导致管理会计信息超出财务或风险管理部门员工风险控制能力的信息冗余现象。财务或风险管理部门的风险识别与评估能力不足，则可能导致其不能够有效履行其对业务部门进行及时的风险提示义务，进而容易引起业务部门在风险处理事项上的风险意识低下和机会主义倾向，从而影响企业总体的风险管理效果。

而且，随着经济环境愈加复杂多变和信息化趋势的不断加深，各项企业业务运营相关信息越来越多，传统的风险管理方式下，企业财务或风险管理部门更难在海量的业务环节和业务信息中高效、准确地识别出风险相关事项，并及时进行处理，因此上述问题更加严重。具体而言，企业内部信息冗余压力可能主要表现在以下四个方面。首先，信息化条件下信息的产生和处理过于频繁快速，过于频繁的信息会使企业和员工疲于应对相关风险信息，无法及时地对风险事项进行处理。其次，企业内部需要收集和处理的信息可能过于广泛，因为判断风险不仅需要企业内部与财务业务直接相关的信息，还需要与企业财务不直接相关但是与企业运营密切关联的信息，不仅反映本部门或本公司的情况，还可能反映其他部门或同集团内其他公司的情况。再次，企业需要处理的风险信息可能过于专业，也是信息冗余压力的一个重要维度。在处理过程中专业化程度强，使得信息处理难度更大、耗时更长。企业内部信息的专业性不仅源自财务系统本身的专业性，也源自业财融合的背景下，企业财务信息与业务实际结合度不断提升，专业的业务实践也会带来企业内部信息的专业性不断提升。最后，企业内部信息的整合难度越来越大，因为一个风险事件的发生往往是由多部门的疏忽造成的，将企业总体风险目标分解到各业务部门的方式事实上会造成各部门间对风险目标的推诿，其在推诿过程中提供的大量依据也会形成冗余信息的一个重要来源。

因此，在信息化趋势不断加深和企业内部信息压力增加的背景下，传统的风险管理体系下的风险管理权责分配失调可能会造成以下问题：第一，财务或风险管理部门在众多信息中，难以及时识别风险信号；第二，当风险指标出现波动时，无法确认是否应当立即采取行动；第三，当多项风险指标同时出现波动时，可能引起信息堵塞，无所适从，降低信息处理效率；第四，责任边界不清楚，一旦发生问题，业务部门和财务或风险管理部门之间风险控制和风险提示责任划分不清晰。在这样的环境下，业务部门的员工有动机在风险管理事项上采取机会主义的行为，因为一旦风险管理出现问题，财务或风险管理部门是首要负责人。而且由于财务或风险管理部门疲于从海量信息中识别和处理风险，业务部门在业务运营过程中的冒险行为将不能得到有效的识别和抑制，也会导致公司风险管理的困难。上述问题使得企业的风险管理面临着越来越严峻的挑战，如何有效应对风险挑战，更加合理地分配企业内部的风险管理责任，并解决信息冗余压力和部门内部风险管理权责分配失调问题，对企业而言至关重要。

企业的员工个体作为风险管理活动的具体执行者，风险管理目标的成功实现最终落在员工个体对风险的重视和有效管控上，因此本章着重关注了风险容忍度管理系统的实施对员工个体的风险意识和风险控制能力的影响。具体而言，本章的研究问题包括，首先，风险容忍度管理系统如何影响员工的风险意识，是否增强了员工的风险意识，使员工更加重视风险；其次，风险容忍度管理系统如何影响员工的风险控制能力，是否提升了员工对风险控制和处理的能力；再次，风险容忍度管理的上述影响是否对财务或风险管理部门和业务部门的员工有所差异，即风险容忍度管理的上述影响是否是非对称的，是否有助于缓解业财两部门风险管理权责不匹配的问题；最后，风险容忍度管理系统的上述效果是否是通过缓解员工所面临的信息冗余压力而起到作用，即风险容忍度管理系统的影响是否随着员工所面临的信息压力的不同而不同。

第一节　主要发现与研究意义

一、主要发现

首先，本章发现风险容忍度管理系统的实施越深入，对业务部门员工的风险意识的增强越明显，但是对财务或风险管理部门员工的风险意识则没有显著影响。Braumann(2018)提出了风险意识的六个维度：对于业务部门员工，风险容忍度管理系统实施的深化提升了员工风险意识的几乎所有维度，具体表现在：①员工对风险更有责任心；②员工清楚地知晓风险的底线，部门管理者强调风险；③理解将风险考虑在自己工作决策中的重要性；④企业的商业流程显著地受到风险文化的影响；⑤部门或团队会定期对风险进行讨论。对于财务或风险管理部门员工而言，虽然总体上风险容忍度管理的深化程度并不与其风险意识显著相关，但是在管理者对风险的强调程度和风险文化的普及程度的影响两个方面，风险容忍度管理体系的深化程度与财务或风险管理部门员工风险意识呈现显著正向关系。本章认为，在风险容忍度管理系统下，业务部门风险意识的增强是由于新的责任分配造成的。在使用不同的风险容忍度管理体系时，表现出一致的稳健的结果。

其次，风险容忍度管理系统深化程度越深，财务或风险管理部门和业务部门员工的风险控制能力的提升越显著。就 Collier(2005)，Otley 和 Berry(1980)提出的风险控制能力的四个具体方面而言，财务或风险管理部门员工均有提升：①风险控制目标的清晰；②有充足的信息工具来判断企业运营过程中的风险；③能有效预测风险控制行为的影响；④有时间和能力来实施风险控制行为。我们相信，风险管理责任变小，缓和了风险管理的冗杂工作带来的沉重压力，使得财务和风险管理部门员工更加能够有精力和时间去关注在管理中"重要"的风险。而对于业务部门员工的风险控制能力的提升主要表现在前三个方面，只有在最后一个方面，即风险容忍度管理系统的深化使员工有更多的时间和能力来处理经营中的风险，并没有表现出显著的结果。

最后，我们通过分析认为风险容忍度管理系统所带来的新的责任分配方式，在实质上是对风险信息处理责任的分配。为了验证这个想法，本章通过将风险信息作为调节变量，发现企业信息冗余程度越高的企业，风险容忍度管理体系实施的深化程度对财务或风险管理部门员工的风险控制能力的正向作用越明显，进而通过财务或风险管理部门的风险提示工作促使了业务部门员工的风险意识的增强。此外，我们检验了信息冗余程度对业务部门员工风险控制能力提升的调节效应，没有发现显著影响。这表明风险容忍度体系的实施程度之所以会提高业务部门的风险控制能力，主要是由于新的责任分配方式促使业务部门员工提高了相关的风险处置能力，而并非通过缓解其信息冗余程度。这也证实了在上文中关于风险容忍度管理体系的实施对业务部门员工风险控制能力的提升原因不同于对财务或风险管理部门员工风险控制能力的提升原因的论述。

二、研究意义

本章的研究意义主要体现在以下几个方面。

首先，在所知范围内，本章首次基于调查所得的一手数据，关注和探究了风险容忍度这一风险管理系统对员工个体层面的风险意识和风险控制能力的影响，为风险容忍度这一管理系统对企业风险管理的影响效果提供了更为微观的证据。以往研究也关注到了风险容忍度这一管理系统，并探究了其对企业风险控制效果的影响(例如，汤谷良和张守文，2017；罗乾宜，2017)。但以往研究主要是从企业或者团队的角度出发来探讨这一问题。企业的员工个体作为风险管理的具体执行者，风险管理目标的成功实现最终落在员工个体对风险的重视和有效处理上。探究风险容忍度系统的实施对于员工个体的风险行为的影响，不仅有助于更深入地理解风险容忍度这一风险管理系统对企业风险控制效果的具体影响机制，同时也扩充了关于企业员工个体的风险行为的影响因素的相关文献。

其次，本章扩充了关于风险容忍度管理系统的实施对企业风险控制影响效果的具体原因和机制的相关研究。本章从企业内部风险相关信息冗余的角度出发，提出在信息化趋势和精益核算不断深化的大背景下，企业对风险事项的识别和处理能力下降的一个重要原因是财务或风险管理部门的风险管理责任过大和风险相关信息处理压力过重。本章发现风险容忍度管理体系的实施有助于风险责任分配更加合理，缓解信息压力，从而增强企业员工的风险意识和风险控制能力。而且本章还对此进行了实证检验，发现风险容忍度管理系统的实施促进了员工风险意识和风险控制能力的增强，这种效应对于那些处在信息冗余压力更加明显的子公司中的员工来说更加显著，这说明缓解信息冗余压力的确是风险容忍度管理系统发挥作用的重要机制，补充了关于信息容忍度管理系统的作用机制的相关文献。

再次，本章发现风险容忍度管理系统的实施对业务部门和财务或风险管理部门员工的非对称影响，即风险容忍度管理体系的实施对于财务或风险管理部门和业务部门员工的风险意识和风险能力的影响并不完全相同，扩展了企业内部风险控制挑战的产生缘由及应对措施的相关研究。具体而言，本章发现风险容忍度管理系统的实施主要是提升了财务或风险管理部门的风险控制能力，但并没有增强财务或风险管理部门员工的风险意识，这主要是因为财务或风险管理部门员工的风险意识一直较强，风险容忍度管理体系实施之后并没有从边际上改善其风险意识。对于业务部门员工来说，风险容忍度管理系统虽然同时增强了其风险意识和控制能力，但对风险意识的增强受到财务或风险管理部门员工风险控制能力的影响，即受到信息冗余压力缓解的影响，而对风险控制能力的提升主要表现在风险容忍度管理系统提供了更清晰的风险边界以及一种信息工具来判断和预见风险的影响，而与信息冗余压力关系较小。

最后，本章还具有实践意义。如何有效识别和应对企业管理中的风险是目前中国企业发展运营过程中的重要挑战。本章的研究发现风险容忍度管理系统的实施有助于企业有效增强员工的风险意识和风险控制能力，为提升企业的风险应对能力提供了有效的对策。本章还探究了风险容忍度管理系统发挥作用的具体机制和边界条件，为风险容忍度管理系统的具体实行提供了有益借鉴。

第二节　研究方法与研究发现

一、逻辑框架与研究假说

（一）风险容忍度管理系统的作用

在财务或风险管理部门与业务部门风险责任分配不均的背景下，财务或风险管理部门的员工将不得不应对过量的各种内部管理会计信息，因此无法有充分的能力和精力来识别与处理对公司风险构成重大挑战的事项。即使财务或风险管理部门的员工风险意识非常强，但由于风险控制能力的不足，仍将对公司的风险控制构成挑战。例如，在精益核算不断深化的背景下，财务或风险管理部门作为各项内部会计信息的汇总者和处理者，每天将处理大量的信息，为了尽可能地避免或减小风险，将不得不关注与公司业务相关的各项信息，但是这些信息对公司风险的影响并不是等效的，在过量的信息之下，公司财务或风险管理部门将不得不关注大量的"琐碎"信息，这样的方式不利于财务或风险管理部门及时地识别出公司运营中的风险状况，他们也没有充分的时间和能力来处理公司重要的风险事项，最终影响到财务或风险管理部门员工的风险控制能力。

财务或风险管理部门作为公司的风险控制关键节点，其员工的风险控制和处理能力的不足将导致处于业务一线的业务部门员工对风险不够重视，因为业务部门对风险的忽视无法得到有效的识别和惩戒，进而他们没有动力在业务流程中尽可能地控制各项风险。例如，财务或风险管理部门员工忙碌于各种"琐碎"事项，而没有更多的精力和时间来有效识别与处理公司的相关关键风险事项，那么业务部门的员工就会有机会主义倾向，对风险事项的重视程度将表现得更为低下。

如上文所述，风险容忍度管理系统作为一种公司的内部管理系统，主要采用一种区间管控的方式，基于企业制定的一系列"负面清单"，将那些超过企业设定好的财务指标边界值以及其他不属于正常可允许范围之内的行为清单作为控制下属单位和下属各个业务部门处理风险责任的边界所在，这将使得企业的运营总是围绕着企业的主要战略目标，同时一定的波动容忍范围使得企业能够有相应的活力，从而有助于企业的长久发展大计。即当企业整体或业务部门的各项监控指标处于正常的边界范围之内的时候，并不会对企业业务部门的各项业务给予过多关注，但是一旦超过边界范围，那么就将收回业务部门的某种权限或者是对其施以惩罚。

首先，这一系统最直接的影响是，可以缓解财务或风险管理部门员工处理各项信息的压力，只需要看公司各个部门的各项监管指标是否处于正常的运行区间边界之内即可对公司的风险进行较好的整体把控，这样财务或风险管理部门的员工首先有更充分的时间和精力来识别与处理各项可能对公司风险造成巨大影响的事项。其次，这样的系统也为财务或风险管理部门对公司的风险实施监控和判别风险的程度提供了一个参考，即为财务或风险管理部门员工提供了一个信息判断工具。如图 6-1 所示，风险容忍度管理系统实施之后，财务或风险管理部门员工的信息处理压力得到缓解，那么他们将表现出更强的风险处理和控制能力。

在财务或风险管理部门有更强的能力来识别和处理企业的风险事项的情况下，业务部门可能的风险违规行为将更有可能得到识别和惩戒，因此业务部门的员

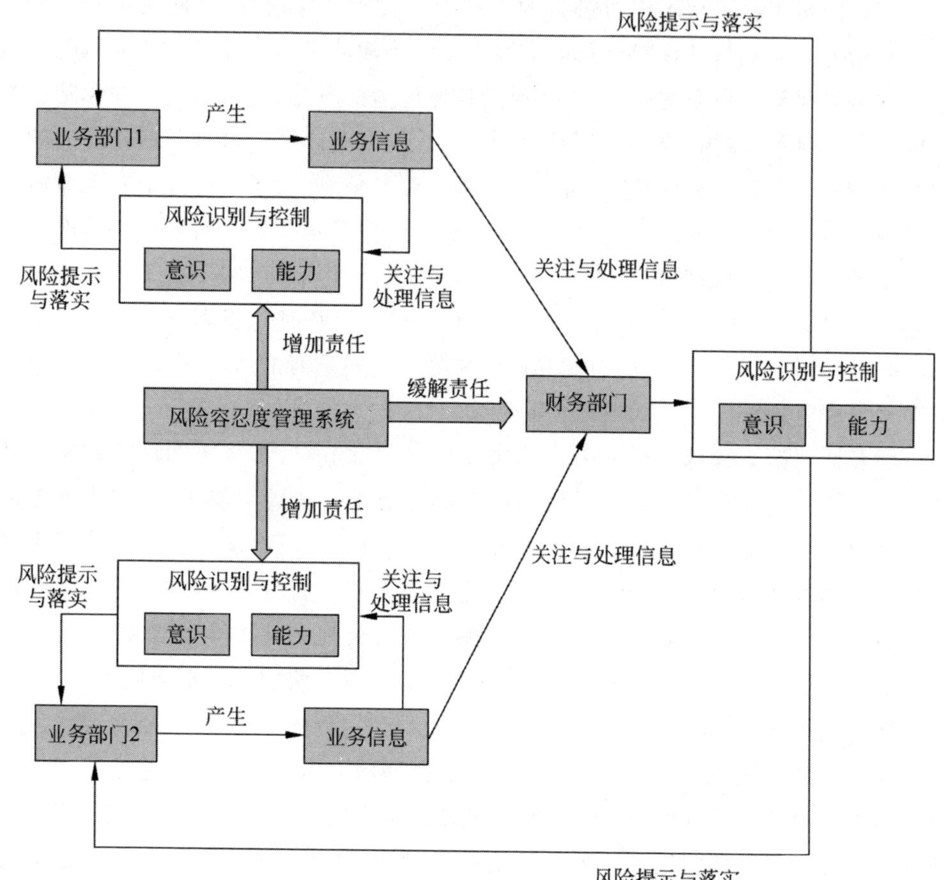

图 6-1　风险容忍度管理系统的作用示意

工有动机更加重视风险，并主动在业务流程中规避风险。而且，除了财务或风险管理部门员工风险控制能力增强所带来的影响之外，风险容忍度管理系统的实行也给业务部门赋予更多的风险管理责任，以及提供了一套及时关注自身业务风险情况和业务风险相关指标运行区间的工具。一旦相关指标超出正常的边界范围，则业务部门的一系列业务权限将受到限制，因此这也会直接地影响到业务部门员工的风险意识，使其更加重视业务流程中的各项风险。此外，在风险控制能力方面，风险容忍度管理系统的实施也会为业务部门提供一套观测本部门风险相关指标运行情况和区间的系统，通过不断分析和学习部门的各项业务流程对风险控制指标波动情况的影响，业务部门员工可以更加清晰地识别本部门的风险点所在，以及可能的风险控制活动对部门风险指标的影响，从而表现出更好的风险控制能力。

首先，既然本章的逻辑是因为风险容忍度管理的执行缓解了企业员工的信息处理压力，因此增强了财务或风险管理部门员工的风险控制能力和业务部门员工的风险意识，那么对于那些信息冗余越严重的子公司而言，风险容忍度管理系统的这一影响越大。其次，对于业务部门员工而言，信息冗余越严重，则其越有可能认为存在采取风险行为之后不被识别出来的机会，而风险容忍度管理系统在缓解了这一问题之后，则对此类业务部门员工的风险意识的影响应该更大。最后，对于业务部门员工的风险控制能力而言，系统实施之后其风险控制能力相比此前较高主要是因为相关风险信息的有效获取和风险底线的明确，而并不是通过缓解信息冗余压力所带来的，因此信息冗余程度并不会显著地调节风险容忍度管理系统对于业务部门员工风险控制能力的提升作用。

基于风险容忍度管理系统的这些效果，则本章预期其可以对公司的风险控制效果有所助益。关于企业的风险和内部控制效果的影响因素，以往研究较多涉及，例如刘金文(2004)提出一个完整的内部控制理论框架应由三个必不可少的要素组成，即控制环境、控制系统、监督与评价。控制环境是基础，控制系统是核心，监督与评价是保障，三者缺一不可。根据这一框架，企业要实现良好的运行目标，则风险控制起到至关重要的作用。首先，风险容忍度管理系统可以强化风险相关的信息沟通，并强化风险控制的组织文化，因此可以强化控制环境；其次，风险容忍度管理系统还有利于控制目标的清晰化，及时进行风险评估，在出现风险指标突破边界的问题时及时督促采取控制活动，因此对于控制系统有所强化；最后，风险容忍度管理系统有助于财务或风险管理部门更有时间和能力来监督与评价各个业务部门的风险管理情况。综上，风险容忍度管理系统有助于强化企业的内部控制效果，并最终有助于风险管理效果的提升。

（二）风险容忍度管理系统对员工风险意识的影响

本节主要分析风险容忍度管理系统的实施对于企业员工风险意识的影响。如上文所述，风险容忍度管理系统作为一种管理会计信息系统，着重于对风险指标的运行进行区间管理，当风险相关的监测指标处于相对正常的区间内的时候，公司管理层不会采取剥夺业务部门相应权限的行为，而一旦风险相关指标超过相应的边界，则公司管理层和上级公司会采取相应的收回管理权限的行为。当这样的系统实施之后，由于公司各个业务部门会担心自己的相应管理权限被剥夺，为了避免这种现象的出现，其有动机更加重视风险，增强风险意识。

业务部门对风险事宜的重视程度最终会反映在相应员工的风险意识上。对于财务或风险管理部门来说，在风险容忍度管理系统的实施过程中，财务或风险管理部门作为推进系统实施的主体，需要学习和掌握风险容忍度管理系统的相关应用手段，在这样的过程中财务或风险管理部门员工有更多的机会接触风险管理的相关概念，财务或风险管理部门的管理层也会更加强调风险管理。然而，财务或风险管理部门作为风险管理的主要执行者，是风险责任的直接负责者，其风险意识本就较高。尤其是在风险容忍度管理系统没有实施的情况下，财务或风险管理部门由于缺乏高效的手段对风险进行管理，反而可能更加担忧风险问题的产生，从而更不易放松对于风险的强调与识别。因此，在风险容忍度管理系统实施之后，虽然财务或风险管理部门有更多机会学习和更新风险管理的相关概念，但是这一过程并不易于在边际上增强财务或风险管理部门员工的风险意识。

虽然总体上风险容忍度管理系统的实施并不会增强财务或风险管理部门员工的风险意识，但是并不能否认风险容忍度管理系统的实施也可能提升财务或风险管理部门员工风险意识的个别维度。尤其是第三个维度，高管对于风险的强调程度，在风险容忍度管理系统实施之后，财务或风险管理部门的管理者也可能更加强调风险管理；再如第五个维度，公司的风险文化显著地影响公司的商业流程，在风险容忍度管理系统实施之后，业务部门也更加关注风险问题，在决策中也会更多地将风险问题考虑在内，因此风险容忍度管理系统的实施也可能会使财务或风险管理部门的员工感知到公司风险文化对于公司商业流程更大的影响程度。但是总体上而言，风险容忍度管理系统的实施在边际上对于财务或风险管理部门员工的风险意识应该没有显著的影响。因此本章提出假说 1a。

假说 1a：风险容忍度管理系统的实施对财务或风险管理部门员工的风险意识没有显著的影响。

对于业务部门员工而言，在风险管理的过程中，其并不是对公司总体风险进行识别和处理的直接负责者，在没有风险容忍度管理系统的情况之下，公司的风险相关事项主要由财务或风险管理部门进行逐一把握，因此考虑到识别和处理风险的相关成本，业务部门并没有强烈的意愿对风险问题进行识别和处理。在风险容忍度管理系统实施之后，由于公司对业务部门的风险控制基于风险相关指标进行区间管控，一旦超过正常区间，则业务部门的相应管理权限可能被上收，因此业务部门有更大的动机来关注风险指标的运行情况。更为重要的是，由于在风险容忍度管理系统实施之后，如上文所述，财务或风险管理部门有更大的能力尤其是时间、精力来进行风险管理，识别和处理企业运营过程当中的风险事项，因此在实行风险容忍度管理系统之后，业务部门员工会感受到来自财务或风险管理部门更多的监督和制约，更难以逃避相应的风险责任，在风险管理问题上的机会主义行为会更少，这些都会促使业务部门员工有更强的风险管理意识。

具体到风险意识的各个维度，第一，在风险容忍度管理系统实施之后，由于更有效的监督制约和权限上收的威胁，业务部门员工将有更强烈的风险责任意识；第二，由于风险容忍度管理系统会提供给各个部门相应风险管理指标的正常区间，因此业务部门员工可以清晰地知道公司的风险底线所在；第三，业务部门的管理层由于担心本部门的管理权限上收，在管理过程中更可能强调对风险问题的重视；第四，由于管理层的重视和自己行为所造成的风险敞口更容易被识别与惩戒，因此业务部门员工会更理解将风险事项考虑进自己的决策过程的重要性；第五，基于第四个维度，由于业务部门员工更加注重将风险考虑进自己的决策过程，因此其更有可能感知到周边的员工亦更偏重于将公司的风险因素贯彻在自己的各项工作中，从而感知到公司的风险文化对商业流程和商业决策的更大影响；第六，业务部门管理层和一般员工对于风险更加重视，因此亦更有可能在工作例会中更多地针对风险事项进行讨论，从而使员工感知到团队或者部门对风险更多的例行讨论。因此本章提出假说 1b。

假说 1b：风险容忍度管理系统的实施对业务部门员工的风险意识有显著正向的影响。

基于上面的论述，风险容忍度管理系统的实施对于业务部门员工的风险意识有显著的正向影响，而对财务或风险管理部门员工的风险意识，虽然总体上本章预期其没有显著的影响，但是财务或风险管理部门员工个别维度的风险意识也可能因风险容忍度管理系统的实施而增强。而且，考虑到在企业中业务部门员工处于公司业务的第一线，人员规模往往更大，因此本章预期，对于公司总体而言，风险容忍度管理系统的实施将显著增强公司员工总体的风险意识，即假说 1c。

假说 1c：风险容忍度管理系统的实施总体上对公司员工的风险意识有显著正向的影响。

（三）风险容忍度管理系统对员工风险控制能力的影响

在业财融合不断深化、精益核算不断推进的大背景下，管理会计信息对业务信息的反映程度日益加深。与此同时，庞大的信息流集中于财务或风险管理部门，传统的非边界的目标式指标管理体系会造成众多问题，使财务或风险管理部门没有足够的能力与精力来识别与处理风险问题。其具体表现为：①难以在众多指标中，及时识别风险信号；②当指标出现波动时，无法确认是否应当立即采取行动；③当多项指标出现波动容易引起信息堵塞，降低信息处理效率；④责任边界不清楚，一旦发生问题，业务部门和财务或风险管理部门之间风险控制和风险提示责任划分不清晰。边界管控系统通过对边界值的确定和指标控制，确立了企业是否应当采取行动，及行动的时机，进而简化了信息处理过程，降低了管理成本，提高了管理效率。因此在风险容忍度管理系统实施之后，公司员工尤其是财务或风险管理部门的员工有更便捷的工具手段和更多的精力来实行风险管理，因此对于财务或风险管理部门的员工而言，其风险管理能力可能得到提升。

具体而言，根据 Collier(2005)，Otley 和 Berry(1980)对于企业控制能力的定义，员工或者团队对于风险的控制能力主要体现在以下几个方面：第一，是否存在明确的风险控制目标，只有在有明确的控制目标的情况下，员工才有可能对风险进行管理；第二，是否有工具来判断各项风险点及其对风险控制目标的影响，尤其是信息工具；第三，是否有能力预测风险控制行为的影响，即风险控制行为是否能缓解风险，在多大程度上能缓解风险；第四，是否有能力实施风险控制行为，这些能力既包括时间和精力，也包括相应的知识技能。

在风险容忍度管理系统实施之后，对于财务或风险管理部门员工而言，首先，由于设定了相应的风险管理边界，其更清楚公司的风险底线所在和明确的风险控制目标；其次，风险容忍度管理系统是一种信息系统，其有助于财务或风险管理部门的员工综合判断公司的风险情况；再次，由于在风险容忍度管理系统之下，财务或风险管理部门的员工可以及时地观测到某个风险控制行为实施之后风险指标相对于风险边界的变化情况，因此可以及时地预测风险管理行为对于公司风险的影响；最后，在风险容忍度管理系统实施之后，财务或风险管理部门的员工不必再忙于对每一个“琐碎”的风险相关事项进行逐一把关，因此能够有更多的时间来对公司的各项风险进行识别和处理，有更大的能力来实行各项风险控制行为。因此，本章预期风险容忍度管理系统实施之后，财务或风险管理部门员工的风险控制能力有显著的提升，即假说 2a。

假说 2a：风险容忍度管理系统实施之后，财务或风险管理部门员工的风险控制能力总体上显著提升。

在风险容忍度管理系统实施之后，对于业务部门员工而言，首先，由于设定了相应的风险管理边界，其更清楚公司的风险底线所在和明确的风险控制目标；其次，风险容忍度管理系统是一种信息系统，其有助于业务部门员工综合判断公司的风险情况；最后，由于在风险容忍度管理系统之下，业务部门的员工可以及时地观测到某个风险控制行为实施之后风险指标相对于风险边界的变化情况，因此可以及时地预测风险管理行为对于公司风险的影响。然而，业务部门员工在风险容忍度管理系统实施之前的风险控制能力相对不如风险容忍度管理系统实施之后，并不是因为风险容忍度管理系统的实施解放了业务部门员工的时间以使其有更多的时间和精力来处理风险问题，因此风险容忍度管理系统的实施并不会使得业务部门员工获得更多的有效时间来识别和处理风险，业务部门员工对风险的重视是在财务或风险管理部门的监管和本部门管理层的强调之下产生的。虽然风险容忍度管理系统的实施并不会提升业务部门员工风险控制能力的第四个维度，但是，总体上而言，风险容忍度管理系统的实施提升了业务部门员工风险控制能力的前三个维度，因此本章预期，风险容忍度管理系统的实施提升了业务部门员工的风险控制能力，即假说 2b。

假说2b：风险容忍度管理系统实施之后，业务部门员工的风险控制能力总体上显著提升。

基于上面的论述，风险容忍度管理系统的实施使财务或风险管理部门和业务部门员工的风险控制能力均有显著的提升，因此本章预期，对于公司总体而言，风险容忍度管理系统的实施将显著提升公司员工总体的风险控制能力，即假说2c。

假说2c：风险容忍度管理系统的实施总体上对公司员工的风险控制能力有显著正向的影响。

（四）信息冗余对风险容忍度管理系统影响的调节效应

基于上文的逻辑，风险容忍度管理系统的实施之所以能够提升财务或风险管理部门员工的风险控制能力，主要是因为风险容忍度管理系统能够缓解财务或风险管理部门员工的信息压力，给财务或风险管理部门员工提供相应的与风险信息直接相关的信息工具，因此财务或风险管理部门员工有更大的能力来识别和处理企业运营过程中的各项风险事项。因此，可以预期，对于那些越是信息冗余现象严重的子公司来说，风险容忍度管理系统的实施越是能够提升其财务或风险管理部门员工的风险控制能力，即假说3a。

假说3a：信息冗余越严重，对财务或风险管理部门员工而言，风险容忍度管理系统的实施对其风险控制能力的提升作用越明显。

基于上文的讨论，风险容忍度管理系统的实施之所以能够增强业务部门员工的风险意识，一个很重要的原因是风险容忍度管理系统提升了财务或风险管理部门员工对风险的识别和处理能力。在财务或风险管理部门员工缺乏足够的能力对风险进行识别和处理的时候，业务部门员工在风险管理中会表现出机会主义倾向，因为其并非公司总体风险管理的直接负责者，而风险管理总是伴随着业务执行成本。因此，在风险容忍度管理系统实施之后，由于财务或风险管理部门员工的风险识别和处理能力大大提升，因此本章预期业务部门的员工预见到这一点，会减弱自己的机会主义倾向，更加重视对于风险事项的管理控制，即越是信息冗余严重，业务部门员工越有可能认为存在机会主义的空间，在风险容忍度管理系统实施之后，对这类员工的风险意识的增强作用就越明显，即假说3b。

假说3b：信息冗余越严重，对业务部门员工而言，风险容忍度管理系统的实施对其风险意识的增强作用越明显。

二、问卷设计

为了检验上述逻辑，本章需要对风险容忍度的实施程度、员工的风险意识和风险控制能力、企业内部的信息冗余程度进行衡量。参考包括 *Journal of Management Accounting Research* 2018 夏季问卷研究特刊在内的一系列文献，本章对这几个方面的衡量进行了变量设计。

（一）关于风险容忍度应用情况的变量设计

对风险容忍度的实施程度进行衡量，除了 COSO 五维度以外，本章还借鉴了 Foster 和 Swenson(1997)对作业成本法在企业中的应用实施程度的测量方法的 7 个维度(7C)。这一方法的基本思路是，测量一个系统在企业中的实施程度，可以通过测量这个企业的各方面特征是否有助于实施这套系统。具体而言，根据 Foster 和 Swenson(1997)，有 7 个维度的因素会影响到一个系统在企业中的实施。第一个维度是企业文化是否鼓励和支持一个系统在企业的实施，包括公司内部的文化能否对实施新的制度或者系统持开放态度，公司内部在此系统或者制度的实施问题上是否交流通畅。第二个维度是企业对实施该系统的控制要素，包括在实施该系统之后，员工及其所在的相关团队在决策时参照该系统的频率有多高。第三个维度是实施过程中的优胜者情况，包括该系统的倡议者投入系统实施上面的时间和精力有多大，以及对该系统执行和应用较好的身边员工投入该系统上的时间精力有多大。第四个维度是流程变更问题，流程变更往往需要高层和财务管理部门的支持与配合，因此这一因素主要反映在高层管理人员投入系统建设和应用的力度有多大，以及财务或风险管理部门人员投入系统建设和应用的力度有多大。第五个维度是员工对实施该系统的责任心，包括员工本人，以及销售团队和人力资源部门在实施这一系统上的力度，尤其是人力资源部门的态度至关重要，因为人力资源部门对该系统和制度的重视程度将影响员工的考核导向。第六个维度是收益补偿，即员工在该项目或者系统下的执行结果对其绩效指标的影响有多大，对其获取的薪酬奖金的影响有多大，影响越大，则意味着员工越有动力来实行并遵从这一系统。第七个维度是持续教育，即一个新系统或者制度的实施往往伴随着大量的新知识、新概念，因此需要对员工进行持续教育，包括关于这一系统的培训频率有多高，以及从教育结果的方面，员工对该项制度或系统对企业的影响和意义的理解程度有多深。通过这 7 个维度，可以衡量一个新制度或者系统在企业中实施的条件和环境。因此，本章也从这 7 个维度出发，构建了量表，从而来衡量企业对风险容忍度管理系统的实施程度。

（二）关于员工风险意识和风险控制能力的变量设计

在本节中，本章介绍了如何衡量员工的风险意识和员工的风险控制能力。首先，对员工的风险意识的衡量，主要参照了 Braumann(2018)对员工风险意识的衡量量表。Braumann认为,员工或者企业团队的风险意识主要包含以下六个维度:第一个维度是员工对风险的责任心,责任心是处理好风险的最基本的前提。第二个维度,是清楚地知道公司对于风险设定的底线所在,只有清楚地知道了公司对于风险设定的底线,员工才能更好地识别和处理风险。第三个维度是高管对风险问题的强调程度,因为高管作为公司各项决策的最终负责人,其对各个问题事项的重视程度直接影响到员工的工作取向,高管对风险问题的重视将直接提升员工对风险的重视程度。第四个维度是理解将风险考虑在自己各项工作决策中的重要性,员工不管是出于何种原因,例如自身的激励导向或者是价值追求,只有最终理解了将风险因素考虑在自己工作中的重要性才能真正做到在业务流程中重视风险。第五个维度是公司的风险文化显著地影响公司的商业流程。第六个维度是员工所在团队对风险问题的定期讨论,其没有包含在Braumann(2018)的量表中,原因是其经过分析认为该维度是冗余的,但本章应用调查所得的样本进行检验发现,这一因素并非冗余,因此也将这一因素考虑在内。当然,本章进行了检验尝试将这一因素删除,并仍然发现了显著的结果。

对员工风险控制能力的衡量,主要参照了Collier(2005),Otley和Berry(1980)的做法。

(三)关于企业内部信息冗余的变量设计

在对以往文献的梳理中,并没有发现有关企业信息冗余的标准量表。信息冗余实质上是过度追求管理会计信息全面和频繁的负面作用。这种情况是在信息化背景下信息的高速传输效率、生产趋向专业化、经济形势的瞬息万变以及业财融合对企业财务的更高要求的综合作用下产生的,而信息的这些特征恰恰也使得企业管理会计信息能够为企业决策提供基础的有效支持。换言之,信息冗余恰恰是为了追求管理会计信息决策有用性而忽视了信息筛选和处理成本的负面作用。在20世纪80年代,信息化程度远不及今日,管理会计信息冗余现象并不明显,上述信息特征实质上会增强管理会计信息决策有用性。由此,本章认为采用20世纪80年代Chenhall和Morris(1986)所提出的管理会计信息应具备的四个特征维度是合适的。故而,本章对企业内部信息冗余的衡量也主要参照了信息决策有用性的四个维度,即视野范畴、及时性、综合性以及整体性。

这四个维度的信息同样对于风险决策十分重要。会计信息决策有用性的这四个维度的基本逻辑是,企业之所以进行风险管理,其原因和宗旨就是为股东或者债权人等利益相关者提供价值。在现实中,不确定性总是存在,不确定性可能会破坏或增加价值,即代表着风险。要进行风险管理,就风险相关的事项进行沟通就是非常重要的一个环节,在进行有效沟通的情况之下,风险就能够得到有效的识别和处理。风险信息的传递速度和质量则会影响风险管理的效果。

这四个维度主要从正面反映了决策有用的信息所应该具有的特征,同时也较为全面地体现了信息有用性几个方面的特征,因此本章也基于这四个维度来定义信息冗余程度。如果上述四个维度均表现出信息压力的特征,例如视野范畴维度,反映了过多无用的流程或过多考虑了某一方面的(例如生产过程)信息,及时性维度,信息传递过快而无法进行有效分析和处理,那么就可以认定为企业内部存在信息冗余情况,员工感受到了信息的过剩压力。具体的量表问题设置见附表15。

三、描述性分析与信度分析

(一) 描述性分析

根据问卷调查提纲分析,本章实证分析过程中已对所用数据进行描述处理,描述调查问卷所收集到数据的样本特征。本章结果充分表明,虽然问卷填列者不同,但在变量认知方面所存在的差异却不大。由表6-1可以得知,各项问题的平均值在2.267到4.683之间,标准差在0.568到1.413之间,偏度在-1.626到0.709,绝对值小于3,峰度在-1.132到1.848,绝对值小于10,表明样本符合正态分布,本章在下文中使用普通最小二乘法的回归方法对样本进行分析检验是合适的。

表6-1　各项问题描述分析

题号	N	最小值	最大值	平均值	标准差	偏度	峰度
c11	341	2	5	3.968	0.841	-0.475	-0.379
c12	341	1	5	3.026	0.941	-0.01	-0.134
c21	341	2	5	3.968	0.841	-0.475	-0.379
c22	341	1	5	3.026	0.941	-0.01	-0.134
c31	341	3	5	4.683	0.568	-1.626	1.645
c32	341	2	5	3.968	0.841	-0.475	-0.379
c41	341	1	5	2.589	0.912	0.201	-0.177
c42	341	1	5	3.026	0.941	-0.01	-0.134
c51	341	2	5	3.968	0.841	-0.475	-0.379
c52	341	3	5	4.683	0.568	-1.626	1.645
c53	341	1	5	3.554	0.901	-0.26	-0.168
c61	341	2	5	3.968	0.841	-0.475	-0.379
c62	341	1	5	3.801	0.879	-0.333	-0.454
c71	341	1	5	2.589	0.912	0.201	-0.177
c72	341	1	5	2.267	0.896	0.388	-0.206
x11	341	1	5	3.45	0.892	-0.424	0.060
x12	341	1	5	3.39	0.941	-0.203	-0.480
x13	341	1	5	3.39	1.033	-0.137	-0.748

续表

题号	N	最小值	最大值	平均值	标准差	偏度	峰度
x14	341	1	5	3.50	0.996	−0.265	−0.535
x15	341	1	5	4.11	0.931	−1.008	0.655
x16	341	1	5	2.65	1.157	0.207	−0.908
x21	341	1	5	3.63	1.205	−0.690	−0.374
x22	341	1	5	4.31	0.953	−1.476	1.848
x23	341	1	5	3.75	1.188	−0.640	−0.545
x24	341	1	5	2.87	1.332	0.128	−1.132
x31	341	1	5	3.56	0.933	−0.364	−0.500
x32	341	1	5	3.61	0.935	−0.336	−0.473
x33	341	1	5	3.61	0.900	−0.287	−0.335
x34	341	1	5	3.44	0.955	−0.286	−0.408
x35	341	1	5	3.58	0.869	−0.462	−0.133
x41	341	2	5	3.78	0.996	−0.368	−0.909
x42	341	1	5	4.07	1.027	−0.880	0.067
x43	341	1	5	3.61	1.094	−0.189	−1.114
x44	341	1	5	2.28	1.106	0.434	−0.710
x51	341	1	5	2.38	1.066	0.709	0.159
x52	341	1	5	3.69	0.956	−0.601	0.362
x53	341	1	5	3.72	0.975	−0.724	0.524
x54	341	1	5	2.68	1.138	0.338	−0.653
m11	341	1	5	2.62	1.272	0.348	−0.886
m12	341	1	5	3.63	1.167	−0.549	−0.612
m13	341	1	5	3.67	1.413	−0.806	−0.684
m14	341	1	5	3.60	1.395	−0.628	−0.930
m21	341	1	5	3.67	1.150	−0.786	−0.027
m22	341	1	5	3.75	1.097	−0.843	0.255
m23	341	1	5	3.72	1.097	−0.922	0.457
m24	341	1	5	3.69	1.142	−0.685	−0.185
m31	341	1	5	3.55	1.282	−0.679	−0.640
m32	341	1	5	4.09	1.032	−1.184	0.907
m33	341	1	5	3.48	1.327	−0.538	−0.869
m34	341	1	5	3.66	1.337	−0.812	−0.555
m41	341	1	5	3.68	1.160	−0.462	−0.749
m42	341	1	5	3.62	1.204	−0.417	−0.875
m43	341	1	5	3.73	1.100	−0.531	−0.502
m44	341	1	5	3.67	1.176	−0.506	−0.756
y11	341	1	5	4.10	0.976	−1.074	0.800
y12	341	1	5	4.01	1.016	−0.774	−0.175
y13	341	1	5	3.46	1.061	−0.275	−0.642

续表

题号	N	最小值	最大值	平均值	标准差	偏度	峰度
y14	341	1	5	3.50	1.022	−0.369	−0.387
y15	341	1	5	3.94	0.998	−0.656	−0.386
y16	341	1	5	3.36	0.927	−0.324	−0.440
y21	341	1	5	4.14	1.051	−1.096	0.313
y22	341	1	5	3.61	1.221	−0.552	−0.666
y23	341	1	5	3.55	1.240	−0.275	−1.121
y24	341	1	5	3.59	1.201	−0.389	−0.896

（二）信度分析

1. 对风险容忍度实施部分的信度分析——基于 7C

信度分析实质上就是指借助克朗巴哈信度系数对调查问卷变量在不同测试题上一致程度的一种分析调查。其中 Devellis(1991)主张，变量必须具备较高的信度，那么 Cronbach's Alpha 系数需要在 0.7 之上。对于信度而言，其通常运用相关系数进行表示，内在一致性系数、等值系数等均属于信度系数的范畴。本章首先检验了参照 Foster 和 Swenson(1997)对作业成本法在企业中的应用实施程度的测量方法的 7C 信度检验。

本章对测量结果的信度检验见表 6-2。每一个部分的 Cronbach's Alpha 系数都高于 0.85，表明本章的测量结果具有可信度。同时，总相关系数的取值同样符合要求。由于根据 Foster 和 Swenson(1997)，这 7 个维度的具体内涵多包含两个层面的问题，因此除了第五个维度——责任维度之外，总相关系数多为每个维度一个值。总体而言，本章的分析结果表明，本章基于 7 个维度对风险容忍度实施部分的衡量结果具有可置信性。

表 6-2　对风险容忍度实施部分的信度分析——基于 7C

因　　素	题号	总相关系数	Cronbach's Alpha
实施七维度—文化	c11	0.971	0.982
	c12		
实施七维度—控制	c21	0.971	0.982
	c22		
实施七维度—优胜	c31	0.864	0.890
	c32		

续表

因素	题号	总相关系数	Cronbach's Alpha
实施七维度—流程变更	c41	0.856	0.923
	c42		
实施七维度—责任	c51	0.914	0.909
	c52	0.821	
	c53	0.819	
实施七维度—回报	c61	0.950	0.906
	c62		
实施七维度—持续教育	c71	0.866	0.928
	c72		

2. 对风险容忍度实施部分的信度分析——基于 COSO 五维度

为了使得对风险容忍度的衡量更加稳健，本章还从风险管理环境的视角，基于COSO关于风险控制的五个维度，对风险容忍度的实施程度进行了进一步衡量。本部分共包含五个因素，即治理和文化，战略与目标设定，绩效执行，审阅和修订，信息、沟通和报告。文化主要是指在开展治理工作过程之中以及在主体监管总体背景之下，主体价值观、行为准则等各方面内容对风险这一概念的理解与认知，必须要对文化、商业环境所存在的具体关系进行密切关注和分析，同时还要明确二者对战略制定、战略执行所产生的一系列影响；治理主要是指面对外部风险所产生的一系列变化，组织采取何种方式去感知、去适应变化的一种基本生产能力、发展能力。战略目标主要是指企业开展有效事项识别、风险评估与应对的一种前提以及基础。参照企业所设定的具体任务或者预期期望，企业管理层根据实际情况制定科学合理、健全完备的战略目标，同时明确其他一系列与之存在密切关联的目标，在企业内部发展过程之中的落实情况。其他相关目标主要是指除战略目标之外，剩余的目标。通过恰当的方式对管理层内部的控制意识进行逐步强化，同时要进一步增强管理者的综合文化素养，不断优化与改进绩效考评机制，还要构建多种投诉途径，重视监督管理工作。更要创造部门间的信息沟通，力求方便、快捷，准确无误，以便使企业经营管理系统高效运作。组织识别并评估可能对战略和商业目标影响重大的变化，增加报告，将报告扩大到文化、绩效等层面。要求各部门之间协调合作，同时保障效率。建立信息共享系统和建立反舞弊机制的企业信息沟通更好，而相当一部分企业存在信息收集与传递等障碍主要是由于没有建立信息共享系统和反舞弊机制。通过合理化的方式对五个不同因素的变量分别进行信度分析，表6-3详细展示了测量结果。

表 6-3　对风险容忍度实施部分的信度分析——基于 COSO 五维度

因　素	题号	总相关系数	删除该题项的 Cronbach's Alpha 值	Cronbach's Alpha
治理和文化	x11	0.669	0.841	0.865
	x12	0.69	0.837	
	x13	0.642	0.845	
	x14	0.738	0.828	
	x15	0.62	0.849	
	x16	0.624	0.852	
战略和目标设定	x21	0.703	0.796	0.846
	x22	0.652	0.824	
	x23	0.698	0.799	
	x24	0.708	0.798	
绩效执行	x31	0.704	0.833	0.866
	x32	0.702	0.833	
	x33	0.616	0.854	
	x34	0.617	0.855	
	x35	0.806	0.809	
审阅和修订	x41	0.64	0.785	0.825
	x42	0.644	0.783	
	x43	0.636	0.787	
	x44	0.683	0.764	
信息、沟通和报告	x51	0.731	0.782	0.846
	x52	0.683	0.806	
	x53	0.665	0.812	
	x54	0.662	0.817	

对表 6-3 进行分析可知，治理和文化，战略和目标设定，绩效执行，审阅和修订，信息、沟通和报告的 Cronbach's Alpha 系数依次为 0.865、0.846、0.866、0.825、0.846，由此可见，均高于 0.7，此结果证明，变量的内部一致性信度非常高。CITC 数值均在 0.5 之上，此种结果充分证明，测量题项满足本章的研究分析要求。通过对“删除该题项的 Cronbach's Alpha 值”进行深入观察与分析可知，把随意一题进行删除处理，Cronbach's Alpha 值都不会产生任何变化，而此种状况也充分证明，变量的信度比较高。

3. 员工风险意识与风险控制能力部分信度分析

根据上文对员工风险意识和风险控制能力测量方法的论述，员工风险意识部分包含了 6 个因素，风险控制能力部分主要包括 4 个不同的因素，下面将通过合理化的方式对不同变量信度进行逐一分析处理，表 6-4 列出了详细的测量结果。

表 6-4 员工风险意识与风险控制能力部分信度分析

因　素	题号	总相关系数	删除该题项的 Cronbach's Alpha	Cronbach's Alpha
风险意识	y11	0.694	0.846	0.872
	y12	0.715	0.842	
	y13	0.663	0.852	
	y14	0.639	0.856	
	y15	0.664	0.851	
	y16	0.664	0.852	
风险控制能力	y21	0.82	0.818	0.881
	y22	0.765	0.839	
	y23	0.75	0.845	
	y24	0.65	0.888	

从表 6-4 可知，风险意识和风险控制能力的 Cronbach's Alpha 系数分别为 0.872、0.881，均在 0.7 之上，由此表明，变量内部一致性信度均良好。而 CITC 也在 0.5 之上，由此表明，所有的测量题项均完全满足本章的分析要求。通过对“删除该题项的 Cronbach's Alpha 值”进行深入分析与观察可以得知，无论将哪一个题项删除，均不会对 Cronbach's Alpha 值产生任何影响，而此种状况也充分证明变量的信度良好。

4. 信息冗余部分信度分析

信息冗余部分包含 4 个因素，分别为视野范畴、及时性、综合性、整体性。

对于企业风险管理工作而言，其基础性前提主要是指各主体的存在均具有一定的作用，即为其相关利益人员提供介质。无论哪一个主体，均面临不稳定性、不确定性，不确定性可能会破坏或增加价值，实质上就是风险。在风险管理流程之中，风险沟通是至关重要的一个环节，风险管理的效用、时效性等均会受到风险信息传递质量、传递速度的严重影响。从更加宽广的视角对企业所面临的各种风险影响进行全面、综合的分析与考虑，从不同角度密切关注与分析企业的可持续健康发展情况，把企业风险管理同企业战略、企业整体架构、企业业务经营管理等各个方面进行融合，即 COSO-ERM 的风险管理理念。下面将通过合理化的方式对 4 个因素的各个变量的信度展开深入、全面的分析。表 6-5 详细展示了测量结果。

表 6-5 信息冗余部分信度分析

因　素	题号	总相关系数	删除该题项的 Cronbach's Alpha	Cronbach's Alpha
视野范畴	m11	0.608	0.774	0.812
	m12	0.674	0.748	
	m13	0.582	0.789	
	m14	0.67	0.744	

续表

因　素	题号	总相关系数	删除该题项的Cronbach's Alpha	Cronbach's Alpha
及时性	m21	0.788	0.818	0.876
	m22	0.739	0.838	
	m23	0.705	0.852	
	m24	0.7	0.854	
综合性	m31	0.835	0.854	0.902
	m32	0.743	0.892	
	m33	0.773	0.878	
	m34	0.799	0.868	
整体性	m41	0.8	0.832	0.885
	m42	0.726	0.861	
	m43	0.697	0.871	
	m44	0.774	0.842	

从表6-5可知，视野范畴、及时性、综合性和整体性Cronbach's Alpha系数分别为0.812、0.876、0.902、0.885，全部在0.7之上，由此表明，各变量的内部一致性信度均良好。通过观察表格还可以知道，CITC也在0.5之上，由此表明，测量题项完全满足本章的研究分析要求。通过对“删除该题项的Cronbach's Alpha值”进行深入分析与观察可知，无论删除哪一个题目，均不会对Cronbach's Alpha值造成任何影响，此种现象也充分表明，变量的信度比较良好。

四、效度分析

（一）效度分析——探索因子分析

对问卷的具体内容进行分析，一般情况下，主要是借助内容效度、结构效度展开深入探究与测量，内容效度是指题项、所测变量间存在的逻辑相符性、适合性等，本章在进行研究分析的过程之中，所运用的所有问卷均是以文献回顾的方式对不同变量间所存在的特殊关系进行表述，与此同时，还按照预调查分析结论，通过恰当的方式对表述形式、具体措辞等进行优化与改进，所以本章所设计的量表存在满足所有基本要求的内容效度。结构效度是本章在研究分析过程之中的核心与重点，主要是指题项对所测变量进行衡量的一种能力。本研究在进行分析的过程之中，借助收集的信息数据，结合实际情况，展开探索性分析，从而实现证明量表结构有效性的目的。

1. 对风险容忍度实施部分的效度分析——基于7C

首先，本章检验了基于7C对风险容忍度实施部分的效度分析，进行探索性因子分析，对量表进行 KMO、Bartlett's 球形检验，其中球形检验主要是对通过调查问卷所收集到的信息数据进行高效整合，然后根据实际情况进行拟合检验分析，从而判定研究过程之中所抽取样本是否可以进行因子分析，是否具备分析价值。具体结果见表 6-6。如表所示，KMO 值等于 0.901，Bartlett's 球形检验的结果也达到 1%水平以上的显著性。下面将开展因子分析，在进行分析的过程之中，主要运用主成分分析法，与此同时把特征根大于 1 作为提取过程之中的公因子，因子旋转时，运用方差最大正交旋转开展因素分析，研究结果表明，共提取出 7 个公因子，而且每一个公因子的结果都表明与 7 个相应的维度高度相关，说明本章基于 7C 对风险容忍度实施程度进行测量的量表能够通过探索性因子分析。因子分析结果见表 6-7。

表 6-6 风险容忍度实施部分的 KMO 和 Bartlett's 检验——基于 7C

取样足够度的 Kaiser-Meyer-Olkin 度量		0.901
Bartlett's 球形检验	近似卡方	3 527.31
	df	272
	Sig	000

表 6-7 因子分析结果

成分	文化	控制	优胜	流程变更	责任	回报	持续教育
c11	**0.812**	0.177	0.119	0.135	0.118	0.116	0.130
c12	**0.851**	0.121	0.124	0.125	0.185	0.123	0.131
c21	0.135	**0.853**	0.103	0.146	0.091	0.201	0.095
c22	0.125	**0.752**	0.093	0.105	0.237	0.103	0.258
c31	0.151	0.114	**0.812**	0.119	0.276	0.169	0.261
c32	0.130	0.316	**0.783**	0.102	0.263	0.151	0.073
c41	0.169	0.123	0.145	**0.714**	0.116	0.130	0.209
c42	0.193	0.201	0.186	**0.691**	0.123	0.082	0.377
c51	0.260	0.103	0.198	0.139	**0.701**	0.131	0.161
c52	0.162	0.169	0.108	0.194	**0.699**	0.165	0.182
c53	0.146	0.151	0.182	0.055	**0.756**	0.130	0.082
c61	0.081	0.159	0.151	0.109	0.151	**0.709**	0.131
c62	0.138	0.113	0.130	0.091	0.130	**0.701**	0.165
c71	0.109	0.245	0.082	0.173	0.082	0.198	**0.721**
c72	0.139	0.189	0.131	0.241	0.131	0.108	**0.711**

2. 对风险容忍度实施部分的效度分析——基于 COSO 五维度

对于 COSO 五维度部分 5 个因素，借助 SPSS 23.0 开展探索性因子分析，然后通过恰当的方式，在严格遵循有关标准的前提条件之下，对量表分别开展 KMO 与 Bartlett's 球形检验，其中球形检验主要是利用多种途径对通过调查问卷方式所采集到的信息数据进行整合，然后以此为基础开展拟合检验，从而判定分析过程之中所抽取的样本是否适合开展因子分析，表 6-8 详细列出了分析结果。

表 6-8　风险容忍度实施部分的 KMO 和 Bartlett's 检验——基于 COSO 五维度

取样足够度的 Kaiser-Meyer-Olkin 度量		0.920
Bartlett's 球形检验	近似卡方	4 027.172
	df	253
	Sig	000

通过对表 6-8 进行深入观察与分析可知，KMO 值等于 0.920，大于 0.7，而对于 Bartlett's 球形检验值而言，其十分显著，由此表明，问卷数据完全满足因子分析开展的条件要求。所以可以继续做下一步分析，在对因子进行提取的过程之中，主要运用主成分分析法，同时把特征根高于 1 作为因子提取过程之中的公因子，因子旋转时，运用方差最大正交旋转开展因素分析。代表问卷中各因子的相关性越强，越适合做公共因子分析，且因子分析的结果会越理想。分析结果见表 6-9。

表 6-9　因子分析结果

成　　分	治理和文化	绩效执行	审阅和修订	信息、沟通和报告	战略和目标设定
x14	**0.801**	0.177	0.119	0.135	0.118
x12	**0.755**	0.121	0.124	0.125	0.185
x11	**0.738**	0.223	0.103	0.146	0.091
x13	**0.702**	0.124	0.093	0.105	0.237
x16	**0.650**	0.114	0.164	0.119	0.276
x15	**0.617**	0.316	0.001	0.102	0.263
x35	0.169	**0.853**	0.145	0.111	0.116
x31	0.193	**0.752**	0.186	0.145	0.123
x32	0.260	**0.703**	0.198	0.139	0.201
x34	0.162	**0.701**	0.108	0.194	0.103
x33	0.146	**0.699**	0.182	0.055	0.169
x44	0.081	0.159	**0.812**	0.109	0.151
x42	0.138	0.113	**0.783**	0.091	0.130
x41	0.109	0.245	**0.714**	0.173	0.082
x43	0.139	0.189	**0.699**	0.241	0.131
x53	0.186	0.130	0.019	**0.798**	0.165
x51	0.150	0.131	0.377	**0.771**	0.029
x54	0.124	0.095	0.161	**0.755**	0.198
x52	0.150	0.258	0.182	**0.724**	0.188
x24	0.211	0.261	0.169	0.127	**0.755**
x23	0.295	0.073	0.108	0.252	**0.737**
x22	0.236	0.209	0.091	0.133	**0.728**

续表

成　　分	治理和文化	绩效执行	审阅和修订	信息、沟通和报告	战略和目标设定
x21	0.294	0.158	0.219	0.141	**0.718**
特征值	3.659	3.379	2.784	2.736	2.691
方差百分比/%	15.908	14.691	12.105	11.895	11.699
累积百分比/%	15.908	30.599	42.704	54.598	66.297

通过对表6-9进行深入观察与分析可知，对于因子分析结果而言，其一共得到5个不同的因素，充分展现了企业风险同5个不同因素之间所存在的具体联系，进而实现同企业价值总目标保持一致的最终目的。风险容忍度管理系统主要是在战略制定过程之中进行广泛应用，与此同时，其还存在于企业整个管理经营过程之中，对可能影响主体的潜在事项进行识别，管理风险主要是确保其始终处于该主体风险容量范围之内，并且不会发生转移，同时为主体目标顺利实现提供科学化、合理化的依据与保障。根据分析结果可知，总解释能力最高已经达到了66.297%，远远高于50%的标准。由此表明，在研究分析过程之中所挑出的5个因素均具备典型代表性。表6-9之中详细列出因素负荷量系数，无论哪一个测量题项的因素负荷量，均远远高于0.5，并且交叉荷载在0.4之下，通过对结果进行分析可知，各题项均刚好落在与之相对应的因素之中，由此表明，量表的结构效度良好。

3. 信息冗余部分效度分析

信息冗余部分包含4个因素，分别为视野范畴、及时性、综合性、整体性。与此同时，借助SPSS 23.0开展探索性因子分析，然后通过合理化的方式对量表分别开展KMO、Bartlett's球形检验，表6-10详细展现了分析结果。

表6-10　信息冗余部分的KMO和Bartlett's检验

取样足够度的Kaiser-Meyer-Olkin度量		0.924
Bartlett's球形检验	近似卡方	3 264.820
	df	120
	Sig	000

通过对表6-10进行深入观察与分析可知，KMO值为0.924，远远高于0.7，而对于Bartlett's球形检验值而言，其十分显著(Sig. <0.001)，此结果充分表明，问卷调查数据完全满足因子分析过程之中的所有前提要求与基础，所以可以做下一步分析，在进行因子提取的过程之中，主要运用主成分分析法，同时把特征根大于1作为标准值，然后对公因子进行提取处理，在因子进行旋转的过程之中，主要借助方差最大正交旋转展开详细的因子分析。表6-11列出了分析结果。

表 6-11 因子分析结果

成 分	整体性	及时性	综合性	视野范畴
m41	**0.848**	0.179	0.223	0.091
m44	**0.821**	0.192	0.207	0.138
m42	**0.794**	0.194	0.125	0.218
m43	**0.752**	0.161	0.259	0.143
m21	0.169	**0.827**	0.200	0.209
m22	0.216	**0.777**	0.181	0.225
m23	0.186	**0.773**	0.153	0.215
m24	0.179	**0.752**	0.271	0.153
m33	0.205	0.154	**0.834**	0.184
m34	0.230	0.254	**0.797**	0.206
m31	0.275	0.229	**0.795**	0.254
m32	0.235	0.294	**0.692**	0.323
m14	0.143	0.166	0.252	**0.758**
m11	0.131	0.151	0.140	**0.757**
m12	0.156	0.220	0.209	**0.749**
m13	0.117	0.193	0.159	**0.713**
特征值	3.033	2.947	2.938	2.720
方差百分比/%	18.958	18.416	18.363	16.998
累积百分比/%	18.958	37.374	55.737	72.736

通过对表 6-11 进行仔细观察与分析可知，因子分析结果一共获得 4 个完全不同的因素，即整体性、及时性、综合性、视野范畴，其总解释能力高达 72.736%，其值远远高于 50%的标准，由此表明，研究分析过程之中所挑选出的 4 个不同因素均具备典型代表性，表 6-11 详细列出了因素负荷量系数。对于不同测量题项而言，因素负荷量均高于 0.5，且交叉载荷在 0.4 下，与此同时，各题项刚好落在与之呈对应关系的因素之中，由此表明，量表结构效度十分优良。

4. 员工的风险意识和风险控制能力部分效度分析

员工的风险意识和能力部分包含了两个因素，分别为风险意识、风险控制能力。借助 SPSS 23.0 开展探索性因子分析，然后通过合理化方式，结合实际情况，对量表分别开展 KMO、Bartlett's 球形检验，表 6-12 列出了详细的检测结果。

表 6-12 员工的风险意识和风险控制能力的 KMO 和 Bartletr's 检验

取样足够度的 Kaiser-Meyer-Olkin 度量		0.917
Bartlett's 球形检验	近似卡方	2 663.417
	df	91
	Sig	000

通过对表6-12进行仔细观察与分析可知，KMO值为0.917，在0.7之上，而对于Bartlett's球形检验值而言，其也十分显著（Sig.＜0.001），此种结果充分证明，问卷数据均满足因子分析过程之中的所有要求与基础，所以可以继续进行分析，在进行因子提取的过程之中，主要运用主成分分析法，同时把特征根大于1作为具体因子，然后对公因子进行提取处理，因子在进行旋转的过程之中，主要运用方差最大正交旋转开展具体的因子分析。表6-13列出了详细的分析结果。

表6-13 因子分析结果

成　　分	风险意识	风险控制能力
y25	**0.759**	0.207
y22	**0.752**	0.238
y23	**0.720**	0.194
y26	**0.717**	0.230
y21	**0.710**	0.333
y24	**0.706**	0.186
y14	0.195	**0.839**
y13	0.302	**0.790**
y11	0.334	**0.770**
y12	0.304	**0.751**
总计	3.673	2.930
方差百分比/%	26.237	20.929
累积百分比/%	26.237	68.785

通过对表6-13进行仔细观察与分析可知，因子分析结果一共获取两个完全不同的因素，其总解释能力高达68.785%左右，远远高于50%标准，此结果充分表明，在研究分析过程之中所挑选出的两个因素均具备十分优良、典型的代表性。

（二）效度分析——验证性因素分析

风险容忍度实施部分的验证性因素分析和信息冗余部分验证性因素分析具体见前文。

员工风险意识和风险控制能力部分包含了两个因素，其一是风险意识；其二是风险控制能力，一共含有10个完全不同的测量题目，通过验证性因素分析之后，可以得出具体的结果，见表6-14、表6-15。

表 6-14　验证性因素模型拟合度

模型拟合指标	最优标准值	统计值	拟合情况
CMIN	—	109.591	—
DF	—	74.000	—
CMIN/DF	<3	1.481	好
GFI	>0.8	0.958	好
AGFI	>0.8	0.940	好
NFI	>0.9	0.960	好
IFI	>0.9	0.986	好
TLI	>0.9	0.983	好
CFI	>0.9	0.986	好
RMSEA	<0.08	0.038	好

表 6-15　验证性因素分析结果

变　　量	题项	因素负荷	CR	AVE
风险意识	y11	0.760	0.873	0.533
	y12	0.778		
	y13	0.716		
	y14	0.694		
	y15	0.715		
	y16	0.715		
风险控制能力	y21	0.910	0.887	0.665
	y22	0.834		
	y23	0.820		
	y24	0.680		

通过对表 6-14 进行深入观察与分析可知，CMIN/DF 为 1.481，在 3 之下，而 GFI、AGFI、NFI、TLI、IFI、CFI 均大于 0.9，其中 RMSEA 为 0.038，在 0.08 之下，所有的拟合指标完全满足研究分析过程之中的所有标准，所以可以对该模型进行定性，即具有良好的配适度。

由表 6-15 可知，风险意识和风险控制能力的各个测量指标标准化因素负荷均在 0.6 之上，CR 分别为 0.873、0.887，均在 0.7 之上，AVE 分别为 0.533、0.665，均在 0.5 之上，由此可知，各变量的收敛效度均比较好。

综上所述，本章参照以往研究对管理系统实施程度、员工风险意识和风险控制能力，以及信息冗余的测量结果表现出较好的信度和效度，说明本章的测量结果可被用于进行实证来检验风险容忍度管理系统的实施与员工风险意识和行为之间的关系。

第三节　风险容忍度管理系统对企业员工风险意识的影响

一、实证策略

本节主要检验上文提出的假说1，即风险容忍度管理系统的实施对于员工风险意识的影响。具体而言，本节主要估计下面的回归方程：

$$\text{Risk Awareness}_{if}=\beta_0+\beta_1\text{Implement}_f+\beta_2\sum\text{Control}_{if}+\varepsilon_{if}$$

式中，下标 i 为员工个体；下标 f 为集团下属子公司；Risk Awareness 为员工的风险意识的衡量，既可指代包含员工风险意识各个维度的综合衡量指标，包括由员工风险意识的各个维度的得分取算术平均和取公因子的结果，也可指代员工风险意识的各个维度的得分自身；Implement 为风险容忍度管理系统的实施程度的衡量指标，既可指代基于 Foster 和 Swenson(1997)所提出的 7C 的得分并经在每个子公司层面进行算术平均或取公因子合成的指标，也可指代基于 COSO 五维度的得分所合成的指标；Control 指代各个控制变量，包括员工所在岗位(position)(即员工为一般员工、中层管理、高层管理)、任职年份区间(tenure)、性别(gender)、员工年龄区间(age)等变量。

根据假说1，当采用财务或风险管理部门员工的子样本进行回归的时候，本节期望 β_1 不显著，这意味着风险容忍度管理系统的实施对于财务或风险管理部门员工的风险意识没有显著影响。当个别员工风险意识的维度的得分作为因变量时，本节不否认其也有显著的可能性，但总体而言，风险容忍度管理系统的实施对于财务或风险管理部门员工的风险意识没有显著的影响。当采用业务部门员工子样本进行回归的时候，本节期望 β_1 显著为正，这说明风险容忍度管理系统的实施显著地增强了业务部门员工的风险意识。由于对财务或风险管理部门员工的风险意识影响不显著或者只表现在个别维度上，而对业务部门员工的风险意识有显著正向影响，因此当采用全样本进行回归的时候，本节期望 β_1 显著为正。

变量的具体含义对照见附表1。

二、风险容忍度管理系统对各部门员工风险意识的影响

（一）对财务或风险管理部门员工风险意识的影响

执行上文中所述的实证策略，检验风险边界管控的实施对员工风险意识的影响。在系统实施变量的构建上，如上文所述，基于 7C，本章采用两种方法，第一种是根据 Foster 和 Swenson(1997)所提出的 7C 的得分生成均值(AvgTolrce7C)；第二种是根据 7C 的得分进行公因子分析，提取公因子，并根据其比重生成一个反映 7 个维度的综合衡量指标(FacTolrce7C)。对于员工的风险意识的 6 个维度，也采用这样的方式，生成意识均值和意识公因两个变量，分别反映员工的风险意识。首先，仅采用财务或风险管理部门员工的样本进行检验，附表 2 中前四列为 AvgTolrce7C 作为关键解释变量，后四列为 FacTolrce7C 作为关键解释变量。附表 2 中奇数列为不控制员工性别和年龄等个人信息，仅控制员工所在岗位和任职年限等与工作岗位状况息息相关的变量，偶数列为控制所有控制变量，具体检验结果见附表 2。

系统实施的系数并不显著，说明总体而言，在风险容忍度管理系统实施之后，并没有显著地增强公司财务或风险管理部门员工的风险意识，验证了上文中的假说 1a。控制变量方面，可以看到，仅在所在岗位取值为 3 的时候，表现出一定的显著性，这表明总体而言，财务或风险管理部门的一般员工相比于财务或风险管理部门的主管人员，表现出更强的风险意识。这一结果并不意外，因为财务或风险管理部门的一般员工处于与公司风险尤其是频率更高的日常风险接触处理的第一线，他们往往可能具有更强的风险意识。其他控制变量的系数均不显著，说明总体而言，对于财务或风险管理部门员工来说，员工的岗位特征和员工的个人特征并不是影响他们风险意识产生不同的关键因素。

（二）对业务部门员工风险意识的影响

基于上文中提到的实证策略，检验风险容忍度管理系统的实施对于业务部门员工风险意识的影响。通过回归的结果见附表 3，可以看到无论是对业务部门员工的风险意识取均值还是取公因子，无论是对风险容忍度管理的实施程度取均值还是公因子，其回归系数都显著为正。这说明，在风险容忍度管理系统实施之后，总体上增强了业务部门员工的风险意识。

三、风险容忍度管理系统对员工风险意识的总体影响

本节将财务或风险管理部门和业务部门的员工的样本放在一起,来检验对公司员工风险意识的总体影响。与上文类似,检验了对员工风险意识整体的影响,结果见附表4,可以看到风险容忍度管理系统实施程度的均值和公因子衡量的系数都显著为正,这表明,就总体而言,风险容忍度管理系统实施之后,增强了整个公司员工的风险意识。

四、稳健性检验

本节进行了稳健性检验,从COSO五维度的角度来衡量风险容忍度管理系统的实施程度。同样将员工的风险意识的衡量回归在通过COSO五维度衡量的风险容忍度管理系统的实施程度上。

本节首先检验对财务或风险管理部门的影响,结果见附表5,可以看出除了第八列之外,系数均不显著,即对财务或风险管理部门的员工而言,风险容忍度管理系统的实施并没有显著地增强其风险意识。

本节其次检验对业务部门员工风险意识的影响,结果见附表6,可以看出系数显著为正,即对业务部门的员工而言,风险容忍度管理系统的实施显著地增强其风险意识。

本节最后检验对所有部门员工风险意识的总体影响,结果见附表7,可以看出系数显著为正,即对公司员工总体而言,风险容忍度管理系统的实施显著地增强其风险意识,但是风险容忍度管理实施程度的系数均小于单独检验业务部门的情形,说明总体而言风险容忍度管理系统对员工风险意识的增强主要表现在业务部门。

本节主要检验了风险容忍度管理系统的实施对于员工风险意识的影响,具体而言,本节的发现如图6-2所示。

如图6-2所示,本节发现风险容忍度管理系统的实施,总体上增强了业务部门员工的风险意识,但是没有显著增强财务或风险管理部门员工的风险意识。具体到风险意识的不同维度,风险容忍度管理系统的实施增强了业务部门员工风险意识的几乎所有维度,对于财务或风险管理部门员工而言,虽然总体上没有显著增强其风险意识,但是也增强了其几个维度的风险意识,例如高管对风险的强调和风险文化的影响,但是这些影响没有构成财务或风险管理部门员工风险意识的整体增强。本节的结果在使用不同的风险容忍度管理的实施衡量方式时,表现出一致的稳健结果。

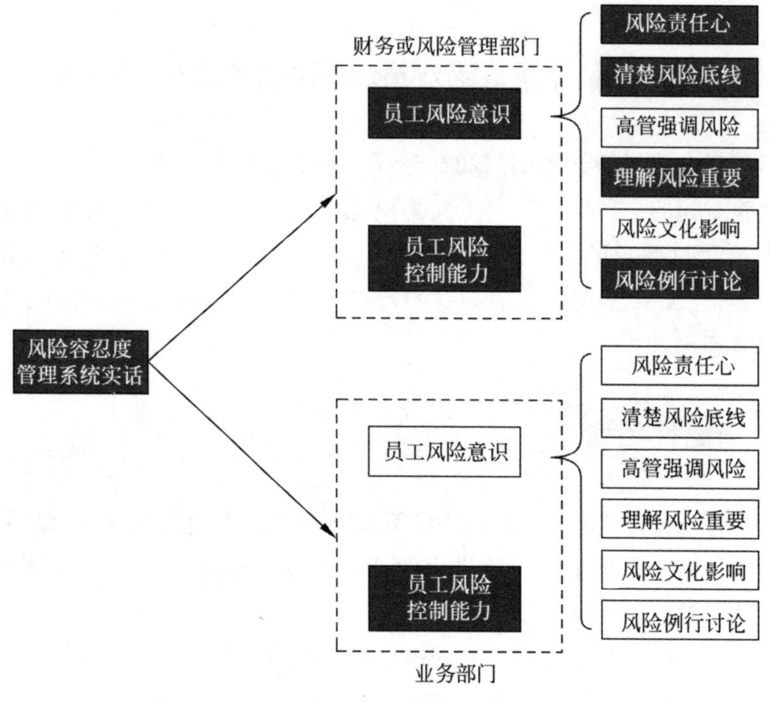

图 6-2　本节的发现

第四节　风险容忍度管理系统对企业员工风险控制能力的影响

一、实证策略

本节主要检验上文提出的假说 2，即风险容忍度管理系统的实施对于员工风险控制能力的影响。具体而言，本节主要估计下面的回归方程：

$$\text{Risk Ability}_{if} = \beta_0 + \beta_1 \text{Implement}_f + \beta_2 \sum \text{Control}_{if} + \varepsilon_{if}$$

式中，下标 i 为员工个体；下标 f 为集团下属子公司；Risk Ability 为员工的风险控制能力的衡量，既可指代包含员工风险控制能力各个维度的综合衡量指标，包括由员工风险控制能力各个维度的得分取算术平均和取公因子的结果，也可指代员工风险控制能力的各个维度的得分自身；Implement 为风险容忍度管理系统的实施程度的衡量指标，既可指代基于 Foster 和 Swenson(1997)所提出的 7C 的得分并经算术平均或取公因子合成的指标，也可指代基于 COSO 五维度的得分所合成的指标；Control 指代各个控制变量，包括员工所在岗位（即员工为一般员工、中层管理、高层管理）、任职年龄区间、性别、员工年龄区间等变量。

根据假说 2，当采用财务或风险管理部门员工的子样本进行回归的时候，本节期望 β_1 显著为正，这意味着风险容忍度管理系统的实施对于财务或风险管理部门员工的风险控制能力有显著的正向影响。当采用业务部门员工子样本进行回归的时候，本节期望 β_1 显著为正，这说明风险容忍度管理系统的实施显著地提升了业务部门员工的风险控制能力。当个别员工风险控制能力的维度的得分作为因变量时，本节不否认其也可能不显著，但总体而言，风险容忍度管理系统的实施对于财务或风险管理部门员工的风险控制能力有显著的正向影响。由于对财务或风险管理部门员工和业务部门员工的风险控制能力均有显著的正向影响，因此当采用全样本进行回归的时候，本节期望 β_1 显著为正。

变量的定义对照表见附表 8。

二、风险容忍度管理系统对各部门员工风险控制能力的影响

（一）对财务或风险管理部门员工风险控制能力的影响

本节检验了风险容忍度管理的实施对不同部门员工风险控制能力的影响。首先，本节检验了风险容忍度管理系统的实施对财务或风险管理部门员工风险控制能力的影响，本节的做法是将风险控制能力的 4 个衡量维度采用取均值或者取公因子的方式，合成为一个总体的衡量指标，然后依托这样的衡量指标，应用财务或风险管理部门的数据，来检验风险容忍度管理系统的实施对财务或风险管理部门员工风险控制能力的影响。检验结果见附表 9，可知，风险容忍度管理系统实施的系数均显著为正，表明风险容忍度管理系统推行之后，显著地提升了财务或风险管理部门员工对风险的管理控制能力。

（二）对业务部门员工风险控制能力的影响

本节检验风险容忍度管理系统的实施对业务部门员工风险控制能力的影响，检验的结果见附表 10，可以看出，风险容忍度管理系统实施的衡量指标的系数均显著为正，表明风险容忍度管理系统实施之后，业务部门员工的风险控制能力总体上得到了提升。

三、风险容忍度管理系统对员工风险控制能力的总体影响

本节检验风险容忍度管理系统的实施对企业不同部门员工的总体影响。具体

而言，本节将财务或风险管理部门和业务部门的样本放在一起，将员工的风险控制能力回归在公司的风险容忍度管理实施程度上，结果见附表 11。我们可以看到，风险容忍度管理系统实施的系数显著为正，这表明风险容忍度管理系统实施之后，公司员工的风险控制能力总体上得到了提升。

四、稳健性检验

本节主要针对上述问题进行稳健性检验。具体而言，本节使用 COSO 五维度对风险容忍度管理系统实施的衡量结果来替换上文中用 7C 维度衡量风险容忍度管理系统实施的结果。

首先，对财务或风险管理部门员工的情况进行检验，可以发现风险容忍度管理系统实施之后，财务或风险管理部门员工的风险控制能力显著地提升，具体检验结果见附表 12。

其次，本节考察风险容忍度管理系统的实施对于业务部门员工风险控制能力的影响，结果见附表 13。可以看出，风险容忍度管理系统实施之后，业务部门员工的风险控制能力也得到了显著的提升。

最后，本节考察风险容忍度管理系统的实施对于企业所有部门员工风险控制能力的影响，结果见附表 14。可以看出，风险容忍度管理系统实施之后，企业员工的风险控制能力总体而言得到了显著的提升。

本节主要检验了风险容忍度管理系统的实施对于员工风险控制能力的影响。具体而言，本节的发现如图 6-3 所示。

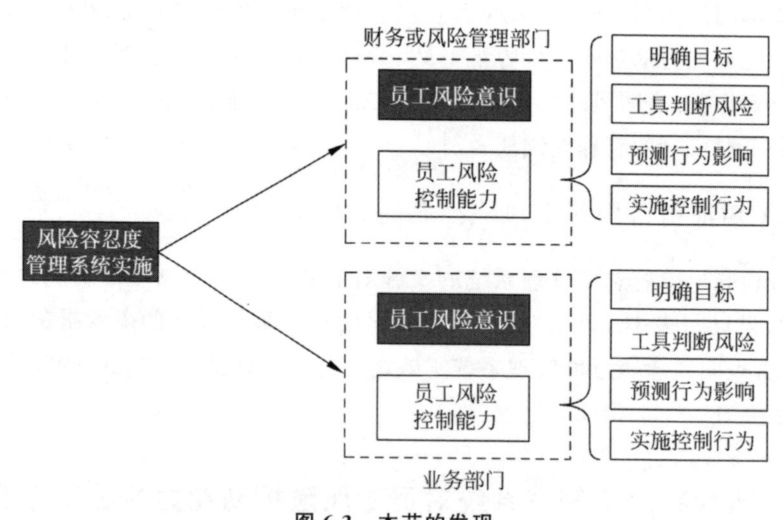

图 6-3　本节的发现

如图 6-5 所示，风险容忍度管理系统实施之后，财务或风险管理部门和业务部门员工的风险控制能力均得到了提升。就具体的方面而言，财务或风险管理部门员工的风险控制能力提升是全方位的，包括了风险控制能力的 4 个全部维度。但是业务部门员工的风险控制能力的提升主要表现在前三个方面，而最后一个维度，风险容忍度管理系统使员工得以有更多的时间和知识等能力来处理经营中更加重要的风险，并没有表现出显著的结果。

第五节　信息冗余对风险容忍度管理系统的实施和员工风险行为关系的影响

一、实证策略

本节主要检验上文提出的假说 3，即信息冗余程度对风险容忍度管理系统的实施和员工风险意识和风险控制能力之间关系的影响。具体而言，本节主要估计下面的两个回归方程：

$$\text{Risk Awareness}_{if} = \beta_{01} + \beta_{11}\text{Implement}_{f} + \beta_{21}\text{Information}_{f} + \beta_{31}\text{Implement}_{f} \times \text{Information}_{f} + \beta_{41}\sum \text{Control}_{if} + \varepsilon_{if}$$

$$\text{Risk Ability}_{if} = \beta_{02} + \beta_{12}\text{Implement}_{f} + \beta_{22}\text{Information}_{f} + \beta_{32}\text{Implement}_{f} \times \text{Information}_{f} + \beta_{42}\sum \text{Control}_{if} + \varepsilon_{if}$$

式中，$\text{Risk Awareness}_{if}$ 为员工的风险意识的衡量，即员工风险意识的各个维度的得分取算术平均和取公因子的结果；Risk Ability 为员工的风险控制能力的衡量，即员工风险控制能力的各个维度的得分取算术平均和取公因子的结果；Implement 为风险容忍度管理系统实施程度的衡量指标，既可指代基于 Foster 和 Swenson(1997)所提出的 7C 的得分并经算术平均或取公因子合成的指标，也可指代基于 COSO 五维度的得分所合成的指标；Information 为信息冗余的衡量指标，既可指代信息冗余各个维度的得分，也可指代由各个维度的得分算术平均或者取公因子所得的综合衡量指标；Control 指代各个控制变量，包括员工所在岗位（即员工为一般员工、中层管理、高层管理）、任职年龄区间、性别、员工年龄区间等变量。

根据假说 3，当采用财务或风险管理部门员工的子样本进行回归的时候，本节期望 β_{31} 不显著，这意味着风险容忍度管理系统的实施对于财务或风险管理部门员工的风险控制能力没有显著的影响，而且这一关系也没有随着信息冗余程度的不同而不同。当采用业务部门员工子样本进行回归的时候，本节期望 β_{31} 显著为正，这说明对于那些感知到信息冗余压力比较大的业务部门员工，风险容忍度管理系统的实施显著地提升了其风险控制能力。当采用财务或风险管理部门员工的子样本进行回归的时候，本节期望 β_{32} 显著为正，这意味着对于那些感知到信息冗余压力比较大的财务或风险管理部门员工而言，风险容忍度管理系统的实施对于其风险控制能力有更加显著的影响。当采用业务部门员工的子样本进行回归的时候，虽然风险容忍度管理系统的实施也会对其风险控制能力有显著的正向影响，但是其并不是通过解决信息冗余的压力这一机制，因此本节并不预期 β_{32} 显著为正。

本节所用到变量的定义对照表见表 6-16。

表 6-16　本节所用到变量的定义对照表

变　量　名	变量符号	变量定义
员工风险意识—均值	AvgAwar	员工风险意识的第一种衡量方式，即将风险意识的 6 个维度的得分求算术平均而得
员工风险意识—公因	FacAwar	员工风险意识的第二种衡量方式，即将风险意识的 6 个维度的得分进行因子分析，求取公因子后根据其权重合成而得
风险容忍度—均值	AvgTolrce7C	企业风险容忍度管理系统实施程度的第一种衡量方式，即参照 7C，将风险容忍度管理系统实施的 7 个维度的得分求算术平均而得
风险容忍度—公因	FacTolrce7C	企业风险容忍度管理系统实施程度的第二种衡量方式，即参照 7C，将风险容忍度管理系统实施的 7 个维度的得分进行因子分析，求取公因子后根据其权重合成而得
岗位类型 1～3	Position2	员工的岗位类型虚拟变量，分别在普通员工、中层管理者、高管时取 1
任职年份 1～5	Tenure2	任职年份的虚拟变量，分别在任职年限为不足 1 年、1～3 年、3～5 年、5～10 年、10 年以上时取值为 1
性别	Gender1	员工性别的虚拟变量，男性为 1，女性为 0
年龄 1～5	Age2	员工年龄的虚拟变量，分别在年龄为 20 岁以下、20～29 岁、30～39 岁、40～49 岁、50 岁以上时取值为 1
风险意识维度 1	y11	员工风险意识的第一个维度的得分，即员工的风险责任心
风险意识维度 2	y12	员工风险意识的第二个维度的得分，即员工对自身工作责任和风险控制目标的清楚程度
风险意识维度 3	y13	员工风险意识的第三个维度的得分，即高管对风险的强调程度

续表

变量名	变量符号	变量定义
风险意识维度 4	y14	员工风险意识的第四个维度的得分，即员工理解将风险考虑进自己各项决策中的重要性
风险意识维度 5	y15	员工风险意识的第五个维度的得分，即公司的风险文化显著地影响公司的商业流程
风险意识维度 6	y16	员工风险意识的第六个维度的得分，即员工所在团队对风险的定期讨论
稳健风险意识—均值	AvgTolrceCOSO	企业风险容忍度管理系统实施程度的第三种衡量方式，即参照 COSO 的维度，将风险容忍度管理系统实施的 5 个维度的得分求算术平均而得
稳健风险意识—公因	FacTolrceCOSO	企业风险容忍度管理系统实施程度的第四种衡量方式，即参照 COSO 的维度，将风险容忍度管理系统实施的 5 个维度的得分进行因子分析，求取公因子后根据其权重合成而得
员工风险控制能力—均值	AvgAblty	员工风险控制能力的第一种衡量方式，即将风险能力的 4 个维度的得分求算术平均而得
员工风险控制能力—公因	FacAblty	员工风险控制能力的第二种衡量方式，即将风险能力的 4 个维度的得分进行因子分析，求取公因子后根据其权重合成而得
风险控制能力维度 1	y21	员工风险控制能力的第一个维度的得分，即存在明确的风险控制目标
风险控制能力维度 2	y22	员工风险控制能力的第二个维度的得分，即员工有工具来判断各项风险点及其对风险控制目标的影响
风险控制能力维度 3	y23	员工风险控制能力的第三个维度的得分，即有能力预测风险控制行为的影响
风险控制能力维度 4	y24	员工风险控制能力的第四个维度的得分，即员工有能力实施风险控制行为，包括时间、知识等方面的能力
信息冗余—均值	InfoRedu	信息冗余的第一个衡量指标，即将信息冗余的四个维度的得分求算术平均
信息冗余—公因	mfactor	信息冗余的第二个衡量指标，即将信息冗余的四个维度的得分求公因子，并根据权重加权平均而得
信息冗余 1	InfoRedu1	信息冗余的第一个维度的得分，即企业内部信息所反映的视野范畴是否过宽
信息冗余 2	InfoRedu2	信息冗余的第二个维度的得分，即企业内部信息所反映的速度是否过快
信息冗余 3	InfoRedu3	信息冗余的第三个维度的得分，即企业内部信息所反映的综合性是否过度
信息冗余 4	InfoRedu4	信息冗余的第四个维度的得分，即企业内部信息所反映的整体性是否过度

二、信息冗余对风险容忍度管理系统的实施与财务或风险管理部门员工风险意识关系的影响

本节主要考察信息冗余对于风险容忍度管理系统的实施对员工风险行为影响的调节作用,首先关注对财务或风险管理部门员工风险意识的调节作用。首先,按照上文中的实证策略,将员工的风险意识回归在风险容忍度管理系统的实施及其与信息冗余程度的交乘项上,检验结果见表 6-17。可以看出,风险容忍度管理系统实施的系数并不显著,且风险容忍度管理系统的实施与信息冗余的交乘项的系数也不显著,这说明信息冗余并没有表现出对财务或风险管理部门员工风险意识的显著的调节作用。这一结果并不令人意外,因为风险容忍度管理系统本身对于风险意识的影响总体上并不是显著的。

三、信息冗余对风险容忍度管理系统的实施与财务或风险管理部门员工风险控制能力关系的影响

本节其次关注对财务或风险管理部门员工风险控制能力的调节作用。采用财务或风险管理部门员工的子样本,按照上文中的实证策略,将员工的风险控制能力回归在风险容忍度管理系统的实施及其与信息冗余程度的交乘项上,检验结果见表 6-18 和表 6-19。两表分别是对信息冗余的衡量由各题目得分取均值和取公因子的结果。可以看出,风险容忍度管理系统实施的系数显著为正,而风险容忍度管理系统的实施与信息冗余的交乘项的系数也显著为正,这说明信息冗余表现出对财务和风险管理部门员工风险控制能力的显著的调节作用。对于那些感到信息冗余的财务或风险管理部门员工而言,风险容忍度管理系统的实施提升了他们的风险控制能力。

四、信息冗余对风险容忍度管理系统的实施与业务部门员工风险控制能力关系的影响

本节最后关注对业务部门员工风险控制能力的调节作用。采用业务部门员工的子样本,按照上文中的实证策略,将员工的风险控制能力回归在风险容忍度管理系统的实施及其与信息冗余程度的交乘项上,检验结果见表 6-20 和表 6-21。两表分别为信息冗余由各个题目得分取均值和取公因子的结果。可以看出,虽然风险容忍度管理系统的系数是显著的,与上文一致,但是交乘项的系数并不显著,这说明信息冗余并没有表现出对业务部门员工风险控制能力的显著的调节作用。虽然风险容忍度管理系统的实施对业务部门员工的风险控制能力也表现出显著的正向影响,但是这主要不是因为缓解了信息冗余的问题而带来的,因此本节发现这一结果符合预期。

表 6-17 信息冗余对风险容忍度管理系统的实施与财务或风险管理部门员工风险意识关系的影响

	(1)	(2)	(3)	(4)	(5)	(6)	(7)	(8)
因变量	AvgAwar	AvgAwar	FacAwar	FacAwar	AvgAwar	AvgAwar	FacAwar	FacAwar
AvgTolrce7C	0.074	0.409	−0.488	0.192				
	(0.20)	(0.67)	(−0.64)	(0.15)				
AvgTolrce7C * InfoRedu	−0.037	−0.074	0.087	0.142				
	(−0.40)	(−0.70)	(0.44)	(0.64)				
FacTolrce7C					0.010	0.096	−0.128	0.027
					(0.11)	(0.60)	(−0.67)	(0.08)
FacTolrce7C * InfoRedu					−0.007	−0.017	0.023	0.045
					(−0.31)	(−0.63)	(0.47)	(0.81)
InfoRedu	0.939***	1.072***	1.954***	1.676**	0.806***	0.810***	2.265***	2.161***
	(2.75)	(2.80)	(2.71)	(2.06)	(13.62)	(12.89)	(18.12)	(16.15)
Position2	0.348*	0.278	0.551	0.469	0.345*	0.277	0.548	0.469
	(1.86)	(1.40)	(1.40)	(1.11)	(1.85)	(1.40)	(1.39)	(1.11)
Position3	0.374**	0.328*	0.646*	0.553	0.371**	0.327*	0.639*	0.556
	(2.07)	(1.71)	(1.70)	(1.36)	(2.06)	(1.70)	(1.68)	(1.36)
Tenure2	−0.113	−0.116	−0.356	−0.229	−0.114	−0.116	−0.357	−0.223
	(−0.91)	(−0.87)	(−1.36)	(−0.81)	(−0.92)	(−0.87)	(−1.36)	(−0.78)
Tenure3	0.054	0.044	0.111	0.158	0.054	0.044	0.115	0.160
	(0.39)	(0.30)	(0.38)	(0.51)	(0.39)	(0.31)	(0.39)	(0.52)
Tenure4	0.108	0.077	0.158	0.264	0.107	0.077	0.156	0.267
	(0.73)	(0.49)	(0.51)	(0.80)	(0.72)	(0.50)	(0.50)	(0.81)
Tenure5	−0.090	−0.124	−0.050	0.041	−0.089	−0.122	−0.048	0.051

续表

	(1)	(2)	(3)	(4)	(5)	(6)	(7)	(8)
因　变　量	AvgAwar	AvgAwar	FacAwar	FacAwar	AvgAwar	AvgAwar	FacAwar	FacAwar
	(−0.45)	(−0.59)	(−0.12)	(0.09)	(−0.45)	(−0.58)	(−0.12)	(0.11)
Gender1		0.067		−0.090		0.068		−0.098
		(0.67)		(−0.43)		(0.68)		(−0.46)
Age2		0.066		−1.340		0.051		−1.483
		(0.13)		(−1.27)		(0.10)		(−1.30)
Age3		−0.232		−2.201		−0.255		−2.434
		(−0.28)		(−1.26)		(−0.28)		(−1.24)
Age4		−0.427		−2.955		−0.450		−3.222
		(−0.37)		(−1.22)		(−0.35)		(−1.19)
Age5		−0.363		−3.050		−0.386		−3.334
		(−0.27)		(−1.09)		(−0.27)		(−1.08)
常数项	0.242	−0.726	−6.909**	−6.828*	0.515*	0.749	−8.643***	−5.869***
	(0.18)	(−0.40)	(−2.39)	(−1.77)	(1.85)	(0.78)	(−14.68)	(−2.86)
观测项	104	104	104	104	104	104	104	104
R^2	0.675	0.678	0.784	0.776	0.674	0.677	0.785	0.774

注：括号内是双侧检验 t 统计量的值，*** 表示 $p<0.01$，** 表示 $p<0.05$，* 表示 $p<0.1$。

表 6-18 信息冗余均值对风险容忍度管理系统的实施与财务或风险管理部门员工风险控制能力关系的影响

	(1)	(2)	(3)	(4)	(5)	(6)	(7)	(8)
因变量	AvgAblty	AvgAblty	FacAblty	FacAblty	AvgAblty	AvgAblty	FacAblty	FacAblty
AvgTolrce7C	0.515**	0.724**	0.222**	2.355*				
	(2.17)	(1.98)	(2.23)	(1.78)				
AvgTolrce7C * InfoRedu	0.141**	0.186**	0.099*	0.376**				
	(2.25)	(2.45)	(1.79)	(2.40)				
FacTolrce7C					0.126**	0.178**	0.025**	0.587**
					(2.15)	(1.91)	(2.10)	(2.43)
FacTolrce7C * InfoRedu					0.035**	0.045**	0.017**	0.088**
					(2.23)	(2.41)	(2.27)	(2.31)
InfoRedu	−0.618	0.475	−0.695	−1.806*	−1.115***	−1.125***	−0.338**	−0.473***
	(−1.50)	(1.01)	(−0.76)	(−1.84)	(−15.57)	(−14.69)	(−2.12)	(−2.93)
Position2	−0.071	0.010	−0.499	−0.019	−0.070	0.015	−0.491	−0.018
	(−0.31)	(0.04)	(−0.99)	(−0.04)	(−0.31)	(0.06)	(−0.97)	(−0.04)
Position3	−0.038	−0.001	−0.753	−0.406	−0.037	0.006	−0.747	−0.405
	(−0.18)	(−0.00)	(−1.55)	(−0.82)	(−0.17)	(0.03)	(−1.53)	(−0.82)
Tenure2	−0.171	−0.126	−0.262	−0.333	−0.171	−0.125	−0.259	−0.326
	(−1.14)	(−0.77)	(−0.78)	(−0.97)	(−1.14)	(−0.77)	(−0.77)	(−0.95)
Tenure3	−0.170	−0.111	−0.161	−0.323	−0.170	−0.116	−0.157	−0.316
	(−1.02)	(−0.63)	(−0.43)	(−0.87)	(−1.02)	(−0.65)	(−0.42)	(−0.85)
Tenure4	−0.069	0.080	−0.390	−0.160	−0.069	0.069	−0.393	−0.161
	(−0.38)	(0.42)	(−0.97)	(−0.40)	(−0.38)	(0.37)	(−0.98)	(−0.40)
Tenure5	−0.136	−0.012	0.091	0.322	−0.137	−0.015	0.089	0.319
	(−0.57)	(−0.05)	(0.17)	(0.59)	(−0.57)	(−0.06)	(0.17)	(0.59)

续表

	(1)	(2)	(3)	(4)	(5)	(6)	(7)	(8)
因　变　量	AvgAblty	AvgAblty	FacAblty	FacAblty	AvgAblty	AvgAblty	FacAblty	FacAblty
Gender1		−0.249**		−0.469*		−0.246**		−0.467*
		(−2.04)		(−1.83)		(−2.02)		(−1.82)
Age2		−0.375		−0.529		−0.373		−0.404
		(−0.62)		(−0.42)		(−0.57)		(−0.29)
Age3		−0.235		1.048		−0.213		1.286
		(−0.23)		(0.50)		(−0.19)		(0.54)
Age4		−0.196		2.054		−0.162		2.338
		(−0.14)		(0.70)		(−0.10)		(0.72)
Age5		−0.158		2.223		−0.116		2.513
		(−0.10)		(0.66)		(−0.07)		(0.67)
常数项	1.624	2.561	2.877	9.877**	−0.194	−0.002	2.063***	1.313
	(0.98)	(1.16)	(0.78)	(2.13)	(−0.58)	(−0.00)	(2.74)	(0.53)
观测项	104	104	104	104	104	104	104	104
R^2	0.730	0.740	0.105	0.211	0.730	0.739	0.105	0.207

注：括号内是双侧检验 t 统计量的值，*** 表示 $p<0.01$，** 表示 $p<0.05$，* 表示 $p<0.1$。

表 6-19 信息冗余公因对风险容忍度管理系统的实施与财务或风险管理部门员工风险控制能力关系的影响

	(1)	(2)	(3)	(4)	(5)	(6)	(7)	(8)
	AvgAblty	AvgAblty	FacAblty	FacAblty	AvgAblty	AvgAblty	FacAblty	FacAblty
AvgTolrce7C	0.014**	0.179**	0.115*	0.943*				
	(2.17)	(2.35)	(1.69)	(1.91)				
AvgTolrce7C * mfactor	0.070*	0.097**	0.097*	0.250**				
	(1.90)	(2.11)	(1.89)	(2.43)				
FacTolrce7C					0.004**	0.052**	0.032*	0.255*
					(2.18)	(2.36)	(1.74)	(1.89)
FacTolrce7C * mfactor					0.017*	0.024*	0.017**	0.059**
					(1.88)	(1.91)	(2.41)	(2.35)
mfactor	0.454	0.359	−0.604	−1.222*	−0.703***	−0.702***	−0.258**	−0.336***
	(1.58)	(1.12)	(−1.00)	(−1.91)	(−14.43)	(−13.58)	(−2.53)	(−3.26)
Position2	−0.053	0.068	−0.515	−0.032	−0.052	0.069	−0.503	−0.033
	(−0.22)	(0.27)	(−1.03)	(−0.06)	(−0.22)	(0.27)	(−1.01)	(−0.07)
Position3	−0.012	0.080	−0.763	−0.424	−0.011	0.081	−0.755	−0.424
	(−0.05)	(0.33)	(−1.59)	(−0.87)	(−0.05)	(0.33)	(−1.57)	(−0.87)
Tenure2	−0.180	−0.132	−0.245	−0.316	−0.180	−0.133	−0.245	−0.310
	(−1.14)	(−0.78)	(−0.74)	(−0.93)	(−1.14)	(−0.78)	(−0.74)	(−0.91)
Tenure3	−0.200	−0.167	−0.160	−0.317	−0.199	−0.167	−0.156	−0.309
	(−1.14)	(−0.90)	(−0.44)	(−0.86)	(−1.14)	(−0.90)	(−0.43)	(−0.84)
Tenure4	−0.106	−0.033	−0.327	−0.107	−0.105	−0.034	−0.345	−0.110
	(−0.56)	(−0.17)	(−0.83)	(−0.27)	(−0.56)	(−0.17)	(−0.88)	(−0.28)
Tenure5	−0.091	0.020	0.103	0.340	−0.092	0.019	0.098	0.336
	(−0.36)	(0.07)	(0.19)	(0.63)	(−0.36)	(0.07)	(0.19)	(0.63)

续表

	(1)	(2)	(3)	(4)	(5)	(6)	(7)	(8)
	AvgAblty	AvgAblty	FacAblty	FacAblty	AvgAblty	AvgAblty	FacAblty	FacAblty
Gender1		−0.229*		−0.475*		−0.228*		−0.472*
		(−1.80)		(−1.88)		(−1.80)		(−1.86)
Age2		−0.370		−0.537		−0.343		−0.421
		(−0.59)		(−0.43)		(−0.50)		(−0.31)
Age3		−0.015		0.940		0.046		1.163
		(−0.01)		(0.45)		(0.04)		(0.50)
Age4		0.150		1.908		0.231		2.173
		(0.10)		(0.66)		(0.14)		(0.67)
Age5		0.168		2.075		0.258		2.348
		(0.10)		(0.62)		(0.14)		(0.64)
常数项	3.778***	4.476***	0.453	3.262*	3.826***	3.786***	0.847*	−0.283
	(9.96)	(4.57)	(0.57)	(1.67)	(17.60)	(3.26)	(1.86)	(−0.12)
观测项	104	104	104	104	104	104	104	104
R^2	0.701	0.709	0.117	0.228	0.701	0.709	0.118	0.224

注：括号内是双侧检验 t 统计量的值，*** 表示 $p<0.01$，** 表示 $p<0.05$，* 表示 $p<0.1$。

表 6-20　信息冗余均值
对风险容忍度管理系统的实施与业务部门员工风险控制能力关系的影响

	(1)	(2)	(3)	(4)	(5)	(6)	(7)	(8)
因　变　量	AvgAblty	AvgAblty	FacAblty	FacAblty	AvgAblty	AvgAblty	FacAblty	FacAblty
AvgTolrce7C	0.056	−0.034	0.014	−0.868				
	(0.30)	(−0.10)	(0.03)	(−1.00)				
AvgTolrce7C * InfoRedu	−0.006	−0.009	−0.028	0.016				
	(−0.12)	(−0.18)	(−0.22)	(0.13)				
FacTolrce7C					0.012	−0.014	0.007	−0.235
					(0.27)	(−0.16)	(0.06)	(−1.01)
FacTolrce7C * InfoRedu					−0.001	−0.002	−0.008	0.003
					(−0.09)	(−0.16)	(−0.24)	(0.11)
InfoRedu	1.135***	1.131***	0.068	−0.105	1.113***	1.098***	−0.030	−0.047
	(6.00)	(5.98)	(0.14)	(−0.22)	(28.04)	(27.76)	(−0.30)	(−0.46)
Position2	−0.214*	−0.194*	−0.209	−0.153	−0.214*	−0.194*	−0.208	−0.149
	(−1.82)	(−1.68)	(−0.71)	(−0.52)	(−1.82)	(−1.68)	(−0.70)	(−0.50)
Position3	−0.221**	−0.222**	−0.026	−0.021	−0.221**	−0.222**	−0.025	−0.019
	(−2.04)	(−2.05)	(−0.10)	(−0.08)	(−2.04)	(−2.06)	(−0.09)	(−0.07)
Tenure2	0.029	−0.025	0.216	0.358	0.029	−0.024	0.215	0.358
	(0.30)	(−0.25)	(0.88)	(1.43)	(0.30)	(−0.25)	(0.87)	(1.43)
Tenure3	0.177*	0.164	0.078	0.201	0.176*	0.165	0.077	0.201
	(1.72)	(1.57)	(0.30)	(0.75)	(1.72)	(1.57)	(0.30)	(0.75)
Tenure4	0.039	0.003	−0.179	−0.052	0.039	0.003	−0.178	−0.050
	(0.35)	(0.03)	(−0.64)	(−0.18)	(0.35)	(0.03)	(−0.63)	(−0.18)
Tenure5	0.019	0.009	0.255	0.492	0.019	0.010	0.253	0.492
	(0.14)	(0.07)	(0.74)	(1.42)	(0.14)	(0.07)	(0.73)	(1.41)

续表

	(1)	(2)	(3)	(4)	(5)	(6)	(7)	(8)
因　变　量	AvgAblty	AvgAblty	FacAblty	FacAblty	AvgAblty	AvgAblty	FacAblty	FacAblty
Gender1		0.244***		−0.180		0.243***		−0.181
		(3.71)		(−1.08)		(3.70)		(−1.08)
Age2		0.233		0.982		0.253		1.092
		(0.78)		(1.28)		(0.76)		(1.28)
Age3		0.267		1.410		0.306		1.627
		(0.49)		(1.02)		(0.50)		(1.03)
Age4		0.365		2.178		0.417		2.448
		(0.47)		(1.11)		(0.48)		(1.11)
Age5		0.324		1.706		0.379		1.986
		(0.36)		(0.74)		(0.38)		(0.78)
Age6		0.440		3.581		0.498		3.856
		(0.43)		(1.39)		(0.45)		(1.37)
常数项	−0.383	−0.373	0.050	1.715	−0.185	−0.531	0.095	−1.558
	(−0.55)	(−0.44)	(0.03)	(0.79)	(−1.02)	(−0.86)	(0.21)	(−0.99)
观测项	237	237	237	237	237	237	237	237
R^2	0.781	0.796	0.020	0.065	0.781	0.796	0.020	0.065

注：括号内是双侧检验 t 统计量的值，*** 表示 $p<0.01$，** 表示 $p<0.05$，* 表示 $p<0.1$。

表 6-21　信息冗余公因对风险容忍度管理系统的实施与业务部门员工风险控制能力关系的影响

	(1)	(2)	(3)	(4)	(5)	(6)	(7)	(8)
因　变　量	AvgAblty	AvgAblty	FacAblty	FacAblty	AvgAblty	AvgAblty	FacAblty	FacAblty
AvgTolrce7C	0.026	0.010	−0.085	−0.811				
	(0.60)	(0.04)	(−0.81)	(−1.13)				
AvgTolrce7C * mfactor	−0.004	−0.005	−0.022	0.005				
	(−0.13)	(−0.15)	(−0.27)	(0.06)				
FacTolrce7C					0.007	−0.000	−0.021	−0.225
					(0.61)	(−0.00)	(−0.81)	(−1.14)
FacTolrce7C * mfactor					−0.001	−0.001	−0.006	0.001
					(−0.09)	(−0.12)	(−0.30)	(0.03)
mfactor	0.729***	0.730***	0.066	−0.041	0.714***	0.712***	−0.013	−0.024
	(5.83)	(5.88)	(0.22)	(−0.13)	(26.83)	(27.07)	(−0.19)	(−0.36)
Position2	−0.212*	−0.182	−0.217	−0.158	−0.212*	−0.182	−0.216	−0.158
	(−1.74)	(−1.54)	(−0.73)	(−0.54)	(−1.74)	(−1.54)	(−0.73)	(−0.53)
Position3	−0.207*	−0.196*	−0.033	−0.025	−0.207*	−0.196*	−0.032	−0.026
	(−1.85)	(−1.77)	(−0.12)	(−0.09)	(−1.85)	(−1.78)	(−0.12)	(−0.09)
Tenure2	0.022	−0.024	0.214	0.355	0.023	−0.024	0.213	0.355
	(0.22)	(−0.24)	(0.87)	(1.42)	(0.22)	(−0.23)	(0.86)	(1.42)
Tenure3	0.189*	0.186*	0.079	0.200	0.189*	0.186*	0.078	0.201
	(1.79)	(1.74)	(0.30)	(0.75)	(1.79)	(1.74)	(0.30)	(0.75)
Tenure4	0.058	0.009	−0.177	−0.051	0.058	0.009	−0.176	−0.050
	(0.51)	(0.08)	(−0.63)	(−0.18)	(0.50)	(0.08)	(−0.63)	(−0.17)
Tenure5	0.008	0.037	0.258	0.496	0.009	0.037	0.257	0.497
	(0.06)	(0.26)	(0.75)	(1.43)	(0.06)	(0.26)	(0.74)	(1.43)

续表

	(1)	(2)	(3)	(4)	(5)	(6)	(7)	(8)
因　变　量	AvgAblty	AvgAblty	FacAblty	FacAblty	AvgAblty	AvgAblty	FacAblty	FacAblty
Gender1		0.240***		−0.179		0.239***		−0.179
		(3.56)		(−1.07)		(3.56)		(−1.07)
Age2		0.124		0.977		0.136		1.091
		(0.40)		(1.28)		(0.40)		(1.28)
Age3		0.073		1.411		0.095		1.640
		(0.13)		(1.02)		(0.15)		(1.04)
Age4		0.116		2.184		0.148		2.469
		(0.15)		(1.11)		(0.17)		(1.12)
Age5		−0.012		1.703		0.024		1.997
		(−0.01)		(0.74)		(0.02)		(0.79)
Age6		0.125		3.589		0.164		3.884
		(0.12)		(1.39)		(0.15)		(1.38)
常数项	3.733***	3.603***	0.295	1.346	3.825***	3.617***	−0.007	−1.735
	(19.02)	(6.78)	(0.62)	(1.02)	(31.05)	(5.76)	(−0.02)	(−1.11)
观测项	237	237	237	237	237	237	237	237
R^2	0.765	0.787	0.020	0.065	0.765	0.787	0.020	0.065

注：括号内是双侧检验 t 统计量的值，*** 表示 $p<0.01$，** 表示 $p<0.05$，* 表示 $p<0.1$。

本节主要检验了信息冗余对风险容忍度管理系统的实施与员工风险意识和风险控制能力之间关系的调节作用。具体而言,本节的发现如图 6-4 所示。

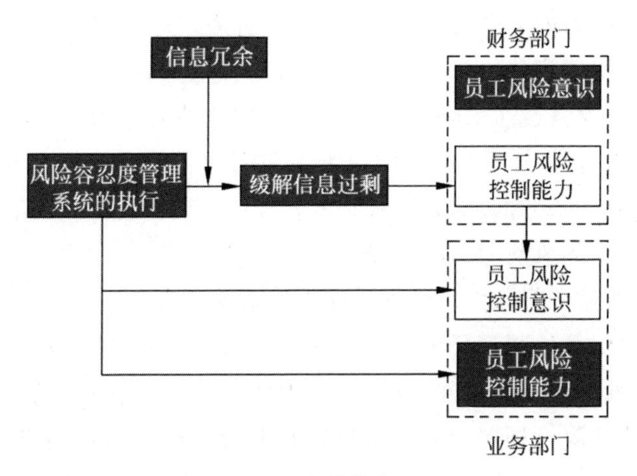

图 6-4　本节的发现

如图 6-4 所示,本节发现信息冗余压力主要对财务或风险管理部门员工的风险控制能力具有显著的调节效应,进而对业务部门员工的风险意识具有显著的调节效应。但是,由于财务或风险管理部门员工的风险意识并没有在边际上受到风险容忍度管理系统实施的影响,因此并不存在显著的调节效应。此外,风险容忍度管理系统的实施对业务部门员工风险控制能力的影响主要是由于提供给业务部门相关的风险边界信息而产生的,而并不是通过解决了信息冗余问题而产生的,因此信息冗余的程度并没有表现出对业务部门员工风险控制能力的显著的正向影响,验证了上文中关于风险容忍度管理系统的实施对业务部门员工风险控制能力影响的原因不同于对财务或风险管理部门员工风险控制能力和业务部门员工风险意识的增强原因的论述。

第六章通过数据调查和实证检验,主要得出了以下结论。

首先,本章发现风险容忍度管理系统的实施越深入,对业务部门员工风险意识的增强越明显,但是对财务或风险管理部门员工的风险意识则没有显著影响。具体到 Braumann(2018)提出的风险意识的六个维度:对于业务部门员工,风险容忍度管理系统的实施的深化提升了其风险意识的几乎所有维度。对于财务或风险管理部门员工而言,虽然总体上风险容忍度管理系统实施的深化程度并不与其风险意识显著相关,但是在管理者对风险的强调程度和风险文化的普及程度的影响两个方面,风险容忍度管理系统实施的深化程度与财务或风险管理部门员工风险意识呈现显著正向关系。本章认为,在风险容忍度管理系统下,业务部门员工风险意识的增强是由于新的责任分配造成的。本章的结果在使用不同的风险容忍度管理系统实施衡量方式时,表现出一致的稳健的结果。

其次,风险容忍度管理系统实施的深化程度越高,财务或风险管理部门和业务部门员工的风险控制能力的提升越显著。就 Collier(2005),Otley 和 Berry(1980)提出的风险控制能力的 4 个具体方面而言,财务或风险管理部门员工在 4 个方面都有显著提升。我们相信,由于更轻的风险管理责任,缓和了风险管理的冗杂工作带来的沉重压力,财务或风险管理部门员工更加能够有精力和时间去关注在管理中“重要”的风险。而对于业务部门员工的风险控制能力的提升主要表现在前三个方面,只有在最后一个方面,即风险容忍度管理系统的深化使员工有更多的时间和能力来处理经营中的风险,并没有表现出显著的结果。

最后,我们通过分析认为风险容忍度管理系统所带来的新的责任分配方式,在实质上是对风险信息处理责任的分配。为了验证这个想法,本章通过将风险信息作为调节变量,发现企业信息冗余程度越高的企业,风险容忍度管理系统实施的深化程度对财务或风险管理部门员工的风险控制能力的正向作用越明显,进而通过财务或风险管理部门的风险提示工作促使了业务部门员工的风险意识的增强。此外,我们检验了信息冗余程度对业务部门员工风险控制能力提升的调节效应,没有发现显著影响。这表明风险容忍度管理系统的实施程度之所以会提高业务部门员工的风险控制能力,主要是由于新的责任分配方式促使业务部门员工提高了相关的风险控制能力,而并非通过缓解其信息冗余程度。这也证实了在上文中关于风险容忍度管理系统的实施对业务部门员工风险控制能力影响的原因不同于对财务或风险管理部门员工风险控制能力和业务部门员工风险意识的增强原因的论述。

第七章 风险容忍度的确认与计量

A集团采用风险容忍边界管控的办法对财务结构性指标进行风险管控，对提高企业风险管理能力、保证企业稳定健康发展、提升企业价值具有非常大的促进作用。但是，在应用这一体系时，也存在以下尚需进一步解决的问题。

(1) 尚未形成完整的理论体系和标准流程。A集团下属全资、控股子公司几十家，集团公司和各子公司尚未形成完整的风险容忍边界指标体系，对哪些指标需要设定边界、哪些不需要设定边界，尚未形成统一标准。也正是因此，风险容忍边界管控尚未真正做到标准化、制度化。

(2) 尚未在全面风险管理体系中系统使用。通过案例我们可以看到，风险边界管控系统能够有效提高管理会计信息的质量，进而对提高企业决策能力和风险管理能力、提升企业价值起到积极作用。因此，我们不难得出风险边界管控系统同样能够提高企业业务和管理信息质量的结论。但是，A集团的风险边界管控目前仅在财务风险管控领域使用，没有推广到企业管理的全部领域，风险容忍边界管控所能发挥的效果还没有全部得以体现。

(3) 尚未建立完善科学合理的指标量化模型。A集团在制定风险容忍管控边界时，参照同业水平，通过综合分析现金收支平衡(确保支付顺畅，经营活动现金净流入大于净利润)、综合融资成本(应低于通行的实际利率)、商业债务与债权关系(执行业内信用政策，不恶意拖欠)，以资产负债率为约束边界，对影响负债率的重大因素(资本性支出规模、“两金”占用、债务融资规模等)进行互动平衡测算，评估确定各项指标的边界值。这种方法主要参考同行业企业的数据指标，同时考虑企业自身实际因素。由于同行业各企业在经营环境、经营规模、经营理念、管理偏好等方面的不同，同一指标的平均数据对企业是否具有指导意义存在较大的不确定性。企业在制定自己的风险容忍管控边界时，只是根据这一具有不确定性的行业平均指标，再综合平衡企业的各项指标，依然靠的是一种感觉，而没有构建起科学的边界数据模型，致使边界指标的设定存在偏差风险。

第一节　设置风险容忍度的方法

一、风险管理法

COSO-ERM 标准(2017)指出，风险容忍边界一般不应超过总风险与风险偏好相交的点(图 7-1 中的 A 点)。当风险曲线与风险偏好相交时，说明企业所从事的业务活动刚好达到企业所能接受的最高风险水平，如果企业的业务风险超过这个水平，则是无法接受的。如果企业业务活动的风险水平超过了企业的风险能力，则可能会对企业产生致命的风险。

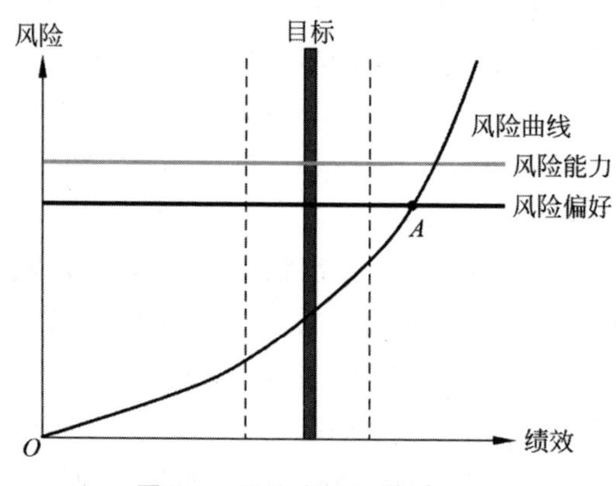

图 7-1　风险容忍边界判断图

ERM 框架虽然给出了设置风险容忍度最高限额的方法，但是在最高限额以下如何更好地设置科学的风险容忍度，该框架则没有给出答案，使企业在开展实际风险管理活动时感觉无所适从。

二、心理满意法

根据西蒙提出的有限理论，风险容忍度就是能够让企业满意的风险可控、管理成本较低的期望目标范围。西蒙认为，人们的观念、智慧、认知力、知识、技能、精力、时间等是有限的，所以人们不可能总是把所有的问题都考虑到，找到最佳的目标和最佳的方法，追求极大化，甚至连最优化的可能都没有。企业也不可能在有限的条件下找到一个最优的目标范围，即最优的风险容忍度，企业可能对自己的风险偏好曲线都不知道。因此，企业在做风险容忍度决策时仅能依据做决策时的感觉，只要感觉是满意的，就会依据感觉作出决定。

上述设置企业风险容忍度的方法是一种心理学的方法，在企业实践中，如果在做决策时仅根据某些个人或是群体的好恶或感觉，缺乏理性的分析和数据的支持，企业的决策就会偏于盲目，所设置的风险容忍度也不具备很好的指导意义，甚至会使企业误入歧途。

三、历史经验法

一些企业在实际应用中，利用企业数据采用不同的方法设定风险容忍度。例如一些企业根据历史经验，把最高承受能力边界作为风险容忍边界。比如在对负债总量进行容忍边界控制时，以财务资源总量乘以长短期负债加权本息比例，得到财务资源总量视角下的最高带息负债控制边界，作为带息负债的最高风险容忍度。还有一些企业根据企业自身的历史经验数据，以及同行业、同规模企业的历史数据，构造数据模型，计算出风险容忍度。采用历史数据构造数学模型设置风险容忍度的方法虽然能够帮助企业针对一些指标找到一个风险控制边界，但该边界是否是企业满意的，是否符合企业期望，尚存在不确定性。

第二节　动态随机法风险容忍度确认与计量的基本假设

从本节开始，我们借用期权定价理论的相关概念，依据随机游走模型对风险进行模拟，讨论一种新的风险容忍度确认与计量方法，我们称之为“动态随机法”。

一、相关假设

（一）风险的正态分布

依据 COSO-ERM 标准(2017)，风险是指事件发生并影响战略和业务目标的可能性。其对于事件而言是一种不确定性，而对于战略和业务目标而言，则是实际绩效偏离目标的差距，是一个围绕在理想经济目标周围的随机游走，并且具有这样两个特征：①存在一个理论上的最优期望指标；②实际绩效指标一定会出现在最优期望指标的周边一定范围内，这个范围越大概率越高。风险指标这种随机游走的特征表现出正态分布的特点。

（二）管理行为的成本与收益

前文我们探讨了管理边界设立的目的是缓释管理行为的不确定性，即减少因管理行为而产生的风险。西蒙斯在其《管理行为》一书中对"满意解"(satisfactory solution)作出了如下定义：满意解是一种非最优解。在处理实际系统优化过程中，由于人们对系统结构、状态、参数了解不充分，或对于系统信息掌握不完备，要求得到系统严格的最优解是不现实或不必要的。一般地，在实际工作中只要在可行解集合中找到一个决策者满意的解就可以了，这种解就泛称为"满意解"。因为得到最优解通常需要足够的信息，而信息的获得是需要代价的，这自然就引出一个在这些信息支持下获得最优解产生的收益(得)，与为得到这些信息本身所付出成本(失)之间的权衡问题，就出现"得"不偿"失"的情况。风险容忍边界管控系统是一种使管理行为以"满意解"为目标的管理方法，这就意味着在求解的过程中必须将管理行为的成本作为一个被考虑的对象，因此我们将从成本—效益的角度进行模型的设计工作。

（三）指标的不可测性

企业管理人员在判断风险时，首先接触到的是管理信息，之后将管理信息指标化，再依据风险指标体系识别风险。我们将管理人员观测到的这个指标定义为"观测指标"。任何一个"观测指标"都是对经济实质的侧面反映，这和我们在所有企业调研中的普遍认知是一致的，几乎所有的财务人员都认为"财务信息是对风险状况的反映"，实质上讲是经济实质在货币计量假设下在数轴上的映射。依据测不准原理，任何财务指标对经济实质的描述都是存在偏差的，这些偏差包括测量误差(measurement error)、专业判断误差(professional judgment error)以及延时性误差(delay error)等，可以看到这些偏差都是具有不确定性的，会对风险指标本身造成干扰。这也就意味着，我们在实际观测中观测到的指标波动由两个部分构成，经济波动本身的波动以及风险指标偏差造成的波动。

二、模型依据

（一）正态分布

正态分布是一种重要的概率分布，其定义为：设连续型随机变量的密度函数(也叫概率密度函数)为

$$f(x)=\frac{1}{\sqrt{2\pi}\sigma}e^{\frac{(x-\mu)^2}{2\sigma^2}}$$

式中,μ 为正态总体的平均值;σ 为正态总体的标准差;x 为正态总体中随机抽样的样本值。其中 μ、σ 是常数且 $\sigma>0$,则称随机变量 ξ 服从参数为 μ、σ 的正态分布,记作 $\xi\sim N(\mu,\sigma^2)$。其概率密度函数中正态分布的期望值 μ 决定了其位置,其标准差 σ 决定了分布的幅度。正态分布从图形上看具有这样几个特点:①正态曲线的高峰位于正中央,即均数 μ 所在的位置;②正态曲线以均数 μ 为中心,左右对称,曲线两端永远不与横轴相交;③正态曲线由均数所在处开始,分别向左右两侧逐渐均匀下降,并在 $\mu\pm\sigma$ 处出现拐点。风险指标的正态分布特点与 BS(Black-Scholes)期权定价模型的假设是相类似的。

(二) BS 期权定价模型

BS 期权定价模型的全称是布莱克-斯克尔斯-默顿期权定价模型。1997 年 10 月 10 日,第二十九届诺贝尔经济学奖授予了两位美国学者,哈佛商学院教授罗伯特·默顿(Robert Merton)和斯坦福大学教授迈伦·斯克尔斯(Myron Scholes),同时肯定了布莱克的杰出贡献。他们创立和发展的布莱克-斯克尔斯-默顿期权定价模型(Black-Scholes-Merton option pricing model)为包括股票、债券、货币、商品在内的新兴衍生金融市场的各种以市场价格变动定价的衍生金融工具的合理定价奠定了基础。

该定价模型公式为

$$C_0=S_0N(d_1)-Xe^{-rT}N(d_2)$$

式中:

$$d_1=\left[\ln\left(\frac{S_0}{X}\right)+\left(r+\frac{\sigma^2}{2}\right)T\right]/\sigma\sqrt{T}$$

$$d_2=d_1-\sigma\sqrt{T}$$

C_0 为当前的看涨期权价格;S_0 为当前的股票价格;$N(d)$为标准正态分布小于 d 的概率;X 为执行价格;e 为 2.718 28,自然对数的底;r 为无风险报酬率;T 为期权到期价格;ln 为自然对数函数;σ 为股票连续复利的年收益率的标准差。

第三节　动态随机模型的推导

依据上文,我们将只包含经济波动本身的风险指标定义为"真实指标"(real risk indicator,RRI),将"真实指标"的不确定性定义为"真实风险","真实风险"显示了经济运行中产生的风险。值得注意的是,"真实指标"和"真实风险"都是不可观测的。此外,我们将"真实指标"与"观测指标"(observed risk indicator,ORI)之间的差值定义为"管理偏差"(management gap,MG),将"管理偏差"的不确定性定义为"管理风险","管理风险"主要测量了"管理行为"造成的风险,其中包括了测量误差、专业判断误差以及延时性误差。"真实风险"与"管理风险"的主要区别在于,真实风险是基于真实经济运行产生的风险,这个风险是随着时间的积累而积累的,这一点与 BS 期权定价模型的假设是相同的。而"管理风险"则代表着管理行为所产生的不确定性,这个风险是不会随着时间的积累而增加的。需要注意的是,当我们进行一次风险指标观测时,观测到的指标与"理想指标"(ideal risk indicator,IRI)的差值(观测差值)包含了"真实风险"与"管理风险"两个部分,但是我们永远也无法知道其准确比例。

我们假定三个成本是已知的,即经济偏离的成本、"真实风险"所产生的成本(RC)、管理行为以及"管理风险"所产生的成本(MC)。三个值:"理想指标""真实指标""观测指标"。三个随机变量:"真实偏差"(real gap,RG)、"管理偏差"、观测偏差(observation gap,OG)。其关系如下:

$$\mathrm{ORI}-\mathrm{IRI}=\mathrm{OG}=\mathrm{RG}+\mathrm{MG}$$

$$\mathrm{RG}=\mathrm{ORI}-\mathrm{RRI},\quad \mathrm{MG}=\mathrm{RRI}-\mathrm{IRI}$$

我们假定 OG 与 MG 都服从于随机波动并服从正态分布:

$$\mathrm{OG}\sim N(0,\sigma^2),\quad \mathrm{MG}\sim N(0,\sigma_0^2)$$

当我们获得一个观测指标值时,有两种策略可以选择,策略一:不进行管理操作,这个策略下我们需要承担经济偏离所产生的风险是 RG,成本是 $|\mathrm{RG}|\cdot\mathrm{RC}$;策略二:进行管理操作,这时我们需要承担管理操作成本 $|\mathrm{OG}|\cdot\mathrm{MC}$,此外我们还需要承担经济偏离成本 $|\mathrm{RG}-\mathrm{OG}|\cdot\mathrm{RC}$,总成本为 $|\mathrm{OG}|\cdot\mathrm{MC}+|\mathrm{RG}-\mathrm{OG}|\cdot\mathrm{RC}$。这也就是说,在 $|\mathrm{RG}-\mathrm{OG}|\geqslant|\mathrm{RG}|$ 的情况下进行风险管理操作不仅没有减少经济偏差的风险,还增加了管理操作的风险。由此我们从成本效益的角度出发,发现了企业在风险管理中设定边界的意义:"在边界值内不进行管理操作的成本小于等于进行管理操作的成本。"

也就是说,当指标处于风险容忍度内时应当满足如下条件:

$$|\mathrm{OG}|\cdot\mathrm{MC}+|\mathrm{RG}-\mathrm{OG}|\cdot\mathrm{RC}\geqslant|\mathrm{RG}|\cdot\mathrm{RC} \tag{7-1}$$

不失一般性,我们假定 IRI=0,

于是有 OG=ORI,RG=RRI,MG=ORI−RRI=OG−RG

进而,$\mathrm{RC}\cdot|\mathrm{OG}-\mathrm{MG}|\leqslant\mathrm{MC}\cdot|\mathrm{OG}|+\mathrm{RC}\cdot|\mathrm{MG}|$

在给定观测值的情况下,对上式左右两边取期望,则

$$E(\mathrm{MC}\cdot|\mathrm{OG}|+\mathrm{RC}\cdot|\mathrm{MG}|\,|\mathrm{OG}|)\geqslant E(\mathrm{RC}\cdot|\mathrm{OG}-\mathrm{MG}|\,|\mathrm{OG}|)$$

不失一般性,我们假设 ORI≥0,经过推导,我们得到

$$\mathrm{RC}\cdot\mathrm{OG}\cdot\int_{-\mathrm{OG}}^{\mathrm{OG}}f(\mathrm{MG})\mathrm{dMG}+2\mathrm{RC}\cdot\int_{\mathrm{ORI}}^{+\infty}f(\mathrm{MG})\mathrm{dMG}\leqslant$$

$$\mathrm{RC}\cdot\sqrt{\frac{2}{\pi}}\cdot\sigma_0+\mathrm{MC}\cdot\mathrm{OG}$$

我们知道 OG 是一个随机变量,T 是一个设计的常量。

那么,有

$$\left(\frac{\mathrm{ORI}}{\sigma_0}\right)\cdot\left(2\cdot\varphi\left(\frac{\mathrm{ORI}}{\sigma_0}\right)-1\right)+2\cdot f\left(\frac{\mathrm{ORI}}{\sigma_0}\right)-\frac{\mathrm{MC}}{\mathrm{RC}}\cdot\left(\frac{\mathrm{ORI}}{\sigma_0}\right)\leqslant\left(\sqrt{\frac{2}{\pi}}\right)\quad(7\text{-}2)$$

当不等式左右取等号时,ORI$=T$,即最佳风险容忍度的取值。

第四节　风险的分类与识别

首先,依据对风险容忍度边界管控体系的定义,其使用的指标体系是以“控结构为目标”的“结构性指标”,指标特点为:①表明企业经营生产的“状态”;②是持续不断变化的;③可实时检测。依据 COSO-ERM 标准(2017)的定义,风险是一个围绕在理想经济目标周围的随机游走,我们建立理论模型是对其进行数理描述。

再由上文的定义:我们观测到的风险是由“真实风险”与“管理风险”两个部分组成的,“真实风险”与“管理风险”的区别在于,真实风险是基于真实经济运行产生的风险,这个风险是随着时间的积累而积累的,这一点与 BS 期权定价模型的假设是相同的。而“管理风险”则代表着管理行为所产生的不确定性,这个风险是不会随着时间的积累而增加的。需要注意的是,当我们进行一次风险指标观测时,观测到的指标与“理想指标”的差值(观测差值)包含了“真实风险”与“管理风险”两个部分,但是我们永远也无法知道其准确比例。

显然,相对于时间的波动变化是我们区分“真实风险”与“管理风险”的关键所在。我们用 RRI 相对于 IRI 的偏移作为真实风险的度量,也就是 RG。类比于 BS 期权定价模型,延续之前的假定,“真实风险”服从于维纳过程(伊藤过程),意味着 RG 服从一个正态分布。由于之前我们已经假设 IRI 为 0,则 RG 服从于均值为 0、方差随观测时间线性变化的正态分布。我们将其方差记为 $\sigma_1^2\Delta t$。

所以,我们可以得到:$\sigma^2=\sigma_0^2+\sigma_1^2\Delta t$。

根据上面的推理,我们可以得出观测到的波动率会随着观测间隔的增长而增长。也就是说,当观测实时发生时,我们观测到的波动是最小的,而且观测到的就

是管理行为误差产生的波动性。然而这与我们的直觉和经验是不符的，原因在于，在我们之前的推理中有一个隐含假设：企业的经济状态是均匀变化的。这与我们的实际情况并不吻合，即使在理想情况下，企业的各项管理指标也是呈周期性变化的趋势。这就意味着，如果在一个经济周期内我们进行多次观测，这些指标的波动性反而可能会变大。例如在结息前后我们关注应付利息的变化，其就会出现很大的波动性。假设我们在一个周期内对某项经济指标进行 $n-1$ 次观测，就有 $\sigma^2=\sigma_0^2/(n-1)+\sigma_1^2$。其中 $\Delta t'=\Delta t\ /n$（Δt 为一个经济波动周期）。通过计算我们可以得出，当 $n=2$ 时，即每一个观测周期只进行一次观测时，σ^2 取到最小值。这也就是说，在实际操作中，我们可以通过寻找最小波动周期的方法测量一个指标的变动周期。

而依据 Δt 与观测到的指标波动率的函数关系，我们也可以得出“真实风险”与管理行为风险的值，即 σ_1 和 σ_0 的值。

第五节　风险容忍度解的形态

我们假定，企业设立了边界指标（boundary indicator，BI），我们将边界值与理想指标之差的绝对值定义为风险容忍度（tolerance），记为 T，即 $T=|\ \mathrm{BI}-\mathrm{IRI}\ |$。不难看到，当式(7-2)取等号的时候，有 $T-\mathrm{tolerance}=\mathrm{ORI}$。也就是说，当我们观测到的指标达到风险容忍度时，进行管理操作和不进行管理操作的成本是一样的。而我们已经在本章第三节讨论过管理行为风险（σ_0）的取值方法，这也使得这个方程是可解的。

另外需要注意的是，当 ORI=0 时，式(7-2)总是可以取等号的。这也是符合我们的现实情形的。当我们观测到的指标数值与目标值相等的时候，无论采用哪种管理方法，我们都不会去进行管理操作，发生的经济成本总量也就是相等的。此外，我们也注意到只有在$\dfrac{\mathrm{MC}}{\mathrm{RC}}$小于 1 时，式(7-2)才有两个解，这也是符合现实情形的，因为如果管理行为的成本高于经济偏离的“真实风险”带来的成本，那么任何管理行为都是不符合成本效益原则的。故而，该性质也为我们方程的合理性提供了支撑。

那么下面我们讨论风险容忍度的合理取值。通过式(7-2)我们发现风险容忍度的取值是与管理行为的波动性以及管理成本与真实风险成本相关的，即$\dfrac{T}{\sigma_0}$与$\dfrac{\mathrm{MC}}{\mathrm{RC}}$

相关。其相关性关系如图 7-2 所示。

在不同的观测指标下,观测的指标与边界管控系统成本有如下关系:

$$\text{Savecost}=\frac{\text{MC}}{\text{RC}}\cdot\left(\frac{\text{ORI}}{\sigma_0}\right)+\left(\sqrt{\frac{2}{\pi}}\right)-\left(\frac{\text{ORI}}{\sigma_0}\right)\cdot\left(2\cdot\varphi\left(\frac{\text{ORI}}{\sigma_0}\right)-1\right)-2\cdot f\left(\frac{\text{ORI}}{\sigma_0}\right)$$

观测指标与成本节约如图 7-3 所示。

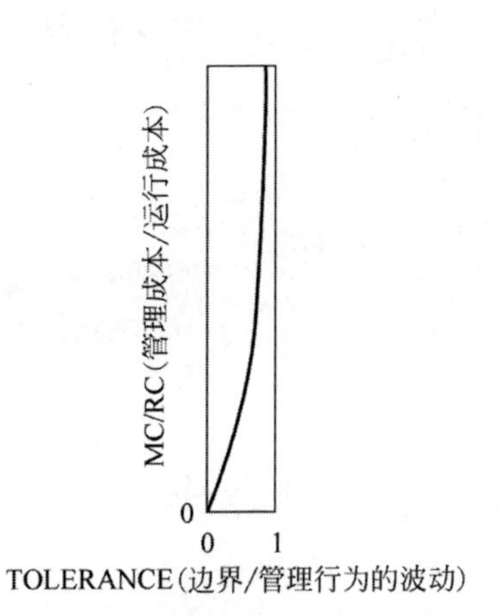

图 7-2 风险容忍度的取值与管理行为成本的关系

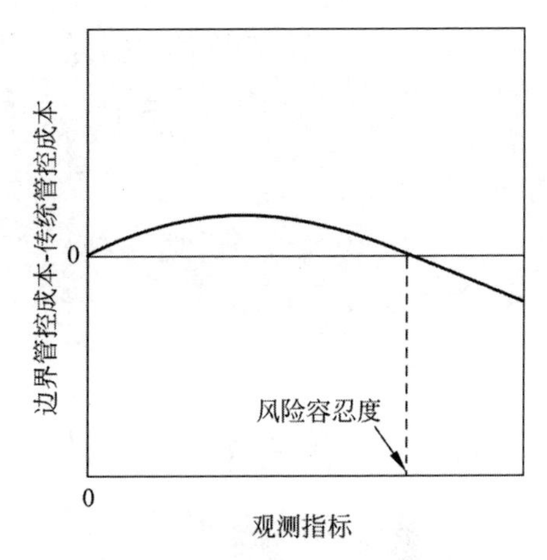

图 7-3 观测指标与成本节约

Savecost 函数在风险容忍度内,取观测指标积分则得到边界管控系统节约成本的总计,即 $\text{Total Savecost}=\int_0^{\text{Tolerance}}\text{Savecost}(\text{ORI})\,d\text{ORI}$。如图 7-4 所示。

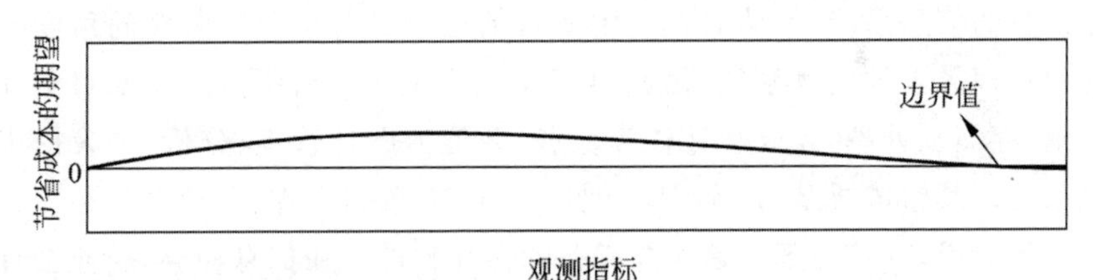

图 7-4 节省总成本

以上我们的讨论都是在观测指标大于 0 的情况下进行的,而观测指标小于 0 时则具有显然的对称性。

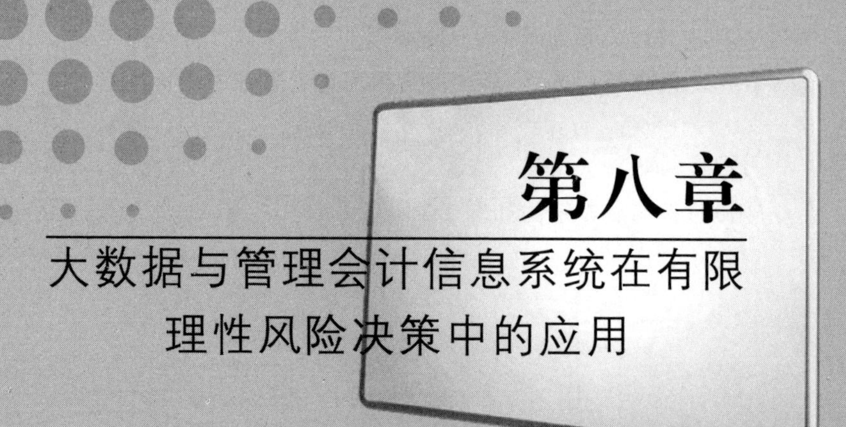

第八章 大数据与管理会计信息系统在有限理性风险决策中的应用

第一节　会计信息系统与管理会计

一、会计信息系统的基本概念

（一）什么是会计信息系统

会计信息系统是组织或企业层次中会计信息化的重要组成部分，它是一个面向价值信息的信息系统，是从对企业中的价值运动进行反映和监督的角度提出信息处理和管理需求的信息系统，因此可以将其定义为：利用信息技术对会计信息进行采集、存储和处理，完成会计核算任务，并能为会计管理、分析、决策提供辅助的信息系统。其组成要素为：计算机硬件和软件、数据文件、会计人员和会计信息系统的运行规程，其核心部分是功能完备的会计软件。在信息社会，企业会计工作中常规的、可以程序化的任务将由会计信息系统处理；同时，会计信息系统还将辅助会计人员完成其他管理与决策任务。

（二）会计信息系统的特点

会计信息系统具有以下特点。

1. 庞大复杂性

会计信息系统是企业管理信息系统的一个子系统，但它也是一个可以独立的整体，由许多职能子系统组成，如账务处理子系统、工资核算子系统、固定资产核算子系统、材料核算子系统、成本核算子系统等，内部结构较为复杂，各子系统在运行过程中进行信息的收集、加工、传送和使用,使会计信息核算联结成一个有机的整体。

2. 与企业其他管理子系统有紧密的联系

由于会计信息系统全面地反映企业各个环节的信息,它与其他管理子系统和企业外部的联系也十分紧密。会计信息系统从其他管理信息子系统和系统外界获取信息,同时将处理结果提供给其他管理子系统,使得系统外部接口较复杂。

3. 确保会计信息的客观、真实、公允、全面、完整和安全、可靠

会计信息系统应确保存放在系统中的会计信息客观、真实、公允、全面、完整和安全、可靠,为此系统应对会计信息的采集、存储、处理、加工等操作提供有关控制和保护措施。

4. 内部控制严格

会计信息系统中的数据不仅在处理时要层层复核,保证其正确性,还要保证在任何条件下以各种方式进行核查核对,留有审计线索,防止恶意破坏,为审计工作的开展提供必要的条件。

5. 系统的开放性

会计信息系统应是能与企业其他管理子系统和企业的外部环境,如银行、税收、审计、财政、客户以及其他有业务联系的企业等进行信息交换的开放型系统。为实现这一目标,在建立会计信息系统时应注意系统的整体设计,特别是计算机网络技术的应用。

(三) 会计信息系统的基本结构

会计信息系统的基本结构一般是指软件由哪些子系统组成以及子系统之间的联系。会计信息系统一般按会计职能来划分子系统,但由于不同软件公司对财务与会计的认识、理解、解决问题的方法和风格存在差异,所以不同会计信息系统的基本结构并不尽相同。一般可以将会计信息系统分为财务会计、管理会计和财务管理三大职能系统,但由于财务管理与管理会计本来就存在功能重叠,故可以将财务管理与管理会计归为一类。

1. 财务会计系统

财务会计系统一般包括总账(即账务)、应收账款、应付账款、工资、固定资产、存货、通用会计报表等职能子系统。

2. 管理会计与财务管理系统

管理会计与财务管理系统一般包括预算管理、项目管理、资金管理(即筹资投资管理)、成本管理、财务分析、商业智能以及决策支持等功能子系统。此外,财务管理的许多功能还分散在财务会计的不少子系统中,例如,在应收款管理系统中就有账龄分析、周转分析、欠款分析、坏账分析、收款分析以及收款预测等管理功能。

此外,由于我国许多独立型的会计软件都具有一定的购销存业务处理与管理功能,这部分业务与财务管理可实现协同处理,其中包括采购计划、采购管理、销售管理、存货管理和库存管理等子系统。

二、会计信息系统的产生与发展

(一)会计信息系统的产生

随着电子计算机的普及,1954 年美国通用电气公司第一次通过软件利用计算机处理工资,使电子计算机开始用于会计工作。最初计算机会计业务的处理只使用在单个业务处理上,如销售统计、工资等。1965 年以后,形成了完整的会计核算系统,出现了总账系统、应付款管理、财务报表等模块。20 世纪 70 年代开始出现决策支持系统,计算机开始帮助企业在经营管理上进行预测和决策,如“供应管理”“存货管理”等。20 世纪 80 年代,人工智能被引入管理会计的支持系统,增强了会计的经营管理功能。20 世纪 90 年代,网络技术的发展促进了会计信息系统一体化、综合化的发展,出现了 ERP(enterprise resource planning,企业资源计划)系统。

我国利用计算机进行会计业务处理起步较晚。1979 年,长春第一汽车制造厂进行了会计电算化的试点。1981 年 8 月,财政部和中国会计学会在长春召开“财务、成本、应用电子计算机”专题研讨会。1982 年 9 月,财政部教材编审委员会审定通过我国公开出版第一本介绍计算机会计应用的高等财经院校试用教材《电子计算机在会计中的应用》,开启了我国会计电算化事业的新篇章。此后,电子计算机在会计中的应用,简称为“会计电算化”。

(二)会计信息系统的发展

1. 国外会计电算化的发展

国外会计电算化的发展主要经历了单项处理阶段、综合处理阶段、管理信息系统处理阶段、决策支持系统处理阶段和商务智能系统阶段五个发展阶段。

1)单项处理阶段

20 世纪 50 年代中后期,计算机代替手工在会计领域的应用并不广泛,只是被运用在对单个会计业务的处理上,如早期的固定资产核算、工资核算、原材料核算等。这时的会计电算化的基本特征是:程序简单,程序和数据相互不独立,没有数据库管理。但是,计算机在会计领域的应用大大减轻了会计人员的劳动强度,提高了会计工作效率。

2）综合处理阶段

20 世纪 50 年代后期到 60 年代中后期，利用计算机能够对会计数据进行综合处理，如工资核算与账务处理等一起构成会计核算系统。这一阶段的基本特征是：程序已构成系统，能够对数据进行管理，程序和数据相互独立，使用比较灵活。

3）管理信息系统处理阶段

20 世纪 60 年代后出现的各种数据库管理系统，能对会计信息进行系统的分析，并具有反馈功能；能为管理者决策提供有用的会计信息；能够利用计算机对整个管理信息系统的信息进行处理。如会计系统与其他系统结合，建立管理信息系统。这一阶段的基本特征是：以数据库作为数据管理的软件支持，数据共享提高，数据可以被多个用户、多个应用共享使用。

4）决策支持系统处理阶段

这一阶段的会计电算化是在管理信息系统的基础上，建立完整的数据管理系统和决策模型库。计算机以此为基础协助管理者解决多样化的、存在不确定性的问题，为决策者提供多种决策方案，如各种经济模型。这一阶段的基本特征是：数据冗余度小，数据不断扩张，有分布式终端，构造网络。

5）商务智能系统阶段

商务智能系统具有集成化数据管理、灵活的数据访问、强大的数据分析和可视化的报告等能力。商务智能系统可以进行企业绩效评价、企业战略分析、企业生产经营分析、企业价值分析、本量利分析、人力资源分析，通过六方面的分析展示企业战略的整体目标达成情况、财务状况、企业经营状况及其他情况，为管理人员的决策提供依据。

商务智能系统是一个不断发展完善的系统。随着企业信息化建设的深入开展，业务数据会逐步积累到各种子系统中，通过商务智能系统的建设，可以更加深入地挖掘数据内在联系，更快地掌握企业实际情况并分析存在的问题。

从国外会计电算化发展历程我们可以看出，管理信息系统处理阶段是真正意义上的会计电算化的开端。而商务智能系统阶段则是会计电算化的发展趋势。

2. 国内会计电算化的发展

国内会计信息系统经过了很长的发展历程，主要分为以下几个阶段。

1）起步阶段（1979 年前）

1979 年前，我国主要依靠人工进行会计数据的收集、加工、传递和储存，只有少数单位将计算机应用到会计领域。计算机对会计信息的处理只是在单个业务的处理上，如工资核算、原材料核算等。在这一阶段，由于专业的会计电算化人才匮乏，中文的财务软件相当少，我国会计电算化发展缓慢。

2）初步探索阶段(1979—1988年)

以1979年长春第一汽车制造厂的会计电算化试点为标志，我国会计电算化进入初步探索阶段。

在这一阶段，我国掀起了会计电算化热潮，许多单位纷纷开展会计电算化工作，组织开发会计软件。理论界开始研究计算机在会计中的应用，企业与高校、科研院所合作研究建立会计理论结构模型。这一阶段，开发的会计软件投资大、周期长、质量不高、稳定性差。计算机技术尚未在国内广泛应用，会计电算化的发展处于初步探索阶段。

3）快速发展阶段(1988—1998年)

经过前一阶段的初步探索，1988—1998年成为我国会计电算化快速发展阶段，是我国会计电算化发展的关键时期。1988年12月，产生了我国第一家专业从事商品化会计软件开发与推广应用的民办高科技企业用友财务软件服务社(用友网络科技股份有限公司前身，以下简称"用友公司")。它成功开发出了通用会计核算软件中的工资管理子系统、财务处理子系统和报表处理子系统，并通过了财政部评审。在之后的几年时间里，还出现了其他软件公司推出类似子系统的会计核算软件。这种会计信息系统主要在财务部门使用，其全部账务处理和报表输出的功能，可满足小型会计单位一般的会计核算要求。但对于大中型和管理要求较高的企业，仅仅满足记账、算账、报账的功能显然是不够的。

4）普及与提高阶段(1998年至21世纪初)

自1998年以来，在财政部的领导下，各级行政部门和业务主管部门进一步加强了对会计电算化的重视及管理，许多地区和部门制定了发展规划、管理制度，有力地推动了会计电算化的普及与提高。

这一阶段，随着现代企业制度的建立，企业管理对会计工作的要求日益提高，过去记账、算账、报账的核算型会计信息系统已经不能满足企业发展的需要，要求建立以管理为核心的面向整个生产经营过程的管理型会计信息系统。原来单一的只能在财务部门使用的系统需要发展为跨越多个部门的企业会计应用系统。由原来的几个孤立的子系统发展为财务、报表、应收、应付、固定资产、采购管理、库存管理、销售管理、成本管理、财务分析、决策支持等多功能高度集成一体化的会计信息系统。

5）全面企业管理阶段(未来趋势)

国外企业管理信息系统经历了三个发展阶段：MRP(material requirement planning，物料需求规划)、MRPⅡ(manufacturing resources planning，制造资源规划)、ERP。21世纪初，我国一些账务软件公司开始向ERP进军，标志着我国会计信息化又一新阶段的到来。

ERP系统是指建立在系统化的管理思想基础上，为企业提供决策运行手段的管理平台，它是从MRP发展而来的新一代集成化管理信息系统，它扩展了MRP的功能。ERP系统的核心思想是供应链管理，对于改善企业业务流程、提高企业核心竞争力具有显著作用。

近些年来，我国一些软件企业和高校、科研院所合作，通过不懈努力，研究开发出适用于我国具体情况的国产的ERP系统。用友公司向传统的ERP挑战，提出全面实施网络财务战略，建立新型的ERP软件，使ERP集成网络财务的功能。未来，国产的财务软件及企业管理软件的不断完善、提高必将实现我国会计信息系统的管理型和网络化，推动我国企业管理水平进一步提高，强化企业竞争能力。

（三）会计信息系统的发展趋势

会计电算化随着计算机技术的产生而产生，也必将随着计算机技术的发展而不断发展和完善。纵观国内外会计信息系统的发展情况，我国会计信息系统有如下发展趋势。

1. 标准化

要解决会计信息的传递、会计电算化后的审计等问题，会计电算化必须走标准化的道路。财政部作为会计电算化工作的管理者，应首先制定会计电算化法规制度；其次，制定统一的会计电算化发展规划并组织实施；再次，指导进行规范化的软件开发、对软件进行评审、验收。

2. 集成化

目前，会计信息在整个企业信息中占到70%以上。借助会计信息系统不仅能够满足管理上的事前预测、事中控制、事后分析，更重要的是能够实现企业信息资源的集成化管理。ERP系统是新一代的集成化管理信息系统。

3. 网络化

随着网络化与电子技术的发展，企业将网络技术应用到会计领域，代替人工进行数据的收集、原始凭证的录入、记账、算账、报账，对会计信息分析、预测、决策，帮助企业加强信息传递和交流，实现财务和业务协同及远程报账、查账、审计等功能，支持电子账单、电子货币，改变信息的获取和利用方式。会计信息系统的网络多功能化正逐步增强。

4. 智能化

电算化会计信息系统以人工智能为基础，侧重于提高人工智能数据处理、分析、判断等方面的能力，逐步实现信息系统的智能化。利用人工智能研究新的成果，采集专家的经验和智慧，分类存入计算机，在预测、决策过程中，将决策目标确定输入以后，利用专用语言，经过反复推导，调出有关专家经验和智慧，辅助决策，以提高决策的可靠性。

5. 国际化

随着经济发展的全球化和国际一体化，各个国家之间交流日益增多，相互依存关系日益增强，经济信息处理需要向国际标准靠拢。我国现在使用的是财政部颁布的2007版本的会计准则。它与国际通用的会计准则之间还有一定出入，在某些经济业务的处理上缺乏与国际的可比性。会计电算化走国际化的道路，是世界经济全球化的必然选择，也是企业跨国经营的要求。

三、管理会计的基本理论

（一）管理会计的定义

2014年10月27日，财政部印发的《财政部关于全面推进管理会计体系建设的指导意见》认为：管理会计是会计的重要分支，主要服务于单位（包括企业和行政事业单位）内部管理需要，是通过利用相关信息，有机融合财务与业务活动，在单位规划、决策、控制和评价等方面发挥重要作用的管理活动。这一观点从广义上展开了对管理会计本质和应用的研究。

正确研究和理解管理会计应注意以下四点。

（1）从属性看，管理会计属于管理学中会计学科的边缘学科，是以价值的最大增值作为最终目的的会计信息系统。

（2）从范围看，管理会计主要为企业（或行政事业单位）管理当局的管理目标服务，同时也为股东（包括资金提供者）、债权人、规章制度制定机构及国家行政机构（如税务当局）等非管理机构服务。

（3）从对象看，管理会计的对象是以使用价值管理为基础进行的价值管理活动，因而应关注物流、资金流，并基于信息流进行价值最大化管理，体现业务与财务融合的管理要求。

（4）从方法看，管理会计要运用一系列专门的方法，通过确认、计量、估值等一系列工作，为预算、过程控制、报告和考核提供信息，为企业经营管理提供依据。

（二）管理会计的对象

虽然会计学界有不同的观点，并从不同角度对管理会计的对象进行了论证，见仁见智，但都不能将管理会计的对象始终贯彻在管理会计的活动之中。本书认为，管理会计的对象是以使用价值管理为基础的价值管理活动，原因有以下几点。

（1）从实质上讲，管理会计的最终对象是企业的生产经营活动。可以说，企业的生产经营活动是管理学各门课程共同研究的对象，各门课程之所以能够相互区分开来,是因为它们基于不同目的、从不同角度出发、采用不同方法、在不同层面上展开研究。例如,财务会计主要是从外部报表使用者的角度出发,通过凭证、账簿、报表,记账、算账、报账等会计循环工作,对已经发生或已经完成的生产经营活动进行核算,以提供管理所需的会计信息。而财务管理主要是从内部使用者的角度出发,通过筹资、投资、营运和分配等工作,对生产经营活动产生的现金流动进行规划和控制,以提高资金的使用效果。

(2) 从管理体现经济效益的角度来看,管理会计的对象是企业生产经营活动中的价值活动。在商品经济条件下,企业的生产经营活动表现为两个方面:一方面表现为使用价值的生产和交换过程,另一方面表现为价值形成和价值增值过程。企业生产产品、提供服务,是为了赚得利润(即获得价值增值)。在这一过程中,管理会计以生产经营活动中价值形成和价值增值过程为对象,通过对使用价值生产和交换过程的优化,提供信息并参与决策,以实现价值最大增值的目的。

(3) 从实践角度来看,管理会计的对象具有复合性的特点。一方面,管理会计致力于使用价值生产和交换过程的优化,强调加强作业管理,其目的在于提高生产效率和工作效率。因此,作业管理必然强调有用作业和无用作业的区分,并致力于消除无用作业。为此,必须按生产经营的内在联系,设计作业环节和作业链,为作业管理和管理会计的实施奠定基础。可以说,作业管理使管理会计的重新构架成为可能。另一方面,在价值形成和价值增值过程中,管理会计强调加强价值链管理,其目的在于实现价值的最大增能。因此,价值管理必然强调价值转移、价值增值与价值损耗之间的关系,价值转移是价值增值的前提,减少价值损耗是增加价值增值的手段。为此,必须按照价值转移和增值的环节,设计价值环节和价值链。可以说,价值管理使管理会计的重新构架成为现实。

正是管理会计对象所具有的复合性特征,才使作业管理和价值管理得以统一,并构成完整的管理会计对象,从而与其他学科区别开来。一方面,价值环节和价值链与作业环节和作业链密切联系,基本形成一一对应的关系;另一方面,价值的增值取决于作业环节的减少和无用作业的消除(当然,整个纵向价值链的优化也是价值增值的重要方面),因为作业环节的减少和无用作业的消除将减少资源的耗费,在整个纵向价值链的价值增值额不变的情况下,必然会增加企业的价值增值额。可以说,作业管理和价值管理是管理会计的两个轮子。

(三) 管理会计的目标

管理会计是适应企业加强内部经营管理、提高企业竞争力的需要而产生和发展起来的,管理会计的最终目标是实现价值的最大增值,并实现以下两个分目标。

1. 为管理和决策提供信息

管理会计应向各级管理人员提供以下经过选择和加工的信息。

(1) 基于企业生产经营活动并与预算、过程控制、报告、考核有关的各类信息,包括历史信息和未来信息。这些信息有利于各级管理者加强对生产经营过程的控制,实现生产经营的最佳化。

(2) 与维护企业资产安全、完整及保障资源有效利用有关的各类信息。

(3) 与股东、债权人及其他外部利益关系者的决策有关的信息,这些信息将有利于投资、借贷及有关法规的实施。

2. 参与企业的经营管理

在现代管理理论的指导下,管理会计正在以各种方式积极参与企业的经营管理,将会计核算推向会计管理。

从实践角度看,管理会计通过制定各种战略、战术及经营决策,协调和组织企业工作等方式参与管理,不仅有利于各项决策方案的落实,而且有利于企业在总体上兼顾长期、中期和短期利益的最佳化运行。

(四) 管理会计的基本特征

价值分析要求管理会计完成两个任务:提供信息和参与决策。而完成这两个任务,管理会计必须具有两个基本特征:计量和估值。

首先,管理会计应该具有提供信息的计量特征。管理会计之所以是会计,在于它以会计特有的概念、方法和思维去解释、计量和使用信息,这是区别于其他管理的本质所在。离开了计量就无所谓管理会计。当然,与财务会计以货币计量、反映财务信息为主不同,管理会计通过货币计量,既反映财务信息,又反映非财务信息;既反映已经发生和完成的信息,又反映未来发生和完成的信息;既反映企业自身的信息,又反映与企业竞争相关的其他企业信息。可以说,管理会计的计量具有更广阔的视角,兼顾现在与未来、市场、竞争对手和企业内部。

其次,管理会计应该具有参与决策的估值特征。管理会计之所以是管理的会计,就在于利用会计计量属性,形成方案、比较方案、选择方案的估值过程,并在实施方案的过程中监督和评价方案,更主动地参与企业的生产经营管理。

(五) 管理会计循环

管理会计循环又称管理会计的实施过程,包括四个循环环节:预算、过程控制、报告和考核。四个环节的确认和展开,一方面便于对各类管理会计工具进行整合,另一方面能够促进管理会计理论框架与实践的结合。

1. 预算

预算是基于战略,面向未来,以资源配置为任务,对企业的业务活动和经营过程进行的规划。其目的在于基于竞争战略对各种资源(特别是资金)进行优化配置，以达到资源的最佳运用。众多学者的研究也都证实了预算在中外企业管理中的普遍性和有效性。

在对未来业务活动、经营过程进行预算的过程中，要求管理会计提供高质量的历史和未来信息，形成预测、决策的备选方案，量化并说明未来经济活动对企业的影响，以便选择最优方案。因此，管理会计应对有关信息进行加工处理，去粗取精，去伪存真，以确保所选用信息能够反映经济活动的未来趋势，揭示经济活动的内在比例关系。

2. 过程控制

过程控制是实现预算的过程，其基本目标是确保预算的有效实施，并且通过采用适当的措施[如 ABC(作业制成本制度)，ABB(实施作业制预算制度)，BPR(业务流程重组)，风险控制、集团公司的管理控制等]保证企业生产经营过程的合法、合规，提高企业经营的效率、效果。

过程控制是对企业经济活动按预算要求进行的监督和调整。一方面，企业应监督预算的执行过程，确保经济活动按照预算的要求进行，为完成预算目标奠定基础；另一方面，企业也应对采取的行动及预算本身的质量进行反馈，以判断预算阶段对未来期间影响经济变动各因素的估计是否充分、准确，从而调整预算或工作方式，确保目标实现。

为了实现控制职能，企业应建立完善的控制体系，确保该控制体系所提供的与经济活动有关的信息真实、完整，能够及时、有效地调整预算及管理人员的行为。

3. 报告

报告是在管理过程中或管理过程结束后以一定方式反映生产经营活动及其结果，为相关管理者提供管理数据，进行有效的控制和考核。在这一过程中，管理会计应向企业内部各相关管理者报告其所需的历史或未来事项的信息，这些信息可能涉及财务会计、材料物资、人力资源、市场以及受规章限制的内外环境。除向企业内部报告外，管理会计还向股东、债权人、政府规章制定机构和税务当局等外部组织提供相应的信息。

报告是管理者获得信息的重要渠道，因此，管理会计应对与企业管理活动有关的各种内外信息作出解释，并揭示信息所隐含的内容，如相关性、可靠性。因此，管理会计不仅要了解信息的来源，还要了解信息的用途。

4. 考核

考核是对预算执行结果的评价过程，其目标是通过采取适当的指标和方法[如 ROE(净资产收益高)、EVA、杜邦财务分析、平衡计分卡等]保证企业预算的实现。

基于研究对象展开，管理会计学的基本架构如图 8-1 所示。

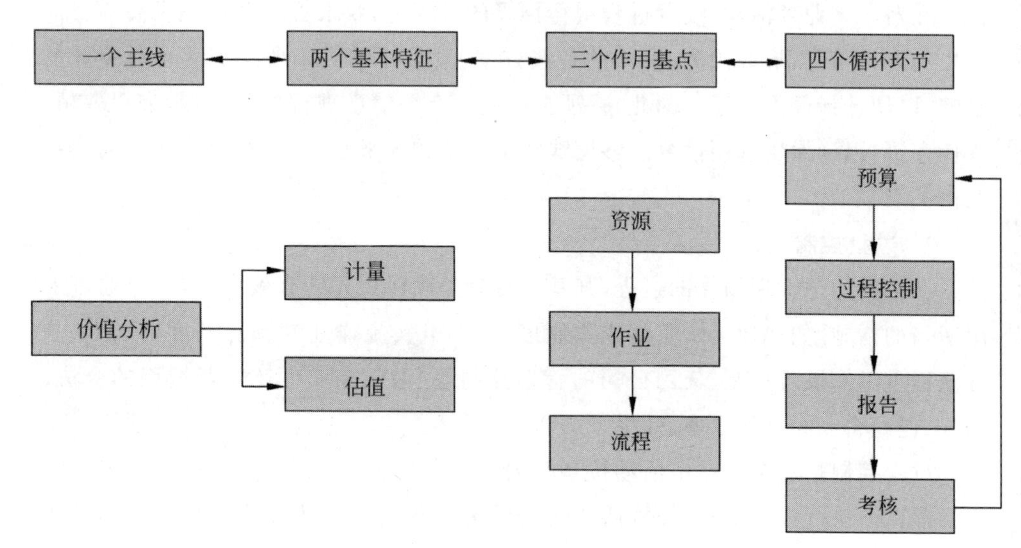

图 8-1 管理会计学的基本架构

四、管理会计的形成与发展

管理会计的形成和发展主要分为以下几个阶段。

(一) 以成本控制为基本特征的管理会计阶段

1. 社会经济发展的基本特征

20 世纪初，随着社会化大生产程度的加深和生产规模的日益扩大，企业竞争日益激烈，所有者和经营者都意识到，企业的生存和发展不仅仅取决于产量的增长，更取决于成本的高低。因此，为在激烈的市场竞争中战胜对手，必须要求企业加强内部管理，提高生产效率，以降低成本、费用，获取最大的利润。

2. 经济理论的发展

适应该阶段社会经济发展的客观要求，经济理论有了很大的发展，其中古典组织理论对管理会计形成的影响最大。

1) 官僚学派

官僚学派由德国社会学家韦伯于 20 世纪初创立，强调企业有一个正式的、机械性的组织结构，并由组织中的统治集团实行控制。这种控制的实现要通过以下四个方面：①劳动分工；②规范化的权力体制；③经营过程的规划与标准；④工作责任的详细说明。韦伯从正式的和技术的观点，将官僚体制描述为管理复杂组织所不可缺少的一种形式。

2）科学管理学派

科学管理学派由被尊称为“科学管理之父”的泰勒创立，该理论旨在解决如何提高生产效率和工作效率，并认为对于完成每项工作来说总存在一个“最佳途径”，管理的职责在于为工作提供明确的指导，选拔最适合该项工作的工人来完成，并用最有效的方法对这些工人进行培训。

3）行政管理学派

行政管理学派的重点不是经营水平的最大效率问题，而是注重组织内较高一级的管理问题。20 世纪 20 年代，法约尔发展了一系列管理原则，强调劳动分工、个人权责的明确划分、命令与纪律、集权以及个人的首创精神与集体团结精神。到 20 世纪 60 年代，该学派又进一步发展，包括金字塔组织结构学说、管理控制跨度的限制、平行协调与工作参与，以及权力的上下分派以保证下属人员愿意接受管理权威等。斯隆将协调分权的概念加以公式化，说明经营活动的分权化与政策决策的集权化是组织管理的一种极为有效的手段。

古典组织理论最大的缺陷在于其侧重点在“没有人的组织”上，强调的是“机械模型”，完全忽视了人的因素。但其同时也认为完成任何一件工作都有一种最佳途径，并以此引出一系列管理原则。该理论的优点在于强调正式结构的重要性，为经济理论的进一步发展奠定了基础。

3. 管理会计的形成

古典组织理论特别是科学管理理论的出现促使现代会计分化为财务会计和管理会计，现代会计的管理职能得以表现出来。该阶段，管理会计以成本控制为基本特征，以标准成本控制为方法，以提高企业的生产效率和工作效率为目的，其主要内容包括以下几个方面。

1）标准成本

标准成本是指按照科学的方法制定在一定客观条件下能够实现的人工、材料等消耗标准，并以此为基础形成产品标准成本中的标准人工成本、标准材料成本、标准制造费用等标准。标准成本的制定使成本计算由事后计算和利用转变为事前的计算和利用，是现代会计管理职能的一大体现。

2）预算控制

预算控制是指按照人工、材料等消耗标准及费用分配率标准，将标准人工成本、标准材料成本、标准制造费用以预算形式表现出来，据以控制料、工、费的发生，使之符合预算的要求。

3）差异分析

差异分析即在一定期间终了时，对料、工、费脱离标准的差异进行计算和分析，查明差异形成的原因和责任，借以评价和考核各有关方面的工作业绩，促使其改进工作。

此外，服务于企业内部经营管理的经营分析得到一定的发展，如部门之间的比较分析等已经开始具备管理会计的性质。

（二）以预测、决策为基本特征的管理会计阶段

1. 社会经济发展的基本特征

第二次世界大战以后，科学技术日新月异，社会生产力得到迅速发展，企业规模不断扩大，跨国公司大量涌现。与此同时，市场竞争愈来愈激烈，企业获利能力普遍下降。上述影响使企业生产经营出现以下变化。

（1）市场竞争的日趋激烈迫使企业必须重视对市场的调查研究，借助最新研究成果，加强生产经营的预测和决策工作。

（2）产品生产从重视单一品种的大批量生产转向按顾客要求进行多品种的小批量生产，以提高市场竞争力。

（3）广泛推行职能管理，利用行为科学研究的最新成果来改善人际关系，调动职工的主观能动性，以激励职工提高产品质量、降低产品成本、扩大企业盈利。

（4）计算机技术的迅速发展进一步强化了生产经营的日常控制，为量化管理提供了坚实保障。

由此可见，企业管理已不再简单地依靠提高生产效率、工作效率及内部标准化管理，而是将重心转向提高经济效益。

2. 经济理论的迅速发展

为满足企业管理重心转向经济效益的需要，西方管理理论有了迅速的发展，极大地推动了管理会计的发展。

1）行为科学

行为科学是运用心理学、社会学、社会心理学等方面的研究成果，研究人的各种行为的规律性，分析人产生各种行为的客观原因和主观动机的一门科学。行为科学认为，不能把员工看作只追求经济利益的“利益人”，而应看作有感情、思想、需要、爱好及主动性、积极性的“社会人”；企业是一个社会组织，从长远的观点看，企业的目标应该是长远健康发展。

行为科学的产生主要是为了满足管理界日益增长的“应该注重组织内人的因素”的需要，其侧重点在于人际关系和人力资源，其主要贡献在于提出了群体动态、非正式组织、管理监督风格、参与管理和自我实现等概念。

2）系统理论

系统理论认为，组织系统的各个部分是相互联系、相互依存、相互制约的；系统内部、系统之间以及系统与外部要进行物质、能量和信息交换，并通过交换形成一种稳定有序的状态。早期的系统理论认为组织（如企业）是一个封闭系统，因而对组织的研究只限于组织内部，而不考虑其所处的环境因素。其后的一般系统理论则将组织看作一个开放的系统，因此强调组织对其所处环境的依赖性；对组织的研究不是组织的目的，而是帮助组织适应环境的手段；由于环境影响而产生的组织业绩水平的不规则性是组织实现其功能的不可分割的因素，应认真进行研究。总之，一般系统理论认为，对于不同的环境而言，没有一种最佳的组织结构可以通用。

3）决策理论

决策理论认为：①决策贯穿管理的全过程，管理就是决策。②由于个人能力有限，只能在某段时间内处理较少数量的信息，因而不可避免地显示出有限理性，当面对一个问题时，他们只寻求解决该问题的第一方式，而不会不断地寻找直至找到最优的解决方式，这就是著名的“以满意代替最优”的思想。③一个决策者可能同时面对几个目标，有时这些目标还会相互冲突，这时就应找出该期间最主要的目标，并设法完成，随着时间的推移，其他目标的重要性才会显现出来，这时，就要再排一个顺序，依次完成，这是所谓“目标排列”思想。

3. 管理会计的发展

在该期间，以标准成本控制为主要内容的管理控制继续得到强化并有了新的发展。责任会计将行为科学理论与管理控制理论结合起来，不仅进一步加强了对企业经营的全面控制（不仅是成本控制），而且将责任者的责、权、利结合起来，考核责任者的工作业绩，极大地激发了经营者的积极性和主动性。

管理会计以系统理论和决策理论为基础，在强化控制职能的同时开始行使预测、决策职能。管理的关键在于决策，决策的关键在于预测。随着各种预测、决策的理论和方法广泛引入管理会计工作，逐步形成了以预测、决策为主要特征并与管理现代化要求相适应的行之有效的管理会计体系，其主要内容包括预测、决策、预算、控制、考核和评价。在这一阶段，狭义管理会计的内容体系已基本建立。

（三）以重视环境适应性为基本特征的战略管理会计阶段

1. 社会经济发展的基本特征

进入20世纪70年代，社会经济发展表现出以下基本特征。

1）竞争要求企业进行“顾客化生产”

市场全球化使得竞争更加激烈，企业面临的市场已从已知顾客群转向包括潜在顾客群在内的多样化的顾客群体。此时,企业的生产组织必须从以追求规模效益为目标的大批量生产方式转向能对顾客不同需求迅速作出反应的“顾客化生产”,即以顾客为中心,以顾客不满意程度为判断依据,在对顾客需要进行动态掌握的基础上,在较短的时间内完成从产品设计、制造到投放市场的全过程。

2）科学技术的发展为“顾客化生产”提供了可能

数控机床、电脑辅助设计、电脑辅助制造、电脑管理系统等的广泛应用,使得产品的订货、设计、制造、销售等环节综合成一个整体,设计人员可以据此取得新产品的功能、形状、成本构成等的最佳结合,从而实现新产品技术先进性和经济可行性的统一。这不仅为企业进行灵活多样的“顾客化生产”提供了技术上的可能,而且提高了劳动生产率和产品的市场竞争力。

2. 经济理论的发展

由于市场竞争日趋激烈,人们认识到企业的计划必须以外部环境的变化为基础,更加留心市场变化的动态,更加密切关注竞争对手。与此相适应,战略管理的理论有了长足的发展。

战略管理是管理者在确立企业长期目标,综合分析内外相关影响因素的基础上,制定达到目标的战略,并执行和控制整个战略的实施过程。战略管理一般分为三个阶段：战略制定、战略实施、战略控制和评价,如图 8-2 所示。

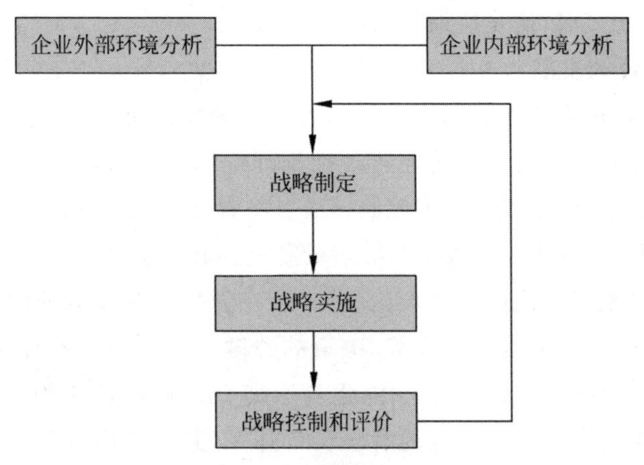

图 8-2　战略管理流程

从图 8-2 可以看出,企业在战略制定阶段,高层管理者必须通过分析企业的内外环境,明确企业的优势、劣势、机会和威胁,以制定企业战略。战略管理的关键是在不断审视企业内外环境变化的前提下,寻找一个能够运用优势,抓住机会,弱化劣势和避免、缓和威胁的战略。

企业战略制定以后,就要建立确保战略有效实施的计划体系,包括各种行动方案、预算和程序,目的是将企业战略具体化,使之在时间安排和资源分配上得到保障。进而根据战略来调整企业的组织结构、人员安排、领导方式、财务政策、生产管理制度、研究与发展的政策、企业文化等,使企业战略的实施更有效率。

战略控制和评价的关键在于及时、准确地将有关信息反馈到企业战略管理的各个环节上,以便管理者采取必要的纠正行动。造成战略实施的进度和结果与计划不同的原因是多方面的。管理者在发现造成偏差的原因后,首先应重新检查或调整战略实施的计划体系或实施措施;其次应检查企业的战略、目标是否正确;最后应重新考虑企业的宗旨。如果造成偏差的原因是企业内外环境中的关键因素发生了重大和根本性的变化,那么整个企业战略都要重新制定。

可见,重视环境对企业经营的影响是企业战略管理的基本点。

3. 战略管理会计的产生

随着战略管理理论的发展和完善,人们越来越重视竞争环境和企业战略的引导作用。著名管理学家西蒙于 1981 年首次提出了“战略管理会计”,之后很多学者的研究成果也在不断丰富和完善战略管理会计,并形成了以下列内容为主体的战略管理会计体系。

1) 价值链分析

“价值链”由迈克尔·波特于 1985 年提出。他将一个企业的经营活动分解为若干战略性相关的价值活动,每一种价值活动都会对企业的相对成本产生影响,进而成为企业采取差异化战略的基础。供应商通过向企业出售产品对企业价值链产生影响,而企业通过向顾客销售产品影响买方的价值链。价值链有以下几种类型。

(1) 纵向价值链。波特指出,“联系不仅存在于一个企业价值链内部,而且存在于企业价值链与供应商和顾客的价值链之间”。企业价值链与供应商价值链之间的联系可以通过采购活动实现,与顾客价值链之间的联系则通过销售和服务活动实现。这种联系可以向上延伸至原材料的最初生产者(或供应者),向下延伸到使用产成品的最终用户,形成一条由从原材料投入产成品到提供给最终用户的所有价值转移和增值环节构成的纵向价值链。

纵向价值链分析旨在确定企业在哪一个或哪几个价值链节中参与竞争,具体包括:①产业进入和产业退出的决策。企业可以通过对某一产业(可能包括若干价值链环节)在整个纵向价值链利润共享情况的分析,以及对该产业未来发展趋势的合理预期,作出进入或者退出该产业的战略决策。②产业内纵向整合的决策。企业可以在更广泛的空间范围内(产业与产业之间,或某一产业内)对企业现有生产过程进行扩张或收缩。

对纵向价值链的研究能保证企业准确确定市场定位,并且考虑更广泛的有关整合和利用市场之间的战略问题,使得收购、兼并、投资等决策有了新的视角。

(2) 横向价值链。某一最终产品的生产可以通过不同企业的多种途径和组合方式来完成，在整个空间上必然存在一系列互相平行的纵向价值链，所有这些互相平行的企业之间就形成了一种相互影响、相互作用的内在联系（即横向价值链）。这种横向价值联系实际是一个产业的内部联系，其相互影响和相互作用的结果决定了产业内部各企业之间的相对竞争地位，并对企业价值最大化的实现产生重要影响。

横向价值链分析就是通过对一个产业内部的各个企业之间的相互作用的分析，确定企业与竞争对手之间的差异，从而确定能够为企业取得相对竞争优势的战略。

对横向价值链的研究能保证企业准确确定竞争定位，并使功能成本分析、质量成本管理及竞争博弈分析等有了新的内涵。

（3）内部价值链。企业内部价值活动是由在经济和技术上有明确界限但又相互联系的各项活动组成的，是创造对顾客有价值的产品的基础。这些相互联系的价值活动往往被看作服务于顾客需要而设计的一系列作业的集合体，并形成一个有机联系的作业链，即内部价值链。

企业内部价值链主要包括：①生产经营活动，即从原材料投入到最终生产出满足顾客需要的产品的生产过程，又可分解为供应、生产、销售三大价值活动，而每一价值活动又可以根据具体的行业和企业特点进一步分解为若干子价值活动。②基本职能活动，即企业履行基本管理职能的各种活动，包括企业的总体管理、计划、财务与会计、法律等诸多方面的活动。基本职能活动是通过整个企业内部价值链而不是单个价值活动对企业的生产经营起辅助作用的。③人力资源管理活动，包括各类人员的招聘、雇佣、培训、开发、报酬和激励等诸多方面的活动。其具体包括：人的行为问题的研究，人力资源的成本、价值确定和相关投资分析研究。人力资源管理活动不仅支持企业各种具体的价值活动，而且支撑整个企业内部价值链。

可以说，纵向价值链分析的结果在于确定企业应该生产什么，横向价值链分析则指出企业生产该种产品的竞争优势所在和相关的限制条件，上述分析的结果最终要通过企业内部价值链的优化来落实。

2）SWOT 分析

SWOT 是英文 strength（强势）、weakness（弱势）、opportunity（机会）、threat（威胁）的首字母的组合，旨在确认企业各项经营业务面临的强势与弱势、机会与威胁，并据此选择企业战略。其理论基础是有效的战略能最大限度地利用业务优势和环境机会，同时使弱势和环境威胁降到最低。

强势是企业相对于竞争对手而言所具有的资源、技术以及其他方面的优势，反映了企业能在市场上具有竞争力的特殊实力；弱势是严重影响企业经营效率的资源、技术和能力限制，企业的设施、资金、管理能力、营销技术等都可以成为造成企业弱势的原因。

机会是企业业务环境中的重大有利因素，如环境发展的趋势和政府控制的变化、技术变化及供应关系的改善等因素都可视为机会；威胁是环境中的重大不利因素，构成企业发展的障碍。

SWOT 分析法将企业面临的外部机会和威胁与企业内部具有的强势和弱势进行对比，有针对性地拟定四种战略，如图 8-3 所示。

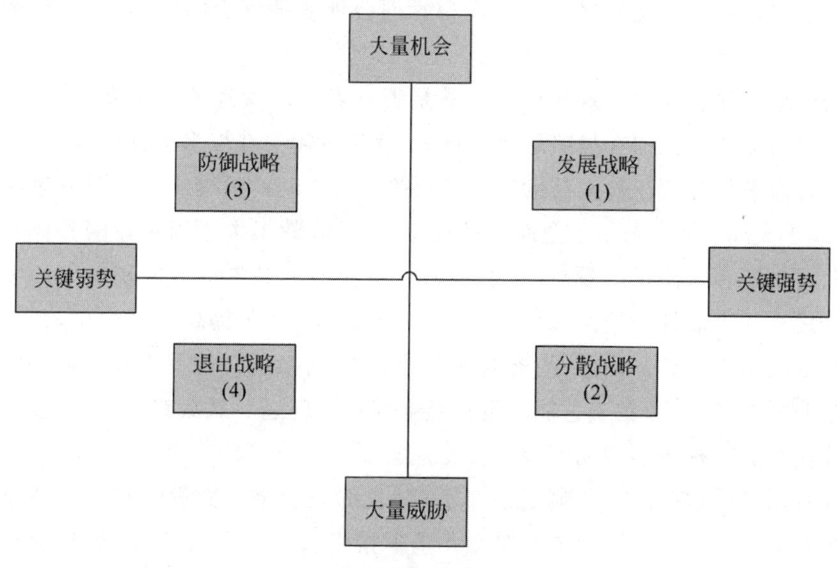

图 8-3　SWOT 分析法

3）战略成本管理

战略成本管理是为了提高和保持企业持久的竞争优势而建立的成本管理系统，由价值链分析、战略定位分析、战略成本动因分析三个主要部分构成。价值链分析旨在明确企业价值链的位置，讨论利用上下游管理成本的可能性；战略定位分析则强调企业在不同时期采取的战略可能不同，不同产品采取的战略也可能不同；对于不同的战略，企业应采取的成本管理系统也可能不同、战略成本动因分析就是要帮助企业确定和选择有利或不利的战略成本动因作为成本竞争的突破口，以控制企业日常经营中大量潜在的成本问题。

由于竞争十分激烈，顾客对众多供应厂家也变得越来越挑剔，品牌忠诚度明显下降，从而使企业面对越来越复杂的顾客群体。企业战略的制定需要以产品价格、性能、质量三个方面为坐标进行综合考虑，确立自己的产品生存空间，并注意顾客对这三方面的接受程度，即以适当的价位生产出适当性能与质量的产品。

4）人力资源管理

在当今社会，技术已成为经济发展的首要和关键因素，但其基础在于发挥人的价值和知识创新能力。人力资源管理的核心是以人为本，通过一定的方法和技能来激励员工以获取最大的人力资源价值，并采用一定的方法来确认和计量人力资源的成本、价值、收益，进行人力资源的投资分析，帮助企业构建人力资源战略。

5）战略绩效评价

随着企业向“顾客化生产”的转变，管理者的目光开始从企业内部转向企业外部，扩大市场份额、提高企业竞争优势已成为企业关注的重点。在这种情况下，以衡量企业内部经营管理的财务指标作为管理会计业绩评价的依据，显然已经不能满足管理者的要求。

战略绩效评价强调绩效评价必须满足管理者战略管理的信息需求，以利于企业寻找战略优势。比如在战略形成过程中，管理者需要获取多方面的信息，通过对相关顾客需求状况的评价来帮助管理者决策。意大利的贝瑞特公司是一家军火制造商，20 世纪 80 年代采用了全面质量管理，但是收效不大。当企业的整体业绩评价转向评价顾客对质量的看法时，发现顾客重视的只是猎枪的防锈能力和随身武器百分之百的可靠性。这些直接的战略评价最终使企业提高了利润率，并取得了美国军方的手枪订单。因此，战略管理会计认为，有效的评价并不在于使用财务指标还是非财务指标，而在于它能够发现企业存在的问题。从战略层来讲，非财务指标往往比财务指标更能说明问题。

在我国，财政部 2014 年制定发布了《财政部关于全面推进管理会计体系建设的指导意见》，2016 年印发了《管理会计基本指引》，2017 年印发了《管理会计应用指引第 100 号——战略管理》等 22 项管理会计应用指引，将管理会计体系建设提上日程。

五、管理会计信息系统在有限理性风险决策中的应用

（一）管理会计信息系统的基本概念

管理会计信息系统，是指以财务和业务信息为基础，借助计算机、网络通信等现代信息技术手段，对管理会计信息进行收集、整理、加工、分析和报告等操作处理，为企业有效开展管理会计活动提供全面、及时、准确信息支持的各功能模块的有机集合。

管理会计信息系统的应用程序一般包括输入、处理和输出三个环节。

(1) 输入环节，是指管理会计信息系统采集或输入数据的过程。

管理会计信息系统需提供已定义清楚数据规则的数据接口，以自动采集财务和业务数据。同时，系统还应支持本系统其他数据的手工录入，以满足相关业务调整和信息补充的需要。

（2）处理环节，是指借助管理会计工具模型进行数据加工处理的过程。管理会计信息系统可以充分利用数据挖掘、在线分析处理等商业智能技术，借助相关工具对数据进行综合查询、分析统计，挖掘出有助于企业管理活动的信息。

（3）输出环节，是指提供丰富的人机交互工具、集成通用的办公软件等成熟工具，自动生成或导出数据报告的过程。数据报告的展示形式应注重易读性和可视化。

最终的系统输出结果不仅可以采用独立报表或报告的形式展示给用户，也可以输出或嵌入到其他信息系统中，为各级管理部门提供管理所需的相关、及时的信息。

管理会计信息系统的模块包括成本管理、预算管理、绩效管理、投资管理、管理会计报告以及其他功能模块。

我国管理会计信息化总体起步较晚，仍处于低水平阶段。大多数企业对于管理会计信息系统的建立仅仅局限于单个的管理会计工具，信息未得到有效整合。财政部于 2014 年制定发布了《财政部关于全面推进管理会计体系建设的指导意见》，顺应形势地提出了企业要以坚实的大数据为基础，全面推进面向管理会计的信息系统建设。

管理会计信息系统与会计核算系统有着很大不同。会计核算系统按照实际操作中对企业会计核算流程的要求安排设计，操作固定、内容全面，只需要按照经济业务内容和会计相关法律要求操作即可。而管理会计信息系统更为复杂。它没有一成不变的决策处理程序，相反在决策过程中需要运用大量的技术分析方法，对比多项数据信息才能得到所需的结果。系统庞大、操作复杂，一旦结果失误有可能给企业的发展带来毁灭性打击。因而该系统的建立对数据处理能力有着极高的要求。现今的大数据时代所提供的数据量、数据结构和数据处理方式正好贴合了管理会计信息系统的需要，将企业决策中需要的财务因素与非财务因素结合起来，为企业管理提供可靠的数据支撑。

（二）管理会计信息系统在企业中的作用

管理会计信息系统是会计信息系统的一个组成部分。长久以来，企业在会计信息化的道路上一味地重视会计核算的信息化，忽视了管理会计的信息化，使得管理会计的各项职能没有在企业发挥出来。随着企业规模的发展壮大，经济环境纷繁复杂，管理会计越来越受到高层管理人员的重视。在企业中使用管理会计相关分析方法，建立管理会计的信息化系统可以对企业价值提升起到事半功倍的作用。

1. 为企业发展提供全面数据信息

当前经济形势风云变幻、纷繁复杂，稍有不慎就可能给企业发展带来巨大打击。及时、准确的信息对企业决策至关重要，而建立管理会计信息系统可以对企业提供有效帮助。管理会计信息系统是以海量数据为基础，运用分析技术优势，结合管理需要、经营业务和会计要求，灵活运用管理会计的工具方法，为企业经营的各个方面提供服务。通过该系统的建立，收集经营过程中的结构性数据和非结构性数据，利用专业分析技术，深度挖掘数据内含的信息，向决策者提供使用。

2. 对生产各环节进行精细化管理

管理会计信息系统的建立，可以通过存货系统、成本计算系统、质量管理系统、价值链分析系统连接企业供应、生产、销售的各环节。其核心流程涉及成本收入要素处理、成本中心分析与处理、作业类型计划与处理、内部订单处理、销售与利润计划、成本核算与结算、成本与作业分配、一般管理费用核算、获利性分析、全面预算与绩效考核等方面。其主要的业务对象包括成本要素、作业类型、收入要素、内部订单、控制文档、成本对象、成本核算估计、获利性分析维度、业务计划与预算表以及绩效考核等。通过对各环节的严格把控，降低库存减少成本，提高利润。

3. 促进企业完成战略实施目标

绩效评价是管理会计信息系统的重要组成部分。平衡计分卡绩效评价体系是最近几年在国内外流行的企业绩效评价体系。它从企业财务业绩、客户关系、内部业务流程以及学习和成长四个维度，对企业进行评价。在系统中将企业的战略实施目标按照这四个维度细化成不同的财务或者非财务指标，对照不同的部门逐级细化，进行考核。该绩效评价系统将企业战略与员工考核挂钩，既可以推动战略目标的完成又可以激励员工成长。

（三）管理会计信息系统在风险决策中的作用

风险管理信息系统是全面风险管理体系中的重要组成部分，为进行风险评估、实施风险管理解决方案、执行风险管理的基本流程、履行内部控制系统提供了技术基础。

企业将信息技术应用于风险管理的各项工作，建立涵盖风险管理基本流程和内部控制系统各环节的风险管理信息系统，包括信息的采集、存储、加工、分析、测试、传递、报告、披露等。

企业应采取措施确保向风险管理信息系统输入的业务数据和风险量化值的一致性、准确性、及时性、可用性和完整性。对输入信息系统的数据，未经批准，不得更改。

风险管理信息系统应能够对各种风险进行计量和定量分析、定量测试；能够实时反映风险矩阵和排序频谱、重大风险和重要业务流程的监控状态；能够对超过风险预警上限的重大风险实施信息报警；能够满足风险管理内部信息报告制度和企业对外信息披露管理制度的要求。

风险管理信息系统需要实现信息职能部门、业务单元之间的集成与共享,既能满足单项业务风险管理的要求,又能满足企业整体和跨职能部门、业务单元管理的综合要求。

企业应确保风险管理信息系统的稳定运行和安全,并根据实际需要不断进行改进、完善或更新。

已建立或基本建立企业管理信息系统的企业,应补充、调整、更新已有的管理流程和管理程序,建立完善的风险管理信息系统;尚未建立企业管理信息系统的,应将风险管理与企业各项管理业务流程、管理软件统一规划、统一设计、统一实施、同步实施。

第二节　机遇与挑战——大数据时代管理会计面临的新形势

一、大数据时代的特征

(一) 大数据的概念

大数据是个宽泛的概念,随着研究与应用的深入,多数研究者从技术维度、宏观层面以及其他角度来定义大数据。下面介绍几种有代表性的概念。

麦肯锡在《大数据:下一个具有创新力、竞争力和生产力的前沿领域》中指出,大数据是大小超出了典型数据库软件的采集、储存、管理和分析等能力的数据集。

中国信息通信研究院在《大数据白皮书(2016 年)》(2016 年 12 月)中指出,大数据是新资源、新技术和新理念的混合体。从资源视角来看,大数据是独特的战略资源;从技术视角看,大数据代表了新一代数据管理与分析技术;从理念的视角看,大数据打开了数据驱动和数据闭环的思维。

国务院在《促进大数据发展行动纲要》(2015 年 8 月)中指出,大数据是以容量大、类型多、存取速度快、应用价值高为主要特征的数据集合,正快速发展为对数量巨大、来源分散、格式多样的数据进行采集、存储和关联分析,从中发现新知识、创造新价值、提升新能力的新一代信息技术和服务业态。

（二）大数据的基本特征

道格·莱尼等众多研究者认为，大数据的基本特征可以描述为数量容量巨大(volume)、数据结构多样性(variety)以及处理速度快(velocity)，简称"3V"。

麦肯锡全球研究所认为，大数据的特征可以用"4V"来概括，即规模性(volume)、多样性(variety)、高速性(velocity)和价值性(value)。

国家统计局统计科学研究所综合国内外研究经验，将大数据的基本特征归纳为"6V 加 1C"，即数据体量大(volume)、类型多样化(variety)、处理速度快(velocity)、应用价值大(value)、数据获取与发送的方式自由灵活(vender)、准确性(veracity)及处理和分析难度非常大(complexity)。具体来讲，大数据规模巨大，用户的数据规模可以达到 PB 级；大数据结构类型多样化，包括结构化数据、半结构化数据以及非结构化数据，从交易数据，移动数据，电子邮件、文档、图片、音频、视频，以及通过博客等社交媒体产生的数据到智能手表、智能温度控制器、工厂机器和连接互联网的家用电器创建或生成的数据，信息众多，形式多样；大数据的分析和处理速度很快；大数据通过规模效应将低价值密度的数据整合成为高价值的信息资产，应用价值巨大；大数据获取与发送的方式灵活多样，具有易变性；大数据真实地反映了信息源与数据内容，安全度高、可信性强；大数据技术难度高，不仅仅对硬件水平与计算方法提出了较高要求，还受分析者决策能力的影响。

（三）大数据与传统数据相比的优势

大数据与传统数据相比主要差异概括为：数据量大，数据种类繁多，处理速度快，价值密度低。而大数据与传统数据相比优势体现在以下两方面。

1. 数据获取以及预测便捷

传统数据需要通过人工获取并输入，该操作会增加工作量，浪费时间且不能够保证数据的准确性。而大数据是直接通过仪器收集数据，减少工作量。例如交通数据，没有电子记录仪之前需要人工去记录某个路段是否拥堵、拥堵时间、拥堵距离等，从而进行预测，但是突发状况、交通事故没办法预测。而现在通过仪器记录数据，不仅能够实时记录路况，而且还能预测接下来时间哪些路段拥挤、哪些路段畅通，方便人们进行路线选择。

2. 大数据可挖掘性强

传统数据的生成是为了某个目的而进行数据收集分析，而大数据是先收集记录所有数据信息，而后为了某个目的对大数据进行数据价值挖掘，其所收集的数据信息可以用于各个目的的分析，而不用为了某个目的再去收集数据信息，即大数据的可挖掘性强。例如淘宝数据，通过用户购买行为判断用户现状，对于孕妇，可根据前几次购买记录判断是否怀孕以及怀孕周期，从而根据不同周期推荐不同商品；另外商家还可以根据销售记录判断某种商品是否热销，是否补货，从而在不同季节销售不同商品。

（四）大数据的处理流程

大数据的处理流程总体上分为以下四步。

1. 大数据的采集

大数据的采集需要有庞大的数据库的支撑，有时也会利用多个数据库同时对大数据进行采集。目前多数商家例如购物网站会通过关系数据库来存储事务数据，一些用户使用量或者访问量比较多的网站，事务数据的数据量十分巨大。

在大数据的采集过程中，对同一网站的数据进行采集时会有并发的访问量，这会使数据库的负载过大，使多个数据库之间进行切换等面临挑战，所以数据库系统在设计时要提前考虑这个因素。

2. 大数据的预处理

将从各个分散的数据库采集来的数据全部导入一个大的数据库，这样才能对采集到的数据进行集中处理，也可以依据一些数据的特征或者需要进行大数据分析，初步对各种数据进行粗选，就是大数据的预处理。由于数据量比较大，各个采集端的数据流入分析数据库中，也需要提前考虑大数据库的容量。

3. 大数据的统计

根据数据特点对已经汇总的数据进行分析并进行分类，为下一步处理做好准备。

在大数据的统计过程中，由于涉及数据量大，对于统计工具的使用以及需要分类的关键字的精确程度要求较高。将数据精确地归类到相应的批次，是准确进行数据价值挖掘的基础。

4. 大数据的挖掘

大数据的挖掘是指对之前已经做好统计的大数据基于不同的需求，利用数据挖掘算法进行挖掘。大数据挖掘的过程中涉及的数据量和计算量是庞大并且复杂的，只有精确合适的算法才能得出有价值的数据分析结果。

（五）大数据的发展趋势

1. 数据量将持续增长

数据量的不断增长意味着通过数据的快速分析获取宝贵的市场洞察已经成为大数据业务运营的关键环节。机构和企业组织必须将其内部未被利用的每一字节的大数据加以合理化整合并转化成可以利用的数据资源。充分利用大数据，能够有效地提升企业的竞争优势。

2. 利用大数据提升客户体验

在消费者使用灵活的自助服务方式下,大数据分析成为企业快速掌握市场发展的主导趋势,同时还可以为客户需求增长机遇带来更多有竞争力的市场洞察。

利用大数据更深入了解客户需求,根据客户需求及时进行有针对性的调整,一方面可以提升客户体验,另一方面可以提高企业盈利水平。

3. 预测分析更加精准

精准地预测未来可能发生的行为和事件,可以提高企业的利润。对于欺诈行为的快速鉴别和预判技术将会迎来质的飞跃,同时企业运营的卓越性将进一步得到提升。

4. 基于云的数据分析将获得更多关注

将数据分析业务迁移到云端可以加快企业采用最新技术的速度,并实现数据资源到行动计划的快速转变。数据分析业务转移到云端之后,企业的运营和技术维护成本也将削减不少。

5. 物联网、云技术、大数据和网络安全深层次融合

数据管理技术(如数据质量控制、数据准备、数据分析以及数据整合等)的融合程度将达到新的高度。当我们对智能设备的依赖程度增加时,互通性以及机器学习将会成为保护资产免遭网络安全危害的重要手段。

6. 数据准备和分析的自助式服务将提高效率

不论企业数据类型属于结构化、半结构化还是非结构化,自助服务式的数据预备工具都可以缩短企业数据准备时间。使用自助式数据技术可以降低企业对开发团队的依赖程度,从而更重视用户的使用感受,同时企业的运营效率也得以提升。

二、大数据引起的变革

(一)大数据对企业思维的改变

1. 从样本思维向总体思维的转变

之前,在研究社会现象总体特征时,采样是获取数据的主要手段,这是由于技术水平所限无法获得总体数据。在大数据时代,人们可以获得与分析更大容量的数据,甚至与其相关的所有数据,这样可以进行更为全面的分析,可以更清楚地发现样本分析无法揭示的细节信息。

在大数据时代,随着数据收集、存储、分析技术的突破性发展,人们可以更加方便、快捷、动态地获得与研究对象有关的所有数据,所以进行数据分析时不是必须采用样本研究方法,而是可以实现对总体数据的研究。

相应地，在大数据时代，思维方式从样本思维转向总体思维，可以更加全面、立体、系统地认识事物的总体状况。

2. 从精确思维向容错思维的转变

在抽样分析时代，由于收集的样本信息量比较少，所以必须确保记录下来的数据尽量结构化、精确化，否则，将分析少量数据得出的不准确结论放大运用到总体上，就可能会有较大偏差，因此必须强调精确思维。

但是，在大数据时代，由于技术取得突破，大量的非结构化、异构化的数据能够得到储存和分析，一方面提升了人们从数据中获取信息的能力，另一方面也对传统的精确思维造成了挑战。

在大数据时代，思维方式要从精确思维转向容错思维，当拥有海量即时数据时，绝对的精准不再是追求的主要目标，适当忽略微观层面上的精确度，反而可以在宏观层面拥有更好的信息洞察力。

3. 从因果思维向相关思维的转变

在样本时代，数据分析执着于揭示现象背后的因果关系，试图通过有限样本数据来剖析其中的内在机理。抽样分析中有限的样本数据无法反映出事物之间普遍的相关性。

大数据时代，有了强大的新型分析技术，分析手段多样化，分析速度迅速提升，分析结果多样化，使得一切事物具有相关性，而未必是因果关系。相关关系成为人们了解世界更好的视角。在大数据时代，思维方式要从因果思维转向相关思维，可以掌握以前无法理解的复杂技术和社会动态，更好地分享大数据带来的深刻洞见。

4. 从自然思维向智能思维的转变

不断提高机器的自动化和智能化水平始终是人类社会长期不懈努力的方向。计算机的出现极大地推动了自动控制、人工智能和机器学习等新技术的发展，机器人研发也取得了突飞猛进的成果并开始转向应用。虽然进入信息社会以来，人类社会的自动化、智能化水平已经得到明显提升，但机器的“思维方式”仍属于线性、简单、物理的自然思维，智能水平仍不尽如人意。

大数据为提升机器智能带来契机，因为大数据将有效改变机器的“思维方式”。由自然思维转向智能思维，是大数据思维转变的关键所在、核心内容。

众所周知，人脑之所以具有智能和智慧，就在于它能够对周围的数据信息进行全面收集、逻辑判断和归纳总结，获得有关事物或现象的认知与见解。同样，在大数据时代，随着物联网、云计算、社会计算、可视技术等的突破发展，大数据系统也能够自动地搜索所有相关的数据信息，并进而类似“人脑”一样主动、立体、逻辑地分析数据、作出判断、提供洞见，这无疑具有了类似人类的智能思维能力和预测未来的能力。

“智能、智慧”是大数据时代的显著特征，大数据时代的思维方式也要求从自然思维转向智能思维，不断提升机器或系统的社会计算能力和智能化水平，全面获得具有洞察力和新价值的东西，甚至类似于人类的“智慧”。

（二）大数据对管理决策思维的影响

大数据下的管理决策基于云计算平台，将通过互联网、物联网、移动互联网、社会化网络采集到的企业及其相关数据部门的各类数据，进行大数据处理、操作数据仓储（ODS）、联机分析处理（OLAP）、数据挖掘/数据仓库（DM/DW）等数据分析，得到以企业为核心的相关数据部门的偏好信息，再通过高级分析、商业智能、可视发现等决策处理，为企业的成本费用、筹资、投资、资金管理等决策提供支撑。在大数据的时代背景下，管理决策需要新思维的产生。

1. 重新审视决策思路和环境

管理决策参与者及相关决策者在大数据的背景下依然是企业发展方向的制定者。但是大数据的思想颠覆了传统的依赖于企业管理者的经验和相关理论进行企业决策的模式。是否拥有数据的规模、活性以及收集、分析、利用数据的能力，将决定企业的核心竞争力。而以前企业的经营分析只局限在简单业务、历史数据的分析上，缺乏对客户需求的变化、业务流程的更新等方面的深入分析，导致战略与决策定位不准，存在很大风险。在大数据时代，企业通过收集和分析大量内部和外部的数据，获取有价值的信息，通过挖掘这些信息，可以预测市场需求，最终企业将信息转为洞察，从而进行更加智能化的决策分析和判断。

2. 基于数据的服务导向理念

企业生产运作的标准是敏锐快捷地制造产品、提供服务，保证各环节高效运作，使企业成为有机整体，实现更好发展。企业不断收集内外部数据，以提高数据的分析与应用能力，将数据转化为精练信息，并由企业前台传递给后台，由后台利用海量数据中蕴藏的信息分析决策。数据在企业前台与后台间、企业横向各部门间、纵向各层级间传输，使得企业运作的各个环节紧紧围绕最具时代价值的信息与决策展开。同样，大数据使得全体员工可以通过移动设备随时随地查阅所需信息，减少了部门之间的信息不对称，使企业生产运作紧跟时代步伐，在变化中发展壮大。在社会化媒体中发掘消费者的真正需求，在大数据中挖掘员工和社会公众的创造性。

3. 采用实时数据以减少决策风险

多源异质化的海量数据来源改变了以往会计信息来源单一、估量计算不准确的局面，使企业能够实时地掌握准确的市场情报，获得准确的投资性房地产、交易性金融资产等公允价值信息。同时，云会计对数据信息具有强大的获取与处理能力，且一直处于不断更新的状态。通过对市场信息的实时监控，可及时更新数据信息，从而保证会计信息的可靠性和及时性，有效避免由于信息不畅造成的资金损失。

三、大数据时代管理会计面临的新形势

（一）大数据时代管理会计的作用日益凸显

管理会计作为财务会计的一个分支，其主要任务是通过向企业内部管理者提供及时有效的信息，辅助企业转换经营决策。具体来说，其职能包括：预测企业未来的经营、财务状况以及现金流量等；帮助企业进行长期经营决策；通过规划和预算，加强事前、事中控制，通过责任考核与业绩评价，加强事后控制，进而提升企业绩效与核心竞争力。大数据时代的到来，给管理会计上述职能的发挥提供了新的契机。

1. 提高企业预测能力，抓住商战先机

随着大数据时代的来临，移动互联网已经成为互联网的发展重心。据统计，截至 2021 年年底，中国手机网民规模达到 9.86 亿人，年增长率为 20.4%。网民中使用手机上网的人群比例由 2020 年底的 99.67%降至 99.60%，远高于其他设备上网的网民，手机已经不再是传统意义上用于打电话、发短信的通信工具，其在网络信息传递方面的作用更加强大。开通官方微博逐渐成为企业加强管理与沟通的流行趋势。通过微博，企业可以随时发布产品、服务等信息，消费者也可以通过微博、朋友圈等随时随地分享自己对某种产品或服务的评价与态度。这些都使得信息的传递更加及时、快捷。

企业应充分利用这些通信工具，实时获得各种新的信息，进而利用管理会计预测的专门技术与方法，及时了解竞争对手的最新动向，了解和测度市场的变动及其趋势，快速地对竞争对手的举措作出反应，赢得市场先机。

2. 提高企业决策能力，提升企业核心竞争力

一直以来，除直销企业外，企业与客户之间很少有直接联系，这也使得企业难以取得有关客户需求的第一手资料，也难以针对客户的潜在需求及其变动，及时作出有针对性的企业决策。大数据时代，尤其是物联网的出现，令这种局面大为改观。企业不仅能够更加精准、详细地获取顾客在各类网络活动中的数据，而且能够从以往被忽略的数据中挖掘出新的有价值的信息。比如，消费者对某款产品或商品进行了网上搜索，但最终可能并没有实际购买，以往此类数据可能会因为未形成实际购买力而被忽略，更不会被收集或分析。然而，大数据时代的企业却会对此类信息高度重视，他们往往会聘用专门的人员或机构，对顾客的网上搜索行为进行分

析，如被搜索商品的类型、搜索条件、搜索次数、搜索时间等，并依据这些信息推测消费者的消费偏好、消费动向和潜在消费点，进而通过特殊的网络设置，在消费者再次访问该网站时自动向其推荐消费者可能感兴趣的本单位产品的信息。不仅如此，管理会计人员还可以依据这些信息，对其进行量化分析和理性逻辑思考，帮助企业明确本单位产品或商品的需求动向与未来发展，从而指引企业及时调整生产经营策略，提升企业核心竞争力。

3. 加强规划与控制，提高运营管理效率

管理会计可以通过对市场的周密调查，帮助企业确定出最优的生产规模及销售规模，进而制订严密的生产销售计划与管理计划，从而帮助企业避免发生不必要的投入和生产成本。大数据时代，随着信息量的急剧增加与信息准确程度的提高，管理会计人员可以在更大范围内对产品、服务、成本、销售等有关数据进行分析与挖掘，进而制定严密的物资采购、产品生产、销售、运输、日常管理等规划与预算，从而对企业的运营与管理提供强大的支撑。

例如，通过应用变动成本法与作业成本法，分析出各个不同时间、地点、方式的物流成本，选出安全、快捷、经济的物流方式；通过加强供应链管理，分析供应商所提供物资、设备的价格与质量，选择性价比最高的采购对象；通过事前估算各种营销方式的成本，结合其影响力，选出最有效率的营销方式；通过收集客户的信用与往来信息，加强客户管理，提高应收账款的周转率；等等。

4. 推动企业全面、科学、合理地考核部门与员工绩效

绩效评估一直以来都是管理会计工作的一大难题，其难点之一在于实际评价时难以收集到所有与绩效有关的信息，不管用什么样的评价方法都不能完全客观、准确地评价绩效的高低。如果员工绩效不能得到公正评价，会挫伤员工的积极性，降低其满意度，严重时还会导致人才流失。

随着大数据时代的来临，评价所需三类数据（交易数据、交互数据和感知数据）的收集变得可能且快捷。其中，交易数据来源于企业的 ERP、CRM（客户关系管理）和 Web 交易系统，交互数据来源于社交媒体（微博、推特等），感知数据来源于物联网。通过收集和分析上述数据，企业不仅能够了解本企业各部门、员工的工作与学习绩效，而且能够了解竞争对手乃至整个行业的发展绩效，并能够准确掌握各类绩效评价方法的适用性，进而更加科学、合理地考核企业绩效，避免信息不足所带来的以偏概全或考核与奖惩结果不合理等问题对企业造成困扰。

总之，大量实例表明，大数据的使用已经成为企业提升自身业绩、超越同行的一种重要方式。零售业寡头沃尔玛正是通过在其网站上自行设计并应用了最新的搜索引擎 Polaris，使其在线购物的完成率提升了 10%～15%，并由此增加了数十亿美元的交易。可以预计，在不久的将来，善于利用和挖掘大数据价值的企业将会成为行业的领先者,忽视或者反应迟钝的企业将会处于落后、被动的地位。

(二)大数据时代管理会计面临的挑战

大数据对当代社会有着极大的影响,推动了社会的发展与变革。在大数据的帮助下,管理会计将管理范围渗透到研发、生产、人力资源、销售等各个不同领域,并且影响力还在持续增强。与此同时,大数据对管理会计也带来了挑战,具体体现在以下方面。

1. 部分企业对大数据在管理会计中的应用认识不足

首先,有的中小企业认为大数据技术是苹果、谷歌、淘宝等大公司才需要掌握而且能够掌握的。对于中小企业而言,无论是设计或购买相关的存储设备,还是培养专门的分析人才,都需要投入大量的人力、物力、财力,不符合成本效益原则,因此,没有必要学习或应用大数据分析技术。其次,部分企业对大数据的概念没有清楚的认识。据调查,虽然约 49%的企业非常关注大数据时代的发展与特征,但 38%的被调查者对大数据的概念并不十分清楚,另有 27%的人承认对大数据的理解还很片面,这势必会影响大数据在企业管理会计工作中的推广与应用。

2. 管理会计信息处理难度增大

大数据时代,各种信息以爆炸式的速度增长,并且信息的边界正在逐渐模糊,使得许多原本不属于管理会计信息但是的确对管理会计造成一定影响的信息逐渐转化为管理会计信息。这使得管理会计信息数量增大,且信息种类呈多样化趋势发展,面对庞杂的信息,管理会计信息处理难度增大。

3. 管理会计广度与深度发生变化

在大数据时代,管理会计不仅要处理与财务相关的信息,还要处理许多非财务信息,包括销售信息、研发信息以及生产信息等,加大了信息处理广度;同时,管理会计还需要对一些非结构性信息进行处理与分析,加深了信息处理深度。

4. 管理会计信息存储空间不足

大数据时代要求企业及时收集所有的信息,强调信息存储的充分性、全面性、持续性,信息存储规模非常大。据统计,百度每天新增的数据就有 10TB,系统每天处理的数据超过 1PB,淘宝每天的数据也超过了 50TB。同时,社会化信息,如物联网、移动网络以及社交网络等方面的信息,在大数据时代下显得尤为重要,而且此类数据分布更加广泛、数量更加庞大,同样需要巨大的存储空间。现有的数据库几乎无法处理 TB 级别的数据,更不能满足高级别的数据分析需求。因此,能否对现有的数据存储系统及时升级,建立庞大的 TB 级的数据集,将成为企业能否及时收集、分析海量管理会计信息的关键。

5. 管理会计信息安全无保障

企业收集的海量信息中往往包含大量的个人或组织的隐秘信息，保证这些信息的安全、不外泄尤为重要，否则将会对企业及其员工、客户造成巨大的困扰。例如，手机等现代化通信工具中装有各种地图软件、微信等，这些软件一般都会要求获取个人当前位置的权限，如果此类信息泄露，会对客户的安全造成威胁。同时，大数据对企业的信息保护，以及防止核心数据丢失、盗取等方面的要求更加严格，这些数据一旦泄露，通过当今飞速发展的信息传播途径与媒介，会使企业的商业机密在短时间迅速传播到商界的任何角落，给公司带来不可弥补的损失。因此，如何通过正当、合法的手段保护企业核心信息的安全，是企业不可回避的又一难题。

6. 管理会计信息分析技术亟待完善

虽然大数据时代带来了更多的可用信息，但并不意味着这些信息能够被人们有效地分析和利用。根据对全球 100 个国家和地区、从事 30 个行业的 3 000 名高管进行的一项调查，有 60%的受访者表示无法有效利用所有数据。究其原因，一方面是因为大数据时代数据量急剧增大，另一方面则是因为其中的非结构化数据所占比重大且持续增加，而非结构化数据并不适合用传统的方法进行分析。

具体来说，传统的结构化信息一般可以通过数据挖掘算法进行分析，半结构化或者非结构化的数据却不可以直接应用这一方法，而是需要先转化为结构化数据，再进行分析挖掘。但这一过程往往会削弱信息的时效性，降低数据分析的效率，不利于企业及时作出反应。不仅如此，把非结构化数据转化为结构化数据，常常会丢失非结构化数据隐含的关系，而这些关系常常包含了十分重要的信息，从而无法确保数据分析结果的准确性。

7. 管理会计人才严重不足

常言道：“巧妇难为无米之炊。”但即使有了米，也并不一定能做出可口的饭菜，还必须有巧妇进行加工。这个道理同样适用于大数据时代的管理会计工作。大数据时代，数据的来源多、信息量大、种类丰富，但这些信息并不会自动转化为对企业有用的相关信息，必须通过专业人才的深度挖掘与分析，才能提炼出有助于企业经营管理的有价值信息。

目前，世界各国的大数据专业人才都面临巨大的缺口。有媒体报道，在未来 6 年内，仅美国一国就可能面临 14 万至 19 万拥有扎实分析技能的人才缺口，面临的懂得使用相应工具分析大数据、作出合理决策的管理和分析人员的人才缺口更是高达 150 万。人才的短缺势必会阻碍企业开发、利用管理会计信息工作的进程。因此，能否及时培养掌握此类分析知识与技术的管理会计人才，对企业的发展至关重要。

（三）大数据时代对管理会计的具体影响

管理会计的职能一般可分为三个方面：一是对初始成本的确定及后续成本的计量；二是为决策和规划提供有力的会计数据支持；三是为控制和评价管理提供准确数据帮助。在大数据时代的冲击之下，管理会计的职能势必受到一些影响，也会产生一些变化。

1. 对初始成本的确定及后续成本的计量

在管理会计所提供的各类信息中，如何确定初始成本是核心。企业的经营活动，都离不开成本的确认。同时，成本确认，也贯穿于企业预测、编制计划和预算等各环节中。因此在如何进行初始成本的确定和后续成本的计量方面，大数据时代对管理会计有重大影响。

传统的成本确认和成本计量，其确认和计量的信息来自企业内部。但在大数据时代，这些内部信息远远不能满足企业需求。外部信息可以为企业提供更为完整的决策依据，从宏观上外部信息提供了行业背景资料、企业所处行业的位置、竞争对手的信息和竞争定价策略、行业供应链的结构和变化趋势等。

这些外部信息，是企业内部各系统、各环节人员所不能提供也不能控制的。因此这些非结构化数据就需要大数据的挖掘和利用，将这些结构化数据与非结构化数据加以分析，确定其内部关联性和相关性。基于大数据挖掘的企业能够更为准确地确定成本和成本计量，也为企业的生产、经营、销售、管理等环节降低风险、提高管理水平和管理效率提供了有效的数据支撑。

2. 为决策和规划提供有力的会计数据支持

企业是自负盈亏的，因此在经营管理过程中，保证企业持续、稳定地增长是企业管理会计的主要职责。现代企业的重点是以顾客为中心，通过提供多类别、有针对性的服务，通过成本费用、利润、资金运作等方面，制订多种管理方案，提高企业核心竞争力。而管理会计通过综合评价这些方案的优劣性，来择优选出适合企业发展需要的最佳方案。

诚然，不论是企业的短期经营目标还是长期经营目标，无论是短期战略还是中长期战略，如果没有海量的数据作为支持，就不可能得出全面、准确的决策。尤其是在越来越以数据为主的时代，对大数据的分析和挖掘，显得尤为重要。

企业经营决策的前提是，要有准确的预测，而预测的前提则是有准确的分析。分析就来自数据的支撑。传统的分析，基本上都来自企业内部，而企业内部信息远远不能满足分析预测，因此使得预测能力大打折扣。

以推广流量为例。一般情况下，企业会基于历史流量推广情况和推广渠道，得出流量推广的预测。但是由于推广渠道、推广手段的局限性，企业没能把受众群体的年龄层分布、客户使用习惯、人文地理的背景资料等因素加以整理和分析，这就使推广预测的准确性大打折扣。但是在大数据时代，这些因素都是可以整理、存储并加以分析、挖掘的。

3. 为控制和评价管理提供准确数据帮助

作为企业的经营管理人员，控制和评价其管理，是其管理的基本职能，也是经济责任审计的一个基础。在企业内部，经营管理活动涉及不同部门、不同岗位，其职能也不尽相同。一般说来，经营管理人员首先要确定管理的基本原则，也就是哪些属于管理要求、哪些属于管理原则，而后才会对下属单位、下属部门或人员的工作进行指导、监督和管理。

同样地，作为管理会计，其控制和评价管理也是一样，也要先确定原则和标准。同时，原则和标准决定着从一开始实施管理到最终能否实现管理目标。而在大数据时代，由于数据的存储、分析和挖掘，非结构化数据和结构化数据的内在关联可以显现，找出并利用这种内在关联性，对于控制和评价管理能够提供准确的数据帮助。

第三节　如何在风险管理与决策中用好大数据

应用大数据服务于风险管理决策，就是采集各种类型可以从不同侧面反映企业经营状态和经营能力的数据，通过对数据的采集、转换、存储、统计以及经过风险模型的加工处理，来进行风险揭示或风险预警，达成有效的风险管控。

一、大数据在风险管理与决策中的重要作用

当前，我国很多企业风险预警工作都正在逐步地涉猎大数据的使用。所谓大数据的使用，就是指采用各种方法和手段来大范围地调查各种相关信息，然后合理地应用这些信息来促使其相应的调查结果更为准确可靠，尽可能地避免一些随机误差问题的产生。具体到企业风险预警工作，大数据同样具备着较强的应用价值，主要体现在以下两个方面。

(1) 大数据在企业风险预警中的应用能够较好地完善和弥补以往所用方式中的一些缺点和不足。以往，我国各个企业的风险预警工作，主要就是依赖于专业的

风险管理人员来进行相应的控制和管理，虽然说这些企业风险管理人员在具体的风险管理方面确实具备着较强的能力，经验也足够丰富，但是在具体的风险预警效果上却存在着较为明显的问题。这些问题的出现一方面是因为毕竟企业风险管理人员的数量是比较少的，而具体的风险又是比较复杂的，因此便会出现一些错误；另一方面则是企业风险管理人员可能存在一些徇私舞弊或者是违规操作等问题，进而对相应的风险预警效果产生较大的影响和干扰。

(2) 大数据自身的优势也是其应用的必要体现。对于大数据在企业风险预警中的应用来说，其自身的一些优势也是极为重要的，尤其是在信息的丰富性上更是其他任何一种方式所不具备的，其所包含的信息量是比较大的，能够促使其相应的结果更接近于真实结果，进而也就能够更好地提升其应用的效果。

二、大数据在风险管理与决策中的运行新模式

在没有大数据以前，企业风险管控主要依托主观上的经验判断，数据只起到辅助作用，这导致企业的风险管控能力较差。在大数据时代，企业依托数据感知风险并提升风险管控能力及水平，是企业转型升级的必然选择，对于提升整体竞争力也显得更加重要。

信息系统业务循环以数据为基础，数据主要来自公司已有的信息系统数据及外部行业数据(如 ERP、MES 等)和非信息化的业务手工上报数据、运用爬虫技术收集的行业数据。通过对数据进行分析，发现公司存在的疑点、缺陷和问题，针对公司存在的疑点、缺陷和问题参照政策法规和企业制度，发现公司存在的风险。除此之外，通过对公司违规损失进行分析，识别公司风险事件，最终形成公司风险数据库，以风险数据库为基础，对公司风险进行管理，制订控制措施，控制措施的效果会以数据的形式流回公司总体数据中。通过对企业业务循环进行风险管控，通过内控评价与内部审计对业务及流程进行全面监控，实现业务可控可查，形成公司风险管控工作的闭环管理，具体过程如图 8-4 所示。

大数据改变了风险管控的手段，例如对企业内部风险识别，原来的识别模式是通过业务梳理及业务抽样的方式进行，现在则是通过大数据方式实现企业数据的整合和实时监控。现在的企业风险管控模式是“互联网＋大数据＋风险控制”，今后突破的重点也是大数据在风险管控方面的应用，特别是基于人工智能的风险管控模型。

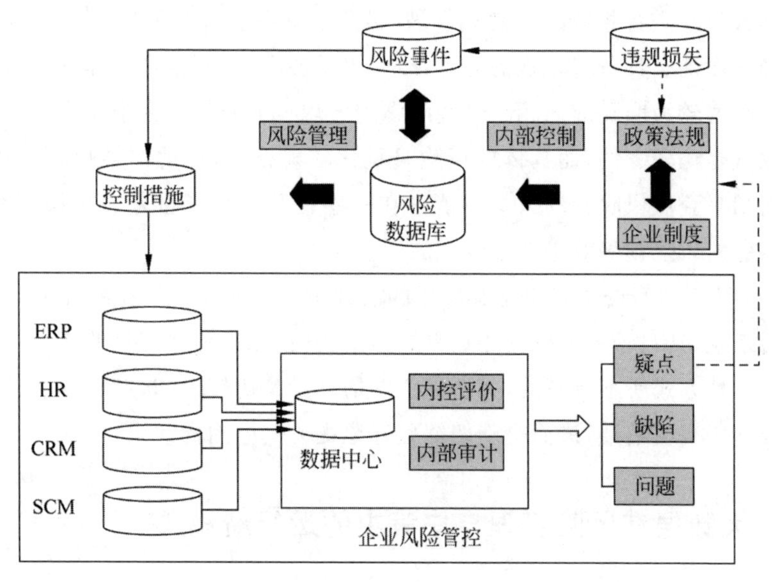

图 8-4 大数据风控业务循环

三、基于大数据的企业风险管理与决策

（一）建立健全企业风险管控数据库

建立风险数据库的前提是建立数据中心，信息收集是建立数据中心的手段，同时信息收集也是企业风险识别工作的基础。通过全面持续地收集相关信息，并结合实际情况，能够确定企业风险管理目标，进而开展风险识别与分析工作。

应根据设定的控制目标，收集与公司风险相关的内、外部信息，并对收集的数据和信息进行反复核实、不断验证，以确保信息本身的真实、可靠。通过必要的筛选、提炼、对比、分类和组合对风险进行识别，以便开展对企业所面临风险的识别。

1. 外部信息

(1) 国内外宏观经济政策以及经济运行情况，影响融资、资本支出等因素。

(2) 国家安全稳定状态、文化传统、社会信用、教育水平、消费者行为等社会因素，导致对产品或服务需求的变化、新的购买场所和人力资源问题。

(3) 行业前景及目前状况、国家产业政策因素。

(4) 能源、原材料、配件等物资供应的充足性、稳定性和价格变化。

(5) 影响集团战略目标的潜在竞争者、竞争者及其主要产品、替代品情况等竞争因素。

(6) 影响研发的性质和时机的技术进步、工艺改进等科学技术因素。

(7) 影响产品开发和定价的因素，即不断变化的客户需求和期望。

(8) 可能导致集团遭受损失的自然灾害、环境状况等自然环境因素。

(9) 法律法规和政策因素。如国资委、财政部、国家市场监督管理总局、国家税务总局、证监会、银保监会等的相关政策。

(10) 其他有关外部风险因素。

2. 内部信息

(1) 公司的发展战略和规划、投融资计划、年度经营目标、经营战略，以及编制这些战略、规划、计划、目标的有关依据等信息。

(2) 行业发生重大变革，公司的适应及反应情况。

(3) 公司组织机构、管理层职责的变化，包括组织结构的形式、各职能部门的划分，以及各职能部门的权责分配情况，上述变化可能影响企业实施控制的方式。

(4) 公司的各种政策，包括普遍性原则和具体的操作指南。

(5) 公司的各种业务流程信息，包括质量、安全、环保、信息安全等管理中曾发生或易发生失误的业务流程或环节。

(6) 公司影响资产挪用的因素，如经营方式、资产管理模式等。

(7) 董事、监事、经理及其他高级管理人员的职业操守、必要的知识、专业技能和经验等人力资源因素，这些因素可能为管理层的轻率行为提供机会，致使公司遭受损失或业务控制失效。

(8) 与财务报告信息的真实完整性相关的财务状况、经营成果、现金流量等财务因素。

(9) 以前年度的内部审计报告、审计问题汇总、内部控制建设及运行情况汇总。

(10) 信息系统建设及运行状况，是否随着管理的变化而变化情况。

(11) 公司签订的重大协议和有关贸易合同，以及发生的重大法律纠纷案件的情况等。

(12) 其他有关内部风险因素等。

3. 数据来源

用于风险管控的各类大数据可以通过以下途径获取。

1) 企业财务及报表数据

企业财务及报表数据主要由两类组成，一类是自身企业的数据，这个可以通过ETL(抽取-转换-加载)工具快速实现，另一类是市场化公司数据。随着经济的发展，大量企业在全球范围内成为上市公司。这些企业多数通常经营业绩较好，在其所在的行业中颇具有代表性或先进性。因此广泛采集上市公司定期披露的财务报表及内部控制报告，可以较为便利地将相关指标加工成企业对标数据，通过对标来发现企业的经营管理风险。

2）供应链数据

大数据将用于供应链从需求产生、产品设计到采购、制造、订单、物流以及协同的各个环节。通过大数据的使用对供应链进行全面管控，企业可以通过大数据平台把供应链数据进行整合，对于制造业或类制造业企业而言，仓储物流数据准确地反映了企业经营的“繁荣”程度，同时这个数据也是供应链金融或供应链融资的基础数据。掌握企业的仓储物流数据，就可以绕开通过财务报表来分析企业经营风险的缺陷。

3）工商数据

工商数据是指来自市场监督管理局的企业注册信息以及后续的变更信息，主要反映了企业的性质、经营范围以及股东或控制人的状况。这其中非常有价值的是股东数据，可以识别股东在多家企业的控股状况，当其中某一家企业出现风险时，有可能传递到或殃及其控股的其他企业。另外，通过对股东的关联控股企业的监测与分析，也可以发现其中负面的或形成财务粉饰的关联交易数据。

4）公检法及海关数据

公检法数据目前主要是指来自法院系统的经济案件数据以及来自公安机关的金融欺诈报案数据。法院的经济案件数据已被商业银行广泛使用，通过经济纠纷事件来推断贷款企业的信用状况以及可能面临的道德风险；而公安机关的报案数据对于发现金融欺诈、非法集资、恶性高利贷等有着直接的应用价值。

中国外向型经济的特点以及中国经济与世界经济体系的日益融合，使得海关统计的企业进出口贸易数据集中地反映了商品进出口企业的经营状况，特别是较长周期的数据监测与分析，很好地揭示了这些企业的经营风险，是银行识别贷款客户风险以及工商企业识别应收账款风险的重要信息来源。

5）征信数据

人民银行的征信数据是目前国内积累时间最久、覆盖面最大的数据源，涵盖了历史上在商业银行贷款违约的客户信息。目前人民银行征信数据属于限制开放的信息源，主要服务于商业银行以及准许的非银行金融机构。各省在人民银行征信数据之外，还尝试建立了联合征信体系，是对人民银行征信数据的有效补充，在风险管控应用中也具有重要意义。

6）舆情或负面事件数据

舆情或负面事件数据是指在互联网上新闻、微信、微博、论坛等出现的关于特定机构的负面消息，其表现形式可以是一段文字、视频、音频、图片或其他组合形式。关于特定机构的负面消息或负面事件，可能揭露了其面临的各种风险，甚至是面临的危机，这是在各种风险管控中都不应该忽视的重要信息或风险预警信号。

7）环保数据

生态环境部以及各地生态环境局关于对违反环境保护法企业的立案及处罚数据，一方面反映了当事企业的社会责任管理缺失、信用状况恶化的状态；另一方面也反映了由于环保限制或环保处罚，企业经营的不确定性或者可能面临的巨大经营风险。这部分数据往往也是银行或交易对手进行相关决策的重要参考信息。

8）电商交易数据

电商交易数据较好地反映了商品生产企业或商品销售企业的经营状况，据此数据来评定商户的信用等级或信用风险在以往获得了较为满意的准确度。因此，对于从事贷款业务和投资业务的金融机构而言，如果能获得企业的电商交易数据就可以较便利地识别企业的经营风险。之所以仅提及电商是因为其交易数据是电子化的，并且数据管理集中，商品生产企业或商品销售企业的覆盖面较大。

除了上述各种已经存在的“大数据”类型外，权威机构的行业研究报告、行业的经济分析报告、国家宏观经济指标数据、市场利率汇率以及其他的市场指数指标数据等也是揭示企业可能面临特定风险的重要信号，也应该纳入大数据应用于风险管控的范畴。

4. 风险大数据的采集

风险大数据的采集通常采用多个数据库来接收终端数据，包括智能硬件端、多种传感器端、网页端、移动 App 应用端等，并且可以使用数据库进行简单的处理工作。

常用的数据采集的方式主要包括以下几种。

（1）数据抓取：通过程序从现有的网络资源中提取与企业风险相关的信息，录入数据库中。大体上可以分为网址抓取和内容抓取。网址抓取是通过网址抓取规则的设定，快速抓取到所需的网址信息；内容抓取是通过分析网页源代码，设定内容抓取规则，精准抓取到网页中散乱分布的内容数据，能在多级多页等复杂页面中完成内容抓取。

（2）数据导入：将指定的风险数据源导入数据库中，通常支持的数据源包括数据库（如 SQL Server、Oracle、MySQL、Access 等）、数据库文件、Excel 表格、XML（可扩展标记语言）文档、文本文件等。

（3）物联网传感设备自动信息采集：物联网传感设备从功能上来说是由电源模块、采集模块和通信模块组成。传感器将收集到的电信号，通过线材传输给主控板，主控板进行信号解析、算法分析和数据量化后，将数据通过无线通信方式[GPRS（通用分组无线业务）]进行传输。

在风险大数据的采集过程中，主要面对的挑战是并发数高，因为可能会对成千上万的数据同时进行访问和操作。

（二）风险数据处理

虽然采集端本身有很多风险数据库，但是如果要对这些海量数据进行有效的分析，还是应该将这些风险数据导入一个集中的大型分布式数据库或者分布式存储集群当中，同时，在导入的基础上完成数据清洗和预处理工作。也有一些用户会在导入时使用来自 Twitter 的 Storm 来对数据进行流式计算，来满足部分业务的实时计算需求。

现实世界中数据大体上都是不完整、不一致的“脏”数据，无法直接进行数据挖掘，或挖掘结果不尽如人意，为了提高数据挖掘的质量，产生了数据预处理技术。数据预处理有多种方法，包括数据清理、数据集成、数据变换、数据归约等，大大提高了数据挖掘的质量，缩短了数据挖掘所需要的时间。

（1）数据清理主要是达到数据格式标准化、异常数据清除、数据错误纠正、重复数据的清除等目标。

（2）数据集成是将多个数据源中的数据结合起来并统一存储，建立数据仓库。

（3）数据变换是通过平滑聚集、数据概化、规范化等方式将数据转换成适用于数据挖掘的形式。

（4）数据归约是指在对挖掘任务和数据本身内容理解的基础上，寻找依赖于发现目标的数据的有用特征，以缩减数据规模，从而在尽可能保持数据原貌的前提下，最大限度地精简数据量。

在风险大数据的导入与预处理过程中，主要面对的挑战是导入的数据量大，每秒的导入量经常会达到百兆，甚至千兆级别。

（三）风险数据分析

风险数据在统计的基础上进行分析，统计与分析主要是利用分布式数据库或分布式计算集群来对存储于其内的海量数据进行普通的分析和分类汇总，以满足大多数常见的分析需求。在这些方面可以使用 R 语言。R 语言适用于统计分析、绘图的语言和操作环境，属于 GNU 系统的一个自由、免费、源代码开放的软件，它是一个用于统计计算和统计制图的优秀工具。

R 语言在国际和国内的发展差异非常大，国际上 R 语言已然是专业数据分析领域的标准，但在国内的发展依旧任重而道远。这固然有数据学科地位的原因，但是国内很多人版权概念薄弱，学术领域相对闭塞也是 R 语言发展滞后的原因。

R 语言是一套完整的数据处理、计算和制图软件系统。它是数据存储和处理系统、数组运算工具、完整连贯的统计分析工具、优秀的统计制图系统、简便而强大的编程语言。与其说 R 语言是一种统计软件，不如说是一种数学计算的环境，因为

R语言并不仅仅提供若干统计程序，使用者只需指定数据库和若干参数便可进行统计分析。R语言不但可以提供一些集成的统计工具，而且提供各种数学计算、统计计算的函数，从而使使用者能灵活机动地进行数据分析，甚至创造出符合需要的新的统计计算方法。

在风险大数据的统计与分析过程中，主要面对的挑战是分析涉及的数据量太大，其对系统资源，特别是I/O(输入/输出)会有极大的占用。

风险数据分析的主要工作是研究变量，确定相应的预警指标。研究变量，对于具体的企业风险预警工作来说，最为关键的就是应该针对相应的指标和变量进行研究，这些指标和变量才是整个企业风险预警工作的核心所在。具体来说，这种变量的研究主要就是确定相应的预警指标，然后针对模型算法进行恰当的选取。

(四) 风险数据挖掘

从狭义上来讲，数据挖掘是知识发现的一个重要环节，是利用机器学习、统计分析等发现数据模式的一种智能方法，侧重点在于模型和算法。数据挖掘是一个过程，只有将数据挖掘工具提供的技术和实施经验与企业的业务逻辑和需求紧密结合，并在实施的过程中不断地磨合，才能取得成功。因此要全面考虑挖掘的模式种类、解决复杂问题的能力、操作性能、数据存取能力和其他产品的接口等多方面的因素。

1. 数据挖掘的任务

数据挖掘的任务包括分类与回归分析、相关分析、聚类分析、关联规则挖掘和异常检测等，分成预测与描述两类。预测任务是在当前数据上进行归纳以作出预测，描述性挖掘主要是刻画目标数据中数据的一般性质。

2. 数据挖掘的特点

数据挖掘的特点主要包括 ：①从数据中发掘图和结构化模式，挖掘感兴趣对象间丰富的结构关系。②从海量的数据中分析出非关系型数据，并进行知识推理。③挖掘有意义的知识。④能够挖掘网络环境下分布式和异构的数据，有效地和操作型系统集成。由数据挖掘系统产生的模型变化能够及时反映到语言模型系统中，语言模型能够自动地被操作型系统吸收，与操作型系统中的语言模型联合提供决策支持。⑤能够挖掘大数据集以及更复杂的数据集和高维数据，通过支持数据挖掘模式和数据查询语言增加系统的灵活性。⑥实现数据挖掘和移动计算的结合，能够挖掘嵌入式系统、移动系统和普适计算设备产生的各种数据。

3. 数据挖掘常用分析方法

数据挖掘常用分析方法有分类、聚类、关联规则、预测模型等。

1）分类

分类是一种重要的数据分析形式，根据重要数据类的特征向量值及其他约束条件，构造分类函数或分类模型，目的是根据数据集的特点把未知类别的样本映射到给定类别中。下面介绍几种典型算法。

（1）朴素贝叶斯算法：朴素贝叶斯算法是统计学的一种分类方法，它是利用概率统计知识进行分类的算法。该算法能运用到大型数据库中，而且方法简单、分类准确率高、速度快。

（2）K 最近邻（KNN）算法：KNN 算法是一个理论上比较成熟的方法，也是最简单的机器学习算法之一。该方法的思路是，如果一个样本在特征空间中的 K 个最相似的样本中的大多数属于某一个类别，则该样本也属于这个类别。由于该算法主要靠周围邻近的样本，而不是靠判别类域的方法来确定所属类别，因此对于类域的交叉或重叠较多的待分样本集来说，KNN 方法较其他方法更为适合。

（3）支持向量机（SVM）算法：SVM 算法是建立在统计学习理论的 VC（Vapnik-Chervonenkis）维理论和结构风险最小原理基础上的，根据有限的样本信息在模型的复杂性和学习能力之间寻求最佳折中，以求获得最好的推广能力。使用 SVM 算法可以在高维空间构造良好的预测模型，该算法在 OCR（光学字符识别）、语言识别、图像识别等领域得到广泛应用。

（4）AdaBoost 算法：AdaBoost 算法是一种迭代算法，其核心思想是针对同一个训练集训练不同的分类器（弱分类器），然后把这些弱分类器集合起来，构成一个更强的最终分类器（强分类器）。对 AdaBoost 算法的研究和应用大多集中于分类问题，主要解决了多类单标签问题、多类多标签问题、大类单标签问题等。

（5）C4.5 算法：C4.5 算法是决策树核心算法 ID3 的改进算法。C4.5 算法的优点是产生的分类规则易于理解，准确率较高。缺点是在构造树的过程中，需要对数据集进行多次顺序扫描和排序，因而导致算法的低效。此外，C4.5 只适合于能够驻留于内存的数据集，当训练集大得无法在内存容纳时，程序无法运行。

（6）CART（分类回归树）算法：CART 算法采用二分递归分割的技术，将当前的样本集分为两个子样本集，使得生成的每个非叶子节点都有两个分支。因此，CART 算法生成的决策树是结构简洁的二叉树，通过构造决策树来发现数据中蕴含的分类规则。

2）聚类

聚类分析的目的在于将数据集内具有相似特征属性的数据聚集在一起，同一个数据群中的数据特征要尽可能相似，不同的数据群中的数据特征要有明显的区别。下面介绍几种典型算法。

（1）BIRCH（基于层次结构的平衡迭代聚类）算法：BIRCH 算法是一种综合的层次聚类算法，它用到了聚类特征和聚类特征树两个概念，用于概括聚类描述。聚类特征树概括了聚类的有用信息，并且占用的空间较元数据集合小得多，可以存放在内存中，从而提高算法在大型数据集合上的聚类速度及可伸缩性。

（2）K-means 算法：K-means 算法是一种很典型的基于距离的聚类算法，采用距离作为相似性评价指标，即认为两个对象的距离越近，其相似度就越大。该算法认为簇是由距离靠近的对象组成的，因此把得到紧凑且独立的簇作为最终目标。K-means 算法是解决聚类问题的一种经典算法，简单快速，对于处理大数据集，该算法具备相对可伸缩性和高效性。

（3）期望最大化算法（EM 算法）：期望最大化算法是一种迭代算法，每次迭代由两步组成，E 步求出期望，M 步将参数极大化。EM 算法在处理缺失值上，经过实际验证是一种非常稳健的算法。

3）关联规则

关联规则指搜索系统中的所有数据，找出所有能把一组事件或数据项与另一组事件或数据项联系起来的规则，以获得预先未知的和被隐藏的，不能通过数据库的逻辑操作或统计的方法得出的信息。下面介绍几种典型算法。

（1）Apriori 算法：Apriori 算法是一种挖掘关联规则的频繁项集算法，其核心思想是通过候选集生成和情节的向下封闭检测两个阶段来挖掘频繁项集，该算法已经被广泛应用到商业、网络安全等各个领域。

（2）FP-Growth 算法：FP-Growth 算法中使用了一种称为频繁模式树（frequent pattern tree，FP-Tree）的数据结构，FP-Tree 是一种特殊的前缀树，由频繁项头表和项前缀树构成，FP-Growth 算法基于以上的结构加快整个挖掘过程。该算法高度浓缩了数据库，同时也能保证对频繁项集的挖掘是完备的。

4）预测模型

预测模型是一种统计或数据挖掘的方法，包括可以在结构化与非结构化数据中使用以确定未来结果的算法和技术，可在预测、优化、预报和模拟等许多业务系统中使用。

代表性的预测模型是序贯模式挖掘 SPMGC（普遍约束序贯模式挖掘）算法。SPMGC 算法首先对约束条件按照优先级进行排序，然后依据约束条件产生候选序列，可以有效地发现有价值的数据序列模式，提供给大数据专家进行各类时间序列的相似性与预测研究。

在大数据挖掘的过程中，主要面对的挑战是用于挖掘的算法很复杂，并且计算涉及的数据量和计算量都很大，常用的数据挖掘算法都以单机/单线程为主。

对企业风险的控制，需要企业开发基于大数据、能够进行多维度情境预测的模型。对预测模型还要进行分析并改进，使模型达到高准确性。预测模型可以用于测试新产品、新兴市场、企业并购的投资风险。预测模型将预测分析学和统计建模、数据挖掘等技术结合，利用它们来评估潜在威胁与风险，以达到控制项目风险的目的。

综上所述，企业要建立风险防控机制，通过大数据风险预测模型分析诊断，及时规避市场风险，最大限度减少经济损失。

第一节 “有限理性”的目标管理

与一般风险目标不同，有限理性风险目标有如下三个特征：一是风险目标的重要性在企业目标管理体系中处于更加基础、更加重要的位置。二是为了保证有限理性的可执行性，需要一套以“阈值”为主要特征的量化目标体系。三是目标体系更加注重“结构上”的“稳定”，而避免企业发展中激进冒进的行为。

一、目标确认

我们在前文中提到了有限理性模型的设计和推导，在有限理性风险管理的应用中，应当注重企业战略和经营目标的真实指标与观测指标的差别和差值，观测到的指标与“理想指标”的差值（观测差值）包含了真实风险与管理风险两个部分，即风险容忍度的边界包含了真实风险与管理风险，因此，企业风险管理活动需要关注企业发展的真实风险和管理风险。本章主要将目标管理理论与企业风险管理相融合，由于上文中提到的有限理性模型的设计假设基础是企业的经济发展处于均匀的状况，企业真实风险虽然呈正态分布，但是属性上仍是属于动态的，需要企业的各类管理行为的参与；同时企业管理风险主要针对管理行为的不确定性，是对企业所有经营活动的覆盖，因此本章阐述的目标管理理论在有限风险管理中的应用范围是涵盖企业真实风险和管理风险两个部分的。

（一）目标清晰化的意义

企业目标管理的先决条件是：目标是否能够准确描述，是否能够清晰描述目标的意义和价值。准确描述企业发展战略目标和经营目标，是目标清晰化的重要特征，也是重要前提。

企业风险管理中，清晰描述企业运营发展过程中的战略目标/总体目标，为企业整体运营提供全面的市场、行业、用户等方面的动态变化因素的总体规划指导，为企业规避发展过程中的不确定性损伤，保障企业健康有序运营。

（二）目标清晰化内容

1. 目标管理概论

1）基本理论

美国管理学家德鲁克1954年提出目标管理理论，起初运用于企业，后拓展运用于政府、管理部门。理论的核心是把组织的目的和任务转化为目标，并使组织中各部门和个人的目标与组织的目标一致，形成明确具体、切实可行的目标体系。在管理活动中，以目标作为出发点和归宿，特别强调目标指导行动，以成果和贡献作为管理活动的重点，强调目标实现的整体意识。其主要特点是具有向量性（即目标的方向性）、整体性、时效性、激励性。目标管理（management by objectives，MBO）是德鲁克提出的最重要、最有影响的概念，并已成为现代管理学理论体系的重要组成部分。该理论认为：目标管理是以目标为导向，以人为中心，以成果为标准，而使组织和个人取得最佳业绩的现代管理方法。目标管理亦称“成果管理”，俗称责任制，是指在企业个体职工的积极参与下，自上而下地确定工作目标，并在工作中实行“自我控制”，自下而上地保证目标实现的一种管理办法。

（1）目标的定义。所谓目标，是指行为所要实现的成果，这些成果可能是个人的或整个组织努力的结果。目标管理是一种面向成果的管理，以目标为导向、以成果为标准，上下级共同决定绩效目标，并对目标的进展情况进行定期检查，从而使个人、组织获取最佳业绩。在具体管理中，在企业全部职工的参与下，企业自上而下确定工作目标，实行“自我控制”，实现目标。

（2）目标管理的定义。对于目标管理而言，其管理面对的是工作成果，而非工作本身，用目标激励下级，而非用目标来控制。目标管理的内容包括目标确定、强化参与决策、明确规定期限、反馈绩效。在目标管理过程中，需要确保权限授予的及时性、资源分配的合理性、目标控制的强化和及时支付工作报酬。同时，与传统管理相比，目标管理具有重视人的因素、重视成果、建立目标体系与目标锁链等特点。在管理实践中，强调对目标的管理和对过程的管理，关注的重点是不同的，采取的方式、方法也是不同的，两者存在着对立、不同的一面。但两者又是统一的，统一于管理的全过程。目标是诱因，是导向，是宗旨；过程是手段，是实现目标的保障，是条件。

(3) 目标管理的意义。目标是有过程的目标，过程是有目标的过程。离开了过程，目标就会成为无源之水、无本之木，成为空中楼阁；离开了目标，过程就会成为无方向的盲目过程。目标的实现取决于每个具体过程的到位，目标的实现也就是过程的结束，新的目标的确定又会有新的过程的开始。可见，这两者是相辅相成、互为条件、缺一不可的。同时，这两者还存在着部分和整体的关系。人们所采取的一切行为总是指向特定目标的。它是制订各项活动计划的基础，目标能为管理者指明具体的方向，它既表现为行为的结果，又表现为行为的诱因。所以，对目标进行管理是必要的。但仅有目标或被动地让人接受目标，并不能保证目标的实现。道理很简单，目标是由人通过围绕目标而开展的一系列活动来实现的，既然是人，那么这个特殊又高级的动物就具有主观能动性和惰性的双重性质。

2) 目标管理实施路径

企业目标管理通常是由企业决策层实施战略选择和明确战略目标之后，由经营管理层实施目标管理工作。从实施路径上来说，首先明确和共同探讨战略目标/经营目标实施的策略和具体任务，决策层进一步向经营管理层确认经营目标，其次经营管理层负责实施恰当的目标分解和组织实施达标/绩效实现的工作任务，最后由决策层周期性针对管理层进行达标/绩效的考核。

在实施经营目标管理中，依据各阶段所采用的方法论异同，将目标管理过程分为目标设定、目标分解、目标实现过程管理、目标评价与考核四个阶段。

(1) 目标设定：是企业战略选择/战略规划的制定。在此阶段可采用的方法论为企业风险管理的“风险绩效曲线”，其中战略规划的制定因战略选择的确定而确定，经营策略和目标的设定则是对战略目标的具体落实和执行。

(2) 目标分解：是将总体战略目标/战略规划具体化为年度经营策略和目标，再进一步分解为业务目标的过程。在此阶段，通过对企业战略规划的解读，制定企业年度经营策略和目标，运用目标分解工具、价值结构分解图、全面预算工具等方法，从层次、时序等维度将公司战略规划分解，指导公司运营管理策略和业务工作结构。

(3) 目标实现过程管理：此过程关系到企业战略规划/年度经营目标执行过程中的风险识别与管控，能够保障经营目标/绩效目标的实现。在此阶段，可使用“目标/风险一张表”工具，快速识别公司战略规划、年度经营策略中的各类风险，采用“风险管理流程”方法，对战略规划、年度经营策略目标存在的管理风险加以管控，保障目标实现/绩效实现的融合和同步，满足企业健康有序发展的需要。

(4) 目标评价与考核：是通过对企业战略规划/经营目标的实施过程的评估，以对目标管理进行动态修正，保障企业目标管理的有效落地。在此阶段，通过定义目标评价标准、评价体系/绩效评价体系，进行周期性的目标评价和考核，不断总结企业运营过程中存在的问题，提升企业运营内部控制能力。

3) 目标管理特征

目标管理是由企业最高层领导制订一定时期内整个企业期望达到的总目标，然后由各部门和全体职工根据总目标的要求，制订各自的分目标，并积极主动地设法实现这些目标的管理方法。目标管理是管理学中的一种方法论，具备其独有的特征和内涵。

(1) 强调系统管理。它层层设定目标，建立目标体系，并且围绕企业方针目标将措施对策、组织机构、职责权限、奖惩办法等组合为一个网络系统，按 PDCA(计划—执行—检查—纠正)循环原理展开工作，重视管理设计和整体规划，进行综合管理。

(2) 强调重点管理。它不代替由标准、制度或计划(如生产计划)所规定的业务职能活动，也不代替日常管理，只是重点抓好对企业和部门的发展有重大影响的重点目标、重点措施或事项，其他则纳入按职能划分的日常管理中去。重点目标主要指营销、能耗、效益、安全、质量改进、考核等目标。

(3) 注重措施管理。管理的对象必须细化到实现目标的措施上，而不是停留在空泛的号召上。为此，要切实将目标展开到能采取措施为止，对具体措施实施管理。

(4) 注重自我控制。在目标实施过程中通过评估和跟踪反馈，及时掌握目标实践动态，从进度和质量上实现目标实践的相互适应，保障目标的均衡发展。

2. 目标清晰化内涵

在目标管理中，目标清晰化是重要的理论前提。为了使企业发展和运营更加准确清晰，需要清晰地表达和描述企业目标，包括目标分类、目标的层次化关系以及目标管理的行为要求等。

1) 目标分类

在现代管理理论中，有学者提出：管理的分类，是管理的开始。在目标清晰化中，目标分类是基础。目标的分类基于企业运营管理需要而有不同的分类方法，从层次上来看，可以分为战略目标、经营目标、业务目标；从时序上来看，可以分为长期目标、中期目标、短期目标以及执行目标；从管理角色上来看，可以分为高层管理目标、中层管理目标以及基础管理目标。

从动态因素上来看，企业战略目标是企业运营发展的使命和愿景，是企业长远规划发展的阶段性发展目标；经营目标是企业战略目标的落地执行方式，是衡量企业战略规划的具体期望值和明确目标。因此战略目标和经营目标可定义为长期发展目标、中期发展目标以及短期执行目标。

从风险管理角度出发，可以将目标分类维度整合，将目标分为战略目标、经营目标、报告目标和合规目标，其中经营目标涵盖报告目标和合规目标。企业不同的管理层级和管理职责承担着不同的风险管理责任，因此设定的相应风险管理目标不同，具体可以分为战略及经营目标、一道风险防线的风险管理目标、二道风险防线的风险管理目标、三道风险防线的风险管理目标。不同层级的风险目标可以根据企业发展实际需求设定中长期目标，以适应企业阶段性发展需求。

2）目标的层次化关系

企业目标是企业发展的规划和执行，不同目标之间存在着不同的相互关系。其中战略目标和经营目标亦有着特殊的层次化关系。二者之间的关系相辅相成，既上下承接，又互为保障。

战略目标是企业战略规划的清晰化描述，是企业生产经营活动的方向性、总体性的期望值，属于高层次的目标，来源于企业战略规划，并随着企业战略规划的选择而不断适应性匹配。同时，战略目标与公司使命相关并支撑公司使命。

经营目标是战略目标的具体表现，是对战略规划的解读及战略目标的层次化分解，即此目标的设定由战略目标来确定。

战略目标和经营目标的关系：战略目标定义了企业经营目标，而通过保障经营目标的关联目标的实现，以保障企业总体战略目标的实现。

在此过程中，企业需要通过实施全面风险管理框架和开展全面风险管理，以保障企业总体战略目标的实现。其中，在设定阶段，采用风险管理的思维/技术，确认战略目标和经营目标设定与相应组合风险水平，以及与风险偏好/风险容忍度之间的平衡关系；在实施阶段，采用风险管理的框架/职责/技术/技能及风险有效识别和管理“战略/经营目标执行过程中的风险”，从目标管理全过程实施管理层面的风险防控，保障企业总体战略目标和经营目标的实现。

3）目标管理的行为要求

目标管理是企业管理的方法论，在目标实践的过程中需要相应管理行为支撑，因此实践目标管理需要统一的行为要求。

（1）企业运营管理过程中，目标的制订来源于企业发展战略规划，战略规划是高层管理者通过对企业发展政治经济形势、内部资源、企业发展使命和愿景等内外部环境分析提出的发展方向；同时企业文化是企业发展的行为准则，是保障企业沿着正确的发展方向前进的基础，企业文化渗透在企业的各项管理制度中，是企业存活和发展的基因。因此，实践目标管理的首要条件是企业各层级需要与高层管理者保持一致，共同对企业发展方向负责，形成企业发展合力。

(2) 企业内部自上而下都承担着企业发展方向上不同的重要责任,而企业发展不同目标则是企业内部各层级的行为标准,因此在企业目标实践过程中,需要各层级员工(高层管理者、中层管理者、基层员工)的共同参与,以确保企业目标的设定和计划的实施与各层级的行为要求具备可执行性、准确性、可调整性。

(3) 企业目标实践是一个过程,各级管理者需要明确各级目标的清晰定义,明确目标承接、执行的各层级责任和价值,确保自上而下地对目标理解保持一致,在这个过程中离不开各级管理者的辅导;同时在这个过程中应当具备具体可执行的跟踪计划,包括实践过程中的回顾、评估、反馈等,确保目标实践过程的可控性,作为企业发展目标动态调整的依据。

(4) 企业发展目标的实践应当是可衡量的。目标是对企业发展期望值的具体描述,是对企业各层级责任和价值的清晰表达,通过企业发展目标能够准确反映企业发展情况,因此目标管理的实践需要关注结果的可衡量性。

(三) 目标清晰化实施路径

1. 企业战略规划

1) 企业战略规划的定义

企业战略规划是组织制订长期目标(包括战略目标、经营规划等),并将其付诸实施的规划。通过剖析企业外部环境,充分把握企业内部的优势和劣势,帮助企业迎接未来的挑战,提供企业未来明确的目标及方向,推动企业内部对发展目标的清晰化认识。

企业战略目标是构成企业战略规划的基本内容,战略目标是对企业战略经营活动预期取得的主要成果的期望值。从狭义上看,企业战略目标不包含在企业战略构成之中,它既是企业战略选择的出发点和依据,又是企业战略实施要达到的结果。

企业的战略风险管理是通过可预见、可控制和快速反应的管理手段识别、评估、改进企业运营发展中损伤的不确定性。风险战略是影响整个企业的发展方向、企业文化、信息和生存能力或企业效益的因素。战略风险因素也就是对企业发展战略目标、资源、竞争力或核心竞争力、企业效益产生重要影响的因素。

企业制订战略目标时不仅包含利润指标,而且还应包含反映企业风险承受能力的风险限额指标。风险是任何可能影响企业实现其目标的事项,制定正确的企业战略会对风险的管理有直接影响,企业在制订战略目标和经营目标时,也应与企业的实际情况和风险水平相适应,否则会导致企业的风险管理失控,产生企业危机,所以战略目标要与风险管理相互适应。确定企业目标是实现风险辨识、风险评估、风险应对的前提,同时企业目标与企业风险的容量应相互协调。

2）企业战略规划的内容

企业战略规划是企业发展的指导性纲领文件，是对企业发展经营的整体性概括，主要包括企业发展方向和企业资源配置策略。其中企业发展方向也可以称为企业的战略目标，即企业在行业中的定位目标、财务目标、产品的市场定位等；企业资源配置策略是指企业实现战略目标应具备的和已具备的关键成功因素、具体实现战略的计划和措施、对企业实现战略有重要驱动力的资源（人、财、物）、实现企业战略时需要的核心竞争能力以及根据企业战略确定激励员工具备企业需要的核心竞争能力的方法论。

战略风险的规划主要包括企业战略风险的识别和分析，以及针对风险集合制订控制措施，以保障企业战略目标和运营目标的实现。战略风险伴随企业战略的始终和企业发展的全过程，因此企业战略风险的规划应当与时俱进，以实际发展为基础，对企业战略的风险进行动态分析。战略风险的构成要素分析维度可以分为内外两方面，一是企业外部环境的风险要素，也可称为战略环境；二是企业内部资源和能力，资源和能力是决定战略的主要因素和竞争优势的来源。识别和构建了企业战略风险集合，需要进行战略风险应对措施的制订，根据企业发展的行业环境、政治经济环境制定对应的企业发展方向的风险控制策略；针对企业内部资源能力的风险评估和分析，包括人力资源、财务管理、技术、信息系统等，调整企业内部资源配置，提升内部资源管理能力，制定企业资源配置策略，指导企业整体发展规划。

企业风险管理并非企业主体经营管理活动的额外的或者单独的活动，而是融入主体的战略和运营当中的有机部分。这也使得风险管理的范围更加宽泛。因此我们认为现代的风险管理更加注重于企业价值创造过程的协同性，一套行之有效的风险管理体系是使企业战略规划制定、战略目标决策符合企业发展实际的有效手段。

3）企业战略制定与风险偏好

需要注意的是，设计企业风险管理战略规划的时候应当考虑企业的风险偏好，即企业主动承担风险的主观意愿。不同行业的企业对风险偏好的程度是不同的，一般来说，需要根据企业所处的行业特点、业态、企业发展所处阶段、企业的核心竞争力以及战略层的风格特点来制定与企业相符的风险偏好。风险偏好往往会调整企业战略的制定，影响企业战略实施决策的风格，尤其针对企业市场开拓、新产品研发等环节的决策，风险偏好的影响更大。

风险偏好的概念是建立在风险容忍度概念基础上的。风险容忍度是指在企业目标实现过程中对差异的可接受程度，是企业在风险偏好的基础上设定的对相关目标实现过程中所出现差异的可容忍限度。

同时还需要考虑企业的整体风险承受能力，即企业能够承担多大风险的客观能力。企业整体的风险承受能力与许多因素相关，最主要的还是企业的基础实力因素，其他影响因素还包括所处行业、人员、业务流程、资金、负债、收入等方面的持续性。

企业在制定和实施发展战略的过程中，是基于对企业自身的风险承受能力的评估和风险偏好的特点来进行的，因此在实施路径上，也是二者综合作用的结果。

4）企业战略规划的实施路径

企业战略规划是对企业发展的整体描述，通过明晰企业的发展使命，明确企业价值观和愿景，以此为基础制订企业战略规划。以企业发展战略规划为指引，以企业发展现状、内外部环境分析为基础，明确当前发展差距，制订战略规划，最终完成企业战略使命。

(1) 确定企业使命、愿景和核心价值观。企业使命是指以发展性、前瞻性的眼光，明确企业在社会进步和社会经济发展中所应担当的角色和责任，是企业区别于其他企业的根本所在，也是企业的经营领域、经营思想的宽泛和概括性的陈述，同时为企业目标的确立与战略的制定提供依据。

企业愿景是企业的长期愿望及未来状况，组织发展的蓝图，体现组织永恒的追求。企业愿景是企业的发展方向及战略定位的体现。核心价值观是企业发展、经营的是非标准，遵循的行为准则，也是企业发展的终极信仰。

通过明确企业存在、发展的经济、社会、文化、社会责任的意义，确定企业发展使命；以企业使命为指引，确定企业发展愿景，并明确其经济、文化等核心价值观，在此基础上，确定企业发展战略规划目标。

(2) 制订企业战略规划。运用战略工具和方法进行企业战略规划的设计。根据企业发展使命、愿景和核心价值观，通过对企业发展的内外部环境进行分析评估，结合内外部环境分析结果，利用 SWOT 矩阵分析法进行优势、劣势、机会、威胁的分析，运用战略地图制定企业战略规划，实现对从战略到执行进行描述。

① 企业内外部环境分析。通过对企业发展的社会环境、行业环境、企业环境进行分析评估，能够对企业的内外部优劣势进行全面描述，这是企业战略规划设计的基础。

社会环境方面，了解社会环境对公司的影响，采用 PESTEL 等分析工具，对影响企业战略的政策、经济、社会、技术、环境和法律等社会环境因素进行分析，明确企业发展的社会环境。

行业环境方面，通过市场调研、数据分析的方式了解企业运营的行业市场情况，明确标杆企业、竞争对手，能够让企业在发展过程当中充分了解行业市场动态，不断适应行业环境，发现企业发展方向。

企业环境方面，基于企业社会环境和行业环境的分析结果，系统分析企业内部在生产、营销、人才、研发、财务等方面的资源配置情况，以便根据市场、行业、社会环境等方面的变化及时调整资源，并制定切实可行的应对策略。

② 企业战略分析。SWOT 矩阵分析法是战略分析的基本工具和方法。通过运用 SWOT 分析模型分析企业内部资源能力和企业外部环境影响因素，能够明确找出企业内部资源配置情况，即企业内部运营的优势和劣势，同时可以整合分析企业外部影响因素(社会环境、行业环境等)的性质，明确哪些因素是对企业有利和不利的。通过将企业的各个业务分别应用到模型当中，以明确企业在面临不同的情况时采取的对应措施。

基于 SWOT 分析结果，结合企业发展实际需求，梳理战略重点，包括但不限于市场、财务、激励体系等内容。

③ 企业战略规划的风险分析。企业战略目标的制订需要考虑企业经营发展的风险偏好和风险容忍度，也就是考虑企业内部发展承受风险的能力设定的边界。企业要基于自身业务实际分析确定相关战略目标的安全边界，并在运营过程中坚守，超越了这些边界往往会导致较大的经营损失，甚至导致企业破产。

实施企业战略规划的风险分析时，首先需要明确风险管理的边界范围。风险管理不应局限于一项职能或部门，每个职能部门管理责任的边界就是风险管理责任的边界范围，通过强化和体现风险管理的内容，培养对分析文化的高度认同，理解业务活动创造价值与风险管理不可分割、一体两面。

为有效贯彻风险偏好和风险容忍度，企业要确立一套有效的风险管理制度和管理机制。风险偏好主要是基于企业所有者的主观意志、回报要求和经营理念。边界管控人员在熟悉企业经营管理过程等基本情况的基础上，通过分类、测试、判断和分析等手段识别风险，尤其要注意识别风险的完整性、重要性等。这是实施战略目标风险导向边界管控的关键。同时，将风险偏好作为企业战略选择的关键因素，遵从价值创造原则，评估企业重要风险以及对各项重要风险的容忍度，根据风险容忍度配置企业资源，全面预算管理等企业资源分配方式应体现企业风险偏好，从而实现企业战略偏好的落地。

科学确定企业战略目标风险的可容忍度。管理层应根据不同业务单元的经营计划与风险容忍度，将资源在不同业务单元进行分配，以使投入的资源取得预期收益。企业在实现其战略目标的过程中，对偏离目标的各种可能性应有大致范围，应在风险偏好的基础上设定对战略目标实现过程中所出现差异的可容忍限度。企业的战略目标都是寻求股东利益的最大化，但如果更倾向长期利益的最大化，风险偏好就可能更低一些，反之则相反。

④ 企业战略规划设计。战略地图的核心是客户价值主张，向上支撑公司战略

及财务目标的实现，向下指导内部运营流程改善，是战略落地的重点。战略地图的绘制，是对企业使命、前景、核心价值观的确定和战略重点形象化描述。

结合企业风险战略分析结果和战略重点，运用战略地图来描绘企业的风险管理发展方向和规划路径，使得企业风险管理发展战略被清晰地描述和准确地理解，保证企业风险管理战略规划实施路径的可执行性。

战略地图的绘制围绕财务、客户、内部运营、学习与成长四个层面进行分解和设计。财务层面，"创造股东价值"是战略的核心目标，即企业风险管理被视为战略制定的重要组成和识别机遇、创造和保留价值的必要部分，企业风险管理与价值创造具备高度的关联性。通过风险管理成长策略，从新的市场、产品和客户开创新的营收来源等方面开展风险识别、风险分析、风险应对，从而有效规避企业发展经营中的不确定损伤和其他风险。客户层面，主要从企业风险管理不同单元的构成、职责等出发，通过明确风险管理各单元或者组织架构的职责和管理边界范围，规范企业风险管理组织内涵和文化氛围，识别并调整各管理单元的差异化因素，满足企业风险管理客户层面的发展战略要求。内部运营方面，应当与企业所确定的价值定位保持一致，采取不同的风险管理战略，要求具备与其相匹配的内部运营流程。学习与成长方面，主要从风险管理战略性能力、战略性科技和组织氛围三个维度出发，明确企业内部团队为达成企业风险管理战略所具备的战略性技能和知识，必需的信息系统、资料数据、信息技术工具和网络等，以及在风险管理战略前提下所必需的企业文化转变、激励、授权和整合等内容。

2. 企业年度经营策略与目标

1）企业年度经营策略的定义

企业年度经营策略是指企业针对战略规划的定位，围绕年度战略规划做阶段性的突破，为适应企业发展环境，确保战略发展规划和经营方针，设计和规划可以实现目标的方案集合。企业年度经营策略具有以下特点。

(1) 决策性。企业年度经营策略是根据企业内外部环境制定的，直接关系到企业的生产和发展。

(2) 外向性。企业年度经营策略与社会、市场、用户有着密切的关系，其基本目标是帮助企业实现与外部环境的动态平衡，并获得良好的经济效益和社会效益。

(3) 综合性。企业年度经营策略涵盖企业发展的预测、生产、销售等环节，也涉及财务、技术、业务、后勤等部门，是企业全部生产经营活动的纲领。

(4) 激励性。企业年度经营策略把国家利益、企业利益和职工个人利益有机地结合起来，形成一股强大的动力，以激励企业全体员工。

2）企业年度经营策略的内容

企业年度经营策略来源于企业发展战略规划，是承接和清晰描述企业发展战略规划并指导企业执行目标的承上启下的总体性规划。

企业年度经营策略主要包括过去一年经营业绩的回顾、环境分析、策略总纲等内容。其中经营业绩回顾通过与预算对比呈现过去一年企业经营的主要数据，展示企业各业务模块的经营成果和管理改进方面取得的重要突破，以及对管理现状的评估结果；环境分析方面主要分析企业行业的发展动态、市场需求、竞争态势、国家政策发展趋势以及集团层面的展望等；策略总纲主要说明企业发展战略规划的定位、明确战略规划的阶段性目标、下年度经营目标以及为实现目标提出的管理方向等。

3）企业年度经营策略的实施路径

（1）目标导出。企业管理目标的导出是对目标清晰化的具体呈现，是对企业发展战略方向的准确把握，是对企业经营策略的落地执行，是对企业业务模块运作的绩效聚焦。通过对企业经营策略的充分解读，深入研究企业经营的策略方向，找到关键词、关键业务领域及企业要求的战略目标，分析策略与企业发展方向、业务模块等之间的相互关系，连接到企业发展的各维度管理目标。

企业风险管理目标的导出应当是基于企业年度经营策略报告中的各层级发展维度的管理策略的解读，清晰企业发展方向和发展策略，并对战略目标和经营策略进行风险识别、风险评估，连接到相应发展方向、业务模块、管理层级，以导出企业年度经营发展的风险管理目标。

（2）目标设定。目标设定对实施风险管理至关重要，首先它为实施风险控制设定了标准，其次它为分配企业资源提供了依据，最后它是评价功过实施奖惩的准绳。因此，设定目标必须做到：一要合理有效，符合企业的实际情况和发展规划，做到战略目标、整体目标、具体目标和企业的风险容限相一致；二要明确具体，将企业的目标/指标进行分解落实，形成各职能部门和各业务活动的具体目标，使员工看得见、摸得着，随时可测评自我完成度、风险发生的可能性及其影响；三要与时俱进，目标/指标应反映内外环境及企业经营活动现实状况，并随着环境和条件的变化不断修订和完善，使目标起到促进作用。

① 目标的设定原则。在目标设定中，应遵循 SMART 原则，即明确性、可衡量性、可实现性、相关性、时限性。一是明确企业年度经营策略中的风险管理目标，明确各层级风险管理目标的具体行为标准，作为企业经营风险管理的依据；二是对风险管理目标设定具体的指标数据，作为衡量目标达成的评价标准；三是风险管理目标的设定应当具备可执行性，应当就社会、企业的发展现状和合理的未来发展趋势与企业上下各层级进行充分沟通，使拟定的风险管理目标在企业和个体达成一致，设定能够实现、工作内容饱满的目标；四是风险管理目标的设定需要与企业内部发展战略规划、经营发展策略、资源配置、岗位职责等相关联，以最大化地发挥

目标管理对企业良好发展的积极意义；五是目标的设定应当具备时间限制，根据风险管理内容的权重、事情的轻重缓急，拟定出完成目标项目的时间要求，定期检查项目的完成进度，及时掌握项目进展的变化情况，以方便对下属进行及时的工作指导，以及根据工作计划的异常情况变化及时地调整工作计划。

② 设定流程。风险管理目标的设定是一个系统性的体系框架设计，是基于企业战略愿景和经营策略的需求作出的清晰化、可执行的落地描述。在目标设定中，运用平衡计分卡等战略管理工具对企业发展战略愿景和总体目标进行细化分析，以科学合理地制订企业风险管理目标。

平衡计分卡理论概述。平衡计分卡法是以企业战略为导向，通过财务、客户、内部运营、学习与成长四个维度及其与业绩指标的因果关系，全面管理和评价企业综合业绩，是企业愿景和战略的具体体现。通过四个维度的相互驱动关系展现企业的战略轨迹，实现绩效考核—绩效改进—战略实施—战略修正的战略目标过程；同时反映了财务衡量方法和非财务衡量方法的平衡、长期目标与短期目标的平衡、外部和内部的平衡、结果和过程的平衡以及管理业绩和经营业绩的平衡等多个方面的平衡。

平衡计分卡设定流程。在企业风险管理目标设定的流程中，应当以企业整体为考量对象，以平衡计分卡法的四个维度为出发点和途径，权衡风险和收益，坚持成本效益原则，坚持“平衡”观念，将企业风险管理的思想及其八个相互关系的要素，融入平衡计分卡法。其中八个相互关系包括内部环境、目标设定、事件识别、风险评估、风险反应、控制活动、信息与沟通和监督。

一是利用风险管理的方法和步骤来分析平衡计分卡的四个维度各自潜在的风险，即分析企业所面临的内部流程风险与外部市场风险，分析企业财务风险与成长风险，形成对企业面临的风险的总体认识。

二是根据战略管理的需要和各维度风险综合状况，确定合理的风险管理总体目标，并考虑这四个维度风险的相互影响和相互抵消的特点，分析目标与平衡计分卡的四个维度，设计评价目标实现状况的可计量的风险管理评价指标。在此过程中，不同企业的不同发展阶段的四个维度的不确定因素也各有差异，风险的来源、特征与性质不同，企业需要根据自身情况，考虑股东的风险偏好和风险容忍度，合理设置目标和评价指标，确定的目标和选择的指标需要抓住风险的关键作用点，考虑相关目标的重要性。

三是将确定的风险管理目标和评价指标分别加入平衡计分卡的四个维度的目标和指标。平衡计分卡加入风险管理目标和评价指标后，增加了其基于多维度的风险策略功能，起到优势互补的作用，产生协同效应。

四是利用四个维度下风险管理目标和评价指标进行事件识别、风险评估，制定合理的风险反应策略，执行有效的风险控制活动。企业应当把能否为风险管理目标的实现作出贡献当作组织内确定风险管理工作优先顺序、分配资源的依据。

五是基于平衡计分卡上财务、客户、内部运营和学习与成长维度的风险管理指标绩效反馈，组织开展数据分析和内部诊断，检验既定战略的实施进度和存在的问题，判断风险管理状况，用以指导企业内部不断学习，形成新的、良好的风险管理认识，从而作出快速的、有针对性的、动态的调整，完成自我学习、自我成长、自我改善，适应新的环境变化。

3. 构建全面风险管理目标体系

以企业战略规划目标为指导，在经营层，以企业各管理单元作为企业风险管理的承担者，从源头识别和控制企业经营发展管理流程，以及信息流、价值流以及职能活动中存在的各类风险要素；在管理层，以风险管理组织机构作为企业风险管理的主要组织者，从风险管理者的角度建设企业风险管理信息系统，实现企业风险管理与信息管理的有机融合；在战略层，以企业内部审计部门作为风险管理的监督者，从企业整体的角度评估和控制风险，支持企业整体战略决策的制定过程。通过三个层次的风险管理组织体系的搭建，形成覆盖企业运营系统的各环节、各层级，包含风险管理三道防线并且有使自上而下的目标贯彻、风险控制和自下而上的风险预测、战略制定双向并行的风险管理目标体系，最大限度地实现企业风险的全面管理。

二、目标分解

（一）目标分解的意义

目标分解是企业目标清晰化的基础。利用目标分解工具对企业战略目标进行多层次、多维度的横纵向分解，能够实现企业目标的清晰化。

目标分解是对企业目标的实践的多元化定义。通过分解企业战略目标，细化和多元化定义不同层次、不同维度的管理目标，能够清晰地呈现目标的可操作性。

目标分解是实现总体目标的手段。总体目标是对企业发展的概括性描述，通过分解企业总体目标，找准企业发展命脉，明确目标与企业发展方向、业务模块、管理职责的相互关系，将企业总体目标赋予衡量的标准，充分发挥人的自我控制作用，不断激励企业各层级，实现企业总体目标。

（二）目标分解的原则

1. 目标分解是有依据的

目标分解应当遵循基本管理逻辑，也要遵循企业管理的成功经验。企业风险管理目标的分解，应当应用风险管理基本理论识别和分析在企业运营发展过程中损伤的不确定性，即风险识别和风险评估，将其作为企业运营发展中的风险目标，并通过风险目标管理实现对风险的有效控制，整合不同发展阶段、不同发展层面、不同管理层级等的风险和控制活动，构建企业风险管理目标管理体系。同时应当注重整合在不同的企业文化下，给常规管理逻辑的应用所带来的挑战及应对的解决方案，实现基本管理逻辑和成功的企业管理经验的有机整合，确保企业风险管理目标的科学分解。

2. 目标分解要到各业务单元

在管理逻辑和成功经验的基础上，运用目标分解工具将目标分解到各业务单元。

一是分解总目标。分解企业风险管理总目标的核心是识别关键风险因子。寻找战略目标的关键支撑因素，一般采用自上而下的系统处理方法，从最终风险目标开始，确定风险目标实现的途径及需要具体做的事情，来保障风险目标的实现，同时查找或确定企业自身存在的最大弊端及其克服的方法与手段。确定支撑企业风险管理总目标的关键要素后，要根据其风险要素的重要性进行排序，实现风险管理总目标的分解。

二是目标到管理层。管理层风险管理可控目标的分解，应当从各部门的关键职能要素入手，通过识别管理层的职责体系中的风险要素，明确各部门的风险要素归属关系，并进行风险要素评估，将评估结果应用到各管理模块的职能当中。在分解时，应当根据不同管理模块的侧重点，确定目标分配的权重比例，同时做好各管理模块风险目标的横向联系，实现风险管理目标在管理层间的左右关联、总目标一致并达到相互支持与配合，做到以企业风险总目标为中心。

3. 目标分解无必然的先后关系

从目标实践的角度出发，分解后的目标实践无必然的先后关系，目标的实践可以串行，也可以并行。在目标实践的过程中，选择并行可能面临的挑战是资源，即足够的人力资源和物力资源；选择串行可能面临的挑战是时间。在目标实践过程中应当得到足够的保障，即足够的资源和时间，才能确保目标实践的完整度和有效性。

（三）目标分解的实施路径

目标分解是对企业风险管理总目标具体化描述的重要手段，利用 DOAM 法（目标逐级承接分解法）进行目标分解工作。将企业风险管理总目标转化为年度企业总目标，自上而下地将总目标分解并设定目标值，定期或者不定期将目标完成情况自下而上收集汇总，并进行动态修正，实现企业风险管理总目标的分解。

1. 明确行动方向

企业发展战略规划是企业运作的总纲领，指明企业发展运营的行动方向。在风险管理活动中，企业风险战略是企业风险管理活动的指导方针和行动纲领，是针对企业面临的主要风险设计的一整套风险处理方案。应当以企业发展战略规划为指引，明确企业发展方向，从财务、运营、企业文化等方面入手，明晰影响企业战略和商业目标实现的不确定性事项，确定企业风险管理的行动方向，即企业风险战略，指导企业全面风险管理。

2. 制订行动目标

以企业风险管理行动方向为指引，精准解读企业发展经营策略，找准企业在多元化、充满变化的行业、市场环境中的风险因素，结合企业发展实际，提出风险管理目标。

(1) 控制风险目标。企业风险水平要永远控制在可接受的范围内，也就是要将风险控制在与总体目标相适应并可承受的范围内，这是全面风险管理的主要目标。

(2) 处理危机目标。企业风险一旦发生就变成危机，造成程度不同的损失，这是全面风险管理不期望看到的结果。处理企业危机，即提供危机处理解决方案，将危机造成的损失降到最低限度，是全面风险管理不可忽视的目标。

(3) 把握机会目标。企业坐失良机，实际上是最大的风险。企业发展，不仅要管理风险，还应抓住机会。促使企业把握发展的良机，是全面风险管理的一个积极目标。

(4) 增强风险意识目标。我国企业风险意识不强，通过全面风险管理工作，促进企业增强风险意识，进而增强全社会的风险意识，是全面风险管理总体上期望达到的一个基本目标。

3. 制订行动计划

通过对企业运营、业务运作的风险进行分析、评价和控制，制订相应风险控制行动计划，确保在企业运营发展过程中的所有风险均处于可接受的水平。风险管理行动计划的制订应当明确风险管理活动范围并明确在实施风险管理当中各层级职责，作为行动计划的分维度之一。针对企业运营管理体系的运行情况，围绕企业财务、人力资源、企业文化等方面进行分析评价，找出风险及潜在风险，根据风险发生频率/概率、可能的危害程度，制订行动计划。

行动计划的制订需要保证各计划之间不重叠、不交叉，根据不同业务模块注重侧重点，要明确不同部门相应的职责。

4. 制定衡量标准

衡量标准是保障企业风险实现有效管理的核心要求之一。衡量标准的制定从风险定义、行动计划绩效指标两个方面进行。风险定义方面,一是要明确风险概率、风险的严重值、风险的可检测性,结合企业实际编制企业表示符、系数值以及定性描述的统一标准;二是要明确风险评价准则,可分为合理可行区、广泛可接受区、不容许区等维度。行动计划绩效指标方面,将其纳入各层级 KPI 及细化的管理指标 KMI(关键管理指标)当中,与各层级职责、内容相挂钩,确保行动计划的评价可衡量、可考核。

三、定义目标标准

目标衡量标准是将风险目标管理内容进行细化、量化和行为化的结果,是业务工作的具体化表现。衡量标准是定性评价和定量评价的尺度,能够通过数字化的形式体现企业在各业务领域的风险管理体系运行质量,能够让企业风险管理目标具备可操作性与区分性。

(一)定义原则

企业风险管理目标的衡量标准是风险管理目标的检验标准。因此企业必须建立风险管理目标的衡量标准。首先风险管理目标必须保证与企业战略目标、部门目标方向的一致性。如果风险管理目标与战略目标和部门目标相悖,则风险管理目标是错误的。

风险管理目标必须与岗位核心职责具有紧密联系,如果风险管理目标与岗位核心职责缺乏关联关系,则必定影响风险管理评估指标去评估“不应该评估的内容”,从而导致风险管理评估的效度很低,评估的结果事与愿违。

风险管理目标必须细化(具体化)、量化与行为化。细化能够避免风险管理目标过于抽象,提取风险管理评估指标困难,造成“不知道应该评估什么”的局面。量化能够保证区分不同风险要素之间的差异,便于企业对风险管理目标进行定性评价。行为化能够保证解释风险目标管理差异的原因,并且能够让企业在风险管理动态修正过程中变得更有针对性与有效性。

(二)定义方法

风险管理目标是对企业战略和经营发展的不确定性因素的系统化描述,不仅仅是针对企业发展各模块的管理手段,更是规避和控制企业风险的利器,能够为企业发展保驾护航。因此风险管理目标的标准对企业的风险管理至关重要,不仅为企业进行风险规避和控制提供了依据,同时也为企业内部的资源配置提供参考,也是企业实行内部管理评价的准绳。

1. 风险分类

首先需要的是对企业风险进行分类分析，通过对企业经营管理面临的各类风险进行分类，并对应设计不同风险分类的目标定义，从而为目标的跟踪和检核提供准确、详细的依据。当前比较适用的风险分类方法主要有两种：一是按照风险的可控程度，将企业风险分为企业自身几乎无法控制的系统风险、企业自身虽然不能控制但可以施加影响以改变风险影响程度的环境风险以及企业自身可以控制的运营风险；二是根据风险规避形式的有效性，将企业风险分为：职工人身风险，企业财产、企业责任等方面的可保风险，技术、市场等不可保风险。

2. 标准定义

结合风险管理目标的分类和特性，在设定衡量标准时应当注重目标的可衡量性，即风险管理目标存在量化与否的区别。因此对应的衡量标准的设定也需要从定量和定性两个角度出发，才能制定准确有效的风险管理目标衡量标准。

1）定性方法

一般来说，定性方法就是只利用定类尺度和定序尺度进行计量的方法，也就是使用文字说明和解释来进一步描述不同类别的风险管理目标中出现的可能性、对企业发展的影响及对应的性质。定性方法的应用场景如下。

（1）对于决策而言，不要求定量分析的精确度，如战略规划的适应性等目标。

（2）在更深入的分析之前对风险的初步筛选，即对风险管理目标信息的收集和初步处理具有困难。

（3）目标分析数据不可得到或者数据质量不高。

定性方法对企业风险管理目标标准的定义，会带有较强的主观性，是目标制订者的经验和直觉的呈现，或者利用业界的标准和管理来进行，因此为尽量规避定性方法的使用带来的主观性偏差，影响目标后期执行和完成的质量，需要利用定量的有关信息，在一定量的数据支撑下，结合企业经营发展实际制定相应标准，使得目标衡量指标定性得尽量准确。

一般可采用的定性方法包括头脑风暴法、问卷调查及SWOT分析等。

2）定量方法

通过使用定距尺度和定比尺度对目标进行计量，称为定量方法。在风险管理当中，风险发生的可能性和风险影响能够被量化，因此相应的衡量指标和标准的制定就能够使用定量方法。在使用定量方法前，数据质量可靠是关键，是定量方法使用的基本前提。当使用定量方法对企业风险管理目标进行定量分析时，若基础数据的质量不高或者使用历史数据时企业的经营发展环境发生重大变化，则利用定量方法得到的结论无法适应企业发展实际，非但不能为企业发展规避风险、为企业管理提供衡量依据，反而会为企业带来经营、管理上的重大风险，甚至损失。同时，在利用数据模型时,需要分析不同模型的假设条件对企业风险辨识、风险分析、风险评估等结果的适用性。

一般可采用的定量方法有行业基准法、统计推断和建模等。

四、目标跟踪与检核

(一)目标跟踪的基本原则

企业风险管理目标跟踪与检核中,需要遵循重要性、明确性、时限性、简单化四个重要基本原则。其中,重要性原则是指通过对风险管理目标的多维度分解,确定对工作目标实现起决定性作用的关键路径和标准设计,同时找出当前企业管理水平与目标之间存在的差距,这些差距是跟踪与检核的重点。明确性原则是指针对企业管理中存在的各类风险,明确各类不确定性因素存在的环境因素、制度因素等内外部影响,结合企业发展实际和影响因素,制订相对应的风险管控措施,同时明确各维度、各层级风险管理的直接责任部门、责任岗位及对应权限。时限性原则是指风险管理目标的跟踪需要制订清晰、可执行的目标管理计划,明确提出目标管控计划各阶段时限,作为风险管理目标跟踪的阶段性回顾的时间线。简单化原则是指分析管理目标跟踪应当满足成本管理的理念,目标跟踪应当注重时间成本、质量成本、发展成本之间的平衡,跟踪的方式、原则、方法等需要易控制、好平衡,能够简单化满足目标跟踪需求。

(二)目标跟踪的实施路径

通过清晰化的风险管理描述,根据企业发展的战略方向、经营策略的制定调整,有针对性地设定合理的风险控制范围,并根据不同风险分类以及对企业实际绩效产生的不同影响设置其对应的风险管理目标,通过实施风险管控方案,消除各类不确定风险因素。需要注意的是,由于企业所处的政治、经济、市场等环境的差别性,市场、需求处在一个动态变化的环境下,因此单纯地实施风险管控方案仍然无法有效地实现企业发展的风险目标,还需要对风险管理目标进行有效的跟踪和检核。

风险管理目标的跟踪与检核是以风险管理目标的运行现状为基础,各相关单元、模块的协同为支撑,系统化的评估与反馈为核心的动态管控逻辑,因此风险管理目标的跟踪与检核的实施路径应当包括风险信息筹备—目标信息收集—目标信息评估三个关键逻辑核心。

1. 风险信息筹备

风险管理目标信息的收集是为风险管理目标跟踪与检核的应用做准备的重要步骤。风险管理目标信息是跟踪和检核的依据，是风险管理目标制订、运行、改进的依据。

在企业风险管理目标的收集筹备过程中，首先应当明确风险管理目标，并针对不同的目标类别明确收集流程，同时需要明确各方责任、管理制度，运用系统保障。

1）明确风险管理目标

明确风险管理目标是目标跟踪与检核的前提和基础。首先应当在设计风险管理目标的规则时，清晰明确地界定风险管理目标的定义、计算公式以及评价的具体标准等关键要素。

2）明确收集流程

明确风险管理目标的收集流程是风险管理目标能够跟踪和检核的途径保障。收集流程主要包括目标信息的采集、统计和上报等流程。

首先，信息传递流程是风险管理目标信息或者数据从产生（输入）、处理、传递、检查和审核到最终输出的全过程工作规范。

其次，信息的传递是需要载体的。载体的类型不局限于表单、制度等，也包含工作标准、工作流程，在信息收集的过程中也需要制定标准化的表单、工作规范、工作流程等，并在企业中保持统一，随着企业的发展不断地更新和改进。

最后，信息统计口径是风险管理目标信息或者数据统计的具体内容、范围、要求。企业应当明确规定风险管理目标信息收集维度、统计类别等，同时还需要明确在风险管理目标信息收集过程中处理和加工的要求和规范。

3）明确各方责任

风险管理目标信息的收集是基于企业不同管理维度，各管理层级、管理级别共同参与的结果，也是风险管理目标信息采集部门、统计部门和处理部门之间相互作用的产物，因此需要明确不同部门的权责关系。不同管理层级的出发点不同，则管理角色就有差异，例如信息提供部门同样也有可能是其他风险管理目标的被考核部门。需要注意的是，明确各方责任不应当只是将责任考核落实在各部门，还要落实到各部门员工身上。

4）明确管理制度

风险管理目标信息的收集不仅需要标准化的工作流程、工作表单和各维度的考核，更需要的是企业针对风险管理目标信息收集相关流程形成的详细的、具体的、可执行的管理制度，在明确规定各方责任、工作流程的同时，规定风险管理目标信息收集过程中的保障机制、监督机制、奖罚机制等，并明确相应工作职责、工作标准和工作内容等。

5）运用系统保障

信息系统的支撑和保障是实现风险管理目标信息收集的有效管理工具和手段。企业可根据自身发展实际和业务需求，选择性地引入相应信息管理系统，信息系统的部署能够有效提升信息传递速度和效率，减少人员统计数量，能够有效降低运营成本。信息系统的部署能够有效保证风险管理目标信息收集、传递、统计、处理、加工等工作的实施，满足企业现代化管理的需求。

2. 目标信息收集

风险管理目标信息收集应当贯穿企业风险管理的全过程，是进行风险评估分析、反馈和风险管理策略调整的基础。企业应当根据风险管理的要求，结合自身的管理职能和管理范围，定期或者不定期地收集与企业风险管理目标实施、控制有关的信息，通过筛选、提炼、对比、分类、组合，建立风险管理目标信息收集库，进行维护和更新，定期或者不定期地向风险管理部门报送，并由企业风险管理委员会进行检查和指导，作为风险管理目标评估分析的依据。

1）信息收集方法

（1）头脑风暴。头脑风暴的目的是获得一份综合的项目风险清单。通常由项目团队开展头脑风暴，团队以外的多学科专家也经常参与其中。在主持人的引导下，参加者提出各种关于项目风险的主意。头脑风暴可采用畅所欲言的传统自由模式，也可采用结构化的集体访谈方式。可用风险类别（如风险分解结构中的）作为基础框架，然后依风险类别进行识别和分类，并进一步阐明风险的定义。

（2）德尔菲技术。德尔菲技术是组织专家达成一致意见的一种方法。项目风险专家匿名参与其中。组织者使用调查问卷就重要的项目风险征询意见，然后对专家的答卷进行归纳，并把结果反馈给专家做进一步评论。这个过程反复几轮后，就可能达成一致意见。德尔菲技术有助于减轻数据的偏倚，防止任何个人对结果产生不恰当的影响。

（3）核对单分析。可以根据以往类似项目和其他来源的历史信息与知识编制风险识别核对单，也可用风险分解结构的底层作为风险核对单。核对单简单易用但无法穷尽所有事项。在使用中，项目经理应该注意不要用核对单取代必要的风险识别努力，团队应该注意考察未在核对单中列出的事项，对核对单要随时调整，以便增减相关条目。在项目收尾过程中，应对核对单进行审查，并根据新的经验教训改进核对单，供未来项目使用。

（4）假设分析。每个项目及其计划都是基于一套假想、设想或假设而构建的。假设分析是检验假设条件在项目中的有效性，并识别因其中的不准确、不稳定、不一致或不完整而导致的项目风险。

2）信息收集内容

企业实施全面风险管理，应广泛、持续不断地收集与本企业风险和风险管理相关的内部、外部初始信息，包括历史数据和未来预测。应把收集初始信息的职责分工落实到各有关职能部门和业务单位。具体应当收集的目标相关信息如下。

在战略目标风险方面，企业应广泛收集国内外企业战略风险失控导致企业蒙受损失的案例，并至少收集与本企业相关的以下重要信息。

（1）国内外宏观经济政策以及经济运行情况、本行业状况、国家产业政策。

（2）科技进步、技术创新的有关内容。

（3）市场对本企业产品或服务的需求。

（4）与企业战略合作伙伴的关系，未来寻求战略合作伙伴的可能性。

（5）本企业主要客户、供应商及竞争对手的有关情况。

（6）与主要竞争对手相比，本企业实力与差距。

（7）本企业发展战略和规划、投融资计划、年度经营目标、经营战略，以及编制这些战略、规划、计划、目标的有关依据。

（8）本企业对外投融资流程中曾发生或易发生错误的业务流程或环节。

在经营目标风险方面，企业应至少收集与本企业、本行业相关的以下信息。

（1）产品结构、新产品研发。

（2）新市场开发，市场营销策略，包括产品或服务定价与销售渠道，市场营销环境状况等。

（3）企业组织效能、管理现状、企业文化，高、中层管理人员和重要业务流程中专业人员的知识结构、专业经验。

（4）期货等衍生产品业务中曾发生或易发生失误的流程和环节。

（5）质量、安全、环保、信息安全等管理中曾发生或易发生失误的业务流程或环节。

（6）因企业内、外部人员的道德风险致使企业遭受损失或业务控制系统失灵。

（7）给企业造成损失的自然灾害以及除上述有关情形之外的其他纯粹风险。

（8）对现有业务流程和信息系统操作运行情况的监管、运行评价及持续改进能力。

（9）企业风险管理的现状和能力。

3. 目标信息评估

风险管理目标信息的评估是对企业战略目标、经营目标进行系统性、周期性的评价手段，是对不同维度风险管理技术适用性及其收益性情况进行的分析检查、修正与评估，即通过规范化的机制评价企业风险管理的有效性。

基于风险管理目标信息的收集、统计、加工和处理结果，根据企业发展实际和企业风险管理现状，结合企业全面风险管理趋势，建立全面风险管理考核体系，能够有效规范和推进企业风险管理工作，利用体系化的风险评估机制将企业战略目标、经营目标的风险维度、风险管理需求落实到操作层，形成风险管理目标体系的闭环全过程管理。

1）评估目标分类

从不同的维度出发，评估目标的分类不同。企业风险管理目标，分为战略风险目标和经营风险目标。针对不同企业的不同特点，本书基于风险管理目标的分类，将评估目标维度划分为风险管理工作考核目标和风险事件管控考核目标。其中风险管理工作考核目标是指建立完善全面的风险管理工作体系，保证全面风险管理信息系统和全面风险管理基本流程有效运行；风险事件管控考核目标是指管控风险事件的目标。如经营管理风险管控目标的设定：杜绝对公司造成严重影响、财务损失在2 000万元以上的重大风险事件的发生；严格控制对公司造成较大影响、财务损失在1 000万元到2 000万元的较大风险事件的发生等。

2）评估方式分析

企业风险目标信息分析评估的方法多种多样，采用定量分析方法，特别是利用数学模型进行风险目标信息分析，可以使风险管理建立在科学的基础上，并为最终的决策提供可靠的依据。风险目标信息及度量，需要充分地获得企业在历史年度内发生的各种风险的次数以及所导致的损失，统计时段越长，风险评估的准确性越高。风险目标信息评估不仅要了解企业发展历史上各维度目标的执行情况、发生的频率，还要充分考虑风险目标执行的客观环境是否改变，如果有变化，就要在历史数据的趋势分析上进行修正。

企业在针对风险目标分解、执行的过程中，针对企业风险管理目标的完成情况，分析各维度风险在企业未来发展中发生的可能性(或频率、概率)和风险发生的条件，保证企业风险管理目标的实现。企业应当从更为严格的风险防控角度出发，采取如下措施。

(1) 企业基于风险识别的结果对风险的发生概率进行分析评估，选择采用诸如预期估计或情况评价等术语来表达潜在的可能性，或采用数据或图表的形式来描述和评价风险发生的概率。

(2) 企业建立风险分析模型，通过关键风险指标管理方法、压力测试和情境分析等定量技术手段和会谈、工作组会议等定性评价技术对风险发生的条件因素进行分析，以确定风险发生的具体条件。

(3) 企业自查与外部检查、事前与事后检查相结合。

(4) 企业引进技术手段，由日常业务数据、财务数据入手，按照既定的模型做预警提示。

3）风险评价

企业风险评价是在风险管理目标信息的收集和分析的基础上，评估风险管理目标的执行对企业可能产生的影响以及确定风险的重要性水平的过程。

企业风险管理目标评估是分析目标完成情况，进一步评估企业风险可能产生的影响和确定风险的重要性水平。企业风险管理目标评估通常是和风险分析同步进行的，因而其方法也和风险分析相同。

企业风险管理目标信息评估的控制措施有以下几种。

（1）企业对于重要事项面临的重要风险可能带来的重大影响，应当通过定量分析技术，确定各种可能性造成影响的数量，从而为企业采取恰当的风险对策提供科学的依据。

（2）企业应当按照风险可能带来的影响程度的大小，对风险进行排序，明确重要风险和一般风险。

（3）企业应当对重要风险予以特别的关注，避免重要风险可能给企业带来的重大损失。

第二节　全面预算在有限理性风险管理中的制度设计

有限理性风险管理在预算编制过程中充分考虑市场波动因素，以阈度预算为主要特征，分级设定不同的预算阈度指标，对应不同管理操作，并在预算阶段增加控制权转移条款，为风险管理人员建立明确的底线和可靠的预期。

一、全面预算在企业风险及战略管理中的定位与意义

现今，随着市场环境的不断变化，企业面临的不确定因素越来越多，各种风险不断涌现，这些都对企业的发展提出了相应挑战，这势必会导致企业家管理思维的变迁。目前，管理学对这一变化比较一致的看法体现在四个方面：由过程管理向战略管理转变；由内在管理向外在管理转变；由产品市场管理向价值管理转变；由行为管理向文化管理转变。毫无疑问，企业战略管理将是这场变革的中心，它将出现许多新动向，对这一趋势若能前瞻性地把握，则企业将会在竞争中处于有利地位。

任何组织都有自己的目标，组织的活动都是围绕这个目标展开的。对企业为

达成其目标所存在风险的认识是从事企业管理活动最基础的出发点。没有对企业这种风险的准确认识,所有的管理活动都会失去根基,而全面预算最基础的出发点恰恰也是基于对企业风险的认识。全面预算作为一种管理控制系统,保证了企业未来发展及战略目标的实现。要建立能及时因环境变化创造适于自身环境的管理控制系统,就必须从企业风险管理的这个大前提着眼,由企业对其所面临环境中的各种条件的把握,衡量其风险容忍程度,制定内部管理控制过程。因此,企业应建立边界管控体系,做好边界管控,合理选择边界管控指标,制定边界管控区间值。充分利用全面预算管控手段,将边界管控指标分解落实到相关业务部门,用以评估企业在各个层面的战略实施上可能存在的风险因素,从而采取相应的方案,为企业战略的实施提供依据。

在企业整个管理控制系统中,全面预算与风险及战略之间实质上是一种以因果关系为逻辑主线、首尾相连的循环过程。预算管理控制与战略管理控制的关系主要表现在两个方面:一方面在战略管理的前提下,围绕着战略目标的实现来进行预算管理控制,为全面预算提供了一个可供遵循的框架。另一方面,全面预算作为一种在企业风险衡量和战略目标达成之间的联系工具,可以将既定战略通过预算的方式加以固化与量化,以确保最终实现企业的战略目标。

同时,以预算确定的风险管控边界与区间可作为依据来评估战略目标阶段性成果,而风险管控边界与区间的变化又能决定下一步战略目标的制订,决定企业是采取既有战略,还是将既有战略进行调整。企业将制定、执行全面预算同自身的风险容忍程度及战略有机地结合起来,有助于调整企业策略,得到有关机遇与风险的反馈,最终提高其战略管理水平。

边界管控的合理运用和正确操作是实现边界管控目标的基本保障,是作为预算编制的主要原则。通过建立以价值创造为导向的全面预算管控模式,建设以预算管理为平台的内控与风险防控体系,把边界值、标准值嵌入预算方案和预算管理过程中,针对重点事项、重要环节确保其边界管控的落地,从而达到风险与效率的有效平衡,保障公司战略目标的实现。

同时梳理预算管理流程,规范和明确各责任单位的预算工作内容和职责,对全面预算的目标制订、编制、执行、调整、监督与考核等环节不断完善。根据边界管控原则,结合年度经营目标,确定各项运营指标的预算边界值、标准值,反馈各责任单位、部门的预算指标,最终编制年度预算,定期开展预算执行分析、预警、评价及考核。

在具体的管控方法上,预算管理应该实行总体上不出边界,结构上板块隔离。具体而言,首先,应该将边界值纳入全面预算管理的过程之中,科学有效地测算并设定合理的边界值,然后通过前面预算管理的实施来对企业运行中的问题进行预警和督促整改。其次，在预算管理实施的过程之中，应该注意不同下属公司和业务部门之间风险的隔离。这要求在预算的编制阶段，对不同业务部门的风险评价指标和边界值设定进行系统的安排，尤其是各项风险指标在相关业务预算和专项预算中的贯彻要平衡。在预算执行阶段，应该依托于边界值管控模式，对企业各个业务部门的实际业务进行监测预警和反馈调整。同时要加强边界管控指标的运用，强化对预算执行结果的考核应用。

以全面预算管理为导向的风险管理控制系统有助于促进企业的长远发展。全球经济一体化进程的加快，知识经济时代的到来，网络化的形成，信息传递速度的提升，使得企业面临着科技革命、互联网革命、信息革命的重大挑战。同时，在建立现代企业制度和深化企业改革的进程中，还将面对大量的风险因素和多样的竞争环境。所有的这些外部条件的种种变化，都需要我们对以往管理和企业的长远发展进行重新定位，这些从根本上体现了对企业实施管理控制的必然性。基于合理风险管控边界与区间的企业管理控制系统注重对企业未来总体方向的谋划，着眼于机会与趋势，而不是针对企业的个别困难与问题，它着重于企业的长期业绩与前途，而不是眼前的短期利润，其立足点是谋求提高企业的市场竞争力，使企业立于不败之地。

全面预算管理控制系统有以下特征。

(1) 战略导向原则。对企业来说，努力使下属业务单位成为公司整体战略的有机组成部分，以战略指导企业创造更大的整体价值和整体竞争优势往往是成功的重要基础。以预算为导向的管理控制能提升企业的整体价值，但要保证在实施过程中，企业与下属单位在风险管控边界与区间层面的监控体系一致，通过建立有效的企业全面预算管理控制系统，贯彻战略意图，实现战略目标。

(2) 及时反馈信息。控制总是和信息直接相关，任何企业的管理控制活动都是信息传递和转换过程，基于合理风险管控边界与区间的全面预算管理控制系统，能够充分利用信息方法，揭示单位系统的共同属性及系统活动的规律性，提高组织运行的可靠性，调整组织的行为并充分发挥组织的主观能动性。

(3) 具有动态性。以全面预算为导向的企业管理控制系统能够保持动态的调整，战略立足于长期规划，从而具有超前性，但战略是基于风险容忍度进行相应环境分析的结果，环境变动是经常性的，因此战略的作用在于以变制变。这种以变制变的结果表现在，当环境变化较小，且未超出风险容忍程度时，一切按既定战略行事，分解并落实责任预算，体现战略对组织行为的指导性；当环境出现较大变动并影响全局时，战略会相应作出调整，重新评估风险管控边界与区间，并融入其预算管理控制。

二、企业全面预算控制系统的构成

所谓系统，是指相互区别、相互作用的各个部分(即单元或要素)有机地结合在一起，为同一目的完成某种功能的集合。全面预算管理体现的是一种“战略—计划—财务”框架下的三角式企业资源配置理念。在这一三角中，战略居于上位，计划与财务并行且相互匹配，处于下位，即在战略的引导下，合理有效地安排企业的各项业务计划，同时结合企业战略，使财务活动在业务计划的协调下进行人财物等资源的合理配置，用以提高各种资源的使用效率及效益。预算控制既强调对内部财务资源的合理配置，也强调各种作业和各种经济职能的统一与相互协调，既是一个财务控制系统，也是一个综合性的风险管理控制系统，正因为这种控制模式所体现的战略化、组织化与系统化的思想，我们可以称其为预算控制系统。整体性是系统最基本的属性，一个完善、有效的企业预算控制系统主要由战略计划系统、预算编制系统、预算控制系统、预算评价系统及预算激励系统等环节构成，但整个企业预算管理系统的性质及其结构、功能不等于这些工作单元的简单相加，只有深入研究各组成部分之间的全部内在关系后，才能把握好整体的运作规律。

(1) 战略计划与预算控制的目标系统。战略计划是管理控制的起点，预算目标是预算控制的起点。因此，战略计划与预算目标是预算编制与预算控制的基本依据。整个预算控制系统当中，企业的预算总目标居于最高统驭地位，它以企业战略目标为出发点，是企业在评估风险管控边界与风险容忍度后的战略规划的具体体现。在企业中，战略计划体现为制定战略，即一个企业根据外部市场条件、内部资源情况、经济政策、技术发展、管控模式及企业自身风险偏好及容忍程度等因素，为赢得即期与长远经济、环境等方面的目标而制订的企业发展规划。风险偏好和风险容忍度管理体系涵盖了企业的方方面面，上自治理结构、发展战略和经营计划，下至具体的产品、业务单位和控制指标。在风险容忍度框架下，企业可以根据不同业务单元的风险特征，设定更为具体的风险限额与区间。这些限额与区间有的基于风险敞口，有的基于经济资本，但最终都必须与风险容忍度保持一致。

同时，预算总目标通常是根据企业外部环境与企业内部资源状况提出的，它一方面受到企业所面临的市场环境的约束，另一方面受到企业目前所具备的资源能力的约束。从功能作用来看，企业预算总目标作为企业与外部环境连接的结果，不仅明确了预算期间企业发展的目标与必须达到的竞争水平，在设定风险管控边界与区间的前提下，规范企业内部各项资源配置规划的整体结构，而且为责任预算目标的合理确定与行为规范确立了必须遵循的基准。

企业各个层级的责任预算目标既是企业预算目标的细化，也是企业预算总目标实现的基础，并对各个层级责任单位乃至整个组织发挥着直接的激励约束功能。企业预算总目标的合理与否及能否实现，不仅关系到各级责任预算目标的合理性以及由此产生的激励约束机制的有效性，更决定着企业预算控制系统的成败。如何处理好战略—总预算—责任预算的关系，如何实现好预算控制对战略的实施，是预算控制系统运行的首要问题。在企业预算控制系统的部署中，首要的问题是准确把握制定战略及其考虑的关键点的变化，然后将从制定战略到企业总预算再到整个组织中的责任关系理顺，全过程辅以根据不同阶段针对不同风险事项的容忍程度，设立及修正风险管控边界与区间，最终使企业的战略规划通过预算控制系统得以有效的实施。

(2) 预算控制的编制系统。预算编制是企业预算总目标的具体落实以及将其分解为责任目标并下达给预算执行者的过程，或者说是预算控制标准的确定过程。预算编制是预算控制系统的一个重要环节，预算编制质量的高低直接影响预算执行结果，也影响对组织运行的绩效评价。预算编制的过程是一个参与、协调的过程，预算过程的参与，即预算执行者所代表的不同组织对其预算编制发表意见，而不是将预算强加给执行者。不同组织的预算执行者直接参与预算的编制，可使预算目标成为执行者的工作目标，由此产生更大程度的组织目标一致性。

预算的编制必须考虑外部与内部两种因素，企业的预算编制系统以目标利润作为牵引，以技术研发及生产运营为重点，结合企业内外部条件及企业可接受的风险容忍度制定企业生产经营过程关键环节的控制标准与管控区间并将其财务指标化，从而形成一个全面的、可计量的管理控制目标体系。

(3) 预算控制的执行系统。预算控制是指预算执行的控制与预算执行结果的报告分析。预算执行即预算的具体实施，是预算目标能否实现的关键，因此它处于预算控制系统的核心环节。

首先，预算的有效执行离不开预算约束机制。各级责任预算及其目标的有效实施，必须依赖具有约束功能的各项具体责任业绩标准的控制与推动。对于业绩责任标准的设定，除了需要遵循可控性原则外，还应考虑不必过分强调管理成本的客观限制，即将可控原则与风险管控边界与区间理念一并纳入业绩责任标准的制定。

其次，预算的有效执行离不开预算协调、预算调整以及预算监控，它们是预算执行过程中必不可少的环节，是预算有效运行的必要保证。在预算执行过程中有一项必不可少的控制方式，即内部报告。企业预算执行过程中的控制是一种动态的控制，其重点放在对发生的行动效果及形成过程的日常监督和调整上，以通过作业核算和现场稽核获得信息，及时把被控对象的输出变量与控制标准进行比较，提出纠正偏差的措施，不断消除行动效果与既定标准的偏离，这一系列作业活动都需要内部报告作为信息反馈的载体。

内部报告是预算控制执行的逆向过程，在企业实施预算控制过程中，企业各个层级的责任单位、责任人执行的进度与效果都综合反映在各自的责任内部报告中，这些责任通过自下至上的逐级汇总，清晰地将各个责任层次直至企业整体某个时点或阶段的预算执行进度与运行状态显示出来。通过这种显示，可以发现预算的执行效果存在问题的环节及原因，然后针对不同环节与不同原因，采用专项改善方案，持续不断地强化其各项作业能力。

综上，预算执行是预算控制系统的核心环节，它对差异的识别、反应和改善措施的实施能力反映了预算控制系统的效能，对差异的识别、反应和改善措施的类型反映了预算控制的模式特征。

（4）预算控制的评价系统。预算评价是对企业内部各级责任部门或者责任中心预算执行结果进行考核和评价，是管理者对预算执行者实行的一种有效的激励与约束形式。预算考核评价有两层含义：一是对整个预算控制系统的评价，即对企业经营业绩的评价，它是完善并优化整个预算控制系统的有效措施；二是对预算执行者的考核及预计评价，也是实现预算约束与激励作用的必要措施。在预算执行过程中及完成后都要适时进行评价，它是预算控制系统中承上启下的一个环节。

预算评价有以下作用。

① 对照责任预算目标，通过责任评价掌握预算运行情况、成绩、存在的问题及环节，并借以查明问题产生的根源，从而为协调矛盾、堵塞漏洞、纠正偏差提供思路。

② 通过考核评价，确定各责任单位、各责任人的责任目标及各项责任标准值与边界空间的实现水平，以及不同责任单位或责任人对企业整体预算目标的贡献差异，进而为兑现奖惩提供依据。

③ 制订下期预算目标，作为提高未来预算控制效果的前提基础与重要保证。

（5）预算控制的激励系统。必须有一个奖惩系统与预算评价后的业绩相对应，才能保障预算控制的最终实现，这就是预算的激励系统。预算控制系统的有效运行离不开激励制度：预算标准的准确确定需要激励制度，预算的有效执行需要激励制度，业绩报告提供及时准确的反馈信息需要激励制度，预算考核评价更离不开激励制度，因此激励制度的作用贯穿了预算控制系统的全过程，是其内在环节和内在机制。

三、企业全面预算控制系统的特点

企业的预算控制系统有着其他控制系统的一般特征，同时由于企业的行业特征以及特殊的竞争重点使得其预算控制系统面临着一些特殊的矛盾，从而形成了其注重低成本竞争的控制措施，注重作业层面的控制，注重对成本、安全、质量与创新的协调等根本特征。

(1) 注重低成本竞争的控制措施。成本是企业竞争的首要重点，它决定了企业预算控制系统的最大特点是以成本控制为重心。从耗费的角度看，成本是生产过程中消耗劳动的总和，是补偿产品生产中资本消耗的价值尺度，是企业能够为其产品设定的价格底线，因此低成本竞争成为企业竞争重点的一个组成要素。

在企业预算控制系统的各种起点的控制模式中，成本控制都占据着相当重要的位置。特别是以目标利润为起点的预算控制模式中，在确定控制起点后，其预算内容必须包括对成本控制的预算，必须对生产全过程的各个关键环节制定成本预算指标，以此约束和控制成本的发生。企业预算控制系统要对目标利润的形成起到作用，其最直接的途径就是控制成本，形成成本优势从而形成相应的利润贡献。因此，成本控制是企业预算控制系统最重要的特点之一。

(2) 注重作业层面的控制。企业的竞争重点决定了其内部管理控制重点必须倚重作业控制，企业预算控制系统对作业层面的控制应予以充分重视。首先，由于市场竞争日趋激烈，作业效率决定着组织在价值链中的竞争优势，从而使作业管理成为企业战略管理成功的关键。企业的预算控制系统作为企业战略实现的重要工具，不仅发挥管理控制作用，同时通过业务预算控制实现对作业层面的控制，用以具体实施企业的战略规划。其次，由于科学技术的发展，企业的生产方式发生了重大变化，精益生产、持续改进、适度控制等方法开始在组织中应用。将这些新的控制方法与以财务指标为基础的预算控制系统相结合对作业层面加强控制，是企业预算控制系统的新课题，也是其在新形势下的新特点。

总之，企业的竞争重点如成本、安全、质量、柔性、创新及服务等构成要素在企业中主要依靠作业层面才能最终得以实现。作业层面控制是战略控制的最终实现途径，它在企业中尤为重要，预算控制系统作为战略的执行工具也就必须对其充分重视。

(3) 注重对成本、安全、质量与创新的协调。企业对竞争重点的选择在企业预算控制系统中得以充分体现，对成本、安全、质量与创新的协调也是其一大特色。尽管对于不同行业来说，竞争重点的组成要素涉及多个不同方面，但是在竞争中的各个方面都同时达到最满意既没可能也没必要。这一矛盾恰好可以应用有限理性理念下的风险管控边界与区间的设定予以平衡。所以，在企业预算控制系统中融入有限理性理念下的风险管控边界与区间管理概念势在必行。

四、企业全面预算控制系统实务

（一）全面预算管理编制实务

1. 全面预算编制

1）预算目标制订

（1）预算目标确定与分解的目的。企业的战略目标是预算管理的导向，企业实施预算管理是为企业战略目标的实现服务的，企业全面预算管理目标应与企业发展的目标一致。因此，预算的编制必须以企业的战略目标为基础，根据企业的战略目标提出企业的长短期计划，确定预算的长短期目标，并通过执行使预算管理的目标落到实处，促使企业充分挖掘并合理利用一切资源。预算目标的确立，一方面可以引导企业各项活动按预定计划进行，防止出现或及时纠正偏差；另一方面，还可以最大限度地发挥组织的积极性，提高组织运行效率。

（2）预算目标设定的原则。公司整体预算目标、分（子）公司预算目标以及部门预算目标等构成一个整体的预算目标体系。公司制订预算目标时，应考虑公司的战略目标、行业特性、公司生命周期、发展速度、运营规划与导向等因素。

企业预算管理的目标必须从企业自身情况和市场经济环境，以及对于未来发展趋势的预测来综合考虑制订，一旦确定，应在一定时期保持稳定。要兼顾先进性与可行性并行的原则、整体规划与具体计划相结合的原则等。

（3）预算目标确定前的准备工作。在战略目标明晰的情况下，企业年度经营目标或预算目标是沟通与承诺的过程。企业的预算部门，需要分析3～5年的经营管控信息，分析自身优劣势，并及时收集宏观经济环境、业界与竞争对手信息，参照自身情况对比分析后，才能最终确定预算目标。企业可以在实际应用中，利用企业历史数据采用不同的方法设定风险容忍度。例如一些企业根据历史经验，把最高承受能力边界作为风险容忍边界；还有一些企业根据企业自身的历史经验数据，以及同行业、同规模企业的历史数据，构造数据模型，计算出风险容忍度。上述方法均可帮助企业针对一些指标找到一个风险控制边界，但该边界是否是企业满意的、是否符合企业期望，还需企业在自身实际应用中“仁者见仁、智者见智”。

另外，预算目标需要召开多次会议进行商讨确定。召开预算目标会议，需要准备以下报告清单作为基础资料，资料包括但不仅限于当年财务报告、当年预算执行分析报告、当年预算考核评价报告、当年竞争对手分析报告、次年市场预测报告、次年销售预测报告、次年研发预测报告、次年生产能力报告、次年资源供给报告、次年投资环境报告、次年竞争对手策略报告等。

(4) 预算目标确定的流程。

① 确定企业总体战略。企业通常采取的战略有成本领先战略、差异化经营战略与聚焦战略等,不同的战略决定了企业的经营计划部署、成本控制模式等作业事项,而这一切都将在企业的预算目标中得以体现。以成本领先战略为例,在此前提下,企业必然关注如何控制成本开支,谋求在合理范围内降低总成本向市场提供产品或服务,不断寻求在不牺牲可接受的质量和关键特色的前提下合理降低成本与高效率低成本地经营运作。

② 确定企业的具体战略。通常由预算管理委员组织协调下属单位及各责任部门,首先明确各类预算制定的责任机构,这些责任机构就是今后预算控制的责任单位;其次,要求各责任单位整理相关数据,包括但不仅限于各项历史数据、行业标准数据、先进水平数据等;再次,结合总体战略分析现状,寻找差距;最后,制订各责任单位的战略目标,从而为预算目标的确定打下基础。

③ 确定企业的具体预算目标。当企业确定总体战略和具体战略后,需要通过确定预算目标体系对企业战略目标进行更精确的、量化的描述。在预算目标指标体系中,基本指标作为核心指标,是企业经营目标和发展战略的具体体现。其所指向的辅助指标是基本指标的内容在经营活动内容上的延伸。基本指标和辅助指标规范地反映了企业的经营效益和规模,成为预算目标指标体系的主体。为主体服务的修正指标同样不可忽视,修正指标是在基本指标和辅助指标的基础上,为突出企业经营和预算管理工作,对战略关键因素的补充,是对影响基本指标的客观因素的校正。

预算责任单位需综合企业 3～5 年的经营和资源供给情况以及企业的战略规划,提出次年业务计划,在理性分析和数据支持的基础上,界定出企业自身的风险容忍度与区间,用以综合确定次年的经营目标。管理层要根据不同业务单元的经营计划与风险容忍度,将资源在不同业务单元进行分配,以使投入的资源取得预期收益。企业在实现其经营目标的过程中,对偏离目标的各种可能性应评估其大致范围。在风险偏好的基础上设定对相关目标实现过程中所出现差异的可容忍限度。对关键风险指标设置边界值,并将边界值作为重点预算指标,进而形成预算约束机制,在此基础上,经营目标一旦确定,各责任单位要进行承诺,确定其严肃性,形成可实施的年度经营计划,结合风险管控边界与区间的设计理念,形成预算目标指标体系与相应预算,以达成企业"有依据的满意"的经营决策。

2) 预算编制的基本假定

预算假定是为了让预算更具有实际可操作性,在预算编制之前对企业预算编制项目目标值的一种预计和说明,预算假定应在预算年度开始前完成。为避免企业环境的变化带给企业各项事业的可能影响,预算假定就成为预算目标实现的一个桥梁。预算假定在充分考虑了企业内外部因素的条件下，对预算目标的实现可能给出了一个范围。

企业所面临的风险是不确定的，计划和预算必须对不确定的未来风险作出合理的假设。所以经营计划和预算的编制，是建立在一系列假设和以往经营回顾判断的基础上的，要对企业内外部不确定因素进行详尽考量，才能对企业所面临的风险进行合理的、客观的判断与评估，预算编制阶段的边界、标准的测算与设置，是公司业务预算和专项预算体现边界管控的前提，而预算假定的功能恰恰能解决上述事项。

企业在评估了自身所处的环境、拥有的资源及特有能力后，对次年的经营会作出相应展望，这个展望就是企业概括性的预算假定，但是预算假定不能只停留在概括性、抽象的阶段，它必须明确化、数量化，必须定出目标标准。企业预算假设确定的方式包括但不仅限于获利率、经营效率、市场、客户满意度、员工满意度、员工生产力、提供给市场的服务、营业收入及其组合、强化及发展独特的能力、领先竞争与新事业等。

预算假定要对其依赖的关键历史数据、经验比率、基本条件关系进行设计，也要对数据之间的钩稽和比例关系进行界定，同时对关键数据及其衍生数据指标进行确定；在分析出上述预算假定数据的基础上，企业要对照具体业务目标和设定好的风险容忍度，评估实际绩效值与目标和风险容忍边界的差距，同时根据评估结果制定风险应对策略，在其管理操作成本低于所获得的收益的前提下，将业绩目标调整到风险容忍边界内或者适当调整风险容忍度范围。

3）预算编制流程

企业预算流程是预算标准化管理的依据，企业应按照“上下结合，分级编制，逐级汇总”的程序进行编制。在编制预算时，企业应首先分析指标属于边界控制指标、标准管理指标，还是兼具边界控制指标和标准管理指标属性。企业可根据往年历史数据及相关运营经验，结合行业绩效对标计算出各指标的边界值和标准值，预算首先要满足边界值，若有标准值，还需要参考标准值，进而对指标预算值进行优化，形成指标预算方案。在确定指标预算方案后，预算管理部门确定企业总预算目标并将预算目标层层分解至各预算责任单位。之后，各预算责任单位根据分解目标并结合预算假设，编制本单位预算，逐级向上汇总，经协调平衡后，得出企业总预算。在这种编制程序的企业，预算的执行者在企业总目标和单位分目标的框架指导下进行预算的编制，体现了以集权管理为主的民主管理思想。适合采用这种编制程序的是企业集团或大型企业，它使得企业决策集中度高，编制过程耗时较短，预算执行单位参与性较强，上下信息交流与沟通顺畅，保证了各预算责任单位的预算与企业整体战略目标协同一致。

预算编制主要涉及董事会、预算管理委员会、预算管理领导小组、预算管理办公室、基本预算单位等组织机构，它们各自的预算职责和权限如下。

董事会应根据企业发展战略和预算期经济形势的初步预测，在“有依据的满意”的决策基础上，提出次年度企业预算目标；同时审议预算管理委员会呈交的企业年度总预算，并批准下达执行。

预算管理委员会应根据企业的预算目标确定预算编制的政策方针；根据董事会对各经营事项的风险偏好，结合历史经验相关数据确定其关键运营指标的风险容忍度的计量方法；审议预算管理领导小组提交的企业年度预算草案，并呈董事会审议批准；下达年度预算。

预算管理领导小组应根据确定的预算指标和政策方针，下达预算编制目标以及预算编制指导意见；结合预算管理委员会确定的风险容忍度的计量方法，针对预算的主体指标、辅助指标及修正指标给出其风险管控边界与区间的设定依据；对预算管理办公室上报的预算草案进行审核，对于不符合企业发展战略和预算目标的事项，责成有关预算基本单位进一步修订和调整；将讨论通过的企业年度预算草案提交预算管理委员会审议，下达年度预算。

预算管理办公室应根据下达的预算目标，组织各基本预算单位编制预算草案；对各基本预算单位编制的预算草案进行审核，对发现的问题提出初步整改意见，并反馈给各有关基本预算单位予以修正；在各基本预算单位修正调整的基础上，汇总编制出企业年度预算草案，并上报预算管理小组讨论；下达年度预算，并监督年度预算的执行。

基本预算单位应根据下达的预算目标结合自身特点以及预测的执行条件，参照预算管理领导小组给出的风险管控边界与区间的设定依据，针对业务计划中的各运营事项，计算关键指标的风险管控边界与区间，形成本单位的预算草案及与其相对应的风险应对措施；根据预算管理办公室、预算管理领导小组提出的调整意见，对本单位的预算草案进行修订和调整，执行年度预算。

本流程的关键控制环节主要包括：预算目标的确定、预算目标的下达、预算的编制上报、预算的汇总平衡、预算的审议批准以及预算的下达执行。

2. 全面预算调整与追加实务

1）预算调整概述

预算调整是指企业内外部环境发生变化，预算出现较大偏差，原有预算不适宜时，所做的预算修改。

预算调整体现的是灵活管理思想。一方面，在预算执行过程中，由于主客观因素的变化，尤其是当外部环境发生重大变化或企业战略决策发生重大调整的时候，预算调整是协调企业资源的使用与企业行动目标相一致的必不可少的环节。但另一方面，预算调整又必须是一个规范的过程，需要建立严格规范的管理制度。

事实上，外界环境随时都在发生变化，这造成企业面对的风险也在随时变动，所以与企业目标相关的风险容忍度要随之变动，但如稍有变化便调整预算，则企业目标无从实现，预算也就失去了本身的意义。只有规范预算调整制度并严格执行，辅以与全面预算相配套的风险容忍度管理体系，用以满足这种变化需求，企业才能达到预算调整的真正目的。

当企业内外部环境发生哪些变化，并且该变化对企业带来多大影响的时候，需要进行预算调整？这是各个企业在建立预算调整管理制度时必须考虑的问题。因此，企业必须对预算调整驱动因素进行清晰的区分和定义，并且对这些驱动因素对企业的影响大小进行界定，明确在哪些情况下可以考虑进行预算调整，以规范预算调整行为。对于不同行业、不同规模的企业，预算调整的条件是互不相同的。企业需参考行业经验、企业历史情况，并结合赋予企业内部不同管理层级相应的决策审批权限，予以确定。

具体而言，预算调整的驱动因素大致可分为以下几种：国家政策和规定发生重大变化、企业组织变革、企业外部环境和市场需求环境发生重大变化、企业经营范围和业务种类发生重大变化、企业内部运营资源发生变化、资源临时增补或调整。企业可根据上述变化所收集的各类信息数据对当前的每一具体风险容忍度指标进行评估，当发现存在不适应当前环境和要求指标时，根据下述程序对其进行修正。

预算调整必须具备一定的程序。一般情况下，预算调整需经过申请、审议、批准三个主要程序。

（1）申请程序。如果需要调整预算，首先应由预算执行人或预算编制人员提出申请，调整申请应说明调整的理由、调整的初步方案、调整前后的预算指标对比以及调整后预算的负责人与执行人等情况，同时应遵循相关的调整原则。

（2）审议程序。通常由预算管理办公室及预算管理领导小组对调整申请进行审议，提出审议意见。审议意见应说明审议的参与人和审议过程，包括对审议同意、反对及补充修改的内容。

（3）批准程序。由于预算调整牵涉面较广，对企业内部各组织都可能会产生影响，通常将预算调整特别是重大预算调整的审批权限集中于预算管理委员会，甚至由企业最高权力机构负责审批。

2）预算调整控制

企业正式下达执行的预算，一般不予调整。但在预算执行过程中，由于主客观条件的发展变化，要保证预算的科学性、严肃性与可操作性，对预算进行适当的调整是必要的，这种调整和预算制定一样，必须基于一定的规范，为此必须建立严格、规范的调整控制。预算的调整控制可包括如下几个方面：调整原则的控制、调整范围的控制、调整权限的控制、调整程序的控制以及预算调整的日常控制。

（1）调整原则的控制。对于预算执行单位提出的预算调整事项，企业进行决策时，应当遵循一定的原则，以保证调整事项符合企业发展战略、经济上最优与属于关键性的差异等，具体包括以下三项原则。

① 预算调整事项应当符合企业发展战略、年度经营目标及风险应对策略。

② 预算调整方案应当客观、可行，即在经济上实现最优。

③ 预算调整重点应当放在预算执行中出现的重要的、非正常的不符合常规的关键性差异方面，如当实际绩效值严重偏离于风险容忍边界之外，企业应重新检视风险容忍度和其管控边界的确定依据，同时检核风险应对策略的可操作性与执行程度及效果，剖析实际绩效指标未能控制在风险容忍度边界内的关键要素，用以厘清预算调整的范围、幅度与依据。

（2）调整范围的控制。对于预算调整的范围，可划分为两类：预算目标调整和预算内部调整。对于前者，由于预算目标的调整会影响到企业的战略目标，因此，应规定严格的限制条件，如在执行过程中由于市场环境、经营条件、国家法规政策等发生重大变化，或是有因素将导致预算执行结果产生重大差异，经企业决策机构批准，可以调整预算。在此，应当注意的是，不同行业、不同规模的企业对“重大”有不同的理解，所以企业还需结合风险容忍度管控体系对“重大”进行量的界定，同时规定调整的时间和次数。对于后者，预算内部调整属于企业内部资源的调整，并不影响企业的经营目标，因此，只履行规定的超预算审批即可，同时鼓励预算执行单位及时采取有效的经营对策，用以保证目标的实现。

（3）调整权限的控制。由于预算调整属于非正常事项，牵扯面较广，对相关组织也会产生影响，还会由此产生一系列的变化，所以要从严把握，特别应对调整权限进行严格的控制，遵循调整权集中的原则，以避免调整的无序和多头的状态。预算管理委员会或企业最高决策机构作为预算管理的最高权力机构，应具有所有预算调整的审批权限，以统一行使预算标准的制定、审核、预算调整的审批等权力。

（4）调整程序的控制。预算项目调整的申请、上报、审批、下达等流程应与预算编制的流程一致。在调整预算时，应由预算执行单位逐级向预算管理委员会提出书面报告，阐释预算执行的具体情况。各预算执行单位的主管部门可根据预算中未规定的事项、超过预算限额的事项以及执行预算差异较大的事项，和客观因素变化情况及其对预算执行造成影响的程度等，对提出的申请进行审议并提出预算的调整幅度。预算管理委员会应当对经过审议的预算执行单位提交的预算调整报告进行分析审核，集中编制企业年度预算调整方案，提交企业最高决策机构审批，之后下达执行。

(5) 预算调整的日常控制。其可从预算执行者和预算管理者两个方面进行：预算执行者应密切关注影响本单位预算项目的内外部环境，进行日常检查，以便及时采取必要措施，必要时加以调整；预算管理者应及时与预算执行单位各部门保持实时的信息互动，对其完成预算情况进行动态实时监控，不断调整偏差，确保预算目标实现。

只有对调整原则、调整范围、调整权限、调整程序以及日常控制等进行了严格规范，才能在出现难以预料的新状况时，使预算调整有序进行。

3) 预算追加控制

预算追加是预算总额度的增减。企业根据经营管理发展的需要，可以追加销售、采购、利润与资本等重大项目的预算。企业除上述总体项目预算需要追加或追减外，各组织在预算执行过程中，由于新经济业务的内容不在原预算之内或者是在预算内但其实际金额超出了原预算金额，也需要申请追加或追减。

对重大项目预算的追加，必须讨论项目的可行性研究报告、市场形势分析报告，界定企业对项目管控的风险承受能力，测算其项目管控指标的风险边界与区间，进而确定追加项目的预算额度，并形成书面会议决议，由企业的预算管理办公室编制新的追加预算。

预算追加会改变企业年度预算总额，企业总预算会发生增减变化，追加程序如下。

(1) 由各责任预算单位提出追加预算的初步方案。

(2) 由预算管理办公室进行核实后，将完善后的追加方案报送预算管理委员会。

(3) 预算管理委员会审核批准。

(4) 预算管理办公室根据预算管理委员会审定的追加额度，调整企业总预算。

(二) 全面预算管理执行控制实务

1. 责任中心的建立与责任预算的分解落实

为了强化预算控制、确保预算执行达到预期效果，必须明确企业内部各组织利益之间的权责关系，并不断协调其利益冲突，因此企业需要建立一套与其经营理念和组织架构相适应的预算管理责任网络，这就是责任中心的形成。

在企业中，各种承担与其经营决策权相适应的经济责任的组织或区域称为责任中心。它有两方面含义：第一，责任中心具有履行经济责任中各条款的行为能力；第二，责任中心一旦不能履行经济责任，能对其后果负担责任。责任中心按其控制区域和责任范围划分，基本上有四种形式，即成本中心、收入中心、利润中心与投资中心。

责任中心的基本特征是责、权、利相结合,具体如下。

(1) 拥有与企业总体管理目标相协调且与其管理职能相适应的经营决策权。

(2) 承担与其经营决策权相适应的经济责任。

(3) 建立与其责任相配套的利益机制。

(4) 其目标与企业整体目标协调一致。

责任中心的形式表现为:成本中心,只对生产经营过程中投入的成本或费用负责,无须对利润情况和投资效果承担责任;只对可控成本承担责任;只对责任成本进行评价与控制。收入中心,只对营业收入负责。利润中心,既要对收入负责,又要对成本费用负责。投资中心,是指就本身投资基础的盈利能力对最高管理者负责的组织,它既要对成本、收入、利润负责,又要对利润与投资之间的比例关系、投资的效果、资本支出决策等方面负责。

在全面预算管理中划分责任中心,可以将企业的整体经营责任目标和具体的责任预算目标按照组织架构的层级关系逐级分解,使各责任中心明确各自的预算目标,通过各层责任中心预算目标及考核目标的实现保证企业整体目标的实现。同时,划分责任中心,便于制定预算编制的组织执行与监督、考核等基本程序与操作规范。由此,企业各类型和层次的责任中心形成了一个"连锁责任"网络,这就促使每个责任中心为保证经营目标一致而协调运转,保证企业总体目标的全面实现。

在实施全面预算管理的企业中,通常首先根据责任中心的划分原则和责任关系,在企业各业务主体和组织间划分责任中心,明确责任类型。其次,确定各责任中心的预算责任目标,明确各级责任中心信息归集和分解的逻辑路径,以便于对责任中心业绩数据的集中和管理,同时,有助于各责任中心编制自身的责任预算,从而形成行之有效的责任预算管理体系。

责任预算是指以责任中心为对象,以其可控的成本、收入、利润或者投资作为内容编制的预算。责任预算是责任中心的经营目标,也是对责任中心考核的依据。编制责任预算可以明确各责任中心的任务,并通过与企业总预算的一致性,确保其实现。具体来说,责任预算有以下作用。

第一,责任预算要求各责任中心按统一规范的格式编制预算,有助于统一预算数据和计划信息,提高计划效率。

第二,责任预算可按责任结构对预算期内的各项资源进行计划、组织、分配,达到对资源有效和动态的配置,以明确各责任中心目标,提供考核依据,提高经济效益。

第三,责任预算将企业的整体经营目标细化,有助于监控企业长远战略的发展。

在责任预算编制中亦会产生责任预算指标,即通过对总预算中所规定的有关指标加以分解,并落实到企业内部各责任单位的经济责任指标,可作为企业总预算的补充和细化。责任指标是必须保证实现的指标,它是不同责任中心的具体考核指标,它反映了各种不同类型责任中心的责任与权利的区别,体现了责任中心责、权、利分明的基本特征,通常是可明确量化考核的财务指标。各责任中心的责任指标举例如下。

成本中心:成本利润率、产品单位成本、产品生产成本消耗定额。

费用中心:费用率、费用总额、单项费用定额。

收入中心:销售额增长率、销售利润率、销售回款率。

利润中心:净资产利润率、息税前利润、净资产增长率、资产现金回收率。

投资中心:投资利润率,剩余收益。

所以,各责任中心在确定其责任预算指标的管理过程中,针对其不同指标性质,不仅要监测和控制最高风险容忍度,同时对最低风险容忍度也应给予必要的关注和控制。风险容忍度既是风险偏好的具体化,也是各条线风险限额的汇总反映,起着承上启下的作用,可以作为各责任中心进行风险应对的管控工具。

责任预算的分解落实是在编制责任预算的基础上进行的。通常情况下,企业首先划分责任中心,明确各责任中心的责任关系。其次,明确责任目标,按照责任结构将企业的总体目标层层分解成预算目标,形成预算目标体系,并将其具体落实到每一个责任中心,作为其开展经营活动、评价工作成果的基本标准和主要依据。再次,确定考核标准,建立预算跟踪系统,进行反馈控制。对每一个责任中心建立起预算执行的跟踪系统,定期将实绩与预算对比,找出差异,分析原因,控制和调节经营活动。最后,预算考评反馈,企业分析评价预算执行差异,撰写预算差异分析报告,按照可控原则进行评价并考核预算业绩,从而调动各责任中心的积极性,促使其相互协调,提高经营效率。

2. 责任预算的执行监控

预算执行机构及职责:各责任中心和各单位/部门是预算的执行机构;实际经营活动中严格执行分解的预算各项标准,预算执行的直接负责人是各责任中心的负责人和各单位/部门的负责人。

预算监控机构及职责:预算监控包括预算执行监控和预算制度监控两种。预算执行监控是指实际运营中各单位执行预算情况的监控;预算制度监控是指对预算体制的合理性、运行有效性、效率性等进行整体制度性监控。

预算执行可实行以下四级监控。

一级监控,为预算执行机构自控,由各责任中心的负责人和各单位/部门的负责人负责具体业务的预算标准执行监督和控制。

二级监控,为财务部门审核监控,由各级财务部门预算管理岗位依据预算标准对预算执行部门的各种经济行为实施事中审核，确保预算执行机构在预算标准框架下运营。

三级监控，为高层审批监控，由预算管理委员会、董事会对各预算执行机构的预算外行为进行审批控制。

四级监控，为监察审计独立监控，由监察审计部门通过不定期抽查、流程穿行测试等方式对业务的预算执行控制情况和预算体系的制度有效性实施监控。

各责任中心的组成单位应定期检查核实数据的真实性，向中心本部报送风险容忍度数据，分析、评价总体风险状况和主要风险点。如果风险容忍度被突破或即将被突破，往往表明风险管理出现了整体上的问题，而不是局部的问题。各责任中心负责人必须及时向预算管理委员会报告，预算管理委员会要作出专业判断和明确指导，责成各责任中心负责人迅速采取行动，以控制风险态势的不利发展。

预算控制的目的在于以下几个方面。

其一，履行企业战略。在预算控制的过程中，需要连续不断进行大量的测试，以确定企业的战略是否可以实现，同时，预算控制也为在企业战略框架内计划和控制的作业活动提供了丰富的信息。而且，通过预算控制，还能够发现新的机会或预算中的缺陷，为管理层的决策奠定基础。

其二，确定企业管理控制的关键环节。企业的管理活动和预算编制执行都遵循重要性原则，根据重要性层次不同倾注相应不同的注意力，对关键环节与部门给予足够的重视。通过预算控制中对企业各部门实际经营情况的关注，可以发现可能被忽略的重点。

其三，控制成本及费用支出。在预算中已对成本及费用的定额作出相应规定，但在执行过程中，还是会出现超支与浪费的事项，预算控制正是控制这些管理乱象的准绳。

其四，控制利润与损失。所有影响企业生产经营的问题都会影响到营利性、流动性和资产部署，并最终会影响利润和资产负债。由于在企业生产经营中存在很多不确定因素，所以事先辨识这些问题，明确其对最终财务成果的影响，可以降低企业的风险。预算控制通过定期对比分析实际与预算的差异，可以提供对这些问题的预警，使企业及时作出反应尽量减少损失。

3. 责任预算的差异分析

差异分析，即通过比较实际执行结果与预算目标，确定差异额与差异原因。如差异重大，企业应审慎调查，并判定其发生原因，以便采取适当的改善措施。差异分析有利于发现预算管理中存在的问题，是控制及评价职能作用赖以发挥的最重要的手段。

对差异分析的定位要以对预算控制的分析为基础，预算控制在月度预算中可分为事前、事中与事后三个环节。

在月度预算事前控制中，月度计划不是总预算在各月份间的简单分配，而是根据上月度预算的执行情况和总预算的进度，以及实际情况的变化重新作出更符合实际的安排。这就涉及以上月预算差异分析结果为基础制订的调整措施，所以在事前控制中要利用差异分析的结果。

月度预算的事中控制主要是财务审核，即各级财务部门根据下达的预算指标对各级业务部门的日常业务进行审核，保证其目标的实现，这个环节的重点是审批支出，与预算分析的关系不大。

月度预算的事后控制环节是通过差异分析报告来反映预算执行进度、指标完成情况及分析建议。它要达到三个目的：提供决策信息，指导下月计划，提供考核依据。在这当中，月度预算执行结果的差异分析起了主导作用。

综上，可看到差异分析处于月度预算的事后控制环节，且它又在次月初指导月度计划的制订。企业可以将其与风险容忍度管控系统中所规定的“必须进行操作的时点”结合起来。这个时点的意义在于每一个“边界指标”达到边界值时，都必须对其进行管理操作。因为“边界”是在预算假设阶段提前设计并充分讨论的，且对操作时点进行判断的周期也是预先设定的，所以在月度差异分析时，对于风险容忍度的操作时点的确认尤为重要，它可以让企业充分发挥主观能动性，评估指标实绩在其边界与区间的实际走向。正是通过这样的机制，它把每月的预算有机地联系起来，有效地保证了年度预算目标的实现。

预算差异分析的程序如下。

其一，确定分析对象及分解标准。在编制年度预算的同时，由预算决策机构确定预算差异分析的对象与差异分解标准。首先，确定差异分析的对象。适合进行差异分析的预算项目具有如下特点：对预算目标的实现有较重要的影响；风险容忍度及边界可量化；可以连接到相应发展方向、业务模块、管理层级的风险识别、风险评估要素；成本动因数据可以准确获得，该费用与其动因之间有较为确定的动因关系。其次，确定分解标准。预算决策机构结合企业实际，基于风险识别和风险评估的相应要素，结合不同发展阶段、不同发展层面、不同管理层级等的风险容忍度和风险控制活动，确定差异分解原则，制定关键项目的差异分解标准，包括：差异分解的程度，各项目差异分解所参照的数据来源及收集方式，差异的各细分部分对应的责任方。

其二，收集信息。在预算的执行过程中，由预算的执行与控制部门根据差异分解标准的要求，进行信息收集工作，包括预算执行过程中的财务信息、重要外部市场信息、企业内部的非财务信息等。

其三，差异计算与分解。月度预算执行结束后，由预算的执行与控制部门根据收集的信息计算出各项目的预算差异，并依据预算差异分解标准对差异进行分解，确定差异的责任单位。根据不同的差异原因，预算的执行与控制部门可以要求相应的责任中心作出差异原因解释，同时企业应当从各责任中心的关键职能要素入手，通过识别各责任中心的职责体系中的风险要素，明确各责任中心的风险要素归属关系，并进行风险要素评估，将评估结果应用到各管控模块的职能当中。

其四，判断差异的重要程度。预算管理委员会根据实际经验，基于风险容忍度管控体系，根据不同业务单元的风控侧重点，确定其权重比例，同时做好各业务单元风险目标的横向联系，实现风险管理目标在各业务单元间的左右关联，用以制定差异重要性标准，由预算的执行与控制部门按此标准衡量实际发生的预算差异，确定其中重要的、需由相关责任中心作出解释的差异。差异重要性标准根据预算的不同性质可采取以下形式确定：设定差异率，即边界区间，将超过某一特定百分比的差异视为重要差异；设定差异金额，即边界限额，将超过某一设定金额的差异视为重要差异；差异变动趋势，将连续若干月持续异动的差异视为重要差异。

其五，对重要差异进行解释。确定重要差异后，由预算管理委员会要求各责任中心对差异产生的原因进行解释。预算差异产生的原因颇多，通过差异分解只能揭示并排除其中一部分原因，对预算差异的全面解释，需要各责任中心在差异分解的基础上，对其经营活动进行深入的定量的分析，并对其可控性及在后续月度可能产生的影响作出判断。

其六，差异原因报告与确认。各责任中心的分析结果汇总到预算管理委员会，并上报企业管理层。企业管理层对差异原因分析进行审核，并予以确认。

（三）全面预算反馈：预算分析报告实务

预算反馈是全面预算管理的重要组成部分，其目的是考核预算的执行控制过程及结果是否符合预算最初的设定，是否有助于企业完成自身预算目标，预算考核的重要工具和成果就是预算分析报告。通过差异分析，剔除非可控因素的影响，找出与工作绩效相关的差异因素，从而使考核趋于公平。

1. 预算分析会议与经营分析会议的融合

建立健全预算反馈机制对于预算控制系统发挥其应有的职能具有极其重要的作用，灵活有效的预算反馈机制应与企业的组织架构和预算执行方式相结合。

1）预算分析会议

为保证预算目标顺利实现，在预算执行过程中，各级预算单位应定期召开预算例会，对照预算指标及时总结预算执行情况、计算差异、分析原因、提出改进措施。

首先，各责任中心应每月召开预算例会，根据自身预算执行情况，进行分析总结，确定下期工作重点，同时将预算工作总结送交财务部门。

其次，财务部门应每月分部门编制预算执行表单，比较实绩与预算目标的差异，作出差异分析，作为其检查和考评预算执行情况的依据，对预算管理制度提出改进意见和相关规程修正建议。

最后，预算管理委员会应每月召开预算检讨会议，其主要内容是听取企业预算执行情况的分析报告、预算考核报告以及制度建议等；沟通预算执行情况，确定工作重点，针对业务运行中存在的问题，及时进行协调，督促。

预算分析会议的重点是分析预算差异的原因及应采取的措施。预算管理委员会、预算管理办公室及财务部门对预算的执行情况按月度、季度进行分析，着重分析利润预算、资本性支出预算、现金流量预算的完成情况，对实绩与预算之间存在的差异，无论有利与不利，都应分析其成因，并且针对其成因制订相应的改进措施。

为集中解决预算执行过程中的关键问题，包括重大问题或需要多部门、多程序共同解决的问题，企业应实行月度预算分析制度。由企业领导层主持，各职能部门与各责任单位参加，由财务部门对月度预算执行情况简单通报，提出预算执行过程中需要协调解决的问题，并通知相应责任单位作出汇报；各责任单位对会议中涉及自身的问题提出意见和解决方案建议；领导层在分析讨论基础上作出决定；财务部门根据会议决定下发任务书，明确责任部门和完成时间，并对每项任务执行解决情况进行跟踪，在下次会议上通报。

2）经营分析会议

经营分析会议，是由企业经营系统定期举行的，旨在通过公司及各部门反映经营状况的各项业绩指标、市场与竞争者分析、财务报表分析、业务分析等，揭示公司及各部门的经营成果、财务状况和现金流量，以及预算执行状况与风险监测和预警的会议。

经营分析报告体系内容如下。

关键绩效指标执行情况：针对产生重大执行偏差的指标，应结合“财务报表”“业务分析”“预算执行分析”报告中的支持数据进行分析，寻找本部门或单位内部管理运作上的原因，提出改进措施和方向性的建议，连同考核结果或导致考核结果发生重大偏差的说明一起，反映在“说明与分析”中，此部分可在编制“下月重点工作”时作为整合与细化公司和各部门下月工作的参考。另外，“说明与分析”还可反映出公司需要保持的方面或在经营分析会上需要强调的关键信息。

市场与竞争者状况分析：根据“市场与竞争者状况分析”和“业务分析”中对公司外部环境的分析，总结对公司外部环境的描述和分析；若市场环境或竞争者行为发生重大变化，需参考“市场与竞争者状况分析”和“业务分析”中的应对行动建议，提出改进措施和方向性的建议。此部分可在编制“下月重点工作”时作为整合与细化各部门下月工作的参考。

战略行动的执行描述：根据公司战略规划和年初确定的公司年度运作计划，用“行动计划描述”的方式体现上月展开行动的公司战略行动计划的名称及详细内容，具体包括：目标，行动内容，起始与结束时间，关键绩效指标，已掌握的风险监测数据和所面临的风险预警数据等；根据“绩效考核指标”“业务分析”和“预算执行分析”，选取与该战略行动执行情况有关的信息，反映在“实际执行情况”中，具体内容可包括实际开始时间、是否能按计划完成、实际进行至哪个阶段、完成哪些关键里程碑、支出的实际发生情况、关键绩效指标评估的完成质量、实施过程中遇到哪些阻碍、需要哪些资源支持、风险应对具体措施等。同时将原定行动计划与实际执行情况进行比较，并结合“市场与竞争者分析”中对公司外部环境的分析结果，从公司战略出发提出对下一阶段特别是次月公司运作计划的方向性调整建议，反映在“对下阶段行动计划的调整建议”中。此部分将在编制“下月重点工作”时作为整合与细化各部门下月工作的参考。

次月重点工作计划安排：参考“关键绩效指标”“市场与竞争者分析”和“战略行动”中对公司内部运营情况和公司外部环境的分析结果，及由此提出的方向性改进、应对、调整建议，整合、调整和细化次月公司的运作计划，并将有关计划的调整分解到主要责任部门的计划中。此部分将作为“主要议题”之一，经营分析会议将就该部分进行详细的讨论。

主要讨论议题：根据“关键绩效指标”“市场与竞争者分析”和“战略行动”中对公司内部运营情况和公司外部环境的分析结果，将在此过程中发现的市场环境的重大变化或竞争者的市场行为、发生重大预算执行偏差的事件及所指向的风险承受能力、上月工作的弱点或难点及“下月重点工作”作为经营分析会的主要议题。

3）预算分析会议与经营分析会议之间的关系

企业全面经营分析工具作为整体评估管理体系的另一个部分，与公司全面预算管理工作同样存在着紧密的逻辑联系。一方面，预算管理工作为公司全面经营分析提供了有效的运营及财务数据，亦提供了技术支持和衡量尺度。同时，全面预算管理工作本身所特有的严密性和周全性，将为经营分析过程进行高质量的提前思考做准备，全面预算管理过程将有利于公司管理层建立有效、深入的经营分析思维和方法。另一方面，对特定期间进行的公司全面经营分析过程，将是公司管理者对自身运营和管控情况的一种衡量与反思，在此过程中，任何可能造成偏离公司既定战略目标的行动方案、任何与公司内外部经营环境变化不适应的原有决策与方案都将得到及时的纠正与调整。

这种定期的“战略回归”所引发的公司运营和管控调整将直接地反映为公司对其预算方案的调整。经营分析与预算管理两方面间的直接联动性，体现了经营分析工具作为整体评估管理体系的另一个部分，对预算管理工作所起到的引导意义。

2. 预算差异分析报告与内部责任报告

预算差异分析报告通常包括进度分析、业绩分析以及分析建议。首先,进度分析是指累计并汇总各月完成预算情况,以收入预算完成情况为起点分析成本和费用进度,为调整计划和控制提供指导。其次,业绩分析是指根据各部门预算完成情况,通过差异分析的方法,评价部门业绩,为考核提供依据。最后,分析建议部分是为各级领导决策提供支持及建议。

预算差异分析报告的基本内容主要包括上期改进措施的执行状况分析、本期预算执行及总体运作分析、主要指标及完成情况分析、预算运行中突出问题专题分析及改进措施等内容。

内部责任报告是指反映责任预算实际执行情况,揭示责任预算与实际执行差异的内部报告。通过编制责任报告,可完成责任中心的业绩评价与考核。责任报告必须逐级编制,通常只采用自下而上的程序逐级编报,最低层次的责任中心的责任报告应当最为详细,随着层次的提高,责任报告的内容应以更为概括的形式来表现。

责任报告是预算差异分析报告的延续,侧重于对预算执行进行总结,并提出弥补措施,继而通过相关指标的对比,对各责任区域的工作实绩作出相应的评价。

企业已设定其责任中心,按照其责权范围履行其责任目标。

基于企业风险容忍度管控体系,责任中心应履行的风险责任目标可分为风险管理工作目标和风险事件管控目标。其中风险管理工作目标是指建立完善全面的风险管理工作体系,保证全面风险管理信息系统和全面风险管理基本流程有效运行;而风险事件管控目标是指管控风险事件的目标。

综上,责任中心的内部报告应涵盖两方面的内容,一方面要对各责任中心的经营业绩进行评价;另一方面也要对各责任中心管理者职责的完成效果进行评价。反映第一方面信息的内部报告以责任中心为编制实体,以财务信息作为设计基础;反映第二方面信息的内部报告以责任中心管理者的业绩执行情况作为编制实体,以非财务指标作为设计基础。以上两方面内容均可涵盖风险管理工作目标和风险事件管控目标的实际执行结果。

1) 成本中心内部责任报告

成本中心是一个集成本归集和控制于一体的责任中心,成本中心的建立对于管理计划和控制来说是最基本的,因为成本中心可作为预算单元,通过提供预算成本和实际成本的比较,有利于成本控制。成本中心的成本可划分为可控成本和不可控成本。成本中心的管理者不应对超过其控制范围以外因素造成的成本负责,因此,对其管理者根据成本控制而进行的业绩评价应当以成本中可控因素为基础。

因此,成本中心内部责任报告内容应包括主报告、附报告及附注三项内容。主报告包括可控成本、不可控成本及两者之和的总成本，还要有选取的关键财务指标，即成本费用利润率和产值成本率。其中成本费用利润率反映的是成本中心为获得利润所付出的代价。产值成本率反映的是成本中心生产的单位价值产品所耗费的成本。附报告包括成本可控性报告、直接材料成本报告、直接人工成本报告、制造费用报告、成本差异分析报告等。附注包括成本核算制度、主要成本核算方法、制造费用分摊方法以及对产品成本产生重大影响的主要因素等事项。

2）利润中心内部责任报告

利润中心的管理者能决策生产何种产品、对其进行定价、选择供应商，既对成本负责，也对收入负责，其经营目的是实现利润最大化，业绩控制的重点在于合理计量利润。

因此，利润中心内部责任报告内容应包括主报告、附报告及附注三项内容。主报告包括以下内容：一是销售净额；二是可控成本，包括可控的变动成本和可控的固定成本；三是销售净额与可控成本的差，即可控利润，再扣除不可控成本的差就是该利润中心的营业利润；四是选取的关键财务指标——销售净利润率，是指企业实现的净利润与销售收入的对比关系，用以衡量企业一定时期的销售收入获取利润的能力。附报告包括成本中心的内部责任报告、营业收入报告、销售价格报告、市场占有率报告、采购价格报告、销售费用报告、管理费用报告、财务费用报告、营业外收支报告等。附注包括影响销售净利润率实现的重要因素、市场与客户指标、利润中心管理者的业绩评价等。

3）投资中心内部责任报告

投资中心是部门化管理的企业中管理决策、控制权责划分的最高阶层，其管理者不仅对成本和收入负责，还要对投资负责，同时还需作出与营运资本和资本投资有关的决策。投资中心不但要考核利润，也要考核为赚取利润而占用的资本。

因此，投资中心内部责任报告内容应包括主报告、附报告及附注三项内容。主报告包括销售金额、边际利润、可控利润、营业利润、总资产周转率、销售利润率、投资报酬率、剩余收益率、经济附加值等。附报告包括成本中心内部责任报告、利润中心内部责任报告、资金成本报告、资本结构报告、所得税报告、资产结构报告、资产利用程度报告、资产损失和不良资产报告、资产利用效果报告、对外投资报告等。附注包括重大投资事项说明、投资中心管理者业绩评价等。

（四）全面预算考评与激励实务

预算的责任分解与实施最终要落实到经营目标的达成上，而预算考评和激励也是对比经营目标责任的完成情况来进行的，所以说，预算考评与激励是对预算执行者业绩评价的具体体现。

从企业实际运营看，边界管控的载体是全面预算，通过建立以价值创造为导向的全面预算管控模式，将边界管控指标嵌入全面预算中，从而对重点指标形成预算约束机制，以确保边界管控的落地。

"边界"作为经营管控的红线，企业可有针对性地将边界管控与经营年度目标和绩效考核直接挂钩，督促责任中心与业务单元努力改善关键指标，建立预警机制，将结果作为绩效考核的主要量化依据，以预算执行过程最优而确保最终结果最优。

1. 预算考评

现代化的管理方法要求重视全过程管理，重视企业内部协同管理。全面预算管理是一套行之有效的综合性管理方法，它将事前预测、事中控制和事后分析相结合，将企业的整体目标在各组织中有规划地进行分解，实现对企业业务全过程的管理，实现对企业各组织的协同统筹，以提高企业的经济效益，实现企业的经营目标。预算考评是预算管理中重要的环节，现代企业组织管理一般包括三层控制：一是股东对经营者的控制，二是经营者对管理者的控制，三是管理者对员工的控制。预算考评在每一层面都对全面预算管理起着业绩评价以及约束激励的重要作用。

1）预算考评的概念

预算考评是对企业各级责任单位和个人预算执行情况的考核与评价。在企业全面预算管理体系中，预算考评既起着检查、监督各级责任单位和个人积极落实预算任务、及时提供预算执行情况的相关信息以便纠正实际与预算的偏差的重要作用，又使得企业有效激励相关部门和人员有了合理可靠的工作依据，还有助于企业管理层了解企业经营状况。同时，从整个企业经营循环来看，预算考评作为一次预算管理循环的结束，为下一次科学准确地编制预算积累了实践经验，是以后编制企业全面预算的基础。

预算考评具体有两层含义：评价制度和奖惩制度。它最重要的目的在于沟通、激励和控制，推动责任单位与员工的行为表现共同朝着企业的整体目标前进。

2）预算考评的内容

预算考评应以企业各级预算执行主体为考评对象，以预算目标为考评标准，以预算完成状况为考评核心，通过比较预算实际执行情况与预算目标，确定差异并查明产生差异的原因，进而据以评价各级责任单位和个人的工作业绩，并与其相应的激励制度挂钩，使其利益与工作业绩相匹配，充分调动各级责任单位和个人的工作积极性，促进企业整体效益的提高。

具体地讲，预算考评包括期中预算考评和期末预算考评两种形式。所谓期中预算考评，是指在预算执行过程中依照企业全面预算内容对预算实际执行情况和预算指标进行考核、比较，发现及分析造成差异的原因，为企业生产经营过程中的纠偏和事中控制提供及时可靠的依据；期末预算考评是在预算期末对各预算执行主体的预算完成情况进行的分析评价，多以成本费用、利润及投资报酬的考核为主。

3）预算考评的原则

预算考评工作要遵循以下几个原则。

(1) 目标性原则。预算考评的主要目的是更好地实现企业战略和预算目标，通过将目标分解、落实到各个责任主体的预算考核指标上，明确各相关部门和个人的具体目标并督促其完成，以更好地确保整体目标的实现。在考评工作中要特别注意各级责任单位与员工目标的一致性，要避免出现只顾局部利益不顾全局利益甚至损害整体利益的行为，要保证企业上下预算体系的一致性，共同实现企业整体战略目标。

(2) 时效性原则。预算考评要讲求时效性，这样才能及时弥补预算管理工作中出现的漏洞，确保预算指标顺利完成。企业在实践中应根据管理方针、内外部环境以及生产经营的需求，选择考评的周期，如月度、季度、年度考评等。如果当期的预算到下一期再考评，就为时已晚，失去了其考评的意义。

(3) 合理性原则。预算考评工作涉及各责任主体和个人的切身利益，因此考评中一定要注意合理性原则。企业的预算考评必须做到公开、公正与公平，使各预算主体的风险和收益相配比、权利和责任相对应，做到权、责、利相统一。

(4) 分级考评原则。分级考评原则要求企业预算考评根据企业组织结构层次或者预算分解层次来进行。考评要针对不同层次的责任主体所拥有的权利和承担的责任来进行，而考评的执行者应是每一级主体所属的上级单位，以便考核时更加科学、合理、有效。

(5) 例外原则。在预算管理中，企业管理者应对可能影响预算目标实现的关键因素给予特别的关注，尤其关注这些因素的例外情况，这些例外情况不受企业控制，一旦受其影响，企业应及时修正预算，并按修正后的预算指标进行考评。

4）预算考评的程序

企业全面预算考评一般包括以下几个步骤。

其一，比较预算与实际执行情况，确定预算差异。根据实际情况与预算差异的性质不同，可将差异分为有利差异与不利差异。预算考评的目的之一就是消除不利差异，确保预算目标的实现，因此，比较、确定差异是预算考评的首要工作，它可以帮助掌握差异形成的具体原因和追踪责任主体的责任，以便采取相应措施，消除不利差异，扩大有利差异。

其二，分析差异原因，明确相关经济责任。对预算执行结果的实际差异分析应侧重于对重点差异的分析，遵循重要性原则，针对有利差异与不利差异明确应负责的责任单位与责任人。

其三，预算管理委员会负责对考评结果的审核和通报。预算管理办公室在对各责任中心预算执行情况进行考评和原因的分析后，要将结果上报至预算管理委员会，由预算管理委员会进行审批，再将考评结果进行通报和执行。

2. 预算考评与业绩激励

基于预算的业绩激励是指依据考评结果对相关责任中心或者责任人进行激励。建立科学有效的激励机制是保证企业全面预算管理长期稳定运行的重要条件。

1）预算考评与业绩激励的关系

明确的激励制度可以让预算执行者明白其业绩与奖励之间的关系，使个人的利益与组织的利益统一起来，激发员工的工作积极性。事实上，现阶段的预算管理在实践中出现的一系列诸如预算目标不准、预算松弛现象频繁、预算控制力不足、预算管理流于形式等问题，很大部分要归结于企业没有建立起配套的合理的预算管理激励机制。如果考评制度不完善，考评之后无奖惩措施，考评就失去了意义。因此，在全面预算管理工作中，企业一定要建立一套完善的预算激励机制。

2）基于预算的责任中心业绩激励的实施

其一，成本中心只着重考核其所发生的成本或费用，而不考核收入。成本中心工作成果的评价与考核，主要是通过一定期间内实际发生的成本费用同其责任预算所确定的目标进行对比来实现的。成本中心通常是以标准成本作为评价与考核的依据；费用中心则以一定的业务工作量作为基础。

在责任中心考评工作中，一个十分重要的考评原则就是可控性。在成本中心中，能为这个中心所控制、影响其工作好坏的成本才属于可控成本，否则就是不可控的。在考核中应以可控成本为主要依据，不可控成本只具有参考意义。在对成本中心进行激励时，主要应根据预算期间内可控成本或费用预算的完成情况以及其他节约情况进行定额和按比例的奖励。

其二，利润中心既要考核成本也要考核收入，还要明确利润中心的可控利润和各种不可控因素，在此基础上将一定期间内实际实现的利润同预算目标进行对比，进而对差异形成的原因和责任进行具体分析，借以对经营上的得失与有关责任人的是非功过作出比较全面、正确的评价。

其三，投资中心不仅对收入和成本负责，还能够自主地运用资金进行投资，所以在考核时主要评价其全部资产的盈利能力。在对投资中心工作效果进行考评时，可以参考企业投资进行考核的指标，并加以区分与细化。

对责任中心的激励方式可以根据企业的具体情况来制定，一般有以下三种。

(1) 直接激励。规定各项责任预算完成后能够得到的奖金总额，并制定超额完成责任预算或未完成责任预算目标时加奖或扣奖的计算方法，之后根据各责任中心的预算执行情况计算相应的奖惩。

(2) 按比例激励。针对各责任中心的各责任预算目标采取不同的方式，并制定不同的预算目标的权重和分值加减方式，之后据以计算各责任中心的总分值，并根据分值按照事先确定的奖励方案按比例奖惩。

(3) 收益分享计划。它是一种把一个部门或一个群体的生产率提高作为收益评价指标，并在员工和企业之间分享生产率提高带来的收益的计划。它可以将责任中心的利益与企业利益结合起来，促使责任中心更好地为了企业的总体目标而努力，在运用此种方法时，要依据以往的经验确定一个基准分配率，之后根据基准分配率计算责任中心当期的分配额，并以此确定奖励额。

第三节　绩效管理在有限理性风险管理中的制度设计

加入有限理性风险管理的绩效考核，不以最小风险为根本追求，仅以“合格”为评价最高标准，但是风险指标具有一票否决的作用，是其他业绩评价的基础。在风险指标全部“合格”和“风险可控”前提下，其他业绩指标才能作为考核标准。

一、组织绩效模型

(一) 组织绩效理论概述

组织绩效是指组织在某一时期内组织任务完成的数量、质量、效率及盈利情况。组织绩效实现应建立在个人绩效实现的基础上，但是个人绩效的实现并不一定保证组织是有绩效的。如果组织的绩效按一定的逻辑关系被层层分解到每一个工作岗位以及每一个人，只要每一个人达成了组织的要求，组织绩效就实现了。

组织绩效可以揭示组织的运营能力、偿债能力、盈利能力和对社会的贡献，为企业高层和利益相关方提供信息，为改善组织绩效指明方向。组织绩效好坏是衡量一个组织运营是否良好的重要标志之一。

在企业风险管理当中，结合企业风险管理体系，针对企业风险管理的各个模块单元、业务流程动作、运行发展阶段等，融入组织绩效的概念，与风险管理并入企业运营发展的全过程，形成风险分析评估、等级排序、应对处理和绩效评价的闭环系统。

（二）组织绩效评价定义

企业绩效评价是管理者完成战略目标和利润目标的工具。绩效评价系统可以使企业管理者正确衡量成本控制和利润增长间的矛盾；衡量不同群体间的期望值矛盾；衡量不同激励方式间矛盾。通过这种连续的绩效评价，可以清楚地了解企业目前发展的状况，采取有效的方法提高企业的整体竞争力。另外，建立绩效评价制度，正确评价企业的经营结果，可以有效提高企业的经济效益。企业经营的质量涉及方方面面。从微观角度来看，企业经营的质量，不但会涉及全部参与者的利益，而且还关系到企业职工以及债权人等的利益。从宏观角度来看，企业经营的质量是决定国家的国际经济地位的重要因素。提高企业的经营质量，必须依靠一个客观标准，而这个标准就是对企业绩效的正确评价，因此，企业绩效评价是提高企业经营管理的有效手段。

组织绩效评价是管理者运用一定的指标体系对组织的整体运营效果作出的概括性评价。组织绩效的评价需要选用一定的指标，指标作为衡量组织绩效的标准，其本身必须体现对组织管理的综合要求。从组织的发展过程来看，一个系统、有序的评价反馈系统对组织的生产和发展起着至关重要的作用。然而，从不同的角度评价组织绩效会产生不同的标准。

企业风险管理组织绩效评价是企业在对风险管理全过程跟踪监控的基础上，对各主要环节运行状况、质量和效率作出的客观评价。企业风险管理组织绩效评价包括企业运营风险状况分析和企业运营风险管理能力评价两方面。一是企业运营风险状况分析，是对企业运营战略、执行遵从风险总体情况及变化趋势作出的判断和评价，分为宏观分析和微观分析两个方面。宏观分析包括行业、区域、风险特征等企业运营风险分析；微观分析包括：对企业运营管理者、职工等分析，特定对象分析，特定事项分析等。二是企业运营风险管理能力评价。从企业运营管理模块上来说，企业运营风险管理是企业运营各层级在风险计划制订、风险识别、等级排序与推送、风险应对反馈、监督和评价等风险管理基本环节的管理能力的综合表现。

企业风险管理组织绩效评价指标的科学使用是提高企业风险管理评价工作效率、提升企业风险管理能力的保障。因此做好企业风险管理绩效评价的核心方法是关键绩效指标法。

（三）组织绩效指标选择原则和制定原则

1. 评价指标的选择原则

企业风险管理组织绩效评价指标的选择应当注重将风险管理绩效指标分出评

价层次，抓住关键绩效指标。

风险管理绩效考核需要从企业整体运营的角度去考虑，去评价单个业务模块的作用，要能反映整个价值链的运营情况的风险点和风险源，而并非反映单个节点的运营情况。

重视对价值链业务流程的动态评价，而不是仅对静态经营结果的风险点的考核衡量。

指标需要反映价值链各节点之间的关系，注重相互间的利益相关性。

定量衡量和定性衡量相结合，内部评价和外部评价相结合，并注意相互间的协调。

2. 评价指标的制定原则

企业风险管理组织绩效评价指标应与企业的战略目标相一致。在风险管理绩效考核指标的拟定过程中，首先应将企业的战略目标层层传递和分解，将战略责任赋予到各业务单元、各个节点。

企业风险管理组织绩效评价指标应突出重点。指标之间是相互的，因此抓住关键指标就可以将各业务单元的行为引向组织的目标方向。

企业风险管理组织绩效评价指标应做到素质和业绩并重。指标体系设计需要在突出业绩的前提下，兼顾对素质的要求。

企业风险管理组织绩效评价指标应当具备适应性。不同行业、不同发展阶段、不同战略背景下的企业，绩效考核的目的、手段、结果运用是各不相同的，需要根据企业法定位、面临的复杂的内外部环境、战略规划要求等，作出适应性的调整。

（四）组织绩效指标设立的作用

组织绩效指标的设立是基于企业发展使命、战略规划定位、内外部环境分析作出的对企业内部战略规划、发展运营方向的定量和定性评价衡量、动态的评估依据，对企业的发展具有导向、约束、凝聚和竞争作用。

1. 导向作用

组织绩效管理的导向作用主要体现为绩效指标的导向作用，企业风险管理绩效目标是为各个业务单位在企业风险管理工作中汇总明确目标，指导工作。

2. 约束作用

通过绩效指标的形式明确各业务单元的规范标准，与企业风险管理绩效指标保持一致，以此约束其行为和管理规范。

3. 凝聚作用

一旦企业风险管理绩效指标确定，各业务单元会利用各种资源，凝聚一切可以利用的力量来实现和完成企业风险管理绩效指标，从而实现整体目标方向的一致。

4. 竞争作用

组织绩效指标就是指各业务单元通过整合资源、自身投入等完成目标，绩效指标明确员工努力的方向和目标，为各层级、各业务单元提供相应的竞争目标和对标标准，使各自之间呈现良性竞争。

二、关键绩效指标的绩效管理

关键绩效指标是通过对组织内部流程的输入端、输出端的关键参数进行设置、取样、计算、分析，衡量流程绩效的一种目标式量化管理指标，是把企业的战略目标分解为可操作的工作目标的工具，是企业绩效管理的基础。

企业运营发展过程中，以全面风险管理为核心的内部控制体系的构建和维护是重点，需要注意的是，以风险预警、风险防控来支撑企业经营发展战略目标、经营目标的实现，需要关键绩效指标的绩效管理来加以约束和管理。在此基础之上，对风险管理和关键绩效指标在融合的思路下，提出关键风险指标(KRI)。KRI 是能反映企业风险领域变化情况的早期预警指标，是企业风险管理的一项重要工具。

(一) 关键风险指标的概念

伴随着新巴塞尔协议的出台和实施，关键风险指标应运而生。早在 2002 年，巴塞尔委员会就提出 KRI 的概念，并由 RMA(专业咨询与风险管理协会)作为金融业 KRI 体系研发行动的发起人。巴塞尔委员会在 2002 年 7 月发布的 *Sound Practices for the Management and Supervision of Operational Risk* 中明确指出：“风险指标通常是财务方面的统计数据指标，可用于监测银行的风险状况变化。”作为商业银行对操作风险进行识别和监测的重要工具，KRI 的设计和使用也得到了银监会的重视。银监会在 2007 年 5 月发布的《商业银行操作风险管理指引》中，将 KRI 定义为“代表某一风险领域变化情况并可定期监控的统计指标”。关键风险指标可用于监测可能造成损失事件的各项风险及控制措施，并作为反映风险变化情况的早期预警指标，高级管理层可据此迅速采取措施，具体指标如“失败交易占总交易数量的比例、员工流动率、客户投诉次数等”。

按照风险监测对象和指标时滞性，KRI 可以分为预警指标、同步指标和滞后指标。预警指标是典型的前向型指标，预警指标的变化先于风险状况的变化，能够预先警示未来风险变化。同步指标表示的是“正在发生的风险”，这类指标值的变化追求与风险状况的变化保持一致。同步指标适用于各类风险，主要用来描述和监测流程的操作质量。滞后指标用于反映或查找“历史事件”，其反映实际风险状况的变动时间往往较为滞后。KRI 的识别与确认首先在于牢牢把握企业的战略目标以及影响企业目标实现的相关风险事件，一般来说，KRI的识别与确认包括以下四个步骤：第一，流程关键风险成因识别。第二，指标识别与选取。第三，确认指标的内容。第四，确认指标阈值。

（二）关键风险指标的绩效考核应用

当前多数企业的风险管理工作仍然以常规性的风险管理流程为核心，没有对企业风险管理效率、质量进行综合评价。目前的企业风险管理工作具有明显缺陷，未能有效提升风险管理的重要等级，风险管理手段单一，缺乏有效的评价依据来支持企业风险管理工作，无法有效控制不确定性因素的影响，难以支撑企业在当前瞬息万变的经营环境中的战略、经营目标的实现。因此在企业风险管理工作中，将绩效管理纳入企业风险管理工作至关重要，同时在组织绩效模型的基础上确定关键绩效指标，结合关键风险因素，整合而成关键风险指标，不仅能够弥补当前的企业风险管理的缺陷，而且能够促使人们更加重视风险管理，促进企业风险管控的效率和效果的提高。而关键风险指标是指针对需要重点关注的风险或控制设定的监控指标，其设置和应用可帮助各职能部门、分支机构和公司高级管理层了解并监控自身的风险及控制现状，是风险管理非常有效的应用工具之一。将关键风险指标纳入企业绩效考核正好能将风险管理以可量化的指标方式纳入绩效考核过程中，是一种必要且可行的方式。

（三）关键风险指标与平衡计分卡融合模式

1. 关键绩效指标与平衡计分卡融合的关键因素

本章第一节中详细介绍了平衡计分卡在目标设定的概念、使用方法等，下面将把平衡计分卡应用在关键风险指标设定当中。

平衡计分卡和关键绩效指标都是绩效评价的方法，二者在适用条件、实施逻辑等方面有着明显区别，但是从某种程度上来说，二者又有着较为密切的内在联系。从其定义上来看，平衡计分卡是对企业的战略目标进行层层分解，并从财务、客户、内部运营以及学习与成长四个维度的管控来实现企业的战略目标；关键绩效指标则聚焦在企业战略目标上，是承接和分解企业具体的战略目标指标，并根据企业的业态实际和发展战略选择核心的指标，作为企业发展情况的关键检验标准。因此我们可以发现，二者的联系在于承接和补充上。所谓承接，关键绩效指标是对平衡计分卡的执行工具，能够让平衡计分卡的四个维度以量化的、具体的指标进行落地呈现；所谓补充，平衡计分卡的存在能够让关键绩效指标找准企业聚焦和关注的重点与核心，保证关键绩效指标的设定符合企业战略目标和发展方向。总的来说，关键绩效指标和平衡计分卡都为企业的战略发展而作出了科学有效探索，而二者的融合则是相互补充、相互完善的过程，其都是为了实现企业管理活动的不断优化和完善，并最终实现企业的战略目标。

2. 关键绩效指标与关键风险指标的联系

从理论基础上来看，关键绩效指标和关键风险指标存在着很大的不同，但是从其他角度来看，二者也有着明显的相同点和内在联系，主要体现在二者都来源于企业发展战略，二者的制定都是承接和分解企业的战略目标，都是聚焦企业管理的核心业务和关键领域，同时二者的设定路径和实施步骤都有着较高的相似度。而从企业绩效指标评价体系的构成要素来看，企业管理活动与企业风险管理的很多衡量指标都有相似之处，二者之间甚至可以通用，主要由于 KPI 和 KRI 在绩效评价结果的应用领域和出发点一致，都是为了实现企业目标。

通过上述对关键绩效指标和平衡计分卡二者之间的联系和区别的分析，基于二者之间相互关联、相互承接的关系以及关键风险指标和平衡计分卡互为融合的基本定义和相关理论基础，可以将关键绩效指标、平衡计分卡和关键风险指标三者的关系描述清楚，即关键绩效指标是关键风险指标和平衡计分卡融合的载体和媒介，而关键风险指标源于企业发展经营战略目标的关键绩效指标，能够将关键绩效指标实施路径和管理逻辑完美地融入平衡计分卡当中。可以说，关键绩效指标的存在为关键风险指标和平衡计分卡的融合提供了关键突破，使之能够在企业管理活动中有效融合，指导企业风险管理工作。

3. 关键风险指标的运用模式

从指标定义和理论基础上来看，关键绩效指标和关键风险指标是有着相当高的指标适用性的，因此关键风险指标可以直接引用企业战略目标、经营目标等相关指标，在此基础上，就可以将同类型的关键风险指标参照关键绩效指标与平衡计分卡的运作模式相应融合。我们认为可以把存在指标适用性的关键绩效指标、关键风险指标和其他指标分别对应平衡计分卡中的四个分析维度，并分析总结出企业经营发展需要的关键绩效指标和关键风险指标以确定企业核心价值驱动，构建企业经营发展的指标考核体系，以推动企业绩效指标考核在风险管理工作当中的快速有效运用。当企业的风险管理工作与绩效指标考核相结合，在企业实行一定周期内的绩效考核工作时，在评价企业风险管理水平和风险应对措施实施情况的时候，可以参照企业关键风险指标体系，并将此类指标确定考核权重占比，利用平衡计分卡进行运行，即可满足企业需要的多方权衡、互为约束的机制要求，实现企业绩效考核与风险管控相结合，提升企业风险管理的效率和效果，同时能够从底层规范起企业内部的风险管理意识，切实形成企业内部良好的风险管理氛围和意识，有助于提升企业风险管理水平。

三、绩效体系设计

（一）设计思路

企业是由人员、财务、信息等各类资源整合组成的管理生态圈，对内对外都涉及众多不同类型的资源，企业的经营活动也受到多方面因素影响，从这个角度来说，企业的绩效评价也相应地会受到众多其他因素的影响，需要从整体上来分析各类因素的影响。企业绩效体系的构成和企业的构成如出一辙，是由多个模块构成的生态圈，我们认为企业绩效体系应当由绩效评价主体对象、评价标准、绩效评价指标、评价机制、评价方法、评价结果等要素构成。所有的绩效体系构成要素都处于相互影响、相互作用的关联状态。在这个生态圈内，绩效评价主体对象提出绩效目标，根据绩效目标来制定对应的绩效评价指标、评价标准等，利用合理的评价方法来对评价客体进行客观评价，以获得相应的绩效管理结果，用评估报告的形式来体现，评价结果反馈至评价主体对象，能够对评价主体在企业未来运行和发展过程中的所有决策和判断起到关键性的影响（图 9-1）。

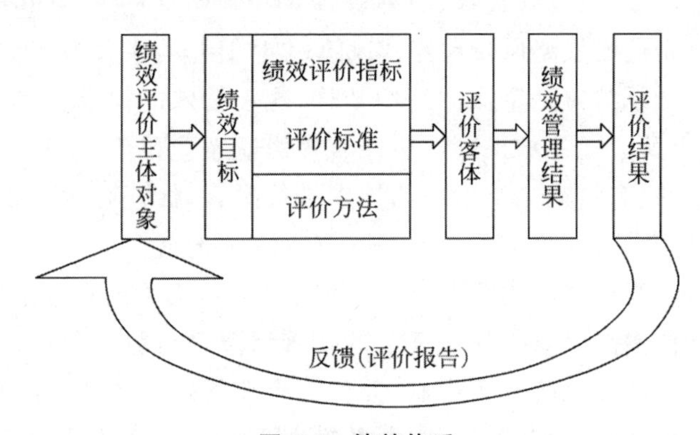

图 9-1　绩效体系

从企业构成要素的角度出发，可以认为企业风险管理工作是一项长期而又相对复杂的企业管理活动，同时企业风险管理绩效评价则是在企业管理各要素的基础之上，按照绩效评价体系的评价主体对象、指标、标准等一系列要素，进行绩效的整理分析，通过对企业目前实施的企业风险管理活动的评价结果与企业对风险管理提出的预期目标进行对比，判断二者间的契合程度，以此来判断和评价所实施的风险管理方法、措施等管理活动是否足够客观真实、科学有效、经济适用，进而能够帮助企业找出自身风险管理的劣势和不足，也为企业未来的风险管理活动提供优化改进的方向，以保证企业在未来发展中有效规避各类影响因素，从而提升企业管控自身发展的能力。

通过上述分析，可以发现企业风险管理中虽具有众多关键环节，但是核心应当是绩效指标体系的构建。我们根据风险管理理论框架和风险管理体系框架，提出了对风险管理主体对象、评价等级的制定以及评价指标的设定进行有机融合，构成了企业风险管理绩效评价模型。具体设计思路见下。

绩效体系设计中，绩效指标的设计是核心，因此我们以企业发展战略目标为基础，按照总目标—核心目标—管理目标—执行目标四个层级的分解原则，将企业风险管理的总目标作为指标体系的一级指标，结合目标指标分解，将企业风险管理总目标分解为战略风险和经营风险两个核心指标，基于核心目标，设定了三级特定的管理风险指标和四级管理实施与执行的评价指标；在绩效指标设定的基础之上，明确企业的风险管理主体对象，即企业风险管理的各构成要素，各构成要素是企业风险管理绩效评价的载体和基础，应当涵盖企业的风险治理层、管理层、执行层和内部审计层等四层；通过利用科学的评价方法，获取企业实施风险管理活动的准确评估结果，评估结果是企业风险管理绩效评价的基础，是所有风险管理绩效评价要素综合作用下的实际呈现，能够准确判断企业的风险管理质量，我们根据对企业风险管理各要素的分类和相关文献的研究，提出将评价结果按照不同评价等级维度划分为零散片段级、重复管理级、成熟管理级和领先管理级。同时，我们认为企业风险管理除了企业的战略风险和经营风险之外，还应当关注其组织风险，因为风险管理绩效指标的承载体是企业的组织架构，这一特殊的构成要素所提出来的组织风险，在管理上所表现的结果好坏也会直接影响企业风险管理实施和执行。综上所述，我们认为只有将这三个不同的维度进行融合，保证有效的相互作用，才是实现企业风险管理绩效评价客观真实、科学有效的最佳途径。

设计企业风险管理绩效体系是针对企业经营发展面临的众多不确定性损伤和不可预测性结果作出的应对措施和反应的实施情况进行数理化评价的工具，以准确反映企业发展中各类风险管理现状，并作为企业战略经营调整的依据。在此过程中，我们通过有限理性模型理论，从成本效益原则出发，假设企业理想经济状况，研究企业实施管理行为的成本效益，认为企业需要在实施风险管理绩效体系中根据自身经营发展实际和经济运行规律合理制定风险管理边界，即风险容忍度的值，取风险容忍度的任意一个最优解，作为实施风险管理行为的范围边界，在边界值内不进行管理操作的成本小于等于进行管理操作的成本，因此，绩效管理理论在有限理性风险管理中的应用是针对企业风险容忍度边界值以外的部分进行的制度化应用。需要注意的是，有限理性模型的假设条件之一是企业经济活动处于理想状态下，因此企业需要结合自身实际、有针对性地进行借鉴和应用。

（二）设计维度一——评价主体对象及目标

企业风险管理绩效体系评价对象按照其性质来看，可以分为主体对象和客体对象。评价目标则是企业风险管理的指南和引导。

评价主体与评价客体一般都是相辅相成的,互相之间联系紧密,评价主体不仅与评价客体的利益关系密切,而且是评价客体绩效完成情况的实际利益相关方。从这个角度出发,企业风险管理绩效评价体系的主体应是企业的内部风险管理治理层、管理层和执行层。从定量和定性的角度出发,以企业内部的财务报告、会计资料、风险管理文档等作为评价数据来源,结合绩效指标体系和科学的评价方法对企业的风险管理实施情况进行评价,从而了解企业风险管理的活动与预期效果的契合程度,形成的企业风险管理绩效评估报告,能够作为企业未来发展方向的调整依据,因此是属于企业的内部评价范畴,则企业风险管理的评价主体能够准确及时地获取企业数据、能够科学有效地指导企业经营发展。

评价客体从动作上来看,是被动产生的,由于评价是由主体发出,评价客体是根据评价主体的实际需求而确定的,因此评价客体是跟随着评价主体而动的。在企业风险管理活动当中,由评价主体,即企业的各层级管理人员和工作人员确定企业风险管理需求,从而确定的企业风险管理绩效评价体系的评价客体是一个能够实施风险管理的企业。从这个角度来看,成为能够实施风险管理的企业,是在一个多元化、层次化的环境中进行相互碰撞、相互作用的长期的一个过程,是企业实施风险管理战略、决策程序、实施流程路径、风险管理意识和理念、规范标准的风险管理制度、运转高效有序的风险管理组织机构等各构成要素相互作用,对企业实施风险管理的效果有着极其重要的影响。需要注意的是,基于评价客体产生的来源,针对企业风险管理水平进行的绩效评价是属于企业的内部自我评价,是对企业实施风险管理活动的全方位评估,这种整体评价的结果对企业未来的发展经营、战略目标、决策方向等方面的动态调整起着至关重要的作用。

绩效评价目标是对企业发展目标的延续和执行,也是指引企业运行系统良好有序发展的支撑和保证。企业实施风险管理亦属于企业管理活动中的一部分,是支撑企业经营发展活动的管理手段之一,因此风险管理的目标、风险管理绩效评价目标都应当与企业发展的目标保持完全一致,都是为了实现企业的发展战略目标。当前企业发展所处的环境日益复杂,面对的各类风险因素种类繁多,企业当中涉及的个人和群体组织在企业内部的利益都会或多或少地受到影响,都在承担着一定的不确定的损失,因此为了使企业内部个人和群体组织的利益免受损失,企业应主动开展风险管理工作,并通过企业风险管理实施情况来进行企业内部的自我诊断,不断发现企业管理活动存在的内部问题,有效帮助企业聚焦管理重点,以主动防范的意识借助对企业内部管理作出的绩效评价结果对企业进行针对性的管控,极大地支撑企业内部管理的优化,同时通过绩效评价结果,对员工、客户等内外部利益相关方提供管理决策的重要依据。综上所述,企业的风险管理绩效评价目标是支撑企业风险管理、实施风险管控和应对的指南与目的。

（三）设计维度二——评价等级的制定

评价等级是编制风险管理评价体系的基准，明确的评价等级对于获得合理的评价结论起着决定性的作用。企业风险管理绩效评价等级是评估企业风险管理实施活动的基准，是对企业风险管理的科学评价总结和准确定位，能够获得企业内外部的一致共识，能够便于企业内部充分发挥目标管理的作用，激励企业内外部相关方充分发挥能动性，因此需要明确制定企业风险管理绩效评价体系的评价等级，为企业进行自我评估定下总结标准。

我们通过研究绩效评价相关文献，并结合风险管理框架体系的相关研究成果，提出了企业风险管理评价等级的四个阶段，即零散片段级、重复管理级、成熟管理级、领先管理级。

1. 零散片段级

处于此阶段的风险管理等级是最低的，说明该企业的风险管理活动处于刚起步的阶段，风险管理策略、方案、措施等基本的活动内容都无法确定，也不稳定，企业的风险管理充满了不确定性和不可预测结果。此阶段的风险管理活动是未能加以定义和赋予标准的随机化活动，该活动的实施过程是片段的、零散的、被动的，各项风险管理活动内容都是基于非主动的下意识反应和应对。在此阶段，企业的风险管理暂未形成规范化、流程化的路径，无法制定贴合实际、与企业发展目标保持一致的风险管理战略，不重视企业内部的各类经济活动对应的风险源的辨识、分类、分析评估等，过于注重各级管理人员的风险管理主动性，过于依赖人员的管理经验，科学性和规范性差，同时缺乏完善的风险管理组织机构和相关负责人，企业内部暂未形成统一的风险管理意识和内部文化氛围。

2. 重复管理级

这一阶段的最大特征是安排了兼职的机构来进行风险管理。处于此评价等级的企业已经逐渐意识到企业在发展运营过程中对风险进行管理从而进一步提升企业抵御风险的能力的重要意义。通过建立兼职的风险管理部门或者内部控制机构来实现对企业风险的初步管理，同时能够有限辨识企业核心的业务流程中存在的各类风险并加以管控和应对。企业通过对实施的风险管理的各类控制活动进行总结、归类和整理，能够复制企业的风险管理经验和方法，形成企业可重复性的风险管理能力。在此阶段，企业内部形成了初步的风险管理意识，初步构建了企业内部控制、风险管理体系，但是在风险分类、管控措施、实施标准等方面还未进行统一，内控各模块的业务流程不规范，相关管控仍然不足。

3. 成熟管理级

处于此阶段的企业已经建立了完整独立的风险管理部门、机构或者组织，同时能够规范化地进行运营，指导企业在发展运营中有效规避风险，能够形成和保留风险管理档案、记录等，同时构建专门的、标准化的风险管控信息系统。形成了针对企业各项业务（核心业务和非核心业务）的风险辨识和风险管控方法，同时能够在企业内部形成一致，并得到各层级的认可。企业内部制定了标准化的管理制度、工作标准、操作规范等，使得企业风险管理的基本活动和核心环节标准化、制度化，能够有效整合各关键部门岗位、基础管理组织等的风险管理能力，构建健全的风险管理框架体系，能够充分发挥企业整体协同的竞争合力，从整体上保障企业内部各类经济活动的风险管理战略、风险管理战略目标、风险管理价值理念、风险管控措施、风险应对方案等管理基础，同时能够形成完整、规范、标准的风险管理体系，有利于推动企业各管理层级有效完成风险管理各项目标，能够有效引导企业风险管理工作沿着规范化、制度化、标准化的路线实施，能够有效控制企业经营发展的各类风险，实现长远发展。

4. 领先管理级

此阶段，是企业风险管理的理想化阶段，表明企业内部形成了一整套完善的、标准化、可衡量的、规范化的风险管理体系，同时能够满足自我完善、自我更新、自我改进、自我创新的需求。简单来说，处于此阶段的企业，是基于成本管理、收益回报等要求，突破了在经营发展各阶段中的风险辨识、风险分析、风险评估、风险管控等管理壁垒，能够充分保证风险管理的有效性，同时注重企业内外部环境分析，并在环境分析的基础上，结合企业风险管理现状和实际，搭建了风险管理绩效考核评价体系，匹配设定对应考核指标，应用于企业风险管理活动当中，能够让企业通过量化的指标数据，快速有效地发现企业在风险管理当中存在的问题和缺陷。在企业风险管理文化和价值观上，各风险管理层级形成了规范化的、由下而上的管理层级观念，形成上下贯通的风险垂直管理的意识，从而营造出良好的主动管理风险的企业氛围；从机制上来说，风险管理机制、方式等都渐渐趋于完善，且具备自我更新完善功能，能够随着企业经营的内外部环境的变化而不断进行优化改进，实现了风险管理对企业经营发展组织目标的推动作用，保障了企业运营的风险管理的卓越运作。

总结来说，企业在推进风险管理的过程当中，风险管理手段、机制、理论方法等是不断积累、不断成熟的，因此企业的风险管理能力也是循序渐进的，在企业发展的不同阶段，风险管理能力的评价等级不同，呈现的管理特征和要求也有不同。所以，企业在实施全面风险管理过程中，应当根据自身的评价结果，有针对性地采用切实有效的管控方案和对策，不断丰富企业风险管理基础活动和任务内容，切实提升企业风险管理效率和能力。

（四）设计维度三——评价指标的设定

评价目标设定后，应当在目标分解后，对目标进行量化，即设计评价指标，由不同评价指标构成有逻辑、有归属关系、有层级的集合，称为评价指标体系。评价指标体系的设计和搭建的科学性、合理性、有效性、准确性，是确保企业风险管理绩效评估准确、客观、合理的核心和基础。因此，为对企业风险管理活动情况进行科学有效的评价，充分保障企业风险管理评估结果的客观性，准确呈现企业风险管理能力的优劣势，使得企业结合自身的优势和不足制定对应的管控措施和管控策略，在设计和搭建企业指标体系应当遵循一定的原则。

1. 保持客观科学性的原则

风险管理指标体系的客观科学性是实现企业风险管理绩效评价结果准确合理的基本要素，各项风险管理绩效指标通过科学的方法论、工具进行制定，同时指标体系经过多方论证、试行、反馈，利用定量和定性的方法，形成基于客观规律和科学的制定方法的企业风险管理绩效考核评价指标体系，以期能够客观、有效、真实地反映企业内部风险管理的内在规律，准确而全面地反映企业内部风险管理状况及风险管理能力水平。

2. 体现可操作性原则

指标体系的建立和选择是需要遵循成本收益原则的，指标的选择是与现代企业管理、评价工具相辅相成的，是互相兼容的，也需要结合现有的企业风险管理、经营管理等方面的信息、数据资料等，并能够进行充分利用。同时根据指标的性质明确对应的指标管理要求，例如，定性指标需要明确评价依据、评价标准、评价结果等级划分，更需要适应相关评价人的资质要求，以真正实现指标评价的可操作；定量指标则需要明确指标阈值、指标定义、指标权重、指标计算方法等，同时指标的设定需要清晰、准确、简单、明了，易于判断且与社会共识保持一致，能够有利于指标的运用和掌握。

3. 独立和排斥相结合的原则

指标体系是由一系列互相之间保持某种联系的单个指标所构成的，各指标之间具备一定的逻辑、归属、层级等关系，同时各单个指标之间应当是相互独立的，各指标仅是对不同业务活动的评价阈值和标准，互相之间不应当具有重叠、涵盖的情况。但是在实际的指标设计和指标体系的构建下，可能会出现指标间互相包容重叠的情况，因此为了加强指标对企业经营业务活动的准确描述和评价，需要从不同的角度出发，重新设置一些补充型指标，来完善评价指标体系，以达到指标体系中的单体指标相互验证和补充的效果。

4. 保持全面性的原则

企业风险管理指标应当从企业经营管理中来，能够涵盖企业经营各环节，即能够涵盖企业经营管理各环节中可能存在的不确定性以及对应的风险因素。同时要基于企业风险管理活动的基础数据，在保证基础数据的完整性的前提下，梳理企业经营管理的各类风险要素，突出适应企业经营管理需求的风险管控重点和核心，即关键风险要素，通过强化各层级风险管理指标的内在联系，保证企业风险管理的全面性。

四、指标体系建设与优化

企业风险管理指标体系是建立在不同企业行业、不同发展业态等关键特征的基础上的，需要与企业的发展战略目标相一致，同时需要结合企业当前发展的实际状况，有针对性地进行指标体系的建设。但在大体的构建思路上是有相同点的，在借鉴众多风险管理、绩效管理的研究成果的基础上，风险管理指标体系的构建应当基于从企业战略目标而来的企业风险目标，通过对企业面临的主要风险的识别和分析，以定量和定性的方法定义不同指标，并进行结合，从通用性的角度提出指标设计的主体思路以及可供选择的基本指标，并按照一定规则进行指标归类、整合，形成企业的风险管理指标体系。

同时，指标体系的建立并非一劳永逸，指标体系是企业当下风险管理状况及多方因素共同作用下的产物，仅适用于当前阶段的管理要求。企业在动态的环境下运行，是需要与时俱进、不断调整的，因此指标体系也需要结合企业动态发展趋势不断进行调整和优化，以满足企业动态发展的需求，适应企业内外部各项风险因素的影响，推动企业风险管理能力的提升。

（一）指导——确定风险管理目标

了解企业风险目标之前，需要先明确企业风险的定义。企业风险是指企业经营过程当中可能会遇见的各项不确定性的事件以及这些事件可能会带来的不良后果、威胁等，也包括其他不可预测的事件及不良后果，会以及由此带来的机会转换的可能性，因此从这个角度来讲，如果有效、规范、科学地对企业的风险进行管理，是能够将企业在经营过程中可能会遭受到的不同程度的损失转换成利润，从而为企业、股东带来经营利益的。为了充分发挥合力，引导企业向正确的方向经营，准确描述企业股东的战略意图，需要制订企业风险管理目标。企业风险管理目标的设定是进行企业风险管理的先决条件，也是进行企业风险源的辨识、分类、分析、评价和应对的前提条件。企业各级管理层根据企业风险管理目标来识别企业经营发展目标实现可能的影响因素，并设定针对性的应对措施和解决方案，从而实现企业风险的管理。结合企业的发展经营的实际需要，可以将企业具体目标分为战略目标、经营目标。企业的具体目标也是企业进行关键风险因素识别和全面风险管理的前提依据。

(二)核心——识别关键风险因素

企业的风险管理的前提和基础就是企业风险的辨识,尤其注重企业关键风险要素的识别。在企业风险目标设定的情况下,利用相关工具方法来进行企业风险源信息的收集、辨识和评估,并根据评估结果制订针对性的应对措施和实施方案。通过收集企业风险源信息,并进行风险辨识,以确认企业经营发展中存在的风险,将所有已确认的风险进行归集,形成风险集,从而确定企业风险管理范围,并对风险集进行分类梳理。在此过程中,风险辨识是针对企业发展所面临的各类风险进行收集确认的过程,是动态和不断更新的。只有对企业面临的风险快速及时地辨识,才能够准确有效地分析得出各类风险的存在而导致的不同严重程度的影响,为企业风险归集、分类、分析、评估等打下基础。在当今企业风险管理当中,风险的辨识是首要条件,是关键核心步骤,更是企业进行多元化管理和确保企业战略目标、经营目标的准确性、正确性的关键环节。

以专注关键要素为核心,按照企业经营发展的需求变化,根据企业的战略定位和实际目标要求,基于企业的组织架构构成和风险管理职能的划分,企业关键风险要素主要由战略风险和经营风险构成,从战略和经营两个方面入手进行风险辨识,并分析这两类风险存在的环境适应性和产生的原因,以及与企业关键核心业务的相关度,以此来确定和识别企业的关键风险因素,通过将已识别的各类风险要素进行归集,形成企业关键风险因素合集。

1. 战略风险

企业目标的成功制订、选择、实施和控制是目标实现和成功的重要环节,各种资源和环境是目标成功的保障,领导者正确的决策和独特的风险意识与承受能力也都是目标成功的重要因素。这些影响因素都构成了企业总体目标实现的必要条件。企业作为一个有机体系统,各项管理工作需考虑相互的融合和一体化。高层管理者决策对于企业发展方向的管理和总体把握是企业开展一切活动和内容的依据。它是关于组织发展方向的问题,是影响整个企业的发展方向、企业文化、组织结构、人力资源、信息沟通或企业效益的重要因素,甚至影响到企业的生存。

企业战略来源于企业目标,企业战略是为了实现企业目标而制定,因此需要先明确企业目标的定义、特性,才能分析企业战略及企业战略风险。从企业目标的实施内外部环境分析和要求来看,要实现企业目标,首先应当保证企业目标制订的合理性和成功性,其次在企业目标制订后应当关注企业目标的筛选、管控措施等,需要注意的是,企业目标的实现,需要依赖企业面临的内外部环境及各类资源的支撑和保障。同时，企业目标实现的必要条件还应当包括企业决策层对企业面临的各类复杂的情况所作出的科学合理的决策以及对各类可能出现的风险作出的准确判断和快速有效反应以及必要的风险承受能力。企业作为一个融合了多层级、多管理要求的复杂的管理系统，各个组成模块的互相融合、协同配合是基础。企业经营发展领导层对于企业发展的快速反应和正确决策是企业制订与实施一系列战略和经营举措的依据。同时，企业目标是影响企业经营方向、管理机制、企业文化等管理子模块的重要因素，因此准确抓住企业目标是关键。

因此，战略风险是在企业目标制订的基础之上，站在企业战略管理层的高度来提的。从定义上来说，战略风险是指在实现企业战略所开展的各类活动过程中，某些企业战略实现的必要条件由于不能满足合理需要而对战略造成负面影响或破坏，进而对组织既定战略目标的实现产生的不确定性影响。从性质上来说，战略风险可以视同企业经营发展的整体损失的不可预测性的结果，是企业面临的各类风险中的最核心、最关键风险类别，企业针对战略、战略风险所构建的管理模式、管理定位等都对企业的未来发展起着至关重要的作用。从构成上来说，战略风险也可以分为人力资源风险、决策风险、控制活动风险、内外部环境风险、组织风险等。

2. 经营风险

企业的运营系统就是利用经营资源把投入转换成产出的过程，它包括“投入—转换—产出”的运营过程以及由人、财、物、技术等构成的运营资源两部分。在企业生产经营过程中，企业所拥有的原材料、机器设备以及人力资本等经济资源的配置和使用，会随着生产经营的不断变化而进行调整，导致企业预期收益具有不确定性。特别是企业将一个尚未经市场进一步检验的新产品作为主要产品而大量投资生产和销售时，企业的生产经营就会具有高风险性。

在明确企业经营风险的定义前，需要先明确企业的经营活动。企业经营活动是建立在企业的一整套经营系统上的，即企业通过所掌握的各类资源，包括人文、营销、生产、财务等，将企业的投入转换成企业的产出和利润的过程。在企业开展经营活动的过程中，企业的各类经营资源在进行配置和使用的时候，会根据企业面临的内外部环境、生产经营需求的变动而不断进行调整，因此企业在调整的过程中将会面临众多的不确定性和不可预测性的结果，即企业经营面临的各类风险。

由上述分析我们可以得出，企业的经营风险就是指在企业的经营活动各个环节中，由于企业决策层的决策失误、经营质量不佳等造成的企业财务、文化等方面存在的不可预测性的结果。企业经营风险伴随着企业整个经营活动系统，甚至会波及企业的财务价值，因此企业在经营活动中要时刻关注企业可能存在的各类生产经营风险，需要通过科学准确的方式来识别、定义、测量风险。值得注意的是，不同的企业性质、不同的经营内容的企业所面临的经营风险大有不同。通过对企业经营活动的分析,我们认为企业经营风险一般包括营销策略风险、生产技术风险、生产安全风险等。

(三)实施——建设优化指标体系

指标体系的建设是在明确企业使命、价值观和愿景,分析企业战略发展目标的基础之上,对企业战略发展目标进行横纵向分解,同时为了提高企业的风险管理能力和优化平衡计分卡,将风险管理与平衡计分卡加以整合,产生协同效应,从而形成一个权变的、逻辑化的、持续改进的体系。企业风险管理指标体系的建立应当立足于企业的战略发展目标和整体战略使命,从企业本身整体角度考虑,以平衡计分卡的四个维度(财务、客户、内部运营、学习与成长)为出发点和途径,坚持"战略平衡"和"管控风险"为理念,将企业的风险管理理念及其八个相互关系的要素(包括内部环境、目标设定、事件识别、风险评估、风险反应、控制活动、信息与沟通和监督)融入平衡计分卡。

以企业总体目标为导向,战略目标为依据,经营活动目标为延伸,企业风险管控效果为保障,将企业风险管理指标体系分为四个层级,分别是一级指标、二级指标、三级指标和四级指标。

一级指标是评价企业风险管理总体水平和成熟度,是企业风险管理的总目标。

二级指标是通过对企业战略、经营等方面的核心影响要素、关键不确定性等进行辨识和分析,汇总分类归集成企业的核心风险,即企业的战略风险、经营风险。

三级指标是指对企业核心风险进行二阶段的细化和分类,明确其指标内涵,最终作为企业制定各模块指标的依据。三级指标一般包括决策制定风险、生产技术风险、生产安全风险、合法合规性风险等。

四级指标是对所有类型的风险管理子模块的核心要素内容进行提炼和选取,是实施企业风险管理的具体方案内容。具体方案内容是针对企业特定的企业风险管理目标作出对企业各管理子模块的风险管控要素的管理水平的评价。从这个角度来说,四级指标主要包括决策制定的准确性、生产技术的创新性、生产安全风险的处置合理性等各类指标及对应指标内涵、标准等。

基于四级指标目标值构建的指标体系,是应用于企业风险管理各单元的风险管控实施情况的红线和底线,是作为风险管理情况评价的基础依据。但是由于不同的管理单元承接的风险管理内容和目标侧重点不同,若采用单一的考核标准或者简单地将指标进行相加,则难以公平公正、客观有效地评价企业风险管理情况,因此需要对企业风险管理指标考核设置相应的权重,通过层次分析法(AHP),进行指标权重的确定。

层次分析法是应用网络系统理论和多目标综合评价方法的一种层次权重决策

分析方法。通过构建层次结构模型，构建判断矩阵，并对各项指标的权重设置思路进行一致性检验，根据模型来计算各层权重，并进行总体一致性检验，最终确定各指标的计算权重。

通过整合四级指标体系，匹配各指标的考核权重，构建企业风险管理指标体系。为保障指标体系的建立、运行符合企业发展经营实际，应当在构建指标体系后就指标的合理性、科学性及指标的含义组织企业内部充分讨论，并进行指标体系的优化。在此基础上，应当组织和邀请相关专家就初步确定的指标体系进行优化和完善，对关键风险因素指标进行动态调整与修正，并将一些关联性强的评价指标去除，最终组成一套集科学性和实用性于一体的企业全面风险管理综合评价指标体系。

五、绩效结果分析

企业风险管理绩效结果分析是基于已建立的风险管理绩效指标体系和指标体系运行情况作出的反应，是通过收集指标绩效完成情况，并根据绩效指标基础数据分析企业实施风险管理和应对措施的合理性、可行性，并评估风险管理实施效率和效果，从而有效提升企业风险管理决策能力，使企业根据风险管理绩效完成情况作出针对性的风险管理思路和应对举措，并作为企业未来发展经营方向调整的依据，为实现企业总体目标打下坚实的基础。

(一) 分析原则

风险管理绩效结果分析是一项科学、全面、客观、准确的整体评价，为了保证分析过程、分析结果与实际相贴合，确定企业风险管理工作实施方向，需要遵循以下原则：全面性、客观性、效益性、发展性的原则。

1. 全面性原则

企业开展风险管理工作时应当对影响企业风险管理实施和应对措施的效果及对应的绩效评价效果的各类可能性因素分别进行不同维度、不同层级的评估和分析，避免出现因为对评价因素的遗漏而造成绩效结果不准确的情况。

2. 客观性原则

企业应当充分调研分析，确定企业实际面临的各类风险，并充分体现企业所面临风险的重要特征，按照国际国内通用的适用于本行业的风险管理标准和规范，通过企业内外部的评审、绩效评价等多种形式对企业各风险管理实施情况进行客观公正的分析。

3. 效益性原则

企业开展风险管理绩效评价的时候应当始终坚持企业效益为先的原则，以考察企业风险管理收益情况为重点，真实地反映企业各模块风险管理绩效指标对企业风险承担的相应管理能力和水平。

4. 发展性原则

基于企业风险管理指标绩效在成本和效益上的实施情况，客观全面地评估企业风险管理实施的效率和效果，并以此为基础科学合理地预测企业未来风险管理形势走向，以指导企业风险管理活动充分适应当前环境变动趋势，提升企业风险管理的自我更新调整的能力。

（二）分析特征

企业风险管理绩效结果分析是具有其特殊的特征的，而所谓特征，是与其他同类型、同层级的事物进行对比而明确的其本身具备的特殊性所在。因此在分析风险管理绩效结果分析的特征的时候，我们将与风险评价进行比较，以明确绩效分析特征。通过比较，我们认为企业风险管理绩效结果分析与风险评价的重要特征区别主要体现在评价阶段、评价作用以及评价依据三个方面，具体如下。

1. 评价阶段

风险管理的基础是风险辨识，但是核心是风险评价分析，只有依据风险评价结果，才能进行风险分类、风险应对、风险绩效评价等一系列实施步骤，因此风险评价是在开展风险管理实施之前的计划阶段进行的。而企业风险管理绩效结果分析是基于企业风险管理活动实施之后反映企业整体风险管理完成情况的总结评估，因此企业风险管理绩效结果分析是在开展风险管理实施之后进行的。

2. 评价作用

风险评价是通过对企业经营发展所涉及的各方面进行分析评价，以明确企业未来经营发展所面临的各类风险，为企业经营发展决策提供科学依据；而企业风险绩效结果分析则是通过指标数据来真实反映企业风险管理完成情况，是对企业的所有决策事项在内部执行的情况反馈，是对企业风险管理整体情况的综合评价。

3. 评价依据

风险评价是基于企业经营发展风险的辨识结果来进行评价的，是通过对已发现、已确定的企业面临的风险利用相应评价工具进行评价分析，能够使得企业风险管理组织机构、部门单元等明确未来企业发展中需要解决和规避的风险点与风险源，属于对企业风险管理的事前评价。而企业风险管理绩效结果评价则是基于企业内部风险管理组织机构、各管理单元分解承接企业决策层下达的风险管理决策而作出的对应风险实施活动事项的执行效果在企业风险管理绩效指标数据上的呈现而作出的评价，是属于企业风险管理的事后评价。

（三）分析方法

企业风险管理绩效结果分析应当结合企业风险管理绩效目标体系，从实际目标出发，坚持定量和定性相结合，利用指标分析数据模型，对现存数据、系统工作等进行分析。需要注意的是，绩效结果分析应基于企业指标体系的设计，需要从企业风险管理实际出发，采用不同的分析方法。下面简单介绍几种风险分析的方法。

1. 基础数据分析

基础数据分析是指对企业内部的现有已存的各类记录文档、基础数据等文件进行分析，以进行绩效结果分析。现存数据类型主要有营收报表、生产报表、顾客满意度调查表、消防安全调查表等。通过对企业现存数据进行分析，能够从定量和定性的角度对企业各管理要素进行评价，能够真实地反映企业内部各管理要素的实际绩效完成情况，以判断其管理效率和效果。

2. 知识工作分析

知识工作分析需要明确基础数据的类型，收集关于企业内部各管理要素的绩效、生产、评价以及各领域专家所记录的其他数据信息，并对这些信息进行评估分析，以对企业内部的某一项或者某几项工作完成情况进行评价。

3. 程序工作分析

程序工作分析针对期望绩效的明显的细节。通过分析企业内部各管理要素的信息获取需求和关键领域特长，获取关于组织、人事等方面的专家意见。其中人事是指工人与绩效目标之间的相互作用。需要注意的是，此工作方法在运用时无法覆盖企业内部管理和分析在非正常情况下的期望绩效的需求，仅涉及对正常情况的考虑。

4. 系统工作分析

系统工作分析能提供总的绩效系统，包括系统概况、过程分析、解决疑难分析。它能帮助人们对选择系统有一个更详细的理解。

（四）绩效分析

绩效分析是建立在企业风险管理绩效指标完成情况的统计数据的基础之上的，利用相应绩效指标数据分析模型进行统计分析，从企业风险管理绩效指标分析结果中得出企业风险管理状况、各管理单元的企业风险管理应对方案的实施效果。

1. 信息收集

根据企业发布的风险管理绩效指标体系的指标数值、评价标准、评价频次、指标分数，企业应当设计相应的风险管理绩效指标的完成情况统计表格，并通过标准化模板收集风险管理各单元的绩效指标内部数据和信息资料，按照多种维度、层级对基础数据进行清洗，形成按不同维度分类的绩效指标数据库。

2. 建立指标

企业风险管理绩效结果分析的前提是设立风险绩效管理指标，企业必须首先制定风险管理绩效考核指标，管理层才能识别和评估影响目标实现的风险并且采取必要的管控措施和行动来管理风险。其次是基于绩效数据的收集、清洗加工后的绩效结果信息，结合绩效体系设计的评价标准，由专业的绩效管理人员进行分析，利用相应指标分析模型(例如模糊评判数学模型)，得出自身企业在整体和单向风险管理上的等级水平，从而明确企业风险管理的整体情况，为企业未来风险管理的重点管控范围和边界提供依据。

模糊评判数学模型应用如下。

对企业全面风险管理的绩效评价是一个典型的涉及多指标的综合评价问题，基于其指标层次多、定性指标占多数的特点，故本节选用基于层次分析法的多级模糊综合评判法。该法将企业全面风险管理综合评价指标体系分成阶层结构，运用层次分析法确定各指标的权重，然后采用模糊理论中的隶属规律，结合专家调查问卷分层次对不确定现象进行较为客观的数量描述，最后综合出企业总的风险管理实施评判结果，从而作出相关决策。模糊综合评价可以用于多因素、模糊性及主观判断性的解决，而层次分析法可以保证评价过程的条理性和科学性。

3. 分析内容

企业风险管理绩效分析从阶段上来看，可以分为组织计划分析、企业环境因素分析和企业风险管理绩效差距成因分析三个阶段。

其中组织计划分析阶段对组成战略计划的成分进行深入考察，包括对组织愿景、使命、价值、目标和策略的深入考察。这些成分可以在组织的战略规划中找到。组织分析的目的在于寻找导向，即“组织及其领导者试图实现的绩效和远景(perspective)”。必须在差距分析之前进行企业风险管理组织分析，因为企业风险管理组织分析将为期望的或最佳绩效设定标准。组织计划分析除分析企业风险管理战略计划成分外，还需要分析以下因素：组织结构、中央控制系统、企业策略、关键政策、企业价值、企业文化。

企业环境因素分析阶段是确定支持真实绩效的现实因素并找出其中主要因素的过程。其目的并不是找出问题，而是对组织内部、外部的企业风险管理真实状况的评价。环境分析包括以下内容。

(1) 组织环境分析：它关注组织外部利益相关者(客户、供应商、分销商、股东、管理者等)和竞争(组织运营的工业领域，如生产、风控、安全等)如何影响绩效。

(2) 工作环境分析：它关注组织内部支持企业风险管理绩效的因素(资源分配、工具、招聘和甄选政策、反馈、绩效和非绩效的结果)。

(3) 工作分析：它关注企业风险管理工作设计(流程)层面的情况。

(4) 工作者分析：它关注企业风险管理实施层的情况(知识、技能、能力、动机和期望)。

成因分析，也叫绩效差距分析，在分析逻辑上很像需求分析。需求分析是很有价值的工具，可以用来确定当前的结果以及期望的结果。需求分析与差距分析的主要区别如下。

(1) 需求分析倾向于关注知识、技能和态度；差距分析则确定任何影响企业风险管理绩效的不足或熟练程度。

(2) 需求分析倾向于关注过去和现在，差距分析还应该关注未来。

绩效差距成因可以被视为改进企业风险管理绩效的机遇：当真实的企业风险管理绩效状态没有达到期望的绩效状态时，可以改进真实的企业风险管理绩效状态；或者当真实的企业风险管理绩效状态达到或超越了期望的绩效状态(创新)时，强化真实的企业风险管理绩效状态。

企业风险管理绩效差距成因分析的目的在于确定期望绩效状态与真实绩效状态之间当前的和将来的差距。必须在成因分析之前进行差距分析。差距分析有三个步骤：确定真实绩效状态与期望绩效状态之间的差距；找出首要差距；分析原因。

4. 评价结果分析

评价结果是综合运用评价方法、分析模型等形成的企业阶段性风险管理绩效反馈。从风险管理绩效评价结果的因素层级来看，评价结果可以分为单因素评价结果和多因素评价结果。

从单因素评价结果来看，企业在战略管理风险、经营管理风险等不同方面所处的风险管理评价等级，能够充分明确企业在各业务领域中实施的风险管理所处的管理等级，从而能够清楚反映企业风险管理的真实水平。企业的管理层级若达到“成熟管理级”的要求，则说明企业在某些风险管理领域形成了较为完善的管理体系。例如，经营风险管理上达到“成熟管理级”的要求，能够反映出企业在生产、加工、销售等经营各环节所做的努力，在外部供应商、内部员工、外部顾客或者外协组织等之间形成了较高的信誉和良好的公共关系网络。若企业部分风险管理绩效评价结果处于“零散片段级”或者“重复管理级”，则企业未来应重点关注和改进完善该领域。

从多因素评价结果来看，该评价结果是对企业各业务领域实施的风险管理的评价集合，是对企业整体风险管理活动的绩效结果的评价，通过整体评价，能够真实反映企业风险管理的整体管理水平。例如，企业风险管理绩效多因素评价等级将要但还未达到“成熟管理级”时，表明企业风险管理水平正处于一般向良好进行瓶颈突破性提升的关键阶段，这就要求企业更加注重在巩固已有风险管理体系的基础上，进一步完善和优化企业风险管理的其他各环节，确保各环节的风险管理正确有效，同时需要特别注意企业风险管理绩效评价结果中显现的薄弱环节，需要针对薄弱环节从组织架构优化、管理流程优化等方面进行不断完善，从而构建出适应企业经营发展实际、业务经营特点的全面风险管理框架体系，促进企业全面风险管理水平的提升，以增强企业核心竞争力，实现企业发展的总目标。

第四节 集团管控在有限理性风险管理中的制度设计

一方面，下属公司面临多变风险环境，需要灵活的商业决策；另一方面集团层面也需要对下属公司进行风险管控，将下属公司加入有限理性风险管理的集团管控中，不仅给予下属公司充分的自主权，而且对下属公司风险状况进行实时监控，从而缓解两者的矛盾。最重要的是该管理方式可以控制公司进入不同风险等级，集团公司可以采取"考核合格""窗口指导""控制权转移""完全接管"等对应的行政手段，使管理效率得到提升。

一、集团管控概述

现阶段，无论是全球化外因影响，还是国内经济环境内因影响，都决定了中国企业必须进入国际舞台。在此过程中，展现中国力量的必然是企业集团。这在客观上要求国内企业集团必须着眼于全球视角，以兼并、收购、合资的形式进行国际化、规范化、现代化的管理，通过集团管控，成功协调各成员企业，优化配置内部资源，积极对接外部资源，培育国际竞争力。

（一）什么是集团管控

市场经济环境下，企业成长的过程就是做强做大的过程。其间，无论是客观环境要求还是自身需求，企业都会力图控制更多的资源，从而使自己的核心竞争力不断得以放大或增强。企业处于不同的阶段、不同规模，其管理重点都不相同，到了集团化阶段，企业的管理重点就是管控。

一般情况下，企业集团都会有一个核心企业或核心业务，各下属企业在集团总部的管理下，优化内部资源，协调各企业经营管理，提升核心竞争力，进而实现最大利益。

企业集团的形成方式形形色色、不一而足。例如,企业通过多元化经营,可以有效降低企业风险,在行业机会的驱使下,成立不相关多元化企业集团。或者是,随着企业规模不断扩大,为了降低交易成本,不断向上下游进行产业延伸,形成产业链式的企业集团。

通常情况下,企业集团产生的路径包括资本运作、业务扩张、空间扩张以及自我组建等几种方式。企业集团之所有具有强大的生命力,一方面,在于其可以管控更大的资产和更多的业务;另一方面,还在于通过集团化的组织机制和管控手段,来实现多项业务之间的战略协同,提高集团核心竞争力。

综上,对企业集团可做如下界定:“企业集团是以产权为纽带,围绕能持续创造更多优势的核心企业,通过兼并、收购、控股等方式,组成的具有多层次和多法人结构的复合经济联合体,进而对现有资源、新资源进行重新分配,提升核心竞争力,形成更强的规模优势。”

根据该定义,我们可以明确企业集团的几个关键特征。

其一,企业集团并不是企业的简单聚合,而是特殊形式的大企业结合形态。通常情况下,企业集团以大企业、龙头企业为核心,以资本为纽带,通过产品、技术、契约等多种方式,把多个企业、事业单位联结在一起。

其二,企业集团中各成员企业,既实行统一领导和分层管理的制度,建立了系统全面的集分权责体系,又在运营过程中保持相对的独立。

其三,集团企业实力雄厚、规模巨大,经营方式表现为跨地区、跨省市甚至跨国别多渠道的企业组织,这对战略管理、投资管理、多业务管理、业务组合能力、风险管控能力、组织形式、人才机制和企业文化提出了更高的要求。

其四,集团管控涉及集团总部与各事业部之间的功能定位、总部与各分子公司间的权力分配,以及管控模式等内容。

企业集团之所以能够成为市场与独立企业之间的一种组织类型,主要缘于其能够减少交易环节、降低交易成本。另外,企业集团还可以实现生产要素的最佳组合,使资源得到最有效配置,运营高效管控,使集团形成合力,从而实现股东价值最大化。

(二)集团管控什么

从实践角度来看,集团管控是总部以科学规范的产权管理为依据,对下属公司的管理及控制,旨在更好地适应集团多元化业务发展的需要。

一般情况下,集团母公司的经营管理主要是战略性经营管理和产权经营管理,主要表现为对成员企业即子公司的战略规划、股权管理、经营者选择和综合协调等。

集团管控涉及公司治理结构、集团战略、组织架构以及各职能管理，它是一个完整的管理体系。完整的集团管控体系应包括：回顾、梳理以往的集团发展战略，对其进行优化调整，根据内外部环境的变化，重新明确战略发展方向和战略目标；根据集团发展战略，确定适当的集团管控模式；根据集团管控模式，明确集团总部关键职能，制定恰当的总部定位，明晰其权责体系、组织架构，以及建立集团内各分子公司、各部门和各岗位的职能与职责；同时建立和完善集团业务管理流程体系，完善集团绩效管理及薪酬管理体系等多个方面。

通常情况下，企业集团中的核心企业，通过股权控制若干个子公司，由此集团内部就产生了一种以资本为纽带的联结关系，随着集团控制越来越多的资源，就会带来集团管控的问题，这给管理者也带来了严峻的挑战。

最常见的情况是，经营良好的子公司总想摆脱集团管制，而经营业绩较差的子公司则想紧紧依靠集体，同时由于各种原因，很多企业集团是“集而不团”，内部资源分散，消耗严重，进而削弱了集团的价值基础。集团无法实现合力的原因包括：集团内部缺乏活力；集团总部依赖子公司，在重大问题上无实权；集团总部缺乏激励机制，缺乏为子公司服务的动力；集团业务繁杂，总部无力指导子公司运作；集团总部官僚化，没有管理或服务子公司的能力。

从实践角度来看，企业集团规模不断扩大，组织结构越来越复杂，集团开始出现以下问题：财务权力分散，缺乏监督；会计信息失真，假账严重，费用支出失控，亏损增加；对外投资泛滥，损失严重；集团成员单位各自为政，追求各自的财务目标，导致决策失控；资源在集团成员单位间调动困难，资源不能优化配置，集团内部资源上的重复浪费，影响规模经济效益的发挥等。具体体现如下：

其一，集团总部空心化。对企业集团的总部功能认识不足，认为总部功能只是协调沟通，忽视了其整体调控及价值创造能力。

其二，集权与分权的冲突。总部定位不恰当，无法为子公司提供足够的资源和能力支持，失去了权威性，进而使子公司产生离心力。

其三，无法有效整合集团资源。集团总部与各子公司各自为政，以本单位利益最大化为目标，公司间因利益问题而纷争不断，进而对集团价值造成更大的损害。

企业集团若想持续稳定地发展，必须构建与企业发展阶段相适应的集团管控体系。集团管控过程，就是协调集团利益关系、管理集团风险、实现价值创造的过程，是对企业集团这个价值创造系统的驾驭，是企业集团基于所有权的资本控制和基于经营权的价值管理的统一。由此，建立系统、科学的集团管控体系，有助于保持可持续发展、形成规模经济效应、优化资本配置结构、整体利益最大化、形成产业协同效应、节约交易费用、提高决策效益及效果以及形成财务协同效应，最终实现集团整体持续价值的最大化。

产权关系是企业集团最本质的关系，但集团管控的设计不仅仅是母子公司管理控制，还包括：集团总部功能设计、子公司及其重点成员的角色定位，以及基于集团整体利益的价值管理。集团管控的重点如下。

其一，明确集团发展战略。集团公司要能够对子公司进行适度的管理，明确选择对子公司的管控模式时应满足的条件；同时，还要对不同子公司的发展战略、行业发展阶段和其掌握程度有着清醒的认识。我国企业集团大多选择多元化战略，注重产业多元化和产品系列化布局，经营范围涉及市场经济的多个领域，或者一个产业链上的上下游多个环节。通过集团发展战略，各成员单位将会形成合力，提高内部协同，增强整体竞争力。

其二，优化组织架构。集团管控要协调内部利益关系，建立控制与激励机制，其首要问题就是集团组织架构和权限划分。组织架构既包括各职能部门设置，还包括董事会、监事会和各种专业委员会的设置；权限划分就要依据集团发展战略，明确集团管控模式，对集团总部与成员单位之间的功能进行界定，并确定部门和岗位权限。

其三，完善绩效管理体系及关注集团总部的共性管控。

总之，集团管控就是母公司以信息沟通为基础，权变地选择控制模式，采取适当的控制手段，确保子公司适应外部环境的变化，并有效率及效果地促使子公司实现组织目标。

（三）集团管控与价值创造

企业集团天然具有创造价值的优势。集团管控通过内部资源共享、外部战略联盟，实现行业价值链上的协同运作，一方面可以提升集团的整体竞争能力，另一方面可以促进社会资源的配置效率与效果，从而达到为集团创造价值的目标。

随着企业持续扩张，传统的管理难以满足集团管理的需求，在这种情况下，必须构建现代化的集团型管控模式，梳理组织架构，明确总部定位，对不同业务采取不同的管控模式，强化总部核心能力，如管控能力、投资能力、战略能力、业务协同能力等。企业集团通过资源的优化配置以及知识和信息的创新与转移，能最大限度地降低交易成本、提高生产或服务的效率与效益等。公司管控的作用在于保障母子公司间战略协同的达成。

但是，事情总会存在着两面性，种种迹象表明，集团内部资源配置和资本市场的发展也会带来成员企业间、母子公司间大量的摩擦与冲突，如子公司滥用母公司资产、成员企业对资源与权力的竞争和内耗等，这些都会增加集团治理成本、减少合作收益。集团管控的精髓是让企业的战略与业务对接。管理强调的是专业性，而管控强调的是系统性。集团企业要避开规模化发展陷阱，就必须加强集团的管控，整合企业内部资源，提升企业竞争力；同时也要明白，加强集团管控，并非要求集团事无巨细地干涉子公司的运营，而是应该对子公司进行适度的管控，明晰权责。

（四）集团管控创造价值的条件

集团管控天生以价值创造为导向，致力于管控多种价值驱动因素，全面提升整体价值。通常情况下，通过集团管控，创造出有效价值，要满足三个条件。

(1) 业务组合绩效存在提升空间。集团管控实现价值创造，必须存在改善其业务组合绩效的真实机会，进一步来说，集团管控必须能够在实现这些机会方面发挥某种根本性的作用。例如公司战略变革，必须在集团层面统一协调，各成员单位也必须在服从集团大局的基础上，发挥自身最佳作用。对整个集团而言，下属各成员单位的高效合作，必须存在产生更大利益的可能性，同时，要想实现这种利益，也必须由集团总部进行战略协调。

(2) 企业集团必须具有专业技能。企业集团必须拥有一些技能、资源和其他特征，才能实现机会中蕴含的价值。例如，通过更好地理解利润和成本的结构来改善业务单位的绩效，要求集团总部拥有某种严格的利润规划程序；在增进各业务单位之间最佳实践的分享方面存在机会的公司里，需要总部对各业务单位的目标进行评价并建立促其发生的机制。对于集团层面的职能部门而言，尽管它们可能不会直接创造价值，但是可能存在某种专长，诸如财务、营销、人力资源，或者行政能力等，通过对下属成员单位输出这些专业能力，可以提升其管理效率，创造出更大的价值。

(3) 集团管控必须综合考量价值创造。无论集团管控创造了多少价值，总会存在毁损价值的可能性。集团管控可以通过推进更具挑战性的预算目标来增加价值，也可以通过否决合理的投资建议和推进无益的联结来毁损价值。集团总部可能拥有某种专门的职能部门，该部门对某些业务至关重要，但它可能会要求各成员单位遵循错误的战略，或者强迫其他下属成员单位也采用该职能部门的服务，当这种服务并不适合该业务单位时，就会降低价值。另外，企业集团可能会通过廉价的并购创造价值，但也有可能会因并购后的不当干预降低价值。只有在价值降低幅度小于创造的价值时，才能创造出净价值。

（五）集团管控创造价值的路径

当集团管控具备了创造价值的基础条件，就可以在很大程度上提升整个企业集团的价值。

集团管控主要通过以下四个路径创造价值。

(1) 集团直接干预下属单位的战略和绩效。战略是集团经营管理的根本出发点和行为准则,集团总部是整个集团战略决策的中枢,负责集团和下属公司的战略规划。当集团总部拥有强大能力时,可以直接干预下属单位的战略和绩效,从而增强其竞争能力,进而带来企业价值的最大化。

在实践中,几乎所有的企业集团都会对其成员单位施加这样的影响。即使是具有授予其业务单位最大自主权的分权化合约的集团总部,也会在基本业绩目标的订立和监督方面、重大资本支出的批准方面和业务单位负责人的更迭方面施加其影响,这些活动本身就对各项业务具有重大影响。另外,还有许多企业集团要对诸如产品—市场战略、定价决策和人力资源的开发等事项加以干预。大量研究表明,尽管企业集团的业务影响对业绩举足轻重,却往往受到忽视或被低估。对集团总部的业务影响予以特别的关注是理解集团管控的基本要求。

(2) 集团加强下属单位的协作。许多集团总部试图通过加强不同业务单位之间的协作来创造价值。例如,通过公司决策、组织架构、转移价格的机制以及个人压力,鼓励或管理各业务单位之间的关系。集团管控的目的在于,使得“整体”价值大于“部分之和”。无论是使所有的业务单位受益,还是使某些业务单位的受益大于其他业务单位的损失,其目的都是要通过影响各业务单位之间的协作方式来实现净价值的提升。

(3) 集团为下属单位提供职能和服务方面的帮助与指导。通过这种方法,集团管控可以为各业务单位提供职能部门的指导,并且提供可以直接产生价值的服务输出。集团总部对其下属的业务单位施加影响通常是其领导班子的职权,然而,企业集团同时还设有一系列的战略职能和服务部门。集团职能部门也能创造价值,以至于能对其收益产生影响,或者说能对收益有所贡献。显然,它给业务单位带来的收益必须能够补偿它自身的维持成本及它在业务单位引起负面影响而产生的成本。值得一提的是,集团总部提供服务的战略发展人员的价值创造,视其服务是否比各业务单位自身或外部供应商所提供的服务更具成本有效性而定,但毋庸置疑,只要满足集团管控创造价值的条件,就可以发挥其作用。

(4) 集团直接干预业务组合。集团总部可直接制定业务组合,或者对原有业务组织作出变更。例如,集团可以收购或出售其业务,可以创建新业务,也可以通过业务单位的合并或分立重新定义其业务。这些活动均已超出了对现有业务单位施加影响的范畴,造成了其业务组合的改变。这些公司发展活动的发起,就自身而言,可以创造新价值,它在原理上是与集团总部对其组合中现有业务施加影响后所创造的价值有所区别的。

综上,尽管这四种路径之间会有某些重叠,但它们代表着有关集团管控价值创造的不同方面,只要加以整合,在符合价值创造的条件下,都可以发挥积极正面的效应。

二、集团管控模式及方式

(一) 集团管控模式

随着企业不断成长,控制的资源越来越多,原有的经营管理往往无法实现企业价值的最大化,在此情况下,必须对集团战略进行梳理,配合战略发展,选择正确的集团管控模式,匹配业务组合、发展阶段及市场等因素,实现持续动态优化,才能够充分利用或放大集团核心竞争力。

集团管控模式是集团对下属企业基于集权程度不同而形成的管控策略。集团管控通过组织架构调整、业务流程重塑以及企业文化传播,影响集团下属子公司和其他业务单位的战略、营销、财务、运营等,从而实现集团资源的优化配置,创造更大的价值。按照集团战略、总部的管理能力、内部权力分配情况,以及子公司所处行业的四种关键要素,可将集团管控分为四种模式:战略管控、财务管控、运营管控与混合管控。管控模式千差万别,即使在同一集团内,不同成员单位也可能采取不同的管控方式。

1. 战略管控模式

战略管控模式将集权与分权相结合,强调过程控制。集团总部为了实现集团整体战略目标,会采取监督、指导子公司的方式,协助其制定战略规划及各项运营执行。战略管控不仅制定集团整体层次的发展战略以及各项制度,还要参与制定各子公司的业务战略,旨在通过协调各子公司资源,形成合力,进而实现集团价值最大化。

战略管控模式下,总部尊重各子公司的独立法人地位,在此基础上,与子公司紧密协作,为保证整体价值最大化,制定整体发展战略,各子公司在集团总部的指导下,制定出相匹配的经营计划和全面预算。一般混合型的企业集团采用这种管控模式。

综合而言,战略管控模式的主要特点如下。

总部负责企业集团的资产运营、战略规划以及整体的财务状况;子公司不仅要制定自身的业务战略规划,而且其规划必须经集团总部审批。

各子公司业务之间有着较高的关联度,集团总部监督和协助各子公司顺利完成集团总部下达的年度经营目标。

集团总部对各子公司干涉较强,但子公司有一定的自主权,可以理解为“有控制的分权”。

2. 财务管控模式

财务管控模式以分权为基础，强调结果控制。集团公司完全以资本为纽带对子公司进行控制，以追求投资增值为唯一的目标。在财务管控模式下，集团公司负责总部的资产运营、投资决策、财务情况，并对子公司的资产运营、投资决策、财务情况实施监控，以及负责其他企业的并购工作，基本上不参与子公司的战略决策与运营，以控股股东的地位，获得对子公司的控制权；各子公司拥有完整的决策和经营自主权，通过完成年度财务目标实现对集团总部的贡献。

集团总部与各子公司之间的业务联系较少，两者之间更多的是股权关系，由于总部只规定子公司的年度财务目标，不干涉其经营活动，有利于子公司经营能动性的发挥，提高其市场反应速度、增强其市场反应能力。

综合而言，财务管控模式的主要特点如下。

集团总部作为投资决策中心，以追求资本价值最大化为目标，管理方式以财务指标考核、控制为主。一般资本型企业集团采取这种管控模式。

集团总部对成员企业以资产经营为核心，以企业自身编报的预算、计划与集团外同行企业的经营效果比较为主要考核内容，评价经营业绩的财务表现。

集团公司在选择企业时，注重价值被低估的企业，通过集团公司自身的管理优势，提高该企业价值，并选择最佳时机出售。

集团总部规模比较小，不向子公司提供共享服务，只有在特殊的情况下才进行干预，确保经营目标的实现。

3. 运营管控模式

运营管控模式集权度最高，集团总部不仅从财务上规定子公司的年度预算和财务目标，还制定子公司年度业务目标和战略规划。在运营管控模式下，子公司的主要职责是严格执行集团总部下达的全面预算和业务规划，采取合规方法，实现总部所下达的预算目标和业务规划。

为保证战略的实施和目标的实现，集团总部对子公司的职能管理也非常深入，突出了对子公司的过程控制。子公司虽然法律上与母公司地位平等，但是实际上没有独立的决策权。集团总部对子公司的管控和单个企业对分公司、分厂的管理控制几乎无异。

采取运营管控模式的集团一般都是从事大规模产品生产或者网络性自然垄断业务的企业，如电力、电信、铁路、钢铁、煤炭等。例如电力集团在其业务上，基本上采取的都是运营管控，对其生产进行集中统一管理，并督促总部职能机构“到现场、看现场、出现场”。

综合而言，运营管控模式的主要特点如下。

为了实现集团战略目标，集团总部会越过子公司董事会，直接对子公司行使管理权力。

子公司之间有较高的业务关联度,并且集团总部的组织规模和业务规模均较为强大。

集团总部作为经营决策中心和生产指标管理中心,追求企业经营活动的统一与优化。

4. 混合管控模式

在一定的社会环境和市场环境中,企业集团要面对现实作出相应的战略选择,为适应集团战略选择和实现其战略,企业集团需对相关的竞争环境、法律法规、企业规模、企业家风格、行业特征等一系列因素进行权衡,综合考虑后研究设计对子公司的管理控制模式。

对企业集团管控不可能存在一种万能的管理模式,也没有一种"最好"的管控模式,只有"最适宜"的模式。集团管控模式,应根据不同的条件和环境来进行研究、设计和选择,并根据内外环境变化的权变量对已有的管控模式进行调整。

现实中,集团管控以一种管控模式为主导,辅以其他管控模式,从总体上来讲,属于混合模式。例如中国宝武,其在钢铁生产领域采取运营管控模式,而集团总部对金融、贸易、房地产等业务采取了战略管控模式,这与中国宝武的"一业为主、多元化经营"战略导向是一致的。

总之,企业管控模式具有动态性,会随着企业集团的战略而进行相应变革。不论企业集团采取何种管理控制模式,最终目的都是达到整体的和谐发展,但不同的管理控制模式又具有各自的控制特点。

企业集团应根据企业发展战略及各个业务板块的行业和业务特点、经营风险、与集团总部的关联度等多种因素,合理选择管控模式。企业边界是受内外部多个要素的共同作用的结果。它是企业健康状态下的适应范围。支撑企业边界的四大要素为法定边界、治理边界、资源边界和心理边界。对于与总部业务关联度不高、行业经营风险比较低、内部管理比较完善、总部管控能力偏弱的,适合采用财务管控模式。企业多方合作完成的时间和成本都无法预测。在这一阶段,合作过程带有极大的尝试性,因此,这一阶段企业主要关心的是合作是否可行。对于战略地位较高、内部管理相对完善、行业经营风险比较低、总部管控能力一般的,适合采用战略管控模式。如果我们需要得到企业发展的有效空间,确保在成长过程中所做的选择是有效的,那就需要知道如何进行企业边界管理。对于战略地位很高,内部管理不成熟、行业经营风险较高、与总部业务关联性高、总部管控能力比较强的,适合采用运营管控模式。

(二) 集团管控方式

集团管控的重点不是其模式而是其内容,企业不只是需要选择适合自己的管控模式，更重要的是要决定各自管控的具体内容。集团管控影响因素主要与管控方式相关，通常情况下，集团总部对子公司的管控方式包括八种。

1. 战略管控

集团为了获得持久的竞争优势，谋求长期发展，就需要对企业的主要发展方向、目标以及实现的路径、手段等方面开展一系列的策划。

战略管控是集团总部对下属单位的一种总体性、前瞻性与方向性的控制。战略管控的目的是使各业务单位成为企业集团整体战略的有机组成部分，以战略指导和影响各个业务单位的决策，实现集团整体目标，获得整体优势。战略规划管理的良性循环是制订有效经营计划的前提和基础，实际的操作过程是：在集团战略的实施过程中，检查各业务单位为达到目标进行的各项活动，评估战略实施后的绩效，把它与既定的战略目标和绩效标准相比较，发现其差距，分析产生偏差的原因，纠正偏差，最终保证战略目标得以实现。

实际上，战略管控是集团总部为了实现整体战略目标，对下属业务单位所采取的一系列政策、程序和方法，不仅涵盖了子公司战略实施的全过程，还延伸到了子公司战略制定、内外部环境监控等方面。

战略管控的关键点在于：控制标准要符合集团长远目标；子公司战略必须匹配集团总部战略目标；战略管控与下属企业单位能力相匹配；战略管控要与协调、激励相结合。

2. 财务管控

财务管控包括建立统一的财务管理体系，实现对子公司收入和支出控制、内部审计和财务权限控制。财务管控的目标是使下属各分子公司实现财务协同效应来创造价值，同时加强监管，避免因失控而出现资产显性或隐性流失，进而最终实现“大财务”的概念。

为了实现财务管控目标，需要在财务管理方面做到：对财务资源进行统一配置，对资金进行集中调度；做好预决算管理；按战略发展规划做好融资活动、经营成果、财务指标等方面的控制及管理。

财务管控的强度大小需要根据集团管控模式的不同进行调整，企业集团在明确其财务管控权限大小后，需要从五个关键环节来明晰具体的各项权责，包括投资管理、融资管理、资金管理、资产管理、收益管理。五个环节的具体管理权责需根据财务权限的集权程度来进行设计、调整，并且从五个方面制定统一的财务管理制度，建立财务管控体系。

财务管控主要表现在：一是对子公司财务部门负责人和财务政策直接控制；二是借助各种内部关联交易以实现公司整体目标；三是母公司利用公司内部资金调剂系统，对子公司资金供应进行管控。

财务管控方法如下：确定子公司责任目标，明确子公司发展方向；集团总部向各成员单位委派财务负责人，代表集团总部行使财务管理职能；财务委派人员的主要职能包括财务管理和财务监督两个方面。

3. 人力资源管控

人力资源管控是最为普遍且效果显著的集团控制手段，包括：对子公司董事会构成的控制，对董事会议事规则的控制，对子公司董事长、监事会主席、总经理等高级经营管理人员人选的控制，通过人力资源政策和措施对子公司的控制等。

人力资源管控主要是对集团内下属各业务单位的关键岗位进行管控，保证集团发展战略的贯彻执行，保证经营活动符合集团的整体利益。对关键岗位人员的任免、调动、轮岗可以把最合适的人选安排在最需要的岗位上，从而达到关键岗位人员的最优配置。对关键岗位的管控主要包括人员的任免、调动、轮岗，薪酬管理，考核管理三个方面。

此外，集团还可以通过对下属单位的薪酬考核、人力资源制度管控来实现全面的人力资源管理控制。例如，集团总部通过对子公司薪酬考核方案的审批来整体把握子公司薪酬考核方向；同时通过对下属业务单位人力资源制度的制定指导、审批、监督实施来对子公司的人力资源工作运行进行管控，以保证子公司人力资源工作的正常运行。对子公司包括董事、总经理等高级经营职位的管控进而对董事会的控制，是控制权的延伸。拥有控制权是人力资源管控的基础，而人力资源管控则是实施其他管控的落脚点和组织保证，是对子公司进行管控最基本、最重要、最实用的手段。

人力资源管控的要点：坚持先人后事。集团总部对下属子公司的人力资源管控，主要是选择子公司各层次岗位的员工，特别是关键岗位人员的选派、培训与发展。通过对子公司员工的培训，提高其素质，使其行动和思想与集团总部保持一致，认同企业制度和各项工作流程，从而形成一种习惯，增强向心力，提高效率。绩效考评、激励及约束、集团公司应建立统一的薪酬体系，正确引导员工，使集团利益一致化与最大化。

4. 权限管控

为保证集团整体利益，防范经营风险，约束和监督子公司的经营行为，集团总部要进行权限管控，通过对下属业务单位的法人治理结构管理，实现所有权、控制权、经营权的“三权分立”。集团管理权责划分主要体现在以下八个方面：战略管理权责划分、年度经营计划权责划分、融资权责划分、财务监管权责划分、人力资源管理权责划分、运营管理权责划分、投资权责划分、企业文化建设权责划分。

5. 经营计划管控

经营计划是根据集团战略而制订的，包括集团年度经营计划、各分子公司的年度经营计划、各部门的年度经营计划。其还需随着战略规划的调整而调整。

根据集团发展战略制订集团、子公司及各职能部门年度经营计划，并监督经营计划执行情况，由集团负责人定期述职，对各下属公司经营计划、预算执行情况进行监督；由下属单位负责人定期述职，形成信息报告，对各部门年度工作计划进行监督；由各部门负责人定期述职，并对自身的年度经营计划执行情况进行跟踪。

集团总部每季度对前一季度各部门经营计划、预算执行情况进行分析、评估并及时反馈；集团总部各职能部门对下属公司经营计划、预算执行情况进行分析、评估并及时反馈；加以汇总，从而为下一季度工作改进提供参考。

对集团年度经营计划执行情况进行决算总结和考核评价，各职能部门将考核评价结果反馈到人力资源部执行考核，兑现相应奖惩，并为下一年计划工作提供参考。

6. 企业文化管控

利用企业员工对企业发展愿景和企业文化价值的认同，提供集团企业文化培育和提炼，塑造并改善员工行为，增强员工主人翁意识，提高控制的协同性和有效性。

企业文化管控主要是通过愿景、使命、价值观以及相关的规章制度，在企业价值观层面将集团各成员单位统一起来，形成其整体形象，从而创造持久的企业吸引力。

企业集团要处理好集团文化与下属企业文化的关系，注重在坚持共性的前提下体现个性化；要以统一的企业精神、核心理念、价值观念和企业标识规范集团文化，保持集团内部文化的统一性，增强集团的凝聚力、向心力，树立集团的整体形象；同时允许下属企业在统一性指导下培育和创造特色文化，为下属企业留有展示个性的空间。

7. 信息管控

通过实施管理者定期述职制度、财务信息报告制度、经营信息报告制度、重大专项事务信息报告制度、重大突发事件报告制度，密切跟踪集团内下属业务单位的经营活动，保证集团公司及时、准确、全面地掌握下属子公司的运营信息。

信息管控的主要目的是，保证子公司的运营信息及时、准确地传递到总部，以便总部分析、评价、监督这些下属业务单位的经营活动。

集团在进行信息管控时，需明确规定集团内下属业务单位运营信息的具体内容、信息传递的路径、信息的报告周期、信息的报告方式、报告对象等内容，以此建立企业集团内部综合的信息化管理平台，提高内部信息传递、处理的速度和质量。

8. 全面预算管控

预算是进行事前、事中、事后控制的有效工具，它既能使集团管理层全面了解和监督业务的执行情况，又能及时发现执行中存在的偏差，是执行过程中进行管理监控的基准和参照。集团在进行预算管理之前，应召开集团年度预算会议，对全年的预算跟踪进行总结和指导，并系统制定次年全年预算，会议后由相应组织负责指导、监督下属业务单位的预算执行。

三、基于有限理性风险管理的集团管控设计

集团管控的模式并非一成不变，而应该根据企业实际情况，确定总部与各子公司的定位。一种有效合理的集团管制，必须与企业内外部环境、管控特点、领导人风格、市场分布和子公司特征等因素相匹配，体现企业的特性，满足集团战略发展需要，从而实现集团价值最大化。企业集团管控模式是否有效与管控的具体实施方法密切相关。管控实施方法的好坏、是否全面直接影响到企业集团对下属业务单位管理与控制的程度。

集团化公司涉足行业较多，不可能制定一个通用的标准适用于各个企业，因此应引入管控边界的理念，以行业特点为出发点，充分考虑行业特性，有针对性地开展边界管控，选择对企业加强风险防控最有效的指标建立控制体系。边界管控的落脚点是增强企业的风险控制意识和能力，如果简单根据往年平均数据设定边界值，那么企业将难以挖掘出运营隐患，积重难返的老问题很容易被忽视。这就要求企业重新审视自身的运营状况，将运营数据逐层分解到业务单元，实现对风险的有效管控。企业的经营始终处于动态环境，边界值的设定不能只是反映好与不好两种结果。我们应当把边界值设定为一个区间，留有缓冲的余地，避免对某些问题作出过度反应。

财务数据脱离了具体业务将失去意义，参与制定边界指标的不应只是财务人员，还要包括相关业务人员，要从业务角度去分析财务问题，不要让财务成为信息“孤岛”。当前我们一直强调要推进业财融合，让财务工作回归本质，让数据来源于业务，能反映经营的真实成果。脱离业务边界管控只能流于形式，只有把财务边界管控嵌入具体的生产经营活动中，形成联动的反馈机制，才能让边界管控落到实处。

第一，风险边界控制的立足点是增强企业的风险控制意识和能力。如果企业只是简单地根据历史上的情况来设定未来的边界值，那么企业的实际运营边界还可能处于历史区间内，边界较容易得到满足，但是这将导致边界管控系统不能发挥出其识别风险事项和改善企业运营的重要作用。所以应该在注重公司的核心业务的基础之上，参考以往几年指标运行的实际情况，更重要的是借鉴其他公司，以及联系公司的未来发展战略，来确定公司风险指标的边界值。第二，注意边界值的设

定应该是一个连续变量，应该反映企业风险指标的连续变化过程，各个业务部门的风险指标不仅应该看出来其偏高还是偏低，更应该看出来其距离边界有多远，这能够为决策提供更多的支持。第三，企业经营始终处于动态环境中，风险边界值的确定也应随着公司经营环境的变化而变化。第四，在确定财务指标边界值的过程中，不仅要有财务人员参与，还应该将相关业务人员包括在内，从业务角度分析财务指标可能的波动范围。

企业集团要建立企业风险边界管控体系，做好边界管控，必须将边界管控理念融入企业经营活动的各个环节中，合理选择企业风险边界管控指标，制定边界管控区间值，充分利用全面预算管控手段，将企业风险边界管控指标分解落实到相关业务部门；建立健全触发边界的预警机制，由具体业务部门在经营过程中监控边界指标变化情况，及时发现异常并预警，便于管理层查找原因，制定对策，落实整改，避免产生更大的风险和损失，为企业的持续发展提供保障。

（一）梳理企业集团战略

集团管控是一项系统性管理工程，其设计和调整从战略梳理开始（管控流程如何梳理、业务流程如何梳理、如何做好风险控制、如何进行绩效管理等），依据战略进行组织结构的优化，之后才是管控模式的选择。

在梳理集团战略的过程中，要关注本书上文所提到的风险偏好及风险容忍度这两个关键要素，风险偏好和风险容忍度是企业的风险管理体系中两个不同层次的要素。风险偏好代表了股东对资本安全性的基本要求，它同时也是企业战略目标的一个重要决定因素，在风险管理体系中居于宏观的主导地位。相对而言，风险容忍度更为具体和量化，表现为企业在不同业务板块和不同控制维度上的总体边界。

在风险容忍度框架下，企业可以根据不同业务单元的风险特征，设定更为具体的风险限额。这些指标限额有的基于风险敞口，有的基于经济资本，但最终都必须与风险容忍度保持一致。在设定风险容忍度时，还要考虑各业务单元的风险叠加效应，以避免出现风险总量汇聚后突破容忍度的情况。

集团管控是为提高企业管理能力、培养核心能力而服务的。因此，企业集团需选择与之相适应的、能起到有效作用的集团管控模式，而影响集团管控模式选择的战略因素最为重要。如果企业集团内部成员单位各自为政，没有统一战略，就容易产生内耗，无法实现资源优化配置。

在这种情况下，企业集团主要特征表现为：企业间的努力方向不一致，造成互不配合、重复建设甚至内部恶性竞争的局面，各企业单独应对外部竞争；各企业始终停留在“散、小、乱”的局面下，并可能随着竞争而消亡。

基于以上原因，企业集团要制定并实施自身发展战略，统一各成员单位的行动，实现资源优化配置，实现整体利益最大化。在这种情况下，企业集团主要特征表现为：在控股公司统一战略下，各下属企业间互通有无、互相协作、进退合拍，形成强大合力以共同应对外部竞争；企业有可能在市场竞争中成为规模庞大、实力雄厚的大型集团，发挥产业中坚作用。

1. 企业战略决定管控模式

集团发展战略是着眼于集团未来发展的方向和目标。企业集团首先要有明确的战略规划，才能在未来发展过程中提前预判风险，避免造成不必要的损失。

影响集团管控模式的战略因素，主要分为集团战略和子公司战略两大类。对于集团战略而言，集团选择不同的发展战略，管控模式也需要进行调整。例如，集团采用专业化战略，对于从事同一业务的分子公司，集团为了统一发展，需要采用相对集权的运营管控模式。这有助于集团总部迅速进行经营决策，能够极大降低营销、生产和融资等经济活动成本。当集团采取多元化发展战略时，由于其战略的实施，子公司生产经营活动变得更为复杂，为了更好地适应市场变化，需要集团向下属单位分权，根据其具体情况选择财务管控或战略管控模式。

对于子公司战略而言，那些处于比较稳定行业中的企业一般会采取防御战略，因而其较为适合采取近似于运营管控的模式；而处于不太稳定行业中的企业一般使用跟随战略，因为这种行业面临的不确定性较高，要不断寻找新的市场机会和开发出新的产品来促使子公司发展和满足消费者需求，故该战略需子公司组织架构柔性较高、自主关联性较强以与其匹配。

不论是集团战略还是子公司战略，通过研判以下问题，有助于对集团管控模式的选择，包括但不仅限于：集团、业务单元的关键成功要素；集团及各业务单元的资源配置要求；集团及各业务单元的关键措施；实施这些关键措施所需要的前提与条件；对集团总部和各业务单元的核心能力的要求等。

2. 战略因素梳理

集团战略方面，需梳理以下内容。

(1) 战略重要性。首先是明确下属经营单位战略在集团战略中的地位和重要性，业务战略重要程度的高低决定了集团管控的不同模式。例如，如果业务战略非常重要，那么集团公司就应对其实施比较集权的运营管控模式。

在判断成员企业的战略重要性时，可以从短期绩效表现和长期绩效表现两方面进行判断。短期重点考察该成员企业销售额、利润等方面占集团总额的比重的高低；而长期预测则需考虑该成员企业所经营的业务是否集团战略发展中的核心关键业务。

不同战略地位的子公司，从集团总部获得支持和监控力度不同，战略地位越高，集团管控力度越大。而对子公司发展阶段的评估主要用于对"该不该进行集团管控"作出判断。越是处于发展早期阶段的子公司，其管理越不成熟，抗风险能力越弱，集团总部出于扶持和抗风险的目的，应给予其更多的关注，实施更细致的管理，加大管控力度。

（2）业务主导程度。集团总部对下属公司在日常运营过程中的业务支持和指导越多，集团就越应选择集权程度比较高的运营管控模式。衡量业务主导程度，可以从集团与下属公司的业务职能界定是否清晰，以及业务在集团发展中的地位等方面进行判断。

（3）集团总部定位。总部影响集团管控模式，其定位必须依据集团发展战略，不能根据集团现状盲目进行，一旦总部定位出现偏差，将不利于集团的快速发展。集团整体价值实现的一个重要途径是通过总部为各业务单位提供共享资源和增值服务，当下属业务单位在当前阶段或未来发展过程中所需的资源与集团或其他企业所掌控的资源之间相关程度较高时，集团更有能力对该业务单位进行指导、提供支持、实行更为集权的管控。

（4）产业格局。对于多元化集团而言，产业格局会影响到资源配置；对于专业化集团来讲，产业格局则会影响其生存环境和发展速度。当企业力量不足以改变产业格局时，一般情况下企业会在既定的产业格局中，谋求比现在地位更高的位置；然而，一旦企业拥有了足以改变产业格局的力量，就会重新调整其产业布局。

3. 集团发展现状

集团发展现状对集团管控模式选择的影响因素包括企业规模、企业发展历史、企业生命周期和企业文化。

（1）企业规模。下属业务单位的规模会影响集团管控模式的选择，若企业规模比较小，则建议集团总部采用运营管控模式，对其下属企业进行职能上的指导和帮助。但是，企业规模不是管控模式选择的唯一评判标准，所有小规模的企业也并非都需要采用运营管控模式进行管理，要对集团各方面进行综合评定后再给出结论。

（2）企业发展历史。集团在选择管控模式时，需要了解下属业务单位的发展历史。如果企业发展历史较为复杂，且积累了一定的历史因素，那么集团需要对其实施较为集权的运营管控模式，以形成集团统一的氛围。

（3）企业生命周期。企业在不同的发展阶段中需要不同的管理模式，企业集团的管控模式也需要根据下属企业不同的发展阶段进行调整。例如，下属企业处于上升期及衰退期，那么集团就应加强对下属企业的扶持，在管控模式的选择上采用运营管控模式进行管理。

（4）企业文化。企业集团在发展过程中需要良好的企业内部文化，文化氛围的不同影响着内部各层级领导的管理风格，而集团内下属业务单位由于都是独立存在的，也都有各自不同的文化，因此企业集团对其进行管理时，需要考虑企业文化差异带来的影响。若集团与下属单位的企业文化氛围都比较注重权力，缺乏民主宽松的环境，那么集团应采取运营管控模式进行管理。

4. 集团内部组成结构

集团的内部组成结构对集团管控模式选择的影响因素包括经营模式、产权关系、企业领导的能力及管理风格、集团内员工的素质。

(1) 经营模式。企业集团需要根据下属业务单位的业务情况等方面采用不同的经营管理模式，如下属业务单位采用资本经营，那么在管控模式上就需要选择财务管控模式对其进行管理。

(2) 产权关系。企业集团与下属业务单位的产权关系的不同也影响着管控模式的选择，若下属业务单位为参股子公司，则集团就不适宜选择运营管控模式，而应根据其情况选择财务管控模式对其进行管理。

(3) 企业领导的能力及管理风格。集团领导对下属业务单位的业务管理能力以及管理风格不同，也决定着集团对下属业务单位采用不同管控模式。

(4) 集团内员工的素质。员工的素质包括价值观念、业务能力、学习能力、工作态度、工作经验等方面，集团内全体员工间的素质差异大小，也会影响集团管控模式的选择。

5. 集团业务状况

集团业务状况对集团管控模式选择的影响因素包括业务发展阶段、业务所属行业特点、业务地域分布、业务关联度、业务风险度。

(1) 业务发展阶段。集团对下属业务单位的管理需根据业务发展阶段的不同进行调整。若下属企业的业务刚处在创业期到成长期的过渡，则选择运营管控模式进行管理；若处在成长期，则选择战略管控模式进行管理。

(2) 业务所属行业特点。不同的行业有其各自不同的特点，企业集团在对其进行管理的过程中也需要考虑行业的特点和属性。若行业内业务比较单一，运营过程相对简单，则企业集团需要对其采取相对分权化的财务管控模式进行管理；若行业相对复杂，且在运营过程中需要根据环境的变化不断进行决策，应选择运营管控模式。

(3) 业务地域分布。集团内业务涉及多个行业，规模较大，因此，业务地域的分布也比较广泛，不同业务所属地与集团总部的远近也会影响集团对下属企业的管控强度。

(4) 业务关联度。集团内各业务间相互关系的密切程度也影响着企业集团对下属业务单位的管理程度，若下属企业业务相关度比较高，则企业集团应对其采用相对集权的运营管控模式进行管理,以便形成相互间的产业协同效应。

(5) 业务风险度。集团内各分公司由于涉及行业、地域皆不相同,同一行业内的不同企业拥有要素质量不同,因而其最佳生产规模也各不同。因此,下属各企业所处行业的风险程度也各有不同,集团对下属业务单位的管理权限也需根据各公司的业务风险程度的不同而不同。企业应不断地了解和参与其他公司的边界管理过程,确定边界管理流程,确保边界管理的结果具有可预测性。若下属企业的业务风险度比较高,则企业集团就需要对其采用相对集权的运营管控模式进行管理。

同时集团应围绕公司的核心业务,针对其市场需求,发挥集团公司的风险管控职能,为下属公司风险管理提供策略和数据支持,用以清晰风险边界管控的数据来源与应用。

6. 集团管理能力

集团管理能力对集团管控模式选择的影响因素包括集团吸引力、集团控制力、总部资源能力、资源匹配程度。

(1) 集团吸引力。集团吸引力是指企业集团由于管理能力、技术水平、资源状况等多方面实力的提升,使下属业务单位接受集团总部对其管理的意愿加强。当集团吸引力上升时,客观上集团具备了对成员企业采取更集权的管控模式的可能性;相反,当集团吸引力下降时,分权式的集团管控模式成为必然的选择。

(2) 集团控制力。集团控制力是指集团采用不同管控模式以实现对下属业务单位的管理控制能力,包括企业的股权结构、治理结构、业务界定、组织设置、人员配置、资源配置等方面的能力。其控制力越强,采用集权式管控模式的可能性就越大;反之,则应采用分权式。

在加强其控制力方面,企业集团应在其管控模式中实施边界管控,其目标就是合理制定边界值并建立企业风险预警机制,尤其是在当前经济压力较大的环境中,能让企业及时发现运营风险,避免短期逐利行为,实现企业的长远发展。

可以由集团总部统一制定管理标准、制度及流程,提高管理规范化程度;在此基础上确定业务拓展决策权下放程度,各区域事业部是否具有相对独立的业务拓展决策权,用以灵活应对各地市场需求;通风险边界管理执行机制,创立企业应有的应变与动态跟踪调剂机制以降低各项风险并不断提升关键链上关键节点的控制能力。

(3) 总部资源能力。企业集团总部资源能力的大小决定了集团对其下属业务单位的管理控制能力,若总部资源能力较小,并不能被集团下属企业所使用,则下属企业既不愿意集团总部对其进行过于严格的管理,总部也没有实力管控好下属企业,在这种情况下,一般会采用较为分权的财务管控模式对下属企业进行管理。

(4) 资源匹配程度。集团掌握的资源能力与下属业务单位所需求的资源匹配程度,也会影响总部对下属企业的管控能力。若集团内各分公司与总部资源能力的匹配程度相对比较低,则集团应对下属企业采用比较分权宽松的财务管控模式进行管理。

7. 集团业务管理能力

集团的业务管理能力对集团管控模式选择的影响因素包括决策重要性、管理成熟度、风险控制能力、信息管理能力。

(1) 决策重要性。集团内下属业务单位在日常运营过程中频繁决策的重要程度,也会对集团管控模式的选择造成影响。若集团内下属企业的频繁决策对日常运营产生了重要的影响,则集团应参与到下属企业的日常决策中,对其采用比较集权的运营管控模式进行管理。

(2) 管理成熟度。管理成熟度是指集团内下属业务单位的管理能力的成熟程度。在衡量下属企业管理成熟度时,可以从管理团队是否成熟、组织设置是否完善、权责划分是否清晰、人员素质能力是否合理等多个角度对其管理水平进行判断。

(3) 风险控制能力。集团内下属单位在业务日常运营过程中抵御风险的强弱,也会影响集团管控模式的选择。

在具体操作层面,适时引入边界管控理念用以应对所面临的不确定风险。边界管控就是对企业风险结构性指标设置风险边界、实施有效管控。实施边界管控的主要目的有两个:一是管控运营风险。其核心是资金的组织与配置,通过强化全面风险管理和企业内部控制、严格实施边界管控来实现,即依托全面预算管理平台对重点事项、重要环节设定标准和边界以标准和边界管控来平衡效率风险、确保财务结构安全;二是提高运营效率,其核心是经营过程中的投入产出,管理的重心在于资源配置和目标协同,确保整体价值最大化,在具体操作过程中要以专项业务和具体生产经营事项为单元,细化全面预算过程管理,实现业务与财务的深度融合。

企业的根本目标是持续提高资源利用效率、提升价值创造能力,而风险与效率是如影随形的,所以必须持续平衡好风险与效率之间的关系。边界管控的核心就是根据企业的风险承受能力,结合资金运作特点及创现创效能力,科学设置管控边界,以边界约束倒逼科学谨慎投资和精细运营,使企业在战略主业的发展方向上、在财务结构的安全边界内,持续保持有效率发展。

这也是 EVA 考核的基本导向:围绕主业持续创造价值。按照“边界管控”的思路,母公司主要管控子公司的战略发展方向和财务结构边界,其他事项都应尽量交由子公司自行决策和管理,从而为子公司灵活应对市场竞争、最大限度地提高运营效率创造尽可能宽松的外部环境,保证子公司在方向明确、边界明晰的条件下,努力地追求效率、释放活力、放开手脚、竞争发展，从而避免陷入传统的放管矛盾循环怪圈。

(4) 信息管理能力。企业集团与下属业务单位需要保持一定的沟通、联系，集团的信息化水平的高低以及信息管理能力的强弱都会影响集团管控模式的选择。

(二) 选择合适的管控模式

对企业集团而言，如何有效地针对集团自身情况选择与之相匹配的管控模式意义重大，而企业集团在明确集团管控的动因、掌握集团管控的基本模式后，才能更全面地归纳、分析影响集团管控选择的各种因素，依据各种因素所构架的集团管控模式选择评价体系才能从全面、科学的角度为其设计管控模式。

1. 集团管控模式分析

集团管控模式的选择取决于集团企业发展的特点，以及内外部环境情况。在选择管控模式时，首先要了解每种集团管控模式的本质特征。现就集团总部在战略制定、权力分配、内部协调以及资源共享方面，分析每种管控模式的特征所在。

在上文所述的三种基本集团管控模式中，就权力集中程度来看运营管控模式权力最为集中，总部对子公司的管控最为严格；财务管控模式的总部权力最为分散，对子公司的管理最不严格；而战略管控模式介于二者之间。

相应地，三种模式在战略管理、风险管控、运营管理和其他职能支持方面也各具特色，根据集团内部权限划分程度的不同，三种模式下的总部定位如图 9-2 所示。

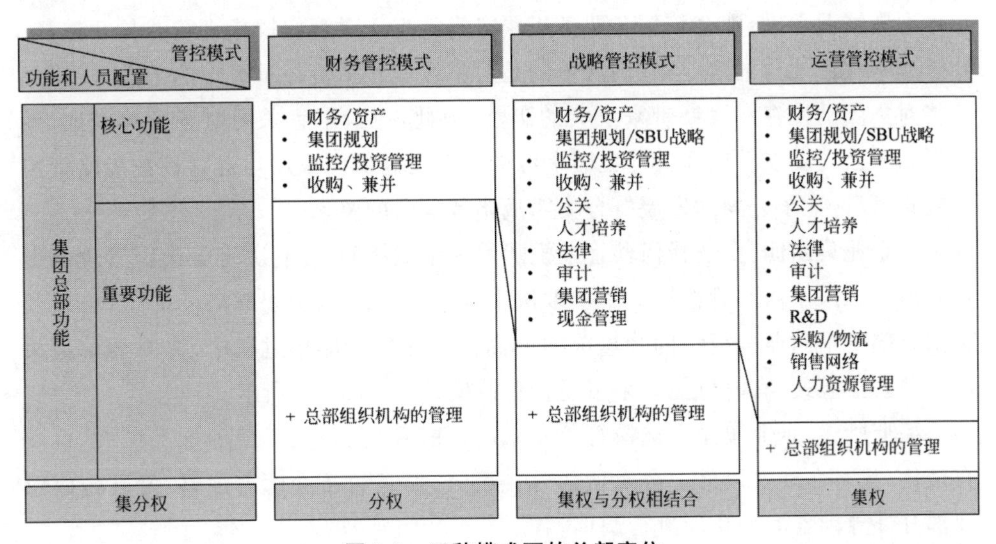

图 9-2 三种模式下的总部定位

三种管控模式是逐渐演变的，根据集权程度的从强到弱，依次是运营管控模式、战略管控模式和财务管控模式，管控模式不同，管理范围和深度会有不同的变化，如图 9-3 所示。

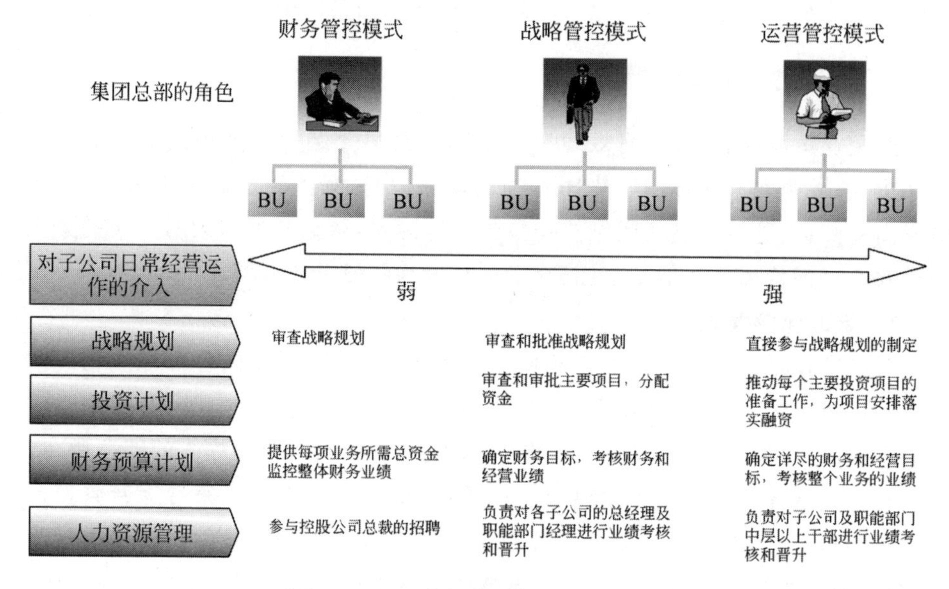

图 9-3　不同管控模式下的总部定位

无论是哪种管控方式，如果仅仅从其概念上理解，对企业管理实践的指导意义并不大，任何一家企业集团都不可能单纯根据概念来选择自己的管控模式。

通常情况下，企业会依据各业务板块自身特点而对管控模式进行差异化选择。处于战略核心地位的产业，它们从事的是对集团具有举足轻重地位的主业，一旦失控将对集团的生存和发展带来巨大的影响，因此，一般不宜采用财务管控模式，而是根据子公司发展阶段及其与集团资源的相关度高低而采用运营管控或战略管控的模式，以保证子公司的发展符合集团战略及运营的要求。

对企业集团而言，选择何种管控模式是一个战略问题，它决定了集团管理的重点和内容。采用何种管控模式主要取决下属公司在企业集团战略中的定位，以及集团总部对不同业务板块的管理能力的高低。在实际应用过程中，有时会单独采用一种管控模式，有时可能会采用混合管控模式。如图 9-4 所示。

综上所述，企业集团在选择管控模式时，并不存在一成不变的标准模式，也没有最佳，只有在现阶段最适合发展的管控模式，而且它还会随着战略、发展阶段以及部分外界因素的变化而进行调整。

2. 影响集团管控模式的因素

通常情况下，集团管控模式受到行业特征、集团战略、企业规模、管理者风格和

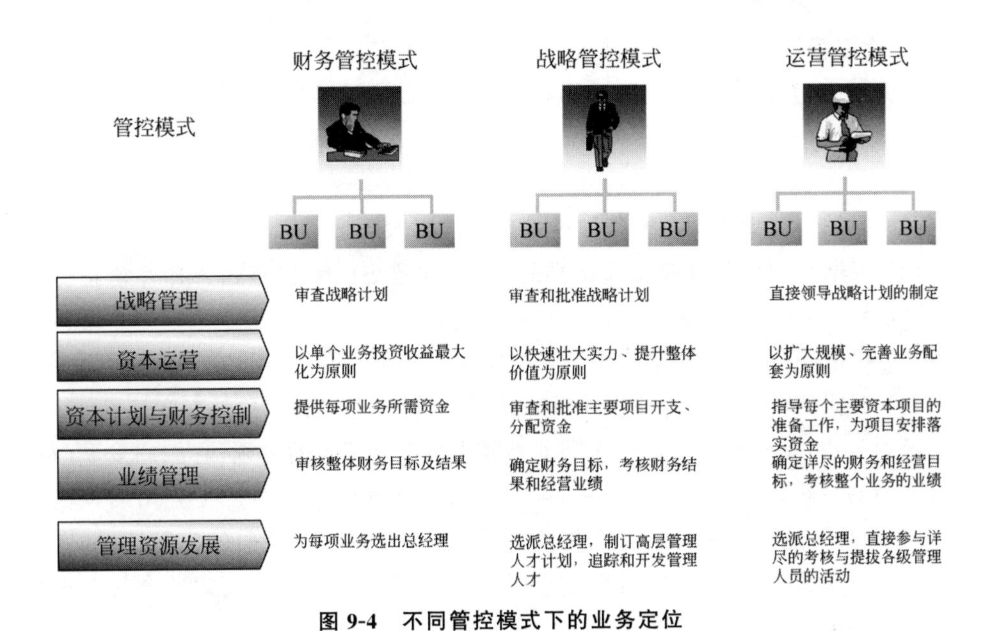

图 9-4　不同管控模式下的业务定位

子公司的重要性这五大因素影响，具体阐述可参考上文所述内容。

3. 构建集团管控模式四原则

(1) 以集团整体战略为核心。要根据企业集团整体战略的需要来选择和建立管控模式，所选择的管控模式也要能够促进集团战略的发展。另外，针对不同的子公司，选择有针对性的管控模式时，也要考虑到管控模式是否会影响子公司发展，以及影响集团主业发展方向。总之，集团应根据每个子公司的实际情况选择合适的管控模式，以保证集团战略目标的实现和良好的集团内部关系。

(2) 管控模式与集团各成员相适应。集团管控模式没有一个固定的标准，要想形成适合自身的管控模式，就必须结合自身的实际情况综合权衡各方面的因素，并不断加以修正，才能最终形成适合企业集团的有效的管控模式。另外，构建管控模式时，应以集团整体战略为基础，结合每个子公司的实际情况，形成有差别的管控模式，之后再逐渐进行调整及优化。

(3) 保持集团内部公平。集团内部分工不同，会形成不同的职能部门，同时也会形成若干个管理层次。为了更好地发挥集团管控效果，要进行清晰界定各个职能部门、成员公司、岗位的权责的作业活动。

(4) 保持集团管理的有效性。企业集团中的个人、部门及至成员企业都必须严格遵循统一管理，这样才能使集团总部决策得到有效落实，进而使得整个集团的管理做到有条不紊高效运行。因此，在设计和实施集团管控模式时，要避免政出多门，使子公司疲于应对多头指挥。

4. 集团管控模式评价

集团运营过程中,需要对可能影响集团管控模式的各种因素进行全面、系统的分析,之后选择较适合的管控模式,并以此制定详细的管控实施策略。评价步骤如下。

(1) 归纳并整理影响集团管控模式选择的影响因素。

(2) 根据影响集团管控模式选择的因素,构建集团管控模式选择评价指标体系,并统计各级指标的具体权重。

(3) 根据评价结果,判定适用的管控模式。

(4) 根据具体的集团管控模式设计详尽的管控实施细则,并加以实施。

经验表明,企业集团子公司之间的整体实力有着很大的差别,它们的发展前途对母公司的战略目标的影响也不一样。所以,要想充分发挥每个子公司的积极性和潜力,就应该放弃单一的母子公司管控模式,结合每个子公司的实际情况,实施有差别的母子公司管控模式,并将这些差别化的母子公司管控模式整合起来进行管理和使用。

四、基于有限理性风险管理的集团管控实施

(一) 企业集团总部和母公司的职能定位

所谓职能,是指需要完成的任务、工作和责任,以及为完成这些任务所拥有的权力。职能定位就是对特定机构所需完成的任务、工作和责任以及所拥有的职权的界定。就母公司职能定位来说,它是指为了整个企业集团的良好发展,依据母公司在整个集团中所承担的角色而对其需要完成的任务、工作、责任及相应拥有的职权的规定。

对于企业集团母公司来说,其存在的理由就是它能创造出独有的价值,并且所创造的价值应该大于为此所付出的成本。既然母公司在企业集团的价值创造中非常重要,那么母公司应该如何创造价值呢?实践证明,集团总部(母公司)主要通过六种权力发挥作用,并创造价值。这六种权力是:确定企业的总体产品和市场策略、统管财务资源、设计绩效控制系统、替换和任命下属单位总经理、通过特定组织监控下属单位行为以及为下属单位提供支持服务。我们可以认为,母公司主要是通过业务影响、联结影响、职能与服务影响和公司发展活动,且通过业务单位绩效的提升和竞争优势的获取来最终创造价值。其中,业务影响是指母公司对每一个业务单元的战略和绩效的影响;联结影响是指母公司通过加强各业务单元之间的联结创造价值;职能与服务影响是指母公司为各业务单元提供职能上的领导和具有成本有效性的服务;公司发展活动是指母公司通过改变业务单元组合构成的方

式创造价值，实际上表明母公司的创造价值可以通过战略管理、协同管理、中央服务等职能实现。

综上所述，我们可以归纳出母公司至少应该承担如下基本职能：出资人职能、战略职能、控制职能、协调职能与支持服务职能。

1. 母公司职能定位的基本问题

在母公司职能定位工作中，需要解决的问题较多，但可以用“高度、宽度、深度”三个基本问题来概括，以下职能定位的三个基本问题是与集团管控模式密切相关的。

(1) 职能定位高度。职能定位高度指母公司所定位的职能有多重要，对于整个集团经营发展有什么样的战略意义。在多业务单位构成的企业集团中，各业务单位通过满足市场需要而创造价值，而总部没有自身的市场，只会发生成本却没有收入，因此它是介于业务单位和资本投入者之间的中介机构，要定位于通过对各业务单位所实行的战略决策及所开展的经营活动施加影响，从而使整个集团持续地实现总价值超过各业务单位独立创造价值之和的效果。因此，集团在一段时间内所取得的“1＋1＞2”的程度，以及在较长时间内集团竞争力的持久性，可以用来反映集团总部或母公司职能定位的高度。

(2) 职能定位宽度。职能定位宽度指母公司在发挥集团总部功能中具体承担哪些职能，负责哪些具体工作，也就是所定位的职能覆盖的范围有多宽。这通常要考虑母公司能力、集团总体管控模式、国家法律法规要求等因素来确定。总的要求是，既不能太宽泛，否则职能重点不突出；但也不能太窄，否则可能会漏掉一些重要的职能。因此，职能定位的宽度是职能定位中的一个核心。

(3) 职能定位深度。职能定位深度指母公司所明确的具体职能中，母公司与下属单位之间的具体分工和权责边界。也就是，母公司的每一项管控职能需要下探或介入到什么程度。

2. 母公司职能定位的基本原则

母公司职能定位的基本原则包括合规原则、合标原则与合情原则。这里值得一提的是合情原则，“合情”是指根据企业集团发展实际情况相机权变地选择合适的职能定位。

综上所述，母公司必须履行的职能包括战略管理、资本运营、财务管理、班子管理、绩效管理、业务协调等。

集团总部应从管控和服务两个方面梳理明确集团总部的功能，管控方面包括战略规划的制定、制度体系的建立、投融资等重大事项的决策权等。应用法定边界理念，合理划分集团总部与下属公司的权限。一方面要保证各自的职责清晰、权责对等；另一方面还要完善相应的监管机制和后评估机制，确保下属公司的权利在授权范围内使用,并根据运行情况适时优化调整。

(二)企业集团组织结构搭建

组织结构搭建为业务的运行提供了载体与支撑,企业集团组织结构搭建是集团管控体系的重要组成部分,影响着集团管控措施的落实和功能实现。

组织机构是对组织中若干相互关联的构成要素之间的排列组合方式和动态互动关系的总称。如果将组织的构成要素称作"机构",那么,"结构"就是由这些构成要素及其相互间的关系所共同形成的框架体系。

因此,组织结构搭建,就是指对组织的构成要素及其相互关系事先作出正式的安排,组织搭建的直接结果就是组织结构,它表明了构成组织的各要素在空间和时间关系中的特定结合形式。组织搭建是否恰当,将会影响组织中各项活动开展的效率和效果,并最终影响整体经营效果。

对于企业集团这一联合体性质的组织来说,其主要构成要素是作为独立法人的各业务单位及对之进行协调和管理的机构。企业集团组织结构是指企业集团所属各成员单位之间和各成员单位内部在分工和协作基础上所形成的组织结构。一般来讲,企业集团组织结构搭建的主要内容包括:企业集团内部的产权关系结构;集团各成员单位的公司治理结构;企业集团组织管理结构与集团总部管理机构。其中后两项是集团管控体系实施的重要内容。在混合控股型集团公司中,确保各业务单位生产经营活动的协调运作,是母公司管理的重要内容。企业集团组织管理结构设计主要是对集团各成员单位在集团中的功能和业务定位、权责分工与协作、业务归口管理方式、集分权关系和责任中心体制作出系统性安排;而集团总部管理机构的设计主要包括集团总部领导体制的确定,集团总部各专业职能机构的设置,权责分工与协作关系等内容。

1. 企业集团组织管理结构设计的基本原则

(1)依功能设计的原则。结构是实现功能的载体,功能是结构作用的结果和表现。企业集团组织管理结构设计要想成为其实现发展战略和目标的一种强有力工具,那就首先需要确保所搭建出来的组织结构能切切实实地落实集团生存发展所必需的功能。力求长久而良好地生存发展下去的企业集团,必须根据所处经营环境和发展战略目标从其特定功能要求的角度来考虑组织结构的搭建。而且,从整个集团资源合理配置的角度考虑,企业集团内部不仅需要投资和扩张的功能与能力,还必须能对不良资产进行及时的剔除和终止,以有效地收缩和调整集团的经营范围,形成功能齐全而又有机融合的集团功能体系。

(2)集权与分权相结合的原则。在处理集权和分权关系上,企业集团应采用一种单体联合企业和松散联合体之间的管理体制,以便在确保协同行动的前提下使各成员企业拥有相当的经营自主性。

企业集团内部的管理既然不能过度集权又不能过度分权，那就意味着必须也只能设法寻找到集权和分权的适度点。一般来说，应该在“有控制的分权”的总原则的指导下，根据以下几方面具体原则寻找企业集团内部集权与分权的适度点。

① 以提高整个集团的市场竞争力为根本目标，着眼于塑造企业集团的内在凝聚力，而不能单纯地为了控制而进行集权。也就是说，集权和控制应该服务于提高集团内在凝聚力和市场竞争力的需要。

② 集团内部的集分权程度与集团内的持股关系、文化力量和外部经营环境相适应；同时，集团内部集分权程度的把握，还需考虑集团发展的成熟程度和集团产业领域的关联度。

2. 集团总部管理机构设计的原则

(1) 集团总部管理机构的设计应本着落实集团管理功能和贯彻集团集分权体制的原则进行。

(2) 集团总部管理机构的设计应有明确的目的性，并注意做到精干高效和灵活适度并重。

实践证明，总部机构的存在应立足于为了促进企业集团业务的更大程度的增值。总部机构的规模，取决于实现其业务增值目标的需要，至此，企业集团还应关注确定集团总部各管理机构权限范围、确立集团总部职能机构的工作方式以及捋顺集团总部职能机构与下属单位职能机构的关系这三个要素，用以强化总部管理机构内部运作的稳定和有序，以便在市场经营风险频繁的情况下能作出敏捷对应，增强组织运作的适应性。

综上所述，集团要从其整体的业务特征、总部的功能定位、各业务板块的职责权限及运营管理形式等方面考虑，研究制定相匹配的企业集团运营管理机制。应用治理边界与资源边界理念，制定和组织实施战略规划，审批所属企业的经营计划和预算方案，统一资源配置。所属企业应按照集团总体部署，制订和实施本单位发展规划和生产经营计划，主要包括战略管控机制、资产管理机制、财务管理机制、业务评价与绩效管理机制、信息管控机制、审计监察机制等，为优化集团核心流程打好基础。

(三) 优化企业集团组织核心流程

企业集团在明确了管控模式与组织内职能定位后，应根据管控的具体实施方法及职能定位来构建集团内部的流程管理体系。

为保证集团战略目标的实现，实施对子公司的有效控制还必须梳理、优化母子公司的关键管控流程。

风险容忍度管理模式下的流程控制与一般意义上的流程控制具有众多相似之处。例如，虽然流程的持续性和稳定性十分重要，但是总体上来说，流程在一个范围内保持相对的稳定即可。事实上，流程始终稳定不变对公司而言不一定是好的事情，例如公司的销售流程往往要面对市场的不断变化，如果流程墨守成规、一味保持稳定，反而有可能损害公司的销售业绩，给公司带来风险。因此，具有一定灵活性的流程才是最好的，应该从公司每一个时期的实际情况出发来确定流程。在流程执行的成本方面，为了输出流程控制的结果必然会消耗一定数量的人力、物力、财力和时间，这些都是输出流程结果所伴随的成本。尤其是，因为流程的执行过程就是一个随着时间而推移的过程，由此，在多数情形下，一个流程的执行效率的衡量指标中，时间的消耗是最合适的。如果一个风险控制流程被执行一次所需要的时间越短，那么在一定时期内，这一流程就可能被执行越多的次数，这就意味着公司可以对风险进行更好的掌控和管理。流程中的关键控制点对于流程控制而言十分重要，确定流程中的关键控制点则十分关键。通常情况下，关键控制点的确定很大程度取决于主观判断，不存在一个特定的结果。另外，还需要对流程控制体系进行分析和评估，尤其是需要专业人员来进行分析和判断，看流程控制体系是否能够真正地缓解公司的相应风险事项。

在风险容忍度管理模式下，可将风险管理的责任前置到业务部门，即业务部门先行针对风险进行把关和控制，当风险相关的检测指标突破边界值时，再由财务或风险管理部门进行接管和处理。因此，在风险容忍度管理模式下，企业的各项与风险相关的流程亦应前置，赋予业务部门更大的自主权限，但是一旦业务部门相关指标超过边界，则应该收回权限，即要求流程设定具有相应的灵活性。

构建集团管理流程一般操作如下：首先，根据集团发展战略、管控模式、风险容忍度及管控边界以及具体业务的需求，建立集团管理流程清单，不仅包括集团内与下属单位的各项业务、职能的管理流程，还包括集团总部、下属单位内部的各项业务、职能流程。其次，根据管理流程清单建立各一级、二级流程等。最后构建成集团管理流程体系，覆盖集团内需关注的各项重点业务、职能，其能充分整合、调整资源，形成集团内的产业协同效应。

关键管控流程的作用体现在：协调集团内部工作，提升管理效率；明确管理责任和管理权限，完善组织架构；完善控制过程，降低企业经营风险等。关键管控流程的梳理与优化有助于防范企业经营风险，如图 9-5 所示。

流程体系设计的原则包括：系统性、目标导向性、职能完整性与精练高效性，其设计步骤如下。

步骤一，评价集团现有流程体系的状况。其主要包括四个内容，即分析整条流程运行所消耗的资源、分析流程的瓶颈环节、分析流程的管控风险、分析流程的稳

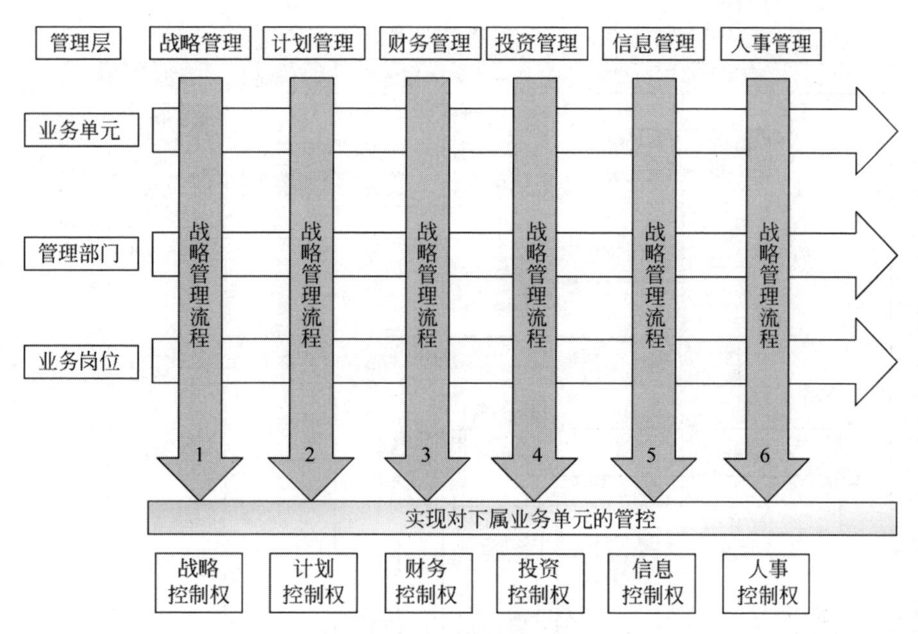

图 9-5 关键管控流程

定性。

步骤二,重新设计流程管理体系。其主要包括以下内容:确立流程体系设计目标;以战略规划与风险管控为导向,建立与之匹配的流程价值链;确定流程体系的总体框架,即一级流程;以总体框架为依据,设计二级子流程;依据需要可设计三级;最后进行流程绘制与描述。

步骤三,优化与改进流程体系。其主要包括如下几个环节:整理信息、质量评价、标杆对比、明确责任、制定目标与措施、效果跟踪。

企业的主要资源,特别是财物资源,绝大部分是通过风险管理来进行转化和变动,所以,企业主要的关键控制程序应位于企业的风险管理上。确定流程中的关键控制点很大程度取决于主观判断,不存在既定的答案。在流程分析与评估阶段的最后,企业需要进行专业判断,评价关键控制点的有效执行是否真正消除了风险发生的可能性。

在组织结构中,梳理、优化关键管控流程,明晰流程中的关键节点、障碍点和控制点,并明确各岗位职责范围和承担方式,同时赋予相应权限,关键管控流程包括但不仅限于战略管理流程、投资决策流程、年度经营计划与预算流程、绩效管理流程,分别如图 9-6～图 9-9 所示。

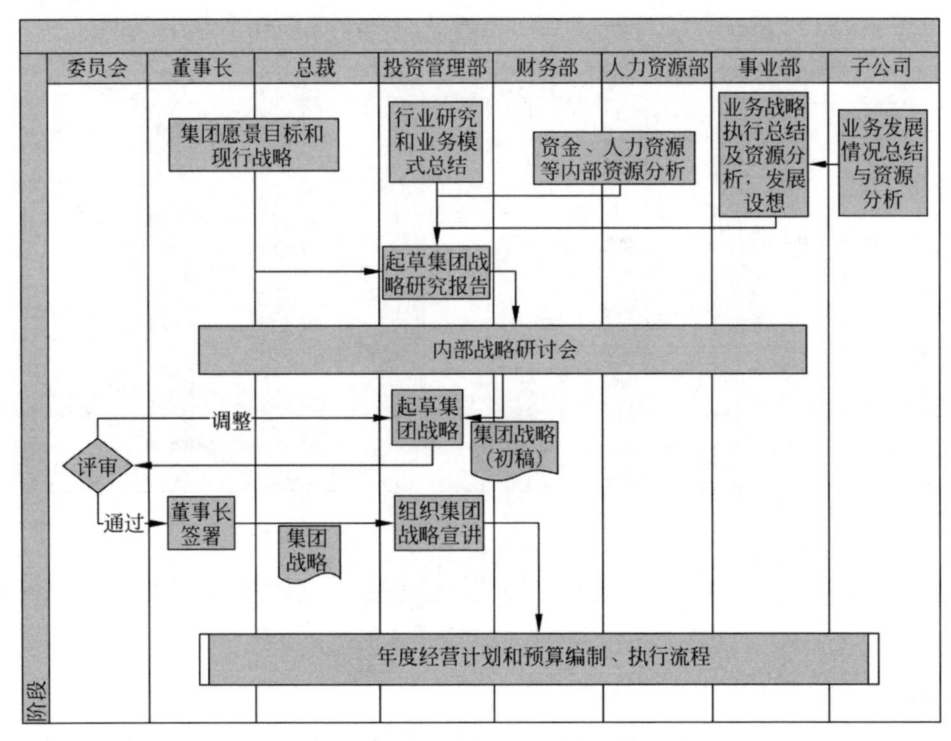

图 9-6 战略管理流程

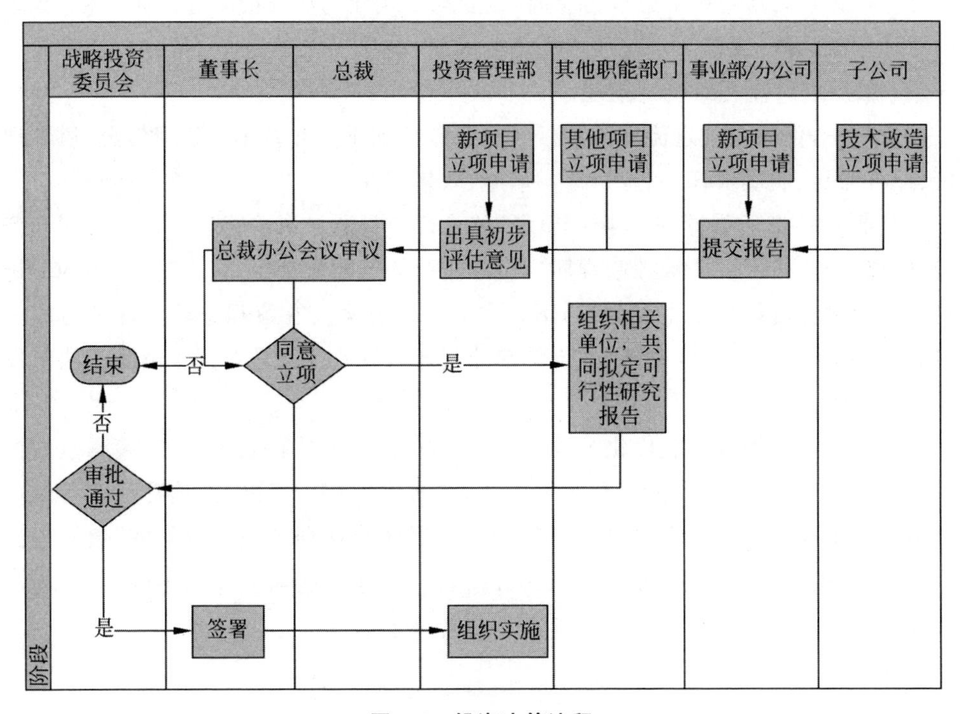

图 9-7 投资决策流程

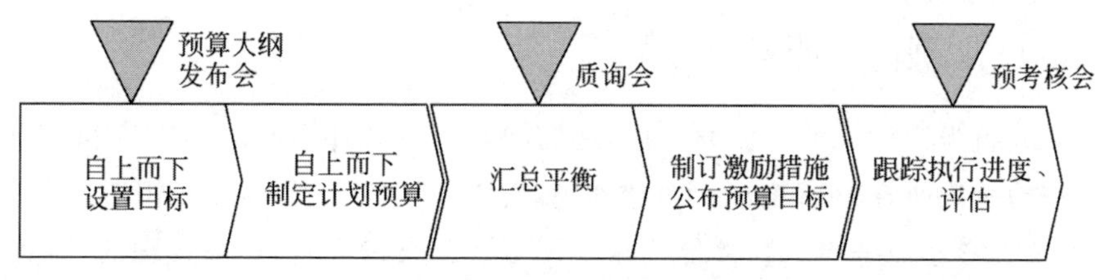

主要活动	-根据集团战略，制订总体经营目标(草案) -制定经营计划和预算大纲 -制定计划预算编制办法	-各下属公司编制年度经营计划和预算 -各职能部门编制本部门工作计划和预算、所辖职能预算	-各子公司的目标汇总、平衡 -子公司和总部共同讨论并解决目标设置中的问题 -协调策略以避免重复投入和冲突	-制订与目标一致的激励措施 -正式发布总体目标和实施计划 -将目标分解到各子公司 -子公司将目标分解到各个细分市场、分解到个人 -自上而下地沟通	-定期监督执行的进程 -定期讨论执行中出现的问题和对策 -将讨论要点反馈给子公司以利于业务目标设置的改进 -根据新情况修改目标
主要输入	-主要行业和市场研究分析报告 -当年的经营结果分析	-各部门下属公司对市场开发、内部能力的分析 -上年完成计划情况	-各子公司初步目标 -总部初步目标 -市场信息数据和内部信息数据	-正式确认的目标现有激励体系	-正式确认的目标执行中获知的实际情况与原先估计的差距
最终成果	-集团总体战略目标(草案) -经营计划和预算大纲(草案)	-子公司经营计划和预算 -主技能预算	-集团总体经营计划和预算方案	-与计划预算相一致的激励措施	-可能的修改后的经营目标 -经营目标的完成

图 9-8　年度经营计划与预算流程

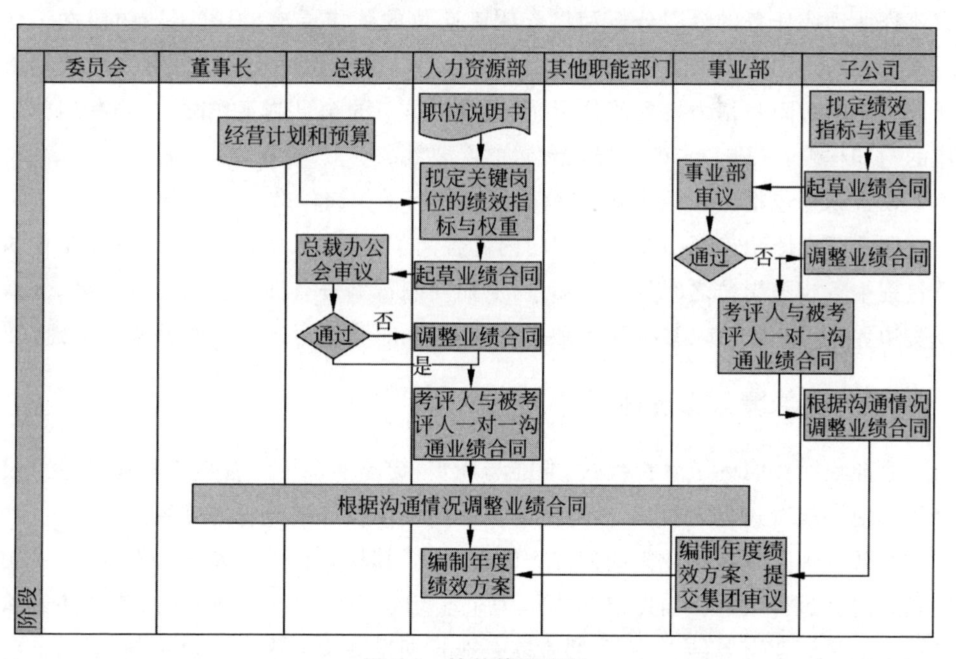

图 9-9　绩效管理流程

（四）明确岗位职责

完成组织机构设计和流程之后，还需要界定清楚部门职能和岗位职责，这是集团管控的基础所在。职责的明确要紧紧围绕集团发展战略与其相对应的风险管控，以及其核心业务，以此，才能实现集团资源的合理配置，达成合理的目标。

部门职能设置应以集团发展战略为导向，通过集团总部与下属业务单位各部门之间的沟通与协作，达到战略目标。同时在其优化过程中，权力应当与责任相匹配，有重点、有步骤地进行优化。

步骤一，分析问题。确认集团发展战略，以明确发展方向，在战略梳理的基础上，梳理各部门管理职能定位，明确各层级对职能设置的需求。

步骤二，优化职能。依据战略梳理和层级职能定位，并结合集团各部门原有问题进行优化。明确各部门应发挥的作用，划分部门间职能界面，并以此为基础确定各部门的核心职能和基本职能。

步骤三，规范职能。运用平衡计分卡的理念，形成标准化的职能说明书。其内容包括部门核心职能、职能履行职责、业务运营职责与内部建设职责。

岗位职责层面应关注其规范要素、设置原则与职责匹配。

规范要素包括：①专业要素，即通过流程流向的分析，明确流程各环节需要的活动或任务，界定实现流程的工作内容和专业领域；②工作层次要素，即通过对完成流程活动或任务的纵向分析和组合明确岗位的工作层次，根据不同的层次工作所需能力的不同要求设置不同层次的岗位；③工作量要素，即通过对完成活动或任务所需的时间和精力投入的分析，参考合格员工的全日制工作时间，判断岗位工作的饱和程度，以进一步确定岗位设置的必要性。

设置原则包括：因事设岗、规范化、长期性、最少岗位数及风险与内控。

职责匹配即明确部门职能在部门内部各岗位的分配，并分析、澄清各项工作执行过程中各相关岗位之间的职责关系，从而使职责划分有助于提高流程效率，划清职责边界，以加强合作、减少误解和扯皮现象，同时为编写岗位说明书奠定基础。

（五）完善绩效管理体系

企业集团在明确了管控模式、职能与职责，构建了系统的管理流程体系以及设计了相应的权责边界之后，需要对集团及下属单位设计绩效管理体系。

绩效管理是现代企业集团的优秀管理工具，其核心目的是发现经营短板，并集中精力对其进行改进。当以财务指标为企业绩效评估的唯一指标时，容易使经营者过度关注短期财务结果，而不愿意就企业长期发展策略进行风险控制，因为这些并不利于盈余的表现，反而使得原本优良的财务数据有可能逐渐恶化。

在风险容忍度管理模式下，企业风险管理绩效评估体系的构建，应该突破传统的狭窄内涵。长期以来，传统意义上的风险管理理论的重点是如何预防风险所带来的负面损失。但是对于损失的定义也应该考虑到机会成本。随着经济系统复杂性的上升，企业的风险内涵已经发生了很大的变化。风险不仅意味着损失，也意味着可能的机会，这些机会如果及时把握，则有可能为企业带来利益的流入。因此，在进行风险管理绩效评价时，不能仅限于将员工的风险行为控制住，还应鼓励员工把握相应的机会，注重对结果的评价而不是对过程的评价。在企业价值最大化的前提下，企业风险综合评价指标体系应能反映上面的所有方面。

一般而言，企业价值的最大化是企业的最终追求目标。因此企业风险管理绩效评价机制应该围绕着企业价值的最大化来设置。只有企业的价值实现了最大化，才意味着企业能够生存和发展壮大，从而为股东和其他利益相关者带来收益。企业风险管理绩效的考核目标应该围绕企业价值最大化，将其分解，并细化到每个部门和员工身上，对员工的风险管理绩效进行考核，使员工的行为与企业价值最大化的目标相一致。另外，在股东对公司的业绩进行衡量和评价，以及公司的上层对下层员工进行考核评价的时候，不应该仅仅考虑企业运营事项所能够获得的收益，还应该考虑到所获得的收益所伴随的风险代价。要将相应的风险成本考虑进企业绩效考核的指标之内，从而实现企业风险管理效果的改善。

现实中，很多集团都在力求指标体系的全面和完整。绩效指标包括安全指标、质量指标、生产指标以及其他指标等，不同专业管理线独立管理着一套指标，指标可谓是面面俱到。但事实上，绩效管理应抓住关键业绩指标进行管理，而指标之间是相关的，通过抓住关键业绩指标将员工的行为引向组织目标的方向。因此，应当通过建立 KPI 体系，将绩效管理与员工的业绩结合在一起，引导员工的行为趋向组织的战略目标。

在实践中，风险相关指标的确定有以下经验法则。首先，基于权责发生制的企业财务指标往往易被操纵，并容易具有隐瞒性，而利用现金流来评估企业的财务状况则可能更加真实。例如，在企业的各项财务指标中，有可能净利润处于上升通道，但是净利润主要来自应收账款，一旦应收账款的回收出现困难，企业的营运现金流可能会出现问题并导致企业的运营出现危机。其次，在运用指标对企业实行内部控制的时候，要考虑到相关的环境。有些企业的内部控制环境可能较好，这样的情况下即使内部控制程序较少，仍然不会引起过大的风险，指标的设定可以相对简单，这会节省企业利用指标体系实现风险控制的成本。但是如果企业的内部环境较差，那么指标的设定应该尽可能完备，对指标的应用也应该尽可能全面和严格。再次，要注意绝对指标与相对指标的差别，尽量使用相对指标。这是因为绝对指标可能无法在一个行业内同类企业之间进行有效对比，因而无法反映企业的真实运营情况，而相对指标则能够解决这一问题，在企业之间的可比性较好。最后，还应该考虑到指标的可操作性。在可操作性的要求之下，每一个指标都应该具有较好的操作性，具体而言，操作性的内涵包括企业要有一套行之有效的信息系统使指标的数据源能够准确地被提供，同时也要尽量能够被简便地收集到。此外，还应考虑到其他的因素，如企业层面一些软性的环境变量，如企业文化，还有供应链关系、政策层面和宏观经济层面的一系列因素，这些因素都应该在指标确定的考虑范围之内。

科学的绩效管理体系设计思路是从公司目标和战略开始，通过关键成功因素分析和关键指标分解把目标分解到各成员单位、部门及岗位，从而把岗位目标和公司整体发展战略联系起来。

完整的绩效管理体系内容应包括绩效管理理念及原则、KPI 体系(业务层面与岗位层面)、绩效管理流程以及绩效管理工具。科学合理的业绩考核需要构建系统合适的综合指标，用以达成完整的目标体系。

一般情况下，需要在企业内部按照平衡计分卡的原则，建立财务、客户、内部运营和学习与成长在内的综合绩效指标体系，通过这四个方面的指标之间相互驱动的因果关系，将企业长短期绩效协调在一起。

企业集团还需探索进一步优化现行的业绩考评机制：一方面，要改进完善总量型指标考核体系，将负债类指标纳入其中，从而构建与利润总额等重点经济指标、重点工作完成情况等核心使命指标、债务状况等约束性指标相协同的综合性考核机制，引导企业履行核心使命、平衡效率风险、树立“规制型发展”的理念，即在约束条件下的均衡协调发展；另一方面，要探索新的业绩考评办法，研究以“企业价值”这个综合性指标为核心的考核体系，即引入潜在价值和风险溢价等价值因素，按照市场规则全面综合地评估企业价值，评价经营者的经营业绩，以引导企业强核心、创价值、控风险，追求有质量、有效益、可持续的发展。

绩效管理体系是一个循环往复的过程，其包括目标设定、跟踪汇报、分析调整和考核激励四个主要管理环节。绩效管理的关键不在于考核，而是在于如何通过绩效管理手段，引导员工的正确行为，通过目标、辅导、评价、反馈，同时重视达成结果的过程，继而实现集团发展目标。

风险容忍度管理模式下，可将风险管理责任前置，业务部门的运行只要在一个正常指标范围内就不应过度干预，因此风险管理绩效的评价应该随着企业经营所处的环境的变化而变化，随着业务部门实际运营环境的变化而变化。从理论上，企业的绩效评价体系总是在随着企业的具体运营目标而变化，而且一个完善的绩效评价体系理应随着业务实践的开展，不断地总结问题和细化完善。基于企业的风险管理过程，在企业的风险控制目标被确定之后，应该收集相关的信息，基于这些信息识别和评估风险，而且还要制订和实施相应的应对方案。其中，识别和确认风险尤其重要。而风险识别其本身就是对企业面临的各种风险进行确认，企业风险的属性和范围则是在不断变化的。因此，风险管理和绩效评价管理不应该是不变的，而应该具有一定的变通区间，否则单纯的绩效目标就会失去其意义，风险管理的绩效评价过程将无法被有效地持续。

此外，不同的构权方法会产生不同的权重，评价结果也可能随之改变，在风险容忍度管理模式下，应根据企业的实际需要和评价的侧重点选择合理的方法进行构权。权数应该与每一个指标的现实经济影响相挂钩，尤其是要避免权数和该指标对企业风险的实际影响程度相背离，只有这样，才能够实现对企业风险的有效控制。例如，风险容忍度管理模式下风险管理责任前置，因此应该更加重视本部门、短周期风险相关指标在业务部门绩效考核中的作用，而对财务或风险管理部门，则更重视企业总体层面的、中长周期的相关指标。

第十章 有限理性风险管理各业务环节的风险点与风险指标设计

第一节　有限理性风险管理在采购管理中的应用

采购管理是指企业购买物资(或接受劳务)及支付款项等相关活动。其中,物资主要包括企业的原材料、商品、工程物资、固定资产等。采购物资的质量和价格、供应商的选择、采购合同的订立、物资的运输、验收等供应链状况,在很大程度上决定了企业的生存与可持续发展。

采购风险通常是指采购过程由于各种意外情况的出现,包括人为风险、经济风险和自然风险,而使采购的实际结果与采购预期目标可能发生相偏离,从而影响到采购预期目标的实现,这也就是说采购活动面临着风险。具体说来,如采购预测不准导致物料难以满足生产要求或超出预算、供应商群体产能下降导致供应不及时、货物不符合订单要求、呆滞物料增加、采购人员工作失误或和供应商之间存在不诚实甚至违法行为等。这些风险都会影响到采购预期目标的实现。

一、主要风险点

(一) 采购计划与请购

(1) 采购需求或采购计划不合理,未按照实际需求计划和安排采购或者在计划之外随意采购,可能导致脱离企业生产经营计划、协调不当等风险。

(2) 缺失采购申请制度，请购未经适当审批或超越审批授权，可能出现采购物资过量或不足的风险，影响企业正常生产经营。

(二) 方式和定价管理

采购定价机制和采购方式不科学，采购方式选择不当，对重要物资品种价格的跟踪监控欠缺或不足等，导致采购价格不合理，可能会出现企业资金损失的风险。

(三) 供应商管理

供应商管理不规范、供应商选择不当，可能会出现供应渠道失控、采购物资质次价高，甚至舞弊行为等风险。

(四) 采购合同和订单管理

(1) 采购框架协议缔结不当、管理缺失，可能会出现物资采购不顺畅的风险。

(2) 未经授权即对外订立采购合同，合同对方主体资格、履约能力等未达规定要求，合同内容存在重大疏忽和欺诈等，可能会出现企业合法权益受到侵害的风险。

(五) 采购供应及验收

(1) 缺失对采购合同履行情况的有效跟踪、运输方式选择不合理、运输过程保险风险被忽视等，可能会出现采购物资损失或无法正常供应的风险。

(2) 验收标准不明确、验收程序不规范、对验收中存在的异常情况未及时处理等，可能会出现账实不符、采购物资损失的风险。

(六) 采购付款

付款审核不规范、付款方式不恰当、付款金额未得到有效控制等，可能会出现企业资金损失或信用受损的风险。

(七) 采购业务后评价

未及时对采购环节各项工作进行有效评价，无法及时发现采购过程中存在的问题，会出现采购效率及效益降低的风险。

二、风险容忍度量化指标

采购风险预警是指在科学理论指导基础上，通过设置并观察一些敏感性采购指标的变化，而对企业可能或将要面临的采购风险事先进行预测预报的采购风险管理系统。由于采购风险是影响企业采购顺利与否的主要原因，需要从采购风险基本因素入手，设计采购风险容忍度量化指标。采购风险容忍度量化指标可以从交货、供应商资信管理、采购人员素质、库存管理等方面考虑。在交货方面包括来料合格情况、订单是否能够准时完成、交货是否完好、交货信息完整程度等；在供应商资信管理方面包括合同履约情况、投诉是否能够及时解决、供货期的信用度是否能够达到要求等；在采购人员素质方面包括个人负责签订的合同是否合理合规、个人负责的采购计划是否能够达到目标要求、员工个人是否遵守与业务相关的法律法规和公司相关规定、采购人员流失情况、采购人员发生冲突情况等；在库存管理方面包括从存货周转情况、经济订货批量方面进行管理并作出合理判断等。采购风险容忍度量化指标见表 10-1。

表 10-1　采购风险容忍度量化指标

风　　险	指标名称	公　　式
交货风险	来料批次合格率	(合格来料批次/来料总批次)×100%
	订单准时完成率	(准时完成的订单数/发出的订单总数)×100%
	完好交货率	(完好交货/发运总数)×100%
	信息及时准确率	(报表准确份数/传递报表总份数)×100%
供应商资信管理风险	合同履约率	(履行合同次数/签订合同次数)×100%
	投诉及时解决率	(投诉及时解决次数/投诉次数)×100%
	信用度	(供货期失信的次数/供货期交往总次数)×100%
采购人员素质风险	不良合同率	(不合理的合同数/总合同数)×100%
	目标未达率	(未达的目标数/采购计划目标总数)×100%
	员工违纪率	(员工违纪人次/部门人数)×100%
	人员流失率	(流失人数/部门人数)×100%
	人员冲突频率	单位时间内采购人员发生冲突的次数
库存管理风险	存货周转率	营业成本/平均存货余额×100%
	经济订货批量	Sqrt(2×商品年需求量×每次订货成本/单位商品年保管费用)

第二节　有限理性风险管理在销售管理中的应用

销售管理是企业一项重要的经营管理活动。企业应针对销售活动可能产生的风险借助工具采取防范措施，防范风险的重要过程主要有：通过实施风险管理(即包括实施风险管理流程的六个要素)，确定风险管理解决方案，并执行被确认的内部控制解决方案。企业管理风险解决方案通常可分为两大类(一类是针对可控风险，另一类是针对不可控风险)。企业经营层面的风险通常以可控风险为主(或者企业尽可能将不可控风险转化为可控风险来管理)，因而内部控制措施可成为企业管控经营层面各类风险的重要手段。

销售业务是指企业出售商品(或提供劳务)及收取款项等相关活动。销售管理主要包括：销售管理制度建设与职责分工、销售计划管理、销售定价管理、客户管理、销售合同和订单管理、销售发货管理、销售退货管理、商业票据和发票管理、收入确认管理、预售账款管理、应收账管理、客户服务等。这些领域需要规范销售业务过程中重要管控环节的关键控制要求以规范销售业务管理，促进销售稳定增长，扩大市场份额，规范销售行为，防范销售风险。

一、主要风险点

（一）销售计划管理

未制订销售计划或制订不合理，或未经授权审批等，可能导致产品结构和生产安排不合理的风险，难以实现企业生产经营的良性循环。

（二）客户开发与信用管理

(1) 现有客户管理不足、潜在市场需求开发不够等，可能出现失去客户或不利于扩展市场的风险。

(2) 客户档案管理不当、信息不完善，缺乏适当的信用评估等，可能会出现客户选择不当，应收账款不能追回或遭到欺骗或欺诈的风险，从而不利于企业的资金流转和正常经营。

（三）销售定价

(1) 定价或调价未按价格的相关政策执行，市场供需状况、盈利预测等未与之有机结合起来并据此进行适度调整，可能出现价格过高或过低、销售受损的风险。

(2) 商品销售价格未经适当审批，或存在舞弊等，可能会出现损害企业经济利益或者企业形象的风险。

（四）订立销售合同与发货

(1) 已签订的合同存在重大漏洞，包含的某些条款属于欺诈性质，或在未经授权许可的情况下签订的，可能会出现侵害企业的合法权益的风险。

(2) 未严格执行企业销售政策，实际确定的销售价格、收款期限等与企业的销售政策有冲突或相悖，可能使企业承受经济利益受到损害的风险。

(3) 发货时，未按规定授权发货或发货不符合合同约定，可能导致货物损失或客户与企业发生销售争议、销售款项无法收回等风险。

（五）销售回款管理

（1）企业信用管理不到位、结算方式选择不当、票据管理不足、应收款回收乏力等，会出现销售款项无法收回或蒙受欺诈的风险。

（2）收款过程中存在舞弊，会损害企业经济利益。

二、风险容忍度量化指标

销售风险预警是指在科学理论指导基础上，通过设置并观察一些敏感性指标的变化，而对企业可能或将要面临的销售风险事先进行预测预报的销售风险管理系统。由于销售风险是影响企业销售顺利与否的主要原因，需要从销售风险基本因素入手，设计销售风险容忍度量化指标。销售风险容忍度量化指标可以从销售回款、赊销限制、赊销企业实力、市场份额、客户等方面考虑。在销售回款方面考虑应收账款占销售收入的比例；在赊销限制方面考虑应收账款赊销余额；在赊销企业实力方面应考虑赊销企业的应收账款周转率、现金比率、资产负债率、资产收益率、账龄等；在市场份额方面应考虑企业在全部市场、可达市场、相对市场（相对于三个最大竞争者、相对于市场领导者）的占有份额情况等；在客户方面考虑客户流失情况。具体见表10-2。

表10-2　销售风险容忍度量化指标

风　险	指 标 名 称	公　　式
销售回款风险	销售回款率	（应收账款/销售收入）×100％
赊销限制风险	应收账款赊销余额	（期间内应收账款赊销余额/应收账款赊销总额）×100％
赊销企业实力风险	应收账款周转率	[销售（营业）收入净额/应收账款平均余额]×100％
	现金比率	（货币资金＋有价证券）/流动负债×100％
	资产收益率	（净利润/平均资产总额）×100％
	资产负债率	（负债总额/资产总额）×100％
	账龄	尚未收回的应收账款的时间长度
市场份额风险	全部市场占有率	（本企业的销售额/全行业销售额）×100％
	可达市场占有率	（本企业销售额/企业所服务市场的销售额）×100％
	相对市场占有率（相对于三个最大竞争者）	（本企业销售额/最大的三个竞争者的销售额总和）×100％
	相对市场占有率（相对于市场领导竞争者）	（本企业销售额/市场领导竞争者的销售额）×100％
客户风险	客户流失率	（客户总数－新增客户数）/客户总数×100％

第三节 有限理性风险管理在客户管理中的应用

客户管理是客户关系管理的简称。客户管理是一种管理理念,起源于西方的市场营销理论,产生和发展在美国。客户管理通常是通过深入细致分析客户详细资料,采取有利于提高客户满意度的措施,从而提高企业的竞争力。其核心思想是将企业的客户(包括最终客户、分销商和合作伙伴)作为最重要的企业资源,通过完善的客户服务和深入的客户分析来满足客户的需求,保证实现客户价值。

客户管理又是一种旨在改善企业与客户之间关系的新型管理机制,它实施于企业的市场营销、销售、服务与技术支持等与客户相关的领域,要求企业从“以产品为中心”的模式向“以客户为中心”的模式转移。也就是说,企业关注的焦点应从内部运作转移到客户关系上来。客户管理也是一种管理软件和技术,它将最佳的商业实践与数据挖掘、数据仓库、一对一营销和销售自动化,以及其他信息技术紧密结合在一起,为企业的销售、客户服务和决策支持等领域提供了一个业务自动化的解决方案,使企业有了一个基于电子商务的面对客户的前沿,从而顺利实现由传统企业模式到以电子商务为基础的现代企业模式的转化。而国内著名的客户关系公司将这个概念实体化并加以发展,使客户管理更加便捷并能有效提升企业的效率。

客户管理的目标是:一方面通过提供更快速和周到的优质服务吸引和保持更多的客户,另一方面通过对业务流程的全面管理降低企业的成本。设计完善的客户管理解决方案可以帮助企业在拓展新收入来源的同时,改进与现有客户的交流方式。据国际客户管理论坛统计,国际上成功的客户管理实施,能给相应的企业每年带来6%的市场份额增长,提高9%~10%的基本服务收费,并实现超过服务水平低的企业两倍的发展速度。

客户管理主要包含以下几个主要方面(简称7P):①客户概况分析,包括客户的层次、风险、爱好、习惯等;②客户忠诚度分析,指客户对某个产品或商业机构的忠实程度、持久性、变动情况等;③客户利润分析,指不同客户所消费的产品的边缘利润、总利润额、净利润等;④客户性能分析,指不同客户所消费的产品按种类、渠道、销售地点等指标划分的销售额;⑤客户未来分析,包括客户数量、类别等情况的未来发展趋势、争取客户的手段等;⑥客户产品分析,包括产品设计、关联性、供应链等;⑦客户促销分析,包括广告、宣传等促销活动的管理。

客户风险管理是贯穿于客户管理的整个生命周期的。企业要把控客户管理风险，需将客户风险管理防范落实到客户管理的整个生命周期。企业要把握客户管理的全过程，包括的环节有客户信息完整、客户进展过程可控、客户价值分析挖掘、客户流失预防和客户关系维护。企业需要在这些领域规范客户管理过程中的关键控制要求，以规范客户管理及客户管理行为，防范客户管理风险。

一、主要风险点

（一）客户识别

（1）未能有效识别企业的潜在客户，不利于企业市场开发工作。

（2）未能有效识别潜在客户的真实需求，导致企业销售目标难以实现。

（3）对收集到的客户信息未进行有效归集、分析，不利于识别潜在客户或合作机会，可能导致错失商机，不利于企业长期发展。

（二）客户关系的建立

（1）缺少长期合作客户，导致企业交易成本升高。

（2）未与重点客户形成一致的战略关系，导致企业销售的稳定性缺乏保障。

（三）客户保持

客户关系维护不到位或者维护方式不当，可能影响客户关系的优化和改进，不利于培养客户的忠诚度。

（四）客户流失和客户挽留

（1）未对客户流失情况进行分析，不利于企业认识并改善自身的问题。

（2）未对即将流失的客户采取挽留措施，导致企业丧失客户资源。

（3）客户信息资料管理不善，可能导致客户信息档案丢失或泄密，给企业造成经济损失。

二、风险容忍度量化指标

客户风险预警是指在科学理论指导基础上，通过设置并观察一些敏感性指标的变化，而对企业可能或将要面临的客户风险事先进行预测预报的客户风险管理系统。由于客户风险是影响企业销售顺利与否的主要原因，需要从客户风险基本因素入手，设计客户风险容忍度量化指标。客户风险容忍度量化指标可以从客户保有情况、重要客户维护情况、潜在客户挖掘情况、客户信息完整情况等方面考虑，可以量化的指标有客户流失率、重要客户保有率、新客户增长率、客户信息完整度等指标。具体见表10-3。

表10-3 客户风险容忍度量化指标

风险	指标名称	公式
客户保有风险	客户流失率	(客户总数－新增客户数)/客户总数×100%
重要客户维护风险	重要客户保有率	(重要客户数/客户总数)×100%
潜在客户挖掘风险	新客户增长率	(新增客户数/客户总数)×100%
客户信息完整风险	客户信息完整度	(信息完整的客户数量/客户总数)×100%

第四节 有限理性风险管理在资金管理中的应用

资金是一个企业关键的组成成分，它对企业的生存和发展起着不可或缺的作用。资金是指可供使用和运用的金钱，常用于公司或组织。资金就像人体的血液，资金充足，企业就能健康发展，否则企业就处于亚健康或不健康状态。所以资金是否充足，在很大程度上决定了企业经营是否能够取得成功；尤其是对于新成立的企业而言，因为它们在进入市场、开发市场等过程中需要大量的资金，如果资金不够则会导致其后期发展困难甚至面临倒闭等风险。

一、主要风险点

（一）资金计划及资金预算

（1）资金规划不合理，库存占比大，造成大量的库存闲置与资金浪费。

（2）资金使用审批不规范，内部资金管理不到位，造成资金挪用、侵占的风险。

（3）资金流转速度慢，资金使用效率低下，未经充分利用实现价值最大化。

（4）企业预算管理体系未建立或不健全，出现资金预算与资金实际的使用情况难以进行对比分析。

（二）资本结构

（1）负债性资金与权益性资金的比例关系设置不科学，可能对企业资金管理产生重大影响。

（2）企业负债率较高，现有资金对银行借贷、投资回报周期过长或短期内筹集的资金还款能力不足等产生重大的资金风险，危及企业的日常经营活动。

（三）投融资管理

（1）投资失败使企业受到重创，资金被占用而不能得到合理利用，严重时对企业的正常经营活动造成威胁。

（2）盲目投资容易出现企业的实际经济效益与预期之间存在巨大差距，使企业内部的经济效益受到较大损失，严重时难以实现企业战略目标。

（3）资金筹集时未考虑企业自身的发展与预定的财务目标，存在随意更改决策，盲目地吸收资金造成债务过高，难以偿还的风险。

（4）融资过程中，项目规划、评估及决策中出现失误，可能造成直接或间接的资金损失。

二、风险容忍度量化指标

资金风险预警是指在科学理论指导基础上，通过设置并观察一些敏感性指标的变化，而对企业可能或将要面临的资金风险事先进行预测预报的资金风险管理系统。由于资金风险是影响企业资金供应顺利与否的主要原因，需要从资金风险基本因素入手，设计资金风险容忍度量化指标。资金风险容忍度量化指标可以从货币资金、营运资金等方面考虑。在货币资金方面包括资金周转率、可用资金需求比等；在营运资金方面可以考虑应收账款周转情况、存货周转情况、经营现金流量情况、速动资产情况（包括现金、短期投资、应收票据、应收账款等）、流动资产情况（即企业在短期债务到期以前，可以变为现金用于偿还负债的能力）等。具体见表 10-4。

表 10-4　资金风险容忍度量化指标

风　险	指标名称	公　式
货币资金风险	资金周转率	本期主营业务收入/[（期初占用资金＋期末占用资金）/2]×100％
	可用资金需求比	（企业当期可用资金余额/资金需求额）×100％
营运资金风险	应收账款周转率	[销售（营业）收入净额/应收账款平均余额]×100％
	存货周转率	（销售成本/存货平均余额）×100％
	经营现金流量比率	（经营现金流量净额/流动负债）×100％
	速动资产比率	（速动资产/流动负债）×100％
	流动资产比率	（流动资产/流动负债）×100％

第五节　有限理性风险管理在生产管理中的应用

生产管理是企业经营的重要组成部分,生产管理要严格执行计划、安全、环保等监管要求,保证生产过程的稳定、经济、可靠、安全、环保,使企业综合效益得到持续提升。生产管理主要包括生产计划管理、采购管理、生产效率管理、设备管理、质量管理、安全管理、生产成本管理等方面。生产风险在这些重要环节发生时,也就是说,企业在原材料、生产设备、生产工艺及生产组织等方面出现困难或难以预料的风险,就会引起企业生产无法按预定计划完成而使企业蒙受损失。在这些重要管控环节,企业需要规范生产过程中的关键控制要求以规范生产管理,保证生产计划按期完成,确保生产工艺质量,防范生产风险发生。

一、主要风险点

(一) 生产计划管理

(1) 缺乏生产计划或生产计划不合理,将导致产品结构和生产安排不合理,难以实现企业生产经营的良性循环。

(2) 生产计划与企业战略规划不匹配、不衔接,可能导致企业战略无法落实。

(二) 生产效率管理

工厂中普遍存在的十六大损耗是影响生产效率化的主要因素。这些损耗可以分为四大类:设备方面的损耗、管理及计划方面的损耗、人员方面的损耗、材料投入等方面的损耗,每个大的类型中又可分为若干个具体的损耗项目。其中,人员方面的损耗尤其值得企业加以关注。

(1) 设备方面七大损耗,即故障、安排及调整、刀具与刃具、投入或起动、短时停止和空转、速度低下和不良及不良修理等的损耗。

(2) 管理及计划方面的损耗,如计划安排上的损耗。

(3) 人员方面的五大损耗,包括管理损耗、动作损耗、生产组织损耗、自动化置换损耗、测量及调整损耗。

(4) 材料投入等方面的损耗,包括材料投入损耗、工装夹具损耗、能源损耗。

（三）设备管理

（1）设备各项性能不能满足生产经营需要，增加后续设备管理和生产运行难度。

（2）设备维修和技改计划论证不充分，导致维修和技改项目的范围、费用出现较大偏差，维修资源分配不合理，计划准确率较差。

（3）设备分级、分类标准不统一，未建立定期评定设备分级、分类机制，设备定级管理职责划分不清晰，未按照设备类别采用区分化的管理策略，导致设备管理混乱，设备资源使用效率低。

（四）质量管理

产品质量低劣，侵害消费者利益，可能导致企业巨额赔偿，产生严重社会影响，企业形象受损甚至破产。

（五）安全管理

安全生产措施不到位，责任不落实，可能导致企业发生生产安全事故、人员患职业病。

（六）生产成本管理

（1）生产管理及核算业务流程设计不合理或控制不当，可能导致公司生产经营偏离预期目标，生产消耗、费用支出和损失增大。

（2）生产成本及费用的计量、归集、分配、计提不规范、不真实，产品成本及有关存货计价不合理。

（3）生产成本的业务处理违反国家有关规定而受到政府行政处罚或法律制裁。

二、风险容忍度量化指标

生产风险预警是指在科学理论指导基础上，通过设置并观察一些敏感性指标的变化，而对企业可能或将要面临的生产风险事先进行预测预报的生产风险管理系统。由于生产风险是影响企业生产顺利与否的主要原因，需要从生产风险基本因素入手，设计生产风险容忍度量化指标。生产风险容忍度量化指标可以从生产计划、生产过程控制、生产质量、生产设备、生产安全等方面考虑。在生产计划方面包括产品产量达标情况、产品供货及时情况、生产计划完成情况、生产成本预算达标情况；在生产过程控制方面可以考虑突发事件处理的及时程度、各项生产调度准确情况；在生产质量方面可以考虑产品优良情况、产品不合格情况、产品一次检验合格情况、质量问题投诉情况等；在生产设备方面可以考虑设备开动情况、设备完好情况、关键设备发生故障情况;在生产安全方面可以考虑一般事故发生情况、重大生产事故发生情况等。具体见表10-5。

表10-5 生产风险容忍度量化指标

风 险	指标名称	公 式
生产计划风险	产品产量达标率	(产品产量实际数/单位时间内产品产量计划数)×100%
	产品供货及时率	(产品供货及时次数/供货总次数)×100%
	生产计划完成率	(生产计划完成数/生产计划总量)×100%
	生产成本预算达标率	(生产成本实际数/生产成本预算数)×100%
生产过程控制风险	突发事件处理的及时程度	单位时间内突发事件处理在规定时间内完成的次数
	各项生产调度准确率	(各项生产调度准确的数量/生产调度总量)×100%
生产质量风险	产品优良率	(优良产品数量/产品合格的总数量)×100%
	产品不合格率	(不合格产品数量/产品合格的总数量)×100%
	产品一次合格率	(产品一次合格的产品数量/产品合格的总数量)×100%
	质量问题投诉率	(因质量问题被投诉的次数/客户投诉总次数)×100%
生产设备风险	设备开动率	(设备实际开动时间/设备正常工作时间)×100%
	设备完好率	(完好设备总台数/生产设备总台数)×100%
	关键设备故障率	[关键设备事故(故障)停机时间/设备应开动时间]×100%
生产安全风险	一般安全事故发生率	(统计期限内事故总数/同期内事故的暴露人数)×100%
	重大安全事故发生率	(统计期限内重大事故总数/同期内事故的暴露人数)×100%

第六节 有限理性风险管理在人力资源管理中的应用

人力资源管理作为一门新兴的学科,起源并问世于20世纪70年代末。人力资源管理的历史虽然较其他学科较短,但人事管理的思想却相对源远流长。从18世纪末的工业革命至20世纪70年代,这一时期一般被称为传统的人事管理阶段;从20世纪70年代末以来,人力资源管理思想取代人事管理思想。

管理大师德鲁克的著作《管理的实践》明确提出人力资源的概念。人力资源管理理论在不断发展与成熟,并在实践中得到进一步应用。20世纪90年代,企业在实践中更多地探讨的是人力资源管理如何更好地为企业的战略服务,人力资源管理部门的角色如何向企业管理的战略合作伙伴关系转变。战略人力资源管理理论的提出和发展,标志着现代人力资源管理进入新阶段。

理论界从不同的角度给出了人力资源或人力资源管理的定义,主要有以下几种。

（1）人力资源是指在一定范围的人，所具有的劳动能力的总和；也可以说，是指能够推动整个经济和社会发展的智力劳动和体力劳动的总和。人力资源管理是根据企业发展战略的要求，有计划地对人力资源进行合理配置，通过对企业中员工的招聘、培训、使用、考核、激励、调整等一系列过程，调动员工的积极性，发挥员工的潜能，为企业创造价值，给企业带来效益。

（2）人力资源管理是指运用现代化的科学方法，对与一定物力相结合的人力进行合理的培训、组织和调配，使人力、物力经常保持最佳比例，同时对人的思想、心理和行为进行恰当的诱导、控制和协调，充分发挥人的主观能动性，使人尽其才、事得宜人，人事相宜，以实现组织目标。

（3）人力资源管理是指企业的一系列人力资源政策以及相应的管理活动，这些活动主要包括：企业人力资源战略的制定，员工的招募与选拔，培训与开发，绩效管理，薪酬管理，员工流动管理，员工关系管理，员工安全与健康管理等，即企业运用现代管理方法，对人力资源的获取（选人）、开发（育人）、保持（留人）和利用（用人）等方面所进行的计划、组织、指挥、控制和协调等一系列活动，最终达到实现企业发展目标的一种管理行为。

企业的人力资源风险管理主要体现在吸引人才、培养人才、留住人才的各个环节，直接影响企业人力资源管理的效果，影响企业的稳定与发展。因此如何对企业人力资源风险进行评判，进而采取应对措施是企业人力资源管理的一项紧急而迫切的任务。

一、主要风险点

（一）人力资源规划

（1）部分组织对人力资源规划重要性认识不到位，可能导致组织人力资源规划缺失。

（2）人力资源规划制订缺乏科学性，可能脱离组织发展实际，最终导致人力资源规划不具有可操作性。

（3）人力资源缺乏或过剩、结构不合理、开发机制不健全，可能导致企业发展战略难以实现。

（二）招聘管理

（1）招聘需求制定不合理，常常导致组织真正的空缺岗位无法得到及时补充。

（2）招聘时没有明确的招聘标准，在引进人才时往往存在盲目消费现象。

（三）培训及技能评估

（1）人力资源开发的随意性强，人才资源开发限于日常或操作性事务，人力资源开发只关注当前问题的解决，等等，导致人力资源开发与战略脱节。

（2）培训需求调查流于形式和走过场，培训需求滞后于业务发展或太超前，而出现培训错位现象。

（3）培训评估环节薄弱，培训评估的结果不真实、不客观等导致培训效果大打折扣，起到的效果微乎其微。

（四）绩效管理

（1）绩效目标与计划不能有效地支撑战略，甚至出现员工绩效目标与战略目标相背离的情况。

（2）绩效指标设计存在不恰当的理解，出现考核偏差和失误，甚至流于形式。

（3）绩效评价主体和绩效评价周期的设置不尽合理，可能对员工工作表现不能进行正确评价而出现偏差和错误的决定。

（4）绩效评价结果没有得到相应的应用，可能出现绩效管理与人力资源管理其他环节脱钩的情况，从而使绩效管理失去应有作用。

（五）薪酬福利管理

（1）薪酬结构设置不合理、不完善，可能导使薪酬结构和组织发展战略、组织发展阶段不相适应。

（2）薪酬水平不合理，过高容易导致企业人工成本过高；过低容易导致企业薪酬缺乏外部竞争力，引起人才流失。

（3）薪酬支付未按法律规范操作或未按约定按时足额支付，企业会承担不利的法律后果。

（4）企业如果通过各种方式拖延、逃避缴纳社会保险费用，可能使组织背负巨大的法律风险。

（六）离职、退休政策

（1）员工在离职时未履行规定程序和相应手续，出现公司资料未移交或工作交接不到位的风险。

（2）人力资源退出机制不当，可能导致法律诉讼或企业声誉受损。

二、风险容忍度量化指标

人力资源风险预警是指在科学理论指导基础上，通过设置并观察一些敏感性指标的变化，而对企业可能或将要面临的人力资源风险事先进行预测预报的人力资源风险管理系统。由于人力资源风险是影响企业人力资源供应顺利与否的主要原因，需要从人力资源风险基本因素入手，设计人力资源风险容忍度量化指标。人力资源风险容忍度量化指标可以从人员培训、员工、人员招聘、人员流失、道德和健康等方面考虑。在人员培训方面包括培训与员工需求吻合情况、人力资本投资收益情况、培训受众情况、被客户投诉的员工情况等；在员工方面可以考虑员工对激励机制的满意程度、员工对评价制度和使用制度的满意程度、员工参与建议与提案情况等；在人员招聘方面可以考虑人才引进情况、招聘引进员工胜任情况；在人员流失方面可以考虑员工主动离职情况、员工离职率增加情况、员工工作满意程度等；在道德和健康方面可以考虑缺勤情况、病假发生情况、受到惩戒的员工情况等。具体见表10-6。

表10-6　人力资源风险容忍度量化指标

风　险	指标名称	公　式
人员培训开发风险	培训与员工需求吻合度	(培训后能合格上岗员工数/培训人数)×100%
	人力资本投资收益率	[营业收入－(营业支出－人力成本)]/(人力成本)×100%
	培训受众率	(培训人数/公司总人数)×100%
	客户投诉率	(被客户投诉的员工人次/工资册平均人数)×100%
员工风险	员工对激励机制的满意度	(员工对激励机制满意人数/调查总人数)×100%
	员工对评价制度和使用制度的满意度	(员工对评价制度和使用制度的满意人数/调查总人数)×100%
	员工建议与提案率	(员工建议与提案人数/工资册平均人数)×100%
人员招聘风险	人才引进率	(成功引进人才数量/招聘面试总人次)×100%
	招聘引进员工胜任度	(招聘引进员工胜任人数/招聘总人数)×100%
人员流失风险	主动离职率	(主动辞职员工数/工资册平均人数)×99%
	员工离职增加率	[(本月员工离职率－上月员工离职率)/上月员工离职率]×99%
	员工工作满意率	(员工工作满意人数/工资册平均人数)×99%
道德和健康风险	缺勤率	(缺勤天数/应出勤天数)×100%
	病假发生率	(病假累计天数/应出勤天数)×100%
	惩戒率	(惩戒人次/工资册平均人数)×100%

第七节　有限理性风险管理在财务管理中的应用

财务管理大约起源于15世纪末16世纪初。当时西方社会正处于资本主义萌芽时期,地中海沿岸的许多商业城市出现了由公众入股的商业组织,商业股份经济的发展客观上要求企业合理预测资本需要量,有效筹集资本。但当时这种筹资活动仅附属于商业经营管理,并没有形成独立的财务管理职业,直到19世纪末20世纪初工业革命后,股份公司迅速发展起来,并逐渐占据企业组织形式的主导地位,财务管理才开始从企业管理中分离出来,成为一种独立的管理职业。

从财务管理起源分析可以看出,财务管理是企业管理的一个组成部分,是根据财经法律法规及相关制度,依照财务管理原则,组织实施企业财务活动,处理财务关系的一项经济管理工作。企业财务管理通常是指在一定的经营目标下,关于资产的购置(投资)、资本的融通(筹资)和经营中现金流量(营运资金)以及利润分配的管理。

财务风险管理是指企业对其财务管理过程中存在的各种风险进行识别、度量和分析评价,并适时采取及时有效的方法进行防范和控制,以经济合理可行的方法进行处理,以保障财务管理活动安全正常开展,保证其经济利益免受损失的管理过程。财务风险预警管理是指企业以财务报表及相关数据作为依托,借助其他相关会计资料和行业基础资料,运用财务、统计、企业管理等理论,采用比较分析法、比率分法等其他多种分析方法,对企业经营活动所导致的资产状况、经营成果和现金流量进行分析预测,及时发现企业生产经营过程中可能存在的或潜在的财务风险,并在财务风险发生之前向管理层发出财务风险预警信号,促使企业经营管理层引起关注,督促经营管理层对财务风险采取有效措施加以防范,避免或降低财务风险发生程度。

一、财务风险类型分析

(一)财务风险类型

一般情况下,学者们从企业财务活动的角度,对财务风险进行分类,主要包括筹资风险、投资风险、经营风险、存货管理风险、流动性风险、收益分配风险等类型。

1. 筹资风险

筹资风险是由于资金供需市场、宏观经济环境的变化，企业从不同来源渠道筹集资金给财务成果带来的不确定性，可能会出现企业不能偿还本金和偿付资本成本的可能性。筹资风险主要有利率风险、再融资风险、财务杠杆效应、汇率风险、购买力风险等。利率风险是指由于金融市场金融资产的波动或银行利率变动而导致筹资成本的变动；再融资风险是指由于金融市场上金融工具品种、融资方式的变动，影响或导致企业再次融资时产生不确定性，或企业本身筹资结构的不合理导致再融资产生困难；财务杠杆效应是指由于企业使用杠杆融资给利益相关者的利益带来不确定性；汇率风险是指由于汇率变动引起的企业外汇业务或经营成果的不确定性；购买力风险是指由于币值的变动给筹资带来的影响。

2. 投资风险

投资风险指企业投入一定资金后，因市场需求变化而影响最终收益与预期收益偏离的风险。企业对外投资主要有直接投资和证券投资两种形式。根据公司法的规定，股东拥有企业股权的25%以上应该视为直接投资。证券投资主要有股票投资和债券投资两种形式。股票投资是风险共担、利益共享的投资形式；债券投资与被投资企业的财务活动没有直接关系，只是定期收取固定的利息，所面临的是被投资者无力偿还债务的风险。投资风险主要包括利率风险、再投资风险、汇率风险、通货膨胀风险、金融衍生工具风险、道德风险、违约风险等。

3. 经营风险

经营风险又称营业风险，是指在企业的生产经营过程中，供、产、销各个环节不确定性因素的影响所导致企业资金运动的迟滞，产生企业价值的变动。经营风险主要包括采购风险、生产风险、存货变现风险、应收账款变现风险等。采购风险是指由于原材料市场供应商的变动而产生的供应不足的可能，以及由于信用条件与付款方式的变动而导致实际付款期限与平均付款期的偏离；生产风险是指由于信息、能源、技术及人员的变动而导致生产工艺流程的变化，以及由于库存不足所导致的停工待料或销售迟滞的可能；存货变现风险是指由于产品市场变动而导致产品销售受阻的可能；应收账款变现风险是指由于赊销业务过多导致应收账款管理成本增大的可能性，以及由于赊销政策的改变导致实际回收期与预期回收的偏离等。

4. 存货管理风险

企业保持一定量的存货对于其进行正常生产来说是至关重要的，但如何确定最优库存量是一个比较棘手的问题，存货太多会导致产品积压，占用企业资金，风险较高；存货太少又可能导致原料供应不及时，影响企业的正常生产，严重时可能造成对客户的违约，影响企业的信誉。

5. 流动性风险

流动性风险是指企业资产不能正常和确定性地转移为现金或企业债务和付现责任不能正常履行的可能性。从这个意义上来说，可以对企业的流动性风险从企业的变现力和偿付能力两方面进行分析与评价。由于企业支付能力和偿债能力发生的问题，称为现金不足及现金不能清偿风险。由于企业资产不能确定性地转移为现金而发生的问题，则称为变现力风险。

6. 收益分配风险

收益分配风险是指企业由于收益取得和分配而对资本价值产生影响的可能性。收益分配风险可以反映商品产出节点上的经营风险和分配阶段的资本支付风险，它是下一次循环资本垫支价值的资金来源，是资本价值经营所有财务风险的开释，制约着资本价值的规模。

对一个企业财务风险管理内容进行分类，可能结合企业自身特点和管理习惯，没有一个标准统一的定式。因此，也可以采用下面的方式进行分类。

（1）潜在财务风险、现实财务风险和财务危机。潜在财务风险是指由于企业内部潜在问题和外部环境的不确定性而存在潜在财务问题的可能性；现实财务风险是指在内部或外部特定事件的冲击下导致企业发生的现实财务风险问题；财务危机是指由于经营管理不善、环境适应能力差而导致企业生产经营活动陷入一种危及生存与发展的严重困境。

（2）可控财务风险和不可控财务风险。可控财务风险是指企业通过一定的手段可以控制和规避的风险，如应收账款无法收回的风险等；不可控财务风险是指企业无法控制和规避的风险，如政治风险、战争风险等。

（3）资本配置风险、资本消耗风险、资本产出风险、资本复原风险、资本支付风险和资本市场风险。资本配置风险是指企业无法得到期望的生产要素及组合要素的可能性；资本消耗风险是指资本垫支消耗量超过社会平均消耗量的可能性；资本产出风险是指产品使用价值得不到社会认可的可能性；资本复原风险是指资本无法还原到原始出发点形态的可能性；资本支付风险是指无法满足资本所有者权益要求的可能性；资本市场风险是指由于外部资本市场环境因素而引起资本品市场价值波动的可能性。

（二）财务风险识别

风险识别是风险管理的基础，是企业通过一系列基础资料、手段、工具识别风险的过程。风险识别是指企业依据风险管理计划、风险类型、历史资料、制约因素和假设条件，检查各业务单元、重要经营活动及其业务流程，以寻找是否存在风险，并对潜在的及客观存在的风险按组织统一风险模型进行系统的、连续的识别和分类，提高对风险的重视程度。

为识别财务风险，企业通常应广泛收集国内外企业财务风险失控导致危机的案例，并至少收集本企业以下重要信息，其中有行业平均指标或先进指标的，也应尽可能收集。

(1) 负债、或有负债、负债率、偿债能力。

(2) 现金流、应收账款及其占销售收入的比重、资金周转率。

(3) 产品存货及其占销售成本的比重、应收账款及其占购货额的比重。

(4) 制造成本和管理费用、财务费用、营业费用。

(5) 盈利能力。

(6) 成本核算、资金结算和现金管理业务中曾发生或易发生错误的业务流程或环节。

(7) 与本企业相关的行业会计政策、会计估算，与国际会计制度的差异与调节(如退休金、递延税项等)信息。

财务风险来源、财务风险事件和财务风险征兆是财务风险识别的关键点。财务风险来源包括外部来源、内部来源和决策来源，公司所面临的不确定性因素是财务风险的主要来源；财务风险事件是公司发生的影响财务收益和财务安全的事件；财务风险征兆是指建立在大量资料分析基础上的能反映公司财务风险的先兆，包括财务风险“潜伏期”、财务风险“发作期”和财务风险“恶化期”三个不断演进层次的财务征兆指标。

二、财务风险容忍度量化指标

依据公司财务风险类型分析，选取财务风险指标，并对指标如何获取及计算公式给出相应的标准。例如，企业根据经营特点及企业所在行业特点，将财务风险划分为经营活动中的财务风险、投资活动中的财务风险、筹资活动中的财务风险，其财务风险主要体现在“收入风险”“盈利风险”“资本结构风险”“现金流风险”等方面，选取的指标可以参照表 10-7。

表 10-7 财务风险容忍度量化指标明细(例)

项　目	指　标	公　式
经营增长状况(收入风险)	主营业务收入增长率/%	(本年主营收入－上年主营收入)/上年主营收入
	资本保值增值率/%	(年末净资产－年初净资产)/年初净资产
	总资产周转率/%	主营业务收入/平均资产总额

续表

项目	指标	公式
盈利能力状况（盈利风险）	总资产报酬率/%	(利润总额+利息费用)/平均资产总额
	净资产收益率/%	净利润/平均净资产
	成本费用利润率/%	利润总额/成本费用总额
债务风险状况（资本结构风险）	资产负债率/%	负债总额/资产总额
	速动比率/%	速动资产/流动负债
	研发投入比率/%	本年研发投入/本年主营业务收入
管理能力状况（现金流风险）	盈余现金保障倍数	经营活动净现金流量/净利润
	现金流动负债比率/%	经营活动净现金流量/流动负债
	资产现金回收率/%	经营活动净现金流量/资产总额

（一）财务风险容忍度边界设定方法

1. 综合设定法

在第七章中已经阐述了三种设置风险容忍度的方法，即风险管理法、心理满意法、历史经验法。在实践中将这三种方法综合应用实施对企业的财务风险进行管控，根据企业规模、风险程度以及生产经营的性质等，建立一套规范的风险管理系统，可以对企业财务风险进行监控和评价管理。

例如：在对资产负债率风险容忍度边界设置时，首先确定资产负债率计算方法：

资产负债率＝企业负债总额÷企业资产总额×100％

测算时分三个步骤，一是得出负债总额，根据分析测算无息债务总量，并与带息债务总量相加后得出；二是测算企业资产总额；三是根据负债总额和资产总额计算资产负债率。

此模式有一个假设就是资产总额不变，根据企业资产总额对标行业相当资产规模的资产负债率最高值或平均值作为边界上限值，公司历史数据测算出的值作为边界下限值，通过专家打分法或企业决策层综合企业本年度或未来发展战略和实际运行情况确定企业可能承受的最大限度的资产负债率作为边界管控值。

2. 基于有限理性风险容忍度边界设定法

基于有限理性风险容忍度边界设置方法在第六章进行了详细阐述和推理，依据此方法进行风险管理是在一种假设下开展的，即假设企业风险是在理想经济状态下的随机游走且表现出正态分布。也就是说，企业风险管理指标的设定也是基于企业理想经营状态的，这种风险管理指标具有一定的理想特性，其风险容忍度的边界设定也是基于理想状态下风险管理指标的容忍度设定。而实际情况下，企业理想经济状态与实际经济状态是有一定差距的，为了缩小理想与实际的这种差距，基于有限理性风险容忍度边界设定时，应尽量考虑减少因管理行为而产生的风险。管理行为因误差会出现波动性，观测管理行为产生的风险也是有误差的，也可以说管理行为产生的风险具有了波动性。

从成本效益角度考虑，如果在风险容忍度边界值内不进行管理操作的成本小于等于进行管理操作的成本，风险容忍度边界的取值与管理行为的波动性以及管理成本与真实风险成本存在相关性，即边界值或阈值设定越大，其产生的管理成本也越高。这时企业就需要按照有限理性的思维方式或方法，设定一个本企业最大限度可承受的边界值或阈值，还要考虑其产生的管理成本是否也在承受范围内。

（二）财务风险预警模型设计

1. 财务风险预警指标权数及计算

企业选取财务风险预警指标后，根据财务风险容忍度量化方法——综合打分法或有限理性风险容忍度方法，对选取的风险容忍度指标进行风险容忍度边界值的设定，然后结合企业运营情况根据行业通行做法或国务院国资委财务监督与考核评价局发布的《企业绩效评价标准值》中各评价指标体系中指标的权数设置本企业财务风险预警指标权数。

财务风险预警分值计算：每项指标值与指标权数相乘得出单项指标的风险值，然后再将各项指标的风险预警值相加得出财务风险预警指标值。

2. 财务风险指标预警区间

财务风险指标预警区间是财务风险严重程度的衡量标准，根据计算出的风险指标值所处不同的财务风险预警区间，来衡量有可能出现的财务风险程度，从而提示企业经营管理层关注并采取相应必要的措施，财务风险指标预警区间设定得是否合理，对于财务风险预警效果的影响很大，不同的财务风险指标预警区间在不同类型的行业、不同规模效益的企业中设定标准也不尽相同，风险预警区间的设定方法通常主要有行业标杆对标法、行业绩效对标法、历史数据法、预算值法、风险容限法等，在设定财务风险指标预警区间时，财务风险预警工作小组以行业标杆对标法为主，采用行业绩效对标法和历史数据法辅助修正，最后确定财务风险预警区间。财务风险指标预警区间见表 10-8。

表 10-8 财务风险指标预警区间

区　　间	风险程度
X≥A	风险较高
A>X≥B	风险一般
B>X≥C	风险较轻
X<C	风险很轻

参考文献

朱荣恩,贺欣,2004.内部控制新发展——企业风险管理框架[J].审计研究(6).

曹元坤,王光俊,2011.企业风险管理发展历程及其研究趋势的新认识[J].当代财经(1).

COSO,2014.内部控制——整合框架[M].财政部会计司,译.北京:中国财政经济出版社.

COSO,2017.企业风险管理——整合框架[M].方红星,王宏,译.大连:东北财经大学出版社.

COSO,2017.企业风险管理——整合框架:应用技术[M].张宜霞,译.大连:东北财经大学出版社.

武广齐,佘廉,2012.中央企业全面风险管理精髓[M].北京:科学出版社.

COSO,2017. Enterprise risk management integrating with strategy and performance.

布劳,斯科特,2006.正规组织——一种比较方法[M].北京:东方出版社.

彭志国,张俊民,王桂莲,2009.写给企业家的内部控制学[M].北京:中国时代经济出版社.

鲁宾斯坦,2005.有限理性建模[M].北京:中国人民大学出版社.

罗宾斯,1997.组织行为学[M].北京:中国人民大学出版社.

萨金特,2015.宏观经济中的有限理性[M].陈波,译.上海:上海财经大学出版社.

吉仁泽,泽尔腾,2016.有限理性——适应性工具箱[M].刘永芳,译.北京:清华大学出版社.

西蒙,2018.管理行为[M].詹正茂,译.北京:机械工业出版社.

马奇,2018.决策是如何产生的[M].王元歌,章爱民,译.北京:机械工业出版社.

斯科特,戴维斯,2011.组织理论——理性、自然与开放系统的视角[M].高俊山,译.北京:中国人民大学出版社.

彭志国,刘琳,2007.企业内部控制与全面风险管理[M].北京:中国时代经济出版社.

西蒙,2016.人类活动中的理性[M].胡怀国,冯科,译.桂林:广西师范大学出版社.

马作宽,王黎,2009.组织绩效管理[M].北京:中国经济出版社.

西蒙,1989.现代决策理论的基石[M].杨砾,徐立,译.北京:北京经济学院出版社.

席酉民,刘文瑞,慕云伍,2009.管理思想大系——组织与决策[M].北京:中国人民大学出版社.

孙健,2008.我国商业银行风险容忍度研究[J].海南金融(7).

武剑,2008.论商业银行风险容忍度管理[J].新金融(5).

于蓉,2011.论商业银行风险偏好与风险容忍度管理[J].海南金融(5).

刘永芳,2009.快速节俭启发式——相关争议与简短评论[J].心理科学进展(5).

何朝林,2004.风险容忍度的估算与求解[J].安徽工程科技学院学报(9).

华悦,等.2003.企业文化教程[M].北京:企业管理出版社.

曹阳,2017.企业人力资源招聘风险管理研究[J].人力资源管理(11).

董伟平,2015.集团企业财务风险管理体系构建研究[J].经贸实践(12).

刘晗,李芩,2016.内部审计在企业风险管理中的增值作用探讨[J].行政事业资产与财务(1).

罗乾宜,翁建威,王朝钦,等,2017.中国兵器工业集团公司精益财务体系建设探索与实践[M].北京:中国财经出版传媒集团,中国财政经济出版社.

张孝昆,2017.大数据风控[M].北京:机械工业出版社.

刘鹏,张燕,张重生,等,2017.大数据[M].北京:电子工业出版社.

吕兆星,郑传峰,宋天龙,等,2017.企业大数据系统构建实战:技术、架构、实施与应用[M].北京:机械工业出版社.

TalkingData,2017.智能数据时代：企业大数据战略与实战[M].北京：机械工业出版社.
王小沐,高玲,2017.大数据时代：我国企业的财务管理发展与变革[M].长春：东北师范大学出版社.
董超,卢桂林,2017.一本书搞懂企业大数据应用[M].北京：化学工业出版社.
中国信息通信研究院(工业和信息化部电信研究院).2016.大数据白皮书(2016年)[EB/OL].
潘璠,2014.走近大数据 [EB/OL].国家统计局科研所.
郜军,2019.目标管理——写给中层经理人的工作目标管理宝典[M].北京：电子工业出版社.
目标管理.MBA智库——管理者专业学习成长平台[DB/OL].
王信,2012.全面风险管理体系的构建与实践[M].北京：煤炭工业出版社.
池国华,朱荣,2018.内部控制与风险管理[M].北京：中国人民大学出版社.
毛文静,2014.目标图谱与绩效考核设计实务[M].北京：人民邮电出版社.
池永明,2017.中小微企业目标管理实务[M].北京：中国铁道出版社.
吴选作,2016.企业风险管理和平衡计分卡的整合分析[J].风险研究.
CERM教材编写委员会,2018.企业风险管理员指南[M].北京：中国财政经济出版社.
全面预算.MBA智库——管理者专业学习成长平台[DB/OL].
龚巧丽,2017.全面预算管理案例与实务指引[M].北京：机械工业出版社.
冯巧根,2015.全面预算管理[M].北京：中国人民大学出版社.
白睿,2019.绩效管理全流程实战方案[M].北京：中国法制出版社.
宋颖超,2010.企业全面风险管理绩效评价体系研究[D].兰州：兰州理工大学.
朱振,2012.基于风险管理视角的中小民营企业绩效管理体系设计研究[D].济南：山东大学.
胡劲松,2015.绩效管理从入门到精通[M].北京：清华大学出版社.
任康磊,2019.绩效管理与量化考核从入门到精通[M].北京：人民邮电出版社.
王信,2012.全面风险管理体系的构建与实践[M].北京：煤炭工业出版社.
张金文,2015.关键风险指标与绩效考核研究[J].绩效研究(6).
梁锐,2018.企业战略规划的动态管理与实施程序[J].管理研究(15).
史宝娟,2010.企业技术创新风险指标体系设计及关键因素识别[J].经济研究.
集团管控.MBA智库——管理者专业学习成长平台[DB/OL].
戴健,2016.集团管控之道[M].上海：上海财经大学出版社.
白万纲,2017.超级集团管控[M].昆明：云南人民出版社.
王凤斌,2012.企业集团管控体系：理论·实务·案例[M].北京：经济管理出版社.
邹仲海,等,2016.企业风险管理[M].北京：电子工业出版社.
胡为民,等,2007.内部控制与企业风险管理[M].北京：电子工业出版社.
CERM教材编写委员会,2018.企业风险管理经理指南[M].北京：中国财政经济出版社.
田宇松,杜兰英,赵芬芬,2010.企业销售风险预警模型研究[J].当代经济(1).
张云生,2010.建立预警机制强化应收账款事前管理[J].财务与管理(10).
戚玉虎,2011.企业集团资金风险预警与应对措施[J].煤炭经济研究(9).
余兴安,2017.人力资源管理风险防控[M].北京：中国人事出版社.
贾作广,刘峰涛,李俊,2010.VC背景的创业企业人力资源风险预警研究[J].科技管理研究(16).

附　　录

致　谢

感谢国家电网有限公司董事、党组副书记罗乾宜同志对本书的指导与帮助。罗总从事国有企业高层管理工作多年，对中国特色国有企业管理具有成功的管理经验和独到的见解，A集团在他领导下实践的“边界管控系统”成效显著，是本书着重研究的对象和创新亮点。

感谢中国企业改革与发展研究会副会长周放生老师对本书的启发。周老师从事国有企业管理工作多年，且参与制定了多项国家级国有企业改革政策，在学术界和业界都具有极高的声望。本书的写作受益于他提出的“界定国有企业边界”的观点。

感谢国家电网有限公司财务部、北京市电力公司、陕西省电力公司参与调研的各位领导和同志在调研工作中提供的大量协助工作。

感谢清华大学中国现代国有企业研究院为本书写作提供资金和技术支持，为项目组顺利开展工作提供了强有力的后盾。